中華文化思想叢書

先秦文藝思想史

第三冊

李春青　著

目次

第三編　禮樂制度與藝術精神

第三冊

第十六章
蘊涵在器物中的審美追求

　　周代貴族的物質財富並不是非常豐富，但是在生活的各個領域中，都貫穿著他們對器物之美的鑒賞和追求。器物在周代貴族的生活中既是實用的器具，又是等級身分的標誌，還是周代貴族藝術精神的集中體現。器物既有實用價值，又富於裝飾功能，還凝結著周代貴族對美的理解和追求。

第一節　周代貴族的服飾審美

　　可以說人類在史前時期就形成了對服飾的樸素的審美意識。考古工作者在山頂洞人的遺址中發現了白色帶孔的小石珠、黃綠色的鑽孔礫石和穿孔的獸牙等物。還發掘出不少用天然美石、獸齒、魚骨、河蚌和海蚶殼等打磨而成的髮飾、頸飾和腕飾等裝飾品。到了仰韶文化中期，人們不僅大量地製造和使用石製的農業生產工具，同時也製造了相當精巧的工藝品。大汶口和姜寨發現的玉手鐲、玉指環和綠松石串飾等，可稱作這個階段裝飾工藝品的代表作。由此可見，服飾審美的歷史源遠流長。服飾發展到周代已遠遠超出避寒、遮體的實用功能，而具有高度的審美價值。但是服飾在周代並不是獨立存在的審美體系，而是被納入到等級體制之中作為等級標誌的一個方面而存在著。本文力求從有關周代服飾的文獻資料整理入手，對周代服飾美學的主要特徵進行一個粗淺的梳理和總結，並進而對服飾中所蘊涵的周代貴族的藝術精神進行挖掘。

一　周代貴族服飾中的意識形態蘊涵

周代貴族對服飾非常重視，認為「不學雜服，不能安禮」[1]。衣冠整潔而符合禮儀，這在周代是人際交往中應當遵循的基本原則。《禮記・檀弓下》記載季孫之母死，曾子和子貢去弔喪，看門人看到他們兩個人服飾不整，就不讓他們進去。等到他們在馬廄中收拾了一番後，這才允許他們進去。賓客看見他們衣冠整潔也對他們大加禮敬。可見服飾在周代貴族交往中的重要性。從服飾體制來說，周代貴族的服飾具有以下兩個特徵：

（一）服飾的場合性

周代貴族的服飾大多數情況下是上衣下裳，身穿右衽交領衣，下穿裙裳，腰間束帶，腹前繫韍，裹腳，著翹尖鞋。但是不同的身分和不同的場合，服飾的形制和花紋有較為明顯的區別。

根據《周禮・春官・司服》的記載，天子的禮服主要有大裘冕、袞冕、鷩冕、毳冕、希冕、玄冕、韋弁、皮弁、冠弁等。天子在不同的場合要穿不同的禮服。大裘冕是用小黑羔羊皮製作的禮服，天子穿著大裘冕以祀昊天上帝；袞冕上繪刺著日、月、星辰、龍等十二種圖案，以龍紋居首，是天子享先王時的服飾；鷩冕即繪著赤腹雉的禮服。天子祭祀先公，舉行饗禮、射禮時就穿著鷩冕；毳冕是天子祭祀四方名山大川和一般山川時所穿的禮服；希冕是天子祭祀社稷時的服飾；玄冕，衣無紋，裳刺繡黻，是天子祭祀各種小神時的祭服。軍事活動時天子穿著韋弁服；處理朝政時穿著皮弁服；田獵時穿緇布衣，著白裳，戴玄冠。可見，天子在不同的場合，有不同的服飾。

1　《禮記・學記》。

　　《禮記・玉藻》記載，天子春分行朝日禮和每月初一聽朔時的服飾是玄冕、玄衣。天子每天聽朝時的服飾是白鹿皮弁、白色絲衣。天子燕居時的服飾是玄冠、玄衣。晚上穿著深衣。遇到年成不順，或日食月食時，為了表示對神靈和災難的敬畏，天子穿素服。《禮記・玉藻》篇的記載是對《周禮・春官・司服》篇的補充。將兩篇文獻的記載放在一起，就可以對周天子不同場合所穿的服飾有一個更全面的了解。

　　據《周禮・天官・內司服》記載，王後的服飾有褘衣、揄翟、闕翟、鞠衣、展衣、褖衣六種，都屬於衣裳相連的服制。前三種是王后伴隨帝王參加各種祭祀大典時所穿的禮服，上面均有翟（長尾雉雞）作為圖案，但顏色有玄、青、赤之別。鞠衣是王后在養蠶的季節到來時，用以祭告先帝所穿的黃綠色（如初生桑葉的顏色）禮服。在禮服中，親蠶之服僅次於祭祀之服。展衣，又名襢衣，是王后禮見帝王、宴見賓客時所穿的白色禮服。褖衣是平日所穿的黑色便服。在穿著這些衣服時為了顯示它們的色彩，還要襯以素紗。此外，王后還要在最隆重的場合以副為首服，足著黑色舄。由此可見，王后的著裝也根據場合而變化。

　　喪葬場合有專門的服飾。按親疏關係、服喪期限的不同，喪服可分為五種：斬衰之服，用極粗的生麻布製成，不縫衣旁及下邊；齊衰之服，用次等粗生麻布製成，縫衣旁及下邊；大功之服，用粗熟布製成；小功之服，用稍粗熟布為喪服；緦麻，用稍細熟布為喪服。用粗糙的生麻布製作的斬衰之服，是喪服中最重的，一般是子女為父母之喪所穿戴。緦麻是最輕的喪服，是關係疏遠的親屬為死者所服。隨著時間的推移，喪葬的悲傷心情會減弱一些，所以服喪三年以後，就要除服，但是即使是除喪後的服飾也要有所不同。《禮記・曲禮上》記載：「為人子者，父母存，冠衣不純素。孤子當室，冠衣不純采。」

意思是做兒子的，父母都在世，冠服不能用素色鑲邊。失去父母的兒子，即使做了家裡的主人，除喪後的冠服也不要用彩色鑲邊。

周人穿衣服時，服之裼與襲，也跟場合有關。「裘之裼也，見美也。弔則襲，不盡飾也。君在則裼，盡飾也。服之襲也，充美也。是故屍襲，執玉、龜襲。無事則裼，弗敢充也。」[2]裼是為了顯露禮服的美麗，襲則為了表達莊重之情。所以君子去弔喪，就要襲裘而往。去國君的處所，就要裼，以顯示文采。祭禮中象徵祭享對象的屍，要襲，表示莊重。聘禮中聘使執玉致辭時，卜人執龜甲占卜時，也要襲，表示嚴肅莊重。事畢則要裼，表示在國君的面前不敢藏美。

服飾的場合性將周代貴族的生活分為不同的層面。不同的層面使貴族的生活呈現出立體化的特徵。服飾的變化就成為周代貴族立體化生活的不同側面的標誌。我們多次講到生活意義的設定問題，事實上，服飾的場合性不但使生活豐富多彩，使生活有了節奏和變化，而且，生活的意義也就在服飾的不斷更替中建立起來了。

（二）服飾的等級性

在周代貴族的生活中，衣食住行、言談舉止等各個方面都表現出明顯的等級特徵。城之廣狹、宮之大小是貴族身分最顯著、最直觀的標誌。從田產的面積來說：「天子之田方千里，公侯田方百里，伯七十里，子男五十里。」[3]從房屋的高低來看，「天子之堂九尺，諸侯七尺，大夫五尺，士三尺」。[4]級別越高的貴族其殿堂越高大。貴族的等級制還表現在其它許多方面：「天子七廟，諸侯五，大夫三……天子崩，七月而葬，五重八翣；諸侯五月而葬，三重六翣；大夫三月而

2　《禮記・玉藻》。

3　《禮記・王製》。

4　《禮記・禮器》。

葬，再重四翣。」[5]即天子有七所祖廟，諸侯五廟，大夫三廟，士一廟。天子駕崩，七個月後埋葬，墊棺槨的茵、抗席、抗木五層，遮擋棺槨的障扇八個。諸侯死後五個月埋葬，三重墊席六個障扇。大夫死後三個月埋葬，兩重墊席四個障扇。

周代貴族的等級制在服飾的形制和圖案之中也得到了集中的體現。天子擁有至高無上的權力，同時也擁有最高層次的審美特權。冕冠是天子和百官參加祭祀典禮時所戴最尊貴的禮冠。周代貴族的冕冠前後垂有旒，用五彩絲絛作繩，上穿五彩圓珠，一串為一旒。據《禮記・玉藻》記載：「天子玉藻，十有二旒，前後邃延，龍卷以祭。」即天子的冕冠前後各十二旒，用玉二百八十八顆，而其它層級的貴族則根據爵位的等級，冠冕上的旒數依次遞減，分別為諸侯九，上大夫七，下大夫五，士三。這是對審美權力的等級劃分。

此外，只有天子可以擁有集十二種美麗圖案於一身的服飾。天子的上衣繪有日、月、星辰、山、龍、華蟲六種圖案，下裳繡有宗彝、藻、火、粉米、黼、黻六種圖案，合稱十二章紋。天子穿有十二種圖案的冕服，表示他對美有著絕對的擁有權。而其它級別的貴族的禮服不能用日、月、星辰來裝飾，只能用山、龍以下的圖案，所以公爵穿有九種圖案的袞服，侯伯穿有七種圖案的鷩服，子男的毳服上繪著五種圖案。可以看出，隨著貴族爵位的降低，服飾上圖案的數量也在遞減。

在周代貴族的審美觀念中色彩既能使生活絢爛而多彩，而且色彩還與貴族地位的高低有著密切關係，色彩時常是貴族等級的標誌，因而周代貴族對身邊事物的色彩之美，尤其是服飾的色彩搭配非常關注。如冠的顏色和冠所配的絲帶的顏色都被納入到貴族的等級體制之

5　《禮記・禮器》。

中。「玄冠朱組纓，天子之冠也。緇布冠繢緌，諸侯之冠也。玄冠丹組纓，諸侯之齋冠也。玄冠綦組纓，士之齋冠也。」[6]這是說，天子的冠是玄冠配上朱紅色的絲織冠帶；諸侯的冠是緇布冠配上加穗的絲織冠帶；諸侯的齋冠是玄冠配上丹紅色的絲織冠帶；士的齋冠以玄冠配上青黑色絲織冠帶。在這裡色彩之美與貴族的等級融為一體，成了區別等級的標誌。

不僅冠和冠帶的色彩美被做了等級劃分，而且從蔽膝到紳帶等都被納入到等級體制之中。《禮記・玉藻》載：「韠，君朱，大夫素，士爵韋。」意思是國君一級的貴族其蔽膝應是朱紅色的，大夫素白色，士是赤而微黑色。蔽膝本是原始社會人類用來遮蔽下身的獸皮，到了周代它的實用價值就被它的裝飾價值以及它作為等級標誌的價值所代替。

（三）服飾圖案及形制中的象徵意義

周代貴族服飾的意識形態蘊涵，往往是通過服飾的象徵性來完成的。周代貴族的服飾中充滿了意識形態象徵意味。如冕延是一塊後高前底的木板，上面是黑色，下面是赤色，象徵著天玄地黃。延的前後垂有組纓，其上穿有玉珠，叫做旒，因為一串串透明的玉珠似繁多的露水珠，所以也叫繁露。周天子的冕有十二旒，象徵著一年有十二個月。冕服上的圖案中日、月、星辰象徵照臨無私；山，象徵鎮定；龍，象徵神氣變化，善於適應；華蟲，象徵文采華美；宗彝（祭器）象徵著孝；藻虎、蜼象徵威猛；火象徵光輝照耀；粉米象徵著養民；黼（斧形）象徵決斷；黻，象徵著臣民背惡向善。祭服的裳一般是前三幅，象徵陽；後四幅，象徵陰。

6　《禮記・玉藻》。

正如《禮記・郊特牲》所說：「祭之日，王被袞以象天。戴冕璪十有二旒，則天數也。乘素車，貴其質也。旂十有二旒，龍章而設日月，以象天也。天垂象，聖人則之，郊所以明天道也。」天子祭祀時所著的服飾，被袞以象天；十二旒以象天數；龍章而設日月，以象天。天為人類展示了這樣的景象，人類進行郊祭時只是彰明瞭天道而已。這就是周代貴族服飾的象徵意義。

周代貴族的冠象徵著貴族的尊嚴。《國語・晉語》記載：「人之有冠，猶宮牆之有屋也。」即人要戴冠，就像宮牆必須有屋頂一樣。所以，哀公十五年衛國發生內亂時，子路被砍斷了繫冠的纓，冠掉到了地上。在為肉身而戰，還是保持自己的貴族身分的抉擇中，他選擇了後者。在生死存亡的關鍵時刻，子路停下戰鬥整好衣冠，綁好繫冠的纓，結果被對方殺死了。可見當時的貴族把自己的身分的確看得比生命還要重要。在當時的貴族社會中，當冠而不冠是「非禮」的行為。

深衣的形制也有豐富的象徵意義。「制十有二幅以應十有二月，袂圜以應規，曲袷如矩以應方，負繩及踝以應直，下齊如權衡以應平。故規者，行舉手以為容；負繩抱方者，以直其政、方其義也。」[7] 意思是深衣用布十二幅，以象徵一年十二個月。袖底裁圓，以應合規範。領下方如矩尺，以應合方正。背後衣縫以直線貫通，以應合正直。下擺平如秤桿，象徵著公平。一件深衣簡直就不是為了禦寒和遮體而製作的，而是君子的座右銘。正是通過象徵的途徑，服飾的意義得到了昇華，服飾成為超越實用目的之上、實現統治有序化的橋梁。這就是周代貴族服飾中的意識形態蘊涵和象徵意義。

7　《禮記・深衣》。

二　周代貴族服飾的審美特徵

毫無疑問，在禮樂文化體制之中，服飾首先被當成貴族等級的標誌，傳達著豐富的意識形態蘊涵，但是在意識形態的背景下，服飾依然表現出了周代貴族的審美追求和藝術精神。從服飾的審美特徵來講，周代貴族的服飾具有以下幾個特徵。

（一）色彩搭配

除了祭祀天地等重大的祭祀活動，諸侯朝見天子時都要敞開外面的衣服，露出裡面的裘衣，顯露出服飾的美麗。可見周代貴族對色彩美的關注。從文獻記載可以看出，周代時色彩還不是非常豐富，但是，周代貴族非常重視有限的幾種色彩的搭配。通過色彩的搭配，以及對所搭配出來的色彩的關注使簡單的生活充滿了意義。

周代貴族對色彩充滿了敬畏的情懷。《禮記・祭義》記載，製作祭服時：「夫人繰，三盆手，遂布於三宮夫人、世婦之吉者，使繅。遂朱、綠之，玄、黃之，以為黼黻、文章。」即製作祭服時，夫人要在盆中洗三次手之後開始繅絲。將絲染成朱色、綠色、玄色、黃色等，然後將各種不同顏色的絲搭配、編織成黼、黻、文、章等不同的花紋。

《周禮・冬官・畫繢》記載著周代貴族的色彩與色彩搭配美學：

> 畫繢之事，雜五色，東方謂之青，南方謂之赤，西方謂之白，北方謂之黑，天謂之玄，地謂之黃。青與白相次也，赤與黑相次也，玄與黃相次也。青與赤謂之文，赤與白謂之章，白與黑謂之黼，黑與青謂之黻，五采備謂之繡。

　　周人的色彩與方位有著密切的關係，分別是東青，南赤，西白，北黑，天玄，地黃。其中暗含著太陽在不同的位置給人的不同的感覺。所以說，周人的色彩也來源於人的感覺與天地四時的變化，蘊涵著天人合一的觀念。從色彩搭配來講，雖然當時的色彩比較單一，但是人們對色彩寄予了極大的興趣，因而工匠如何上色，色彩如何搭配都受到了人們的關注。色彩搭配的原則主要有兩種，一種是相對的方位的兩種顏色相互配合，叫做「次」，即東方之青與西方之白相次；南方之赤與北方之黑相次；天之玄與地之黃相次。另一種搭配法是按照順時針方向，將相鄰的兩種色彩進行搭配，即東方之青與南方之赤搭配，謂之文；南方之赤與西方之白搭配，謂之章；西方之白與北方之黑搭配，叫做黼；北方之黑與東方之青搭配，叫做黻。綜合五種顏色叫做繡。這就是周人的色彩美學，簡單而充滿神秘感。周人的服飾美學思想就是建立在這種色彩搭配美學基礎之上的。

　　周人還講究上衣與下裳之間的色彩搭配，認為青、黃、赤、白、黑（即玄）五種色彩是正色，而用其中兩種顏色混雜而成的顏色就是間色。貴族的禮服，上衣必須穿正色，下裳可以用間色。即遵循「衣正色，裳間色」[8]的搭配原則。天色為玄，玄色也是正色。所以，上衣可以是玄色。赤黃相雜為纁，纁色為間色，又是地色，所以可以為下裳之色。還有一種說法是，正色指的是青、赤、黃、白、黑五方之色，故為正色，衣在上為陽，故用正色。裳在下，為陰，用間色。無論哪一種說法，都體現了周代貴族上衣與下裳的色彩搭配中對上衣之色的重視。

　　裘與裼衣的色彩搭配。《禮記・玉藻》篇載：「君子狐青裘豹褒，玄綃衣以裼之；麝裘青豻褒，絞衣以裼之；羔裘豹飾，緇衣以裼之；

8　《禮記・玉藻》。

狐裘，黃衣以裼之。錦衣狐裘，諸侯之服也。」這一段話主要談到了
貴族上衣袖口的裝飾以及裘衣和裼衣的色彩如何搭配的問題。意思是
如果國君穿著狐青裘衣，就要用豹皮來裝飾袖口，外面要穿玄色綃製
的裼衣；而小麛鹿皮做的裘衣，就要用青色野狗皮來裝飾袖口，外穿
蒼黃色的裼衣；羔裘衣就用豹皮來裝飾袖口，再配緇衣作為裼衣；狐
裘衣，就要配黃色裼衣。從中可見，周代貴族很關注一套服飾中的色
彩和質地是否諧調。

貴族兒童所穿的衣服也體現了貴族的色彩美學思想。「童子之節
也，緇布衣，錦緣，錦紳並紐，錦束髮，皆朱錦也。」[9]鑲邊是周人
服飾中重要的裝飾之一。在周代貴族的服飾中，常常用錦來鑲嵌服飾
的邊緣。錦鑲邊在周代也發展到非常富麗精細的程度。貴族兒童的服
飾以黑青色為主色調。但是在這一略顯灰暗的色調的基礎上卻鑲以朱
紅色的邊，這樣周代貴族兒童上身穿著緇布衣，鑲著朱紅色的錦邊，
衣帶、紐扣以及髮飾都是朱紅色的錦做的。緇布與朱紅錦的搭配，顯
出貴族兒童華貴而不浮躁的氣質，是別具一格的色彩搭配美學思想的
體現。

（二）服飾的裝飾效果

注重服飾的裝飾效果，是周代貴族注重文飾美的表現。《周禮・
天官・典絲》中記載，在周王的官制中有典絲之官，專門提供祭祀和
喪事中裝飾器物所用的絲，可見周人非常重視服飾器物的裝飾，需專
人負責。

周代貴族對服飾的裝飾表現在各個方面，如首服中的弁是貴族比
較尊貴的帽子，有皮弁、爵弁等。皮弁是用鹿皮做的，由幾塊鹿皮拼

9　《禮記・玉藻》。

接而成，縫接處綴以一行一行的五彩玉石，稱為琪（或綦）。《詩‧衛風‧淇奧》就曾說貴族的皮弁「璓弁如星」，意思是貴族皮帽帽縫的縫合處綴有一行行閃閃的玉石，亮晶晶的，看起來就像天上的星星一樣美麗。

帶是周代貴族服飾中的重要組成部分。帶的作用，一方面是為了將衣服繫緊，同時在帶上可繫掛日常生活中所用的一些小型的工具，如錐子、針線等；另一方面，帶也具有較強的裝飾作用。《禮記‧雜記》記載：「率帶，諸侯大夫皆五采，士二采。」意思是諸侯大夫的帶都是五彩來裝飾，士的帶以二彩裝飾。帶的緄邊也是比較講究的，天子的帶，繞腰的部分上側是朱色鑲邊，下側是綠色鑲邊。帶下垂的部分叫做紳，紳的外側緄邊是朱色，內側緄邊是綠色。這是細微的審美裝飾風格的體現。

還有深衣的邊緣裝飾也是很細緻的，《禮記‧深衣》記載：「具父母大父母，衣純以繢。具父母，衣純以青。如孤子，衣純以素。純袂、緣，純邊，廣各寸半。」繢，畫文也。純，指的是衣服的鑲邊。這段話的意思是父母和祖父母都健在的人所穿深衣用有彩色的布條來鑲邊。只有父母健在，而無祖父母的人，所穿深衣以青色布條來鑲邊。父母祖父母都不在的人，所穿深衣用白色布條來鑲邊。一般來講，袖口、下擺、衣邊的鑲邊寬度都是半寸。

重視裝飾，尤其是重視服飾的鑲邊藝術成為周代貴族服飾審美的一個突出特徵。這一方面表明周代貴族的服飾比較精緻，已經達到了一定的美學高度；另一方面也表明周代貴族是以一種審美的眼光和審美的心態來對待服飾的。

（三）服飾的精細化

與生活的精細和考究相一致，周代貴族的審美情趣還表現在對細

微裝飾之美的鑒賞方面。在禮樂文化的大背景下，周代貴族的審美追求不是長江黃河塞外風光之類的崇高美，而是禮制生活中的一舉一動、一事一物之中所蘊涵的美。周代貴族的審美是與細微的日常生活密切相關的，而且在他們的眼裡，生活中到處都充滿詩意。這種對細微之美的鑒賞主要表現在貴族對服飾和車馬飾等細微之處的關注上。如前所述周代貴族對冠的帶子也要進行美化，用五彩絲線編織而成，使其具有審美價值。再如衣服袖口的裝飾也集中體現了貴族細膩的審美追求。《禮記‧玉藻》篇還講道：「凡帶，有率，無箴功。」箴，通「針」。意思是周代貴族的紳帶非常講究審美效果，要用暗線縫製，使人從外面看不出針腳。之所以具有這樣的審美追求，可能與貴族受禮制的約束，行為和思想都比較謹慎、細膩有關。

　　周代貴族服飾的精細化特徵隨處可見。如冠的裝飾就非常精細，甚至有些繁複。其中纊是繫在冠圈上，垂在耳孔外的小圓玉，也叫瑱。天子的瑱以玉石為質地，臣的瑱以美石或象牙為質地。紞，是繫玉的絲繩。人君用五種顏色的絲繩，臣用三色的絲繩。這裡的玉石和綴玉的絲繩都可謂精美的藝術品。在首服中，還有笄和紘也是很講究的裝飾品。笄主要是用來固定冠的，但是事實上，它的裝飾效果更加吸引人。笄首通常是雕刻精巧的裝飾品。在各地出土的文物中也常見到笄，如陝西寶雞竹園溝西周墓地出土的八件銅髮笄，呈「干」字形。寶雞茹家莊墓地出土一組（二十四件）銅髮笄，形制相同，笄身呈圓錐狀，細長，笄頂飾立鳥，高冠，作展翅騰飛狀，形象十分生動。[10]另外，河南濬縣辛村西周末至東周初的衛國貴族墓葬發掘出一對鴛鴦笄首，用骨料雕著羽毛細緻、昂首翹尾的鴛鴦。在鴛鴦的腹下

---

10 盧連成、胡智生：《寶雞強國墓地》，北京，文物出版社，1988，第315頁。

有一個小孔，剛好可以把錐形的笄杆插進孔洞[11]。在考古發掘資料中還有灃西張家坡西周墓地出土的笄七百多件，大都磨得很細。「有少數還雕刻著鳥形花紋或鑲嵌綠松石，製作十分精緻，是很好的藝術品」。[12]可以想像這種鳥的眼睛和胸部都鑲有綠松石的笄是何等精細的審美趣味的表現。紘的用法是用一端繫在笄的一端，另一端繞過下頜，再繫在另一個笄上（據王宇清《周禮六冕考辨》，一般要用兩個笄）。天子朱紘，諸侯青紘，以紘兩端下垂的絲組為裝飾，體現了貴族服飾的精細化特徵。

這種細膩的審美追求還表現在鞋子的裝飾上。周人的鞋子除了鞋幫、鞋底之外，還有綦、絇、繶、純等集實用與裝飾於一體的部件。綦是鞋帶；絇是鞋頭上的一種裝飾，其形狀像翹起的鼻子，有孔，可穿繫鞋帶；繶是鞋牙（即今之鞋幫）與鞋底相連接處的縫裡裝飾的絲條；沿著鞋口的鑲邊叫純。據《儀禮・士冠禮》記載：「爵弁纁屨，黑絇、繶、純，純博寸。」意思是爵弁服的鞋子是黑色的鞋頭飾，鞋底與鞋幫相接處的絲條，以及鞋口的邊都是寬一寸的黑色鑲邊。

在周天子的生活中，屨人要為王及後提供各種各樣的鞋子和鞋上的裝飾品。《周禮・天官・屨人》記載：「屨人掌王及後之服屨。為赤舄、黑舄，赤繶、黃繶，青絇，素屨，葛屨。」屨指的是單底的鞋，舄指的是復底的鞋。從有關屨人職責的記載中可以推知，周王和王後的鞋子主要有紅色、黑色的復底鞋，鞋底和鞋幫之間裝飾著紅色和黃色的條子，鞋頭是青色的裝飾。此外，還有素色的單底鞋和葛質的單底鞋。

周代貴族講究鞋子與衣服相搭配，即講究穿顏色與衣服相近的鞋

11　郭寶鈞：《濬縣辛村》，北京，科學出版社，1964，第68頁。

12　中國科學院考古研究所編著：《灃西發掘報告——1955-1957年陝西長安縣灃西鄉考古發掘資料》，北京，文物出版社，1963，第106頁。

子。《儀禮・士冠禮》中記載著衣服和鞋子以及鞋子上的裝飾的搭配
原則，即周代貴族夏天穿的鞋子用葛麻布製成，如果穿玄色祭服就要
配黑色的鞋子，鞋頭的裝飾絇要用青色，鞋牙與鞋底相接處的裝飾繶
繶也要是青色的。鞋口的鑲邊純寬約一寸；如果穿素色的裳，要配白
色的鞋，鞋的絇、繶、純都要是緇色的，鞋口的裝飾寬也是一寸；如
果穿爵弁服，就要穿纁色的屨，屨的絇、繶、純，都是黑色，鞋口的
裝飾寬一寸。貴族冬天穿用革製作的鞋。從鞋子的這些裝飾和色彩搭
配，都可以看出周代貴族的服裝裝飾非常細緻，甚至有些繁複。其風
格與青銅器的紋飾圖案的繁複和細緻是一脈相承的，體現了周代貴族
的審美趣味和審美追求。

　　周代貴族的審美對象是非常有限的，與我們今天這個五彩紛呈的
世界相比，周代貴族的服飾色彩還是顯得比較單調，但是他們卻能夠
對極細微的衣服鑲邊和色彩以及繫冠的帶子都表現出強烈的審美關
注，從而使最不起眼的審美對象，如鞋子的絇、繶、純等都成為審美
觀照的對象，都引起了人們的審美興趣。這使我們認識到，一個時代
有沒有美，有沒有審美的心態和審美追求，這與審美對象是否豐富並
沒有絕對的關係，對一個沒有審美情趣的時代和階層來說，再繁華、
惹眼的審美對象都有可能引不起欣賞的興趣，而對追求美、熱愛美的
時代和階層來說，即使是最微不足道的美，也能定格在他們的視野
中，成為他們玩味的審美對象。周代貴族對細微之美的看重，表明他
們有著敏感的審美心性。

第二節　禮器的審美價值

　　因為周代貴族的禮器與食器常常是合而為一的，所以，我們這裡
就綜合論述禮器（玉器將在後面獨立論述）和食器中所蘊涵的審美價

值，而側重於禮器。禮器是周人進行祭祀、宴饗、喪葬等禮儀活動時使用的器物，如周代貴族祭祀時所用的鼎、簋、爵、觶、角、散、罍、瓿、樽、籩、豆等。其中青銅禮器又泛稱彝器。禮器首先是作為貴族身分、等級、權力的象徵而存在的，是傳達禮制思想的外在形式。然而，禮器那莊重的色彩、穩重的造型、精美的紋飾，又使它在傳達意識形態蘊涵的同時，成為周代貴族欣賞的藝術品，雖然它們不是為藝術的目的而製造的，在這些器物中卻蘊涵著周代貴族的審美趣味。

一　禮器中的意識形態蘊涵

禮器在周代貴族的生活中，首先是身分和權力的象徵，具有濃厚的意識形態蘊涵。一般來說，天子、諸侯在宗廟舉行祭禮時，身分尊貴者用爵盛酒獻尸，身分較卑微的就用散酌酒獻尸。《禮記・禮器》就有「宗廟之祭，貴者獻以爵，賤者獻以散；尊者舉觶，卑者舉角」的記載，表明爵、散、觶、角與貴族的貴賤尊卑之間的關係。《禮記・祭統》中還記載：「尸飲五，君洗玉爵獻卿；尸飲七，君洗瑤爵獻大夫；尸飲九，以散爵獻士及群有司。」這是天子宗廟大祭時的用爵情況。可以看出，酒爵中的玉爵、瑤爵、散爵分別代表了貴族的三個檔次和等級，即卿以玉爵，大夫以瑤爵，士以散爵，形成了身分與不同的爵之間的對應關係。

鼎是青銅禮器中的重要食器，在祭祀和宴饗禮儀中主要用來盛放牲。鼎更是貴族等級的最典型的標誌。九鼎就是天子身分和權力的象徵。簋是祭祀時盛放煮熟的黍、稷、稻、粱等飯食的器皿，是商周時代重要的禮器。簋在祭祀和宴饗時與列鼎以偶數組合和奇數組合配合使用。一般來說，天子九鼎八簋，諸侯七鼎六簋，大夫五鼎四簋，士

三鼎二簋。貴族擁有鼎的多少就表明其地位的尊卑。一系列出土的鼎也為我們默默地講述著周代貴族貴賤尊卑的關係。

籩與豆的形狀相似，但質地不同。籩是竹子製作的，用來盛放脯、棗、栗等乾燥食物。豆多為木製，是貴族祭祀和宴饗時專門盛放醃菜、肉醬和調味品的食器，同時也是重要的禮器。籩、豆通常也是配合使用的。豆也具有身分標誌的意義。豆的多少也是貴族地位高下的表現和權力大小的象徵。《禮記‧禮器》記載：「天子之豆二十有六，諸公十有六，諸侯十有二，上大夫八，下大夫六。」體現了周代貴族社會重視等級的社會風尚。禮器對周代貴族而言首先是作為等級和身分的標誌而存在的。

二　禮器的形制和紋飾之美

意識形態的目的並沒有遮蔽住禮器的美學價值。正是在等級禮制的背景下，禮器的美學價值得到了凸顯。就青銅器來看，商代的青銅器紋飾以饕餮紋為代表，饕餮形象往往佔據器物的主體位置，表現出強烈的統治感。周代的禮器上也有非常豐富的紋飾圖案，但宗教的意義逐漸減弱，更多地表現出周代貴族的等級制特徵和對現實生活美的追求。禮器的形製紋飾是周代貴族追求紋飾的審美趣味的體現。

周代貴族對禮器的紋飾化審美風格的追求在先秦文獻記載中可以得到充分的證明。《周禮‧春官‧司尊彝》記載了各種精美的酒器的形狀及其用途：

> 春祠夏禴，祼用雞彝、鳥彝，皆有舟；其朝踐用兩獻尊，其再
> 獻用兩象尊，皆有罍，諸臣之所酢也。秋嘗冬烝，祼用斝彝、
> 黃彝，皆有舟；其朝獻用兩著尊，其饋獻用兩壺尊，皆有罍，

諸臣之所酢也。凡四時之間祀追享朝享，裸用虎彞、蜼彞，皆
有舟；其朝踐用兩大尊，其再獻用兩山尊，皆有罍，諸臣之
所酢也。

　　從《周禮・春官・司尊彞》所載可以看出，周代有一系列製作精
美、紋飾別致的酒器，如鳥彞、雞彞、象彞、虎彞、黃彞等，這些酒
器或者在器物上畫著鳥或者別的動物的形象，抑或是將器物的蓋子或
整個酒器製成各種動物的形象。雞彞、鳥彞指的是在彞上刻畫雞和鳳
凰之形。象尊，是用象骨裝飾的尊。山尊，指的是一種器體刻畫有山
雲之形的尊。舟，指的是酒器的托盤。整段話的意思是：周王春天舉
行祠祭，夏天舉行禴祭時，行裸禮用有托盤的雞彞、鳥彞。行朝踐禮
用兩犧尊，行再獻禮用兩象尊，都設有罍，供諸臣酌酒行自酢禮用。
秋天舉行嘗祭，冬天舉行烝祭時，行裸禮用斝彞、黃彞，都有托盤；
行朝獻禮用兩著尊，行饋食禮用兩壺尊，也都備有罍，供諸臣酌酒行
自酢禮時用。凡四季之間的祭祀，如追享、朝享，行裸禮用虎彞、蜼
彞，都有托盤。行朝踐禮用兩大尊，行再獻禮用兩山尊，都備有罍。
從《周禮》所記錄的情況來看，周王舉行祭祀時的酒器名目種類相當
繁多，紋飾、形制也非常考究。

　　周代貴族的酒器中還有一種叫黃目，其設計和造型也非常特別，
值得一提。黃目的外面鏤刻成眼目之形，是貯存鬱鬯的酒器。黃色居
五行之中，目是眼睛，是人精氣中清明的器官，酒樽之所以稱作黃
目，意思是酌酒於其中而清明潔淨露於外。正如《禮記・郊特牲》中
所講：「黃目，鬱氣之上尊也。黃者，中也；目者，氣之清明者也，
言酌於中而清明於外也。」黃目的構思，表現了周代貴族奇巧、細膩
的審美趣味。

　　不僅禮器的造型和紋飾美麗，就是覆蓋禮器的布也非常講究。

《周禮・天官・冪人》記載：「祭祀以疏布巾冪八尊，以畫布巾冪六彝。凡王巾皆黼。」祭天尚質樸，所以覆蓋八尊用的是粗疏的布巾，而宗廟祭祀尚紋飾，所以用的是畫有雲氣的布巾覆蓋六彝。這一細節表現了周人對器物裝飾的重視，也表現了周人器物裝飾細緻化的審美追求，細緻到連器物上的覆蓋物都有專門的冪人來掌管的程度。

　　那些沉睡在地下的歷史遺存再次為我們講述著三千多年前貴族的生活和他們追求美飾生活的藝術精神。出土的實物可以使我們對周代酒器的紋飾、形狀之美有一個更加直觀的印象。陝西扶風莊白一號青銅窖藏出土的酒器折觥，造型精美，紋飾華麗，主體呈綿羊形，在羊身的各個部位又有鳥、龍、蛇、怪獸、象鼻等三十多種動物造型和圖案，紋飾繁複，造型奇特，體現了周代禮器濃重的裝飾風格。從出土的飾物資料看，鳥獸尊也很多，如陝西寶雞茹家莊墓地就出土有象尊，「象體肥碩、豐滿。象鼻高挑，鼻頭翻卷，中有圓孔，與體腔相通為流。象口微張，齒牙外露，兩圓目突出，圓耳聳起。背部坦闊，中空，上有長方孔，方形器蓋扣伏尊口，蓋中部隆起，上有兩圓環。方蓋與象體環接。四柱足較短、粗壯，象尾自然下垂。器蓋飾四組卷體蛇紋。通體飾四組鳳鳥紋，用粗線條陽線勾勒，鳳鳥垂冠，卷體呈圓渦形。中間對峙兩組三角形幾何紋，每組四個三角形套連。雲雷紋襯地。紋飾布局至為巧妙奇特」。[13]從茹家莊所出土的這一象尊來看，可以感到西周時期的器物特別講究紋飾之美，不但器物要造成動物的形象，甚至動物全身也要布滿紋飾，突出體現了周代貴族所用的酒器追求飾的特點。一九六七年扶風賀家村挖掘出一件銅牛尊，是西周初期之器。該尊造型生動，比例勻稱。牛做翹首伸頸作吼叫狀，兩眼圓瞪。整體造型渾圓精美，全器飾雲紋，夔紋。四腿粗壯結實。嘴作

---

13 盧連成、胡智生：《寶雞強國墓地》，北京，文物出版社，1988，第293頁。

流，尾巴卷作環把，背上有方口置蓋，蓋上飾虎紐。蓋與器有銅環相連接。虎細腰長脊，大頭，昂首翹尾，四腿粗壯有力，作前撲狀。整個牛尊在敦厚沉重中又有牛背上的小老虎的點綴，寓厚實、靈巧於一體，顯示著西周青銅禮器的另一種審美風格。

能代表周代禮器風格的還有北京琉璃河西周燕國墓地出土的一系列器物。如 M253：13出土的獸面蕉葉紋簋，其腹之兩側附接大耳高鼻的獸頭形半耳環。全器飾滿花紋，口沿下飾一周用雷紋組成的蕉葉紋。又如 M253：2出土的作寶尊，為喇叭口，鼓腹、高足。頸之上部飾以獸面組成的蕉葉紋，頸下部飾四隻鳥頭兩兩相對的長尾大鳥。圈足飾四隻垂尾大鳥。

這一件件出土的實物，用無聲的語言為我們講述著周人祭祀禮儀的輝煌，祭祀時酒器的精美。它們表明周代貴族的飲食和祭祀器具，不僅有器之用，還有器之美。出土實物資料給我們的啟示是，《周禮》《儀禮》以及《禮記》等文獻中對禮器之美的記載，還遠遠沒有這些實物資料豐富多彩。可以說，「三禮」中所反映的周代貴族對禮器的審美追求並不是後世審美想像的結果，而是歷史事實的部分記錄。

三　禮器所點綴的審美世界

禮器所點綴的周代貴族的審美世界，文獻中有多處記載，如《禮記‧明堂位》就記載了天子祭祀時，禮器如何點綴著祭祀的盛況：「季夏六月，以禘禮祀周公於大廟，牲用白牡，尊用犧、象、山罍，郁尊用黃目，灌用玉瓚大圭，薦用玉豆、雕簋（饌），爵用玉琖（盞）仍雕，加以璧散、璧角，俎用梡、嶡。」這是天子祭祀時的盛況，豐富多樣的酒器使人感到目不暇接。有牛形的犧尊、象形的象尊、刻有山形圖紋的山罍。鬱金香與黍米合釀的香酒盛放在刻有黃目

的酒樽裡。祭禮中舀酒灌地用的是玉製的舀酒斗。薦獻食品用的是玉製的豆，以及加雕飾的籩。國君獻酒用的是雕刻著圖紋的玉盞，諸臣加爵時使用的是用璧玉飾杯口的璧散和璧角，盛放肉的俎案用的是帶有梡、嶡的木几。精美的禮器是周代貴族精細和考究生活方式的集中體現，折射出周代貴族生活藝術化的精神追求。

《國語・周語中》記載著各種精美的器物將貴族朝聘禮儀點綴得何等富麗而熱鬧的狀況。晉國是王室的兄弟之國，臨時來拜訪，周王室就要舉行表示和諧友好關係的燕禮，舉行燕禮時「擇其柔嘉，選其馨香，潔其酒醴，品其百籩，修其簠簋，奉其犧象，出其尊彝，陳其鼎俎，淨其巾冪，敬其祓除，體解節折而共飲食之。於是乎有折俎加豆，酬幣宴貨，以示容合好……服物昭庸，采飾顯明，文章比象，周旋序順，容貌有崇，威儀有則，五味實氣，五色精心，五聲昭德，五義紀宜，飲食可饗，和同可觀，財用可嘉，則順而德建。」即在燕禮中要選用肥美、馨香的肉食來招待來賓。要清潔酒器，準備盛放乾果的籩豆，修理好盛放黍稷的簠簋，奉出尊貴的象骨尊和其它彝器，擺放好鼎俎，洗乾淨覆蓋尊彝的冪布，心懷敬畏地祓除。然後共同享用解成塊的牲體。既食之後還要加俎豆，表示友好親切。在燕禮中，充滿了熱鬧和繁忙的氣氛。各種各樣的酒器和美好豔麗的服飾，以及兄弟親朋之間的揖讓周旋共同組成了一個和樂、可嘉的燕禮圖。

器物點綴著周人的祭祀禮儀和燕飲禮儀。酒器的紋飾和形制之美，表現了周人對生活的文飾化追求。但是，這些豐富的食物與精美的酒器、食器並不是僅僅為了口腹之欲而設，其精緻繁複的背後蘊涵著無形的禮制內涵。同時，對祭器的重視，也反映了周人對精神生活的重視，正如《禮記・王制》中講：「大夫祭器不假；祭器未成，不造燕器。」祭器是不能隨便給別人的，在祭器沒有製成的情況下，大夫是不會造燕飲的器皿的。周代貴族將精神的安頓看得比肉身的生存

更加重要，但是精神世界又不是抽象的、空洞的，而是集中體現在這些精美的器物之中。

第三節　晶瑩剔透的玉世界

在中華文明史上，玉文化源遠流長。最早的玉器發現於浙江餘姚河姆渡文化遺址中，距今已有七千年的歷史。並且從已經發掘的實物資料觀察，玉石最初基本是比較純粹的裝飾品，即玉最初是以它的審美價值為人們所關注的，只是後來才被賦予了多種複雜的社會觀念。殷商時期，玉主要是作為通神的禮器而存在，到了周代，玉不僅具有通神的作用，而且也是重要的裝飾品和等級的標誌，以及貴族之間往來的信物。玉在周代貴族的生活中扮演著多種角色，有著廣泛的運用，周代貴族生活在一個琳琅滿目的玉石世界之中。

在周代貴族的社會體制中，玉府、典瑞和大宗伯等都是掌管周王之玉的專門機構。其中玉府是專門負責周王的金玉、玩好、兵器，以及其它珍貴器物的機構。典瑞是專門掌管玉瑞、玉器的收藏，辨別它們的名稱和種類，並為它們設置裝飾物的官，與玉府的職能相比，典瑞更側重於掌管周王及各等貴族用玉的法度。玉人是專門製作各種玉器的工匠。

關於玉的主要用途，從《周禮・天官・大宰》中所載大宰之職責中可略見一斑。在祭祀天神、地示以及先王時，大宰要幫助周王拿玉器、幣帛和爵；大朝覲、大會同時，大宰要協助周王接受諸侯進獻的玉幣和其它玉器玩好，協助周王設置玉几，協助周王接受諸侯向周王進酢酒的玉爵；大喪時，大宰要協助周王行贈玉、含玉之禮。關於玉在周人生活中的應用，《周禮・天官・玉府》也有所記載：「玉府掌王之金玉、玩好、兵器，凡良貨賄之藏。共王之服玉、佩玉、珠玉。王

齊，則共食玉。大喪，共含玉、復衣裳、角枕、角柶。」從這段文獻可知，玉府主要掌管著周王的服玉、佩玉、珠玉、食玉、含玉、玩好之玉，以及獻給王的金玉等。綜合以上文獻，我們可以看出，周禮中的玉，第一，作為祭祀用玉；第二，作為禮賓客之玉；第三，作為喪禮中的含玉。我們擬將周代貴族生活中常見玉分為祭玉、瑞玉、佩玉、含玉等幾個方面來進行分析，力求通過這幾種玉器的分析來透視玉器中所蘊涵的藝術精神。

祭玉主要指的是各種祭祀禮儀中所用的玉。《周禮・春官・大宗伯》記載：「以玉做六器，以禮天地四方。以蒼璧禮天，以黃琮禮地，以青圭禮東方，以赤璋禮南方，以白琥禮西方，以玄璜禮北方。皆有牲幣，各放其器之色。」周人冬至禮天，夏至禮地，立春禮東方，立夏禮南方，立秋禮西方，立冬禮北方。從顏色來說，所選擇的玉器要分別與六個方位的神的顏色一致，天為蒼，地為黃，春為蒼，夏為赤，秋為白，冬為黑。牲幣也根據六方之色，禮天用蒼幣、蒼牲；禮地以纁幣、黃牲；禮東方的牲幣與禮天相同；禮南方以朱幣、騂牲；禮西方以素幣、白牲；禮北方以玄幣、黝牲。進行祭祀的玉，其形狀也要和祭祀的對象相對應：璧圓，像天；琮八方，像地；圭銳，像春物初生；半圭曰璋，像夏物半死；琥猛像嚴秋；半璧曰璜，像冬閉藏，地上無物，唯天半見。所以這幾種玉分別被用來禮天地和四方。

除了祭祀天地四方之神外，玉還較為廣泛地被運用在其它祭祀場合。如《左傳・僖公二十四年》記載，公子重耳為了表白自己與子犯的同心一意，將玉璧沉到河裡。《左傳・文公十二年》記載，秦伯將玉璧沉到河裡，乞求戰爭的勝利。《左傳・襄公十八年》也記載，晉侯伐齊，將濟河，獻子用朱絲繫著玉，進行祈禱。《左傳・昭公二十四年》記載，王子朝將成周之寶珪沉於河。從這些文獻記載可以看

出，祭祀河神時，基本上都是將玉器沉到河水中。

　　瑞玉指的是人際交往中使用的玉器。瑞玉主要有三種類型：一是四方之國來獻的玉；二是出使四方之國的使者所奉的玉；三是王賞賜給諸侯的玉。如在覲禮、盟誓、諸侯之間往來等場合都要用玉禮器。諸侯國之間往來，要行束帛加璧之禮。

　　天子於分封建國之後，要賜以命圭作為諸侯守國的符信。《周禮·春官·大宗伯》載：「以玉作六瑞，以等邦國。王執鎮圭，公執桓圭，侯執信圭，伯執躬圭，子執谷璧，男執蒲璧。」即天子用長一尺二寸的鎮圭；公用長九寸的桓圭；侯用長七寸的信圭；伯用長七寸的躬圭；子爵用谷璧；男爵用蒲璧。不同等級的貴族用的圭形制不同，是為了區別諸侯貴族的等級。這就是命圭的等級制度。

　　《周禮·春官·典瑞》也記載了不同場合中圭的運用情況：「王晉大圭，執鎮圭，繅藉五采五就，以朝日。公執桓圭，侯執信圭，伯執躬圭，繅皆三采三就；子執谷璧，男執蒲璧，繅皆二采再就：以朝、覲、宗、遇、會、同於王。諸侯相見，亦如之。瑑圭、璋、璧、琮，繅皆二采一就，以覜聘。」這一段講各等貴族用玉的情況。周王行拜日禮時，插著大圭，手執鎮圭，圭墊上以玄、黃、朱、白、蒼五色為裝飾。桓圭、信圭、躬圭的圭墊都用朱、白、蒼三種顏色作為裝飾。谷璧、蒲璧，其圭墊都用朱、綠兩色來裝飾。公侯伯子男分別執著這樣的圭來向王行春朝、秋覲、夏宗、冬遇和臨時會同之禮。諸侯之間相見也要用同樣裝飾的瑞玉。大夫眾來曰覜，寡來曰聘。諸侯向王行覜聘之禮要執有隆起刻紋的圭、璋、璧、琮等瑞玉，它們都有朱、綠兩種顏色繪飾一匝的襯墊。

　　作為瑞玉的圭，在貴族的生活世界中扮演著非常重要的角色。《禮記·禮器》記載：「圭、璋特，琥、璜爵。」意思是圭、璋是玉中的貴重者，在貴族的朝聘禮儀中，可以單獨作為信玉使用，不需要

加幣帛。琥、璜的重要性次於圭、璋，在天子饗諸侯，或諸侯相饗、
舉爵相酬的時候，要同時進獻虎形的琥、半璧形的璜才行。

作為瑞玉的玉笏在周代貴族的生活中也很重要。關於笏的形制
《禮記‧玉藻》中記載：「笏，天子以球玉，諸侯以象。大夫以魚須
文竹，士竹，本，象可也。」周代的社會生活中以玉為貴，所以天子
的笏板以玉為材料做成；諸侯的笏是用象牙做成的；大夫和士的笏則
是用較為常見的竹子製作，以鮫魚的鬍鬚裝飾在笏的側面，只有手持
的部分可以用象牙製作。不僅笏的質地要有等級的區別，而且笏的名
稱和形狀也因等級的不同而有所變化。只有天子才有資格擁有玉質的
笏。從笏的形制說，「天子搢珽，方正於天下也。諸侯荼，前詘後
直，讓於天子也。大夫前詘後詘，無所不讓也。」[14]天子的笏叫珽，
四角方正；諸侯的笏叫荼，前圓後直；大夫的笏前後都是圓的。不同
的等級只能用不同的笏，這就是周代貴族等級制的體現。

佩玉，指的是身上所佩戴的玉，如珩、璜、琚、瑀等玉石，以及
一些動物形的玉佩。服飾的佩件中以玉為最貴。玉佩在周人的生活中
不僅是點綴品和奢侈品，還傳遞著豐富的文化信息。《禮記‧月令》
記載天子四季所佩的玉：春服蒼玉，夏服赤玉，秋服白玉，冬服玄
玉。天地四時的變化就蘊涵在各色的佩玉之中了。

周代貴族很重視玉本身的色澤和綴玉所用的繩子的色彩的搭配，
但玉佩的美依然要遵循著等級的規定。「天子佩白玉而玄組綬，公侯
佩山玄玉而朱組綬，大夫佩水蒼玉而純組綬，世子佩瑜玉而綦組綬，
士佩瓀玟而縕組綬。」[15]這裡體現了玉的等級和貴族等級的關係。天
子佩戴白色的玉，用的是天青色的絲帶；諸侯佩的是山青色的玉，配

---

14 《禮記‧玉藻》。

15 《禮記‧玉藻》。

以朱紅色的絲帶；大夫佩的是水蒼色的玉，配以黑色絲帶；天子和諸侯的太子所佩玉的絲帶是彩色的；士佩著美麗的石頭，用赤黃色的絲帶。溫潤的玉再配以不同色彩的絲帶使玉的色彩美更加突出，表現出了周代貴族在等級體制之中對玉石和色彩之美的特殊愛好。

在佩玉中，不同級別貴族命服上的蔽膝和珩的色彩搭配也是很講究的：「一命縕韍幽衡，再命赤韍幽衡，三命赤韍蔥衡。」[16]命是貴族的官級。衡即珩，是貴族佩玉上端一塊形狀似磬的玉。赤黃間色的蔽膝和黑色的珩是國君賞賜給一級命官的服飾；赤色的蔽膝和黑色的珩是國君賞給二級命官的服飾；赤色的蔽膝佩青色的玉珩，這是最高貴的命服，是國君賞賜給三級命官的佩飾。在這裡蔽膝和玉珩之美是貴族等級的標誌。《詩・小雅・采芑》曾對命服上的裝飾之美進行了描述：「服其命服，朱芾斯皇，有瑲蔥珩。」朱紅色的蔽膝配上天青色的玉珩，而且佩玉在行走的時候還發出悅耳的瑲瑲聲，這是多麼令人神往的審美境界。由此可見，等級之中並不是沒有審美空間的存在，相反，周代貴族戴著等級的腳鐐跳舞，同時也在等級腳鐐的伴奏下，跳出那個歷史時期最為精美的審美之舞。

考古發現的實物中有許多串飾，使周代貴族的佩玉製度得到了實物的證實。扶風雲塘、豐鎬遺址、戰國中山王墓等都曾出土過精緻的玉串飾，以實物的形式為我們展示了周代禮儀文化框架中的審美追求。這些串飾大多由玉璜和瑪瑙珠、瑪瑙管、綠松石、水晶等組合在一起，綺錯相間，形成長長的一串。玉璜是半圓形的玉，在古人的觀念中，璜就是天上的彩虹，並且古人常將虹想像為兩個飲水於河的龍。山西天馬──曲村遺址的北趙晉侯墓地曾發現了驚人的組玉佩。其中晉侯蘇夫人墓出土的玉佩有四百多顆料珠、瑪瑙串珠、六枚玉璜，整

---

16 《禮記・玉藻》。

個玉佩跳珠,紅豔明滅,從墓主人的頸項直到膝前。寶雞茹家莊墓地出土的裝飾玉器也非常豐富。標本 BRM1甲:82是一件由瑪瑙珠、瑪瑙管、玉管、菱形料管、料珠、料管、圓形飾物等共計二四五件組成的串飾。在同一墓葬中還發掘出一串由三一一件瑪瑙珠和兩件圓形飾物組成的串飾。可見西周到春秋早期貴族已經擁有了非常豐富多彩的玉石飾物,也可見當時玉飾物在貴族服飾中占有怎樣突出的位置,貴族們又是怎樣濃墨重彩地展示它所蘊涵的身分價值和審美價值。

在出土的實物資料中,有許多地方都出土過動物形的小型玉佩。如琉璃河西周燕國墓地出土有虎形、鳳形、魚形、蠶形、馬形、龜形等佩件。尤其引人注目的是在寶雞茹家莊墓地出土了各種玉雕動物形象一百一十三件。這些動物形象造型生動優美,在寫實的基礎上,加以藝術的誇張,充分顯示了當時玉、石雕琢的工藝水準,具有較高的藝術價值。如標本 BRM1甲:14和標本 BRM1甲:15都是作站立回首張望狀的玉石小鹿,晶瑩剔透,造型非常可愛。除玉鹿之外,還有玉虎、玉牛、玉兔、玉鳥、玉魚等飾物。扶風賀家村西周墓出土的玉器九十多件,有不少是精雕細琢的工藝品。如其中的玉魚、玉貝、玉串飾等都很別致。編號為 M7:27的玉魚,長七點二公分,寬一點九公分,張嘴,頭部有一小圓孔,以便串連,尾上翹,鰭、眼布於兩側,全為線雕,給人以栩栩如生之感。在河南濬縣辛村衛康叔後裔的墓葬中也出土有許多精美的動物形佩件。如 M1:59號為臥狀玉鳥圓雕,玉色碧綠。M17:128號為一立狀玉鳥,體扁平,凍脂色。二鳥均有孔可穿繩佩戴。M1:60號為一臥狀玉兔,耳特長,特點突出,體扁平,灰白玉。M1:61號為一玉魚,魚質碧綠透明,扁平,兩面雕紋,以目為繫孔,姿態平直。[17]

---

17 郭寶鈞:《濬縣辛村》,北京,科學出版社,1964,第64頁。

　　這些考古資料足以為我們展示出西周貴族的審美情趣，使我們認識到周代貴族的玉佩中動物形象很多，折射出周人對小動物的喜愛之情，也反映出他們對生活的美飾化的追求。更為重要的是，我們認為，這些豐富多彩的出土遺存使我們認識到在森嚴的等級禮制社會中，美並不是停滯不前的。可以說，無論在什麼樣的時代，人們的愛美之心都會隱隱流露。這些小巧精美的動物形裝飾品，雖然時隔幾千年依然能默默地為我們講述著貴族的審美情趣在禮制的制約下是如何存在和發展的。

　　含玉指的是人死後口中所含之玉。在飯含中，可以是貝殼、玉石和穀物，最好的當然還是含玉。在大喪禮中，含玉主要由典瑞來負責提供。《周禮・春官・典瑞》記載典瑞：「共飯玉、含玉、贈玉。」《禮記・雜記下》記載：「諸侯使人弔，其次含、襚、賵、臨，皆同日而畢事者也。」即諸侯國之間往來的一個重要內容是當某一諸侯國有喪事時，首先派人去弔唁，然後送去含玉、襚、賵等物，同時要參與喪事。所以贈飯含的玉是貴族交往中重要的禮儀。在出土的文物中，琉璃河發掘的二號墓墓主人的口中就含有三件玉器，一件是淡綠色玉環，一件是深綠色玉鳥，一件是黃綠色管狀玉。這些小型玉器精巧細緻的程度令人歎為觀止。此外，在周人的含玉中，蟬形的含玉也較為盛行，與蟬鳴叫時的持久有力有關，它象徵著生命的永恆。在喪禮中玉除了作為含玉而運用外，斂屍用的玉也值得一提。斂屍所用的玉主要有圭、璋、璧、琮、琥、璜六種玉器，但也有根據個人愛好選擇其它玉器作為斂屍之玉的，如《左傳・襄公二年》記載，季平子卒，陽虎用璵與璠兩種美玉為季平子斂屍。

　　周代貴族生活在一個晶瑩璀璨的玉的世界之中，對玉的喜好，既是中華審美文化的延續，又有著周代的時代特色。周人愛玉，首先是因為玉石美麗而豐富的色彩使人喜歡，玉石細膩的質地能給人溫潤的

感覺；其次是因為玉的質地的優劣已被納入到貴族的等級體制之中，所以人們時常將玉的尊貴與人的尊貴聯繫在一起。如前所述，各種色彩和形制的玉都被納入到周王的等級體制之中，所以，人們對玉的追求和尊重也隱含著對等級尊卑的認可；最後也是因為玉石溫潤的質地，常常令人聯想到君子謙遜的為人處世態度。周代貴族玉不離身，表現了他們對玉石之美的追求。

第四節　樂器
——靜靜地訴說

周代貴族對音樂美的理解，不僅在於樂器所發出的聲音之美，還在於樂器的紋飾之美。輝煌典雅的禮樂隨著時間的流逝消失在久遠的歷史長河之中，但各地不斷出土的周代樂器，以及文獻中對樂器的記載，卻為我們再現著靜態的樂器之美，為我們再現著三千年前貴族對器物紋飾之美的追求。

《禮記・樂記》中記載，聖人製作了鼗、鼓、椌、楬、塤、箎六種基本樂器，然後又以鐘、磬、竽、瑟等華美之音與之相和，從而形成文質相雜的音樂，並且又伴以干（盾）、戚（斧）、旄、狄（羽）為道具的舞蹈，這就是祭祀先王時，在太廟中演奏的樂舞。

在《詩經》中我們能看到對樂器之美的讚歎。周天子每年三月要舉行盛大的音樂會祭祀宗廟，《周頌・有瞽》就是天子大合樂於宗廟時所唱的樂歌。大合樂於宗廟就是將各種樂器匯合在一起演奏給祖先聽。詩中寫道：「有瞽有瞽，在周之庭。設業設虡，崇牙樹羽，應田懸鼓，鼗磬柷圉，既備乃奏，簫管備舉。喤喤厥聲，肅雝和鳴，先祖是聽。我客戾止，永觀厥成。」瞽，指的是朝廷的盲樂師。業，是懸鼓的木架。虡，是懸編鐘編磬的木架。在天子的宗廟中，放置著懸掛

鼓的木架和懸掛編鐘編磬的木架。在懸掛樂器的橫木上有著鋸齒狀的
崇牙，用以懸掛一排大小不等的鐘磬。崇牙上插著五彩羽毛作為裝
飾。此外還有可以手搖的鞉鼓，有玉石製成的樂器磬，有形似方斗的
木製樂器柷，有形似伏虎的木製樂器敔（又稱為敔），還有簫管等。
這些樂器一起演奏，它們的喤喤聲，肅雝和鳴，先祖聽到後一定會很
愉快。那輝煌的大合樂我們雖然不能再聽到，但是這些文字中不朽的
樂器組合，還依然在為我們展示著周人的音樂美學思想。音樂的美不
僅在於聲音之美，還在於樂器之美，樂器的美既體現在不同樂器的陳
列，還表現為樂器本身的裝飾之美。

　　樂器之美中最為突出地表現在懸掛編鐘的簨虡的美飾之中。簨虡
多為木製，從曾侯乙墓出土的實物看，簨上的紋飾精巧而繁複，虡則
是兩個雙手上舉的人，舉起的雙手正好托著簨，似乎那簨完全是依賴
那兩個人才得以被舉起。各地出土的瑟上也有非常細膩的裝飾。曾侯
乙墓出土的瑟就有十二件。瑟身用彩繪和彩雕的方式，裝飾著各種各
樣的圖案，有盤旋的龍，有飛翔的鳳。這些出土樂器，以及文獻中的
有關記載，為我們提供了一個靜態的音樂美學世界，可以使我們透過
這些有形的音樂世界去感受周代貴族的生活。隔著廣袤的時空，用心
靈和心靈對話就能領會周人樂器中所寄予的藝術精神。

　　關於靜態的音樂美學的思想最為集中地體現在《周禮・冬官・梓
人》中：「梓人為簨虡，天下之大獸五：脂者，膏者，臝者，羽者，鱗
者。宗廟之事，脂者、膏者以為牲；臝者、羽者、鱗者以為簨虡。外
骨、內骨、卻行，仄行，連行，紆行，以脰鳴者，以注鳴者，以旁鳴
者，以翼鳴者，以股鳴者，以胸鳴者，謂之小蟲之屬，以為雕琢。」
這一段講了各種動物形象在周代貴族文飾化生活中的意義。宗廟祭祀
用牛羊豬之類的動物做犧牲，而用臝類、羽類、鱗類的動物形象來作
為簨虡上的刻飾。而將小蟲類的動物形象雕琢在祭器上作為裝飾。

　　就裝飾鐘虡的動物來講，它的特點是「厚唇弇口，豳目短耳，大胸燿後，大體短脰，若是者謂之裸屬，恒有力而不能走，其聲大而宏。有力而不能走，則於任重宜；大聲而宏，則於鐘宜。若是者以為鐘虡，是故擊其所懸，而由其虡鳴」[18]。虡是懸掛鐘的木架的立柱。在周人的審美觀念中鐘虡應當用那些厚唇、深口、突眼、短耳、胸部闊大、後體較小、身體大，但頸項短的裸類動物來裝飾。因為這樣的動物總是很有力而不能跑，發出的聲音大而洪亮。有力而不能跑，適宜於負重。聲音大而洪亮，就同鐘聲相宜。這樣的動物形象做鐘虡上的裝飾的話，敲擊懸掛的鐘的時候，鐘聲就好像從鐘虡中發出來的一樣。

　　裝飾磬虡的動物的特點是「銳喙決吻，數目顧脰，小體騫腹，若是者謂之羽屬，恒無力而輕，其聲清揚而遠聞。無力而輕，則於任輕宜；其聲清陽而遠聞，則於磬宜。若是者以為磬虡，故擊其所懸，而由其虡鳴。」[19]即作為磬虡的動物的特點是嘴巴尖利，嘴唇張開，眼睛細小，頸較長，身體較小，腹部低陷，像這樣的動物屬於羽類動物。因為其總是無力而輕盈，所以適宜於負載輕物。又因為其鳴聲清陽而遠播，所以與磬聲相宜。這樣的動物裝飾在磬虡上，敲擊所懸掛的磬時，聲音就好像從磬虡中發出來的一樣。

　　裝飾在掛鐘磬的木架的橫木上的動物一般是鱗類動物，這類動物「小首而長，搏身而鴻，若是者謂之鱗屬，以為筍」[20]。即這類動物頭小而身長，搏起身就顯得肥大。可能像龍、蛇這樣的動物具有長的特點，所以適合裝飾在鐘磬的橫木上。

　　就筍虡上裝飾的動物來講，周人認為如果刻畫的是捕殺抓咬的獸

18　《周禮・冬官・梓人》。

19　《周禮・冬官・梓人》。

20　《周禮・冬官・梓人》。

類，就一定要「深其爪，出其目，作其鱗之而」[21]。因為深藏它的爪子，突出刻畫它的眼睛，張起它的鱗與頰毛，看它的人就能感覺到它好像已經勃然大怒。再加上它的色彩鮮明而有力，讓這樣有氣勢的動物負重，觀看者就能以為它一定能發出宏大的聲音。反過來說，如果不深藏它的爪子，不突出它的眼睛，也不使它的鱗與頰毛都張起來，而且色彩也灰暗不鮮明，那麼，觀看者就會感覺到它頹喪不振。如果它顯得這樣無精打採，那麼，使它負載重物，就讓人感覺到它好像將要把重物廢棄，而它的色彩也不能讓人聯想到宏大昂揚的聲音。

可以看出，一方面，周代貴族不僅注重瞬間即逝的流動的音樂，而且也關注樂器的美飾。鐘磬的簨虡之美表達了周人對音樂的另一種理解；另一方面，也可以看出，周人非常講究和諧搭配的美學思想，這不僅體現在服飾的搭配方面，也集中體現在簨虡裝飾的布置方面。他們認為能夠負重的裸類動物就應該裝飾在鐘虡上，輕盈的羽類動物就應當裝飾在磬虡上。因為鐘顯得更加沉重，而磬相對來說就顯得輕一點。此外，可以明顯地感覺到周人已經注意到了從接受美學的角度來思考簨虡的裝飾問題。他們認為簨虡上裝飾的各種動物都應當讓人有能負重的感覺，讓人感到有氣勢，能夠與該種樂器所發出的聲音具有異質同構的美感效應。樂器有著這樣精美的裝飾，樂器本身甚至可以成為脫離音樂獨立存在的藝術品。

第五節　車馬和旗的紋飾

在生產力落後的周代，車是人們最主要的交通工具，是貴族財富的象徵。因而，車在貴族的生活中具有舉足輕重的地位。一般來說，

---

21 《周禮・冬官・梓人》。

古代的達官貴人都要乘車。該乘車而未乘車是違禮的。郭寶鈞《殷周車器研究》、朱鳳瀚《古代中國青銅器》等著作結合出土實物和文獻，對先秦時期車的結構、馬的佩件等問題進行了細緻和深入的論述。本文的著力點不再是對車馬和旗的歷史研究，而是對車馬和旗中所蘊涵的貴族藝術精神進行分析。

一　精美的車馬飾

（一）車飾與車馬的等級性及場合性

從文獻記載可知，周代貴族的車馬具有嚴格的等級性和場合性。而車馬的等級性和場合性又是通過車馬上飾物的細微差別來決定的。

如周王的車有五種：「一曰玉路，錫，樊纓十有再就，建大常，十有二斿，以祀；金路，鉤，樊纓九就，建大旂，以賓，同姓以封；象路，朱，樊纓七就，建大赤，以朝，異姓以封；革路，龍勒，條纓五就，建大白，以即戎，以封四衛；木路，前樊鵠纓，建大麾，以田，以封蕃國。」[22]從這一段文獻可知，周王的車分為玉路、金路、象路、革路、木路五個等次。每一種車都有固定的美飾原則。錫指的是馬額上的裝飾物，形如半月，以熟牛皮為之，而飾以金。樊，即鞶，指的是馬的大帶。斿，指的是旗正幅旁邊的飾物，形如飄帶。王的玉路即以玉飾諸末，馬的當盧點綴著金片，馬的大帶上裝飾著用五彩屬裝飾的十二圈彩線，車上建的是畫有日月的大常旗，旗有十二條飄帶。玉路是周王祭祀時乘坐的車；周王之金路，以金飾其末，有金飾的鉤，其樊及纓以五彩纏繞九圈作為裝飾，車上所建的大旗畫著蛟龍。它是王會賓客、封同姓時用的車子；周王的象路，配有朱飾的籠

---

22 《周禮・春官・巾車》。

頭，樊和纓以五彩纏繞七圈作為裝飾。車上建有赤旗。這是周王上朝，封賜異姓諸侯的車；革路，配有白黑兩色相交的籠頭，用絲編織的帶子繞纓五匝作為裝飾，車上豎有大白旗，用於軍事以及封賜守衛四方的諸侯；木路的馬飾有淺黑色的樊和白色的纓，車上樹有大麾旗，用於田獵和封賜九州之外的藩國。可以看到，各種車的結構和基本功能都是一樣的，不同的是不同用途的車有不同的裝飾，運用在不同的場合。車的檔次就是由車上的裝飾物的檔次所決定的。

王后的車也有五種「重翟，錫面，朱總；厭翟，勒面，繢總；安車，雕面，鷖總，皆有容蓋；翟車，貝面，組總，有握；輦車，組挽，有翣，羽蓋」[23]。翟，指的是野雞，在此指的是野雞的雉羽。這一段是關於王後的車馬的裝飾的記載。大意是王后的車也有五種。重翟，在馬額上飾有綴金的當盧，馬籠頭的兩側綴飾著紅色的繒帶；厭翟，指的是車兩側的用作遮罩的雉羽，上一排的羽壓著下一排的羽根，下一排的羽毛又壓著再下一排的羽根。厭翟的馬額上飾著雜有黑白兩色的當盧，馬的兩側綴飾著青黑色的繒帶；安車的馬額上當盧畫著色彩作為點綴。以上三種車都設有容蓋。翟車，馬額上飾有用貝殼裝飾的當盧，馬籠頭兩旁點綴著絲帶，車上設有幄；輦車，有供人牽引用的絲帶，車的兩旁設有翣扇，車上有用羽毛做的、用來遮蔽陽光的小蓋。王后的車也體現著場合性和以裝飾物作為車的等級標誌的特點。

執行公務的車叫服車，服車也有五種：「孤乘夏篆，卿乘夏縵，大夫乘墨車，士乘棧車，庶人乘役車。」[24]轂，在車輪的正中，中空貫軸，周圍為車輻條。車轂的周圍刻成如竹節般凸起的篆。夏篆即以

23 《周禮·春官·巾車》。
24 《周禮·春官·巾車》。

五彩畫轂周圍凸起的部分；夏縵亦指的是在車轂的周圍畫以五彩畫；墨車不畫；棧車不挽革而漆成黑色。役車上設有方箱，可載兵器以供役事。可以看到即便是執行公務的服車，也是將車上的裝飾作為各種車的標誌。

此外，王還有喪車四種，分別為木車、素車、藻車、驪車和漆車。《周禮‧春官‧巾車》對王的喪車有較為詳細的記載。王的各種喪車上也有各種不同的裝飾，如木車，用蒲草做車上的藩蔽，車軾上蓋著用白狗皮做的幦，車上設有用白狗尾做的放兵器的囊，幦和囊都用粗布飾邊，小兵器袋也用粗布飾邊。其它幾種車上的飾物也都體現著喪事的節儉，同時又體現出周代貴族器物裝飾小巧和細緻的風格。

《禮記‧玉藻》也記載著周代貴族精美的車馬飾：「君羔幦虎犆，大夫齊車；鹿幦豹犆，朝車；士齊車鹿幦豹犆。」意思是國君所乘的車上的簾子是用羔羊皮做的，並用虎皮鑲邊。大夫的齋車也是這種裝飾。國君朝車的簾子是用鹿皮做的，用豹皮鑲著邊，士的齋車，也是這種裝飾。看看這些車馬飾就會明白，周代貴族對生活中最細微的地方，都能夠成為他們審美關注的焦點，都能夠引起他們特別的關注。

通過以上分析可以看出，周代貴族的生活中從生到死都離不開車。而從車的分類和用途可以看出，周代貴族的器物不但有較為細緻的裝飾，而且場合和等級性非常明確。車是財富和身分的象徵，車的尊貴來源於車上的裝飾物的尊貴。

（二）出土實物中的車馬飾

在出土的文物中，我們已經無法分辨車的場合和貴族用車的等級，但是這些出土的實物，卻明確地為我們講述著周代貴族的車飾文化。在周人的車上有軸飾、軏飾、踵飾、衡飾、鸞鈴、和鈴，馬首又

有當盧、鉤形飾、馬鼻形飾、馬冠等裝飾。可以說，周代貴族的車無處沒有裝飾，無處不留存著周人審美的信息。

轄是車軸上的銷子，上粗下細，頂端一般有獸頭裝飾，插入軸末端的方孔內，以防止車輪脫落。車轄雖是車中的一個很小的零件，卻是行車的關鍵。周人的審美領域也包括這非常細小的轄的裝飾。洛陽北窯村出土的轄，轄首坐著一個小銅人。山西天馬——曲村遺址出土的轄，則做成一個小人兒騎在虎背上。琉璃河西周燕國墓地 M253：35號出土的轄首為獸頭形，兩側有穿孔。M105：12號的轄首上裝飾的獸頭闊鼻、圓眼、卷眉，鼻上有一菱形凸飾，雙眉間有半環狀鼻。

轅首飾，是裝飾在車轅頭的銅件。陝西寶雞茹家莊出土的一件轅首飾造型非常別致，一側飾浮雕獸面，一側是一個下體僅穿短褲，披髮紋身，雙手摟抱獸面的男子。男子的背部刻有兩隻相背回首的小鹿，小鹿雙角分枝，似回首鳴叫，形象十分生動。[25]琉璃河西周燕國墓地 M202CH：31號為一轅首飾，形狀為虎頭形，作為裝飾的小老虎豎著耳朵，高鼻，張口獠牙，作吼狀，造型頗為生動。

周代貴族的車飾還有鑾鈴、馬軛等。鑾鈴是插在車衡和馬軛上的部件，車行進時，鈴則發出動聽的聲音。在各地出土的實物資料中非常常見。它既是車上的部件，也是車的重要裝飾品。馬軛呈人字形，夾於馬頸上以便輓車。在西周時期的馬軛外側常常用銅片鑲包起來，也叫「金軛」。當盧是以皮條連繫在馬籠頭上，置於馬額前的裝飾物。西周時期的當盧一般呈丫字形，上面常有獸面裝飾，且多為銅當盧。馬冠是馬額上的裝飾，呈扇面，上面也有獸面圖案。

從這一系列出土的實物資料和文獻資料可以看出，周代的車馬文化豐富多彩，周人對車馬寄予了無限的珍視和喜愛之情，表現為對車

---

25 盧連成、胡智生，《寶雞強國墓地》，北京，文物出版社，1988，第401頁。

馬上最精緻細微之處都要進行裝飾和美化。周人的車上、馬上幾乎無處沒有裝飾物，有時候在裝飾物上還有裝飾繪畫，如前面提到的出土於寶雞茹家莊的人形轅首飾，就是在作為裝飾品的小人的背上又裝飾以兩隻回頭張望的小鹿，這是裝飾中的裝飾了。這種非常細膩的裝飾風格是周代貴族審美趣味的典型代表。更值得關注的是，車馬飾的審美趣味表現了周代貴族美飾生活，在現實生活之中創造美和欣賞美的藝術精神，以及對待生活的詩意心態。

（三）意蘊深遠的車馬文化

在周代貴族的生活中，車馬不僅僅只是一種簡單的交通工具，更是貴族文化精神的載體。如車的形制中蘊涵著法天則地、天人合一的審美觀念。周人認為，「軫之方也，以象地也。蓋之圓也，以象天也。輪輻三十，以象日月也。蓋弓二十有八，以象星也。龍旂九斿，以象大火也。鳥旟七斿，以象鶉火也。熊旗六斿，以象伐也。龜蛇四斿，以象營室也。弧旌枉矢，以象弧也。」[26]在周代貴族的器物觀念中，一個車就是一個世界的縮影，就是一個異質同構的微型世界。車軫的方形象徵著大地，車蓋的圓形象徵著天空。輪輻三十，象徵著二十八星宿和日月共同組成的天空。龍旂九斿和鳥旟七斿，以及熊旗六斿，龜旐四斿都對應著天上的星宿。連弧旌上畫著的枉矢也都象徵著形如張弓發矢的弧星。這樣車的美飾中就融入了與天合一的哲學觀念。車成了周代貴族對宇宙的理解。

周代貴族的車子行進時要符合一定的音樂節奏，《周禮・夏官・大馭》記載：「凡馭路，行以《肆夏》，趨以《采齊》。凡馭路儀，以鸞和為節。」意思是王之五路在行進時，緩行，其節拍要符合《肆

---

26 《周禮・冬官・梓人》。

夏》之節奏；疾行，其節拍與《采齊》之節拍要相一致。鸞是車衡上的鈴，和是車軾上的鈴。凡駕馭五路的舒疾之節，要與鸞鈴之聲相一致。這種行進之中的節奏之美，使周代貴族的生活呈現出韻味悠長的藝術性。

車馬是周代貴族出行的主要交通工具，車馬的形制、色彩以及車馬的飾物，一定程度上，都體現著貴族的美學觀念。在各種現代化的交通工具擠滿我們生活空間的時代，再去想像幾千年前悠悠的車馬節奏，想像那和諧的鸞鈴聲，那寧靜的軸頭飾，就會深深地感覺到那是一首優美的詩，那是一支悠遠的歌，它細細地唱著周代貴族精緻化、審美化的生活追求。

二　色彩紛呈的旗文化

在周代貴族的器物中，旗也是引人注目的審美對象之一。據《周禮・春官・司常》記載：「司常掌九旗之物名，各有屬，以待國事。日月為常，交龍為旂，通帛為旜，雜帛為物，熊虎為旗，鳥隼為旟，龜蛇為旐，全羽為旞，析羽為旌。」即司常掌管著王的九種旗幟的名稱，以及旗幟上所畫的章物。畫著日月的旗幟為常，畫著蛟龍的旗幟叫做旂。旗的正幅和正幅旁的飾物斿用同一色的帛製成的旗幟叫做旜。正幅與斿以不同色的帛製成的旗幟叫做物。畫有熊虎的旗子叫做旗，畫有鳥隼的旗幟叫做旟，畫有龜蛇的旗幟叫做旐，將每根羽毛都染為五彩，用來裝飾旗杆的旗幟叫做旞，將每個羽毛染成一種顏色，用不同色彩的羽毛裝飾的旗幟叫做旌。這真是一個令人眼花繚亂的旗的世界。

在周人生活世界中，旗也是貴族等級和身分的標記，在不同的場合，不同身分的貴族因為要區別等級，因而要有不同的旗。也是因為

有不同裝飾和圖案，所以，旗在周人的審美世界中，絕不是一件單純的標誌物，還是一種審美對象。周人對旗有著濃厚的興趣。

旗的應用範圍較廣，不只用在車上，但是旗更多的時候的確與車聯繫在一起。旗是標誌，也是周人藝術精神的展現。《禮記・曲禮上》記載：「前有水則載青旌，前有塵埃則載鳴鳶，前有車騎則載飛鴻，前有士師則載虎皮，前有摯獸則載貔貅。行，前朱雀而後玄武，左青龍而右白虎，招搖在上，急繕其怒。進退有度，左右有局，各司其局。」即在行軍途中，發現前面有水，就豎起畫有青雀的旌旗；發現前面有揚起的塵土，就豎起畫有張嘴鳴叫的老鷹形象的旗幟；發現前面有軍隊車馬，就豎起畫有大雁的旗幟；發現前面有步兵隊伍，就豎起畫有虎皮的旗幟；發現前面有怪獸，就豎起畫有貔貅的大旗。行軍時前面的部隊高舉畫有朱雀的旗幟，後面的部隊高舉畫有龜蛇的旗幟，左邊的部隊高舉畫有青龍的旗幟，右邊的部隊高舉畫有白虎的旗幟。既有整體的調度，又有各部分的職責。周人行軍中的旗幟體現了周代貴族將美飾和實用目的結合在一起的美學精神。

在《國語》中，我們還可以在吳國和晉國的戰爭中看到車旗將戰爭的場面點綴得何等壯觀。《國語・吳語》中寫到吳軍的陣勢是：

> 萬人以為方陣，皆白常、白旗、素甲、白羽之矰，望之如茶。王親秉鉞，載白旗以中陳而立。左軍亦如之，皆赤常、赤旗、丹甲、朱羽之矰，望之如火。右軍亦如之，皆玄常、玄旗、黑甲、烏羽之矰，望之如墨。為帶甲三萬，以勢攻，雞鳴乃定。既陳，去晉軍一里。昧明，王乃秉枹，親就鳴鐘鼓、丁寧、錞于、振鐸，勇怯盡應，三軍皆嘩扣（歡呼）以振旅，其聲動天地。

整段話的意思是，吳軍整編了軍隊，萬人一方陣，分為左中右三

軍，中軍以白色的旗幟為標誌，赫赫的陣勢如白色的旗幟的海洋；左
軍以紅色的旗幟為標誌，其威武的陣勢有如同紅色的火海；右軍以黑
色的旗幟為標誌，其壯觀的氣勢又望之如墨。黎明時分，三軍將士整
裝待發，各種軍樂齊鳴，中間夾雜著官兵的歡呼聲，這樣如火如荼的
陣勢和聲勢使晉軍大駭。在這裡我們可以看到吳軍的陣勢由於軍營的
龐大以及車旗色彩的壯觀和軍樂的作用而顯得非常具有氣勢，具有審
美性。時隔幾千年，戰爭中的勝負輸贏都已煙消雲散，留在我們眼前
的是一幅壯觀的車旗文化圖式，部隊的行軍作戰最終積澱為關於車旗
文化的審美想像。

　　綜上所述，我們認為：首先，周人的車的用途和分工是較為明確
和細緻的，體現了場合性的特點；其次，各種車都有非常精緻的裝
飾。尤其是在細微的地方有精緻的裝飾，這是周代貴族器物之美，尤
其是車馬裝飾的一個特徵。旗幟文化也很豐富，旗既是戰爭中各軍的
標誌，又點染了戰場的藝術氛圍。可以想像周代貴族的審美品位是非
常細膩的，他們的心性也應當是非常寧靜而充滿了和諧的，否則他們
不會對細微之處進行這樣細緻的裝飾，又對細微之處的美飾予以如此
的關注。

第六節　席以及其它器物中的審美蘊涵

一　席的美飾

　　周人一般都是坐在席上的。席地而坐的時代，不僅坐席的方式有
許多禮儀規範，體現著貴族行為中溫文爾雅的藝術氣質，而且，席作
為室內重要的陳設，也是貴族審美的焦點之一，體現著主人的身分和
等級，也體現著周代貴族的審美情趣。

　　周代貴族所用的席子花色和品種已經相當豐富。《周禮・春官・司几筵》記載司几筵的職責是：「掌五几五席之名物，辨其用與其位。」這裡的五几，指的是左右玉几、雕几、彤几、漆几、素几。五席，指的是莞席、藻席、次席、蒲席、熊席。五几五席的劃分，足見席文化的豐富多樣。《司几筵》還記載著天子朝覲、大射等重大場合的鋪席狀況：「凡大朝覲、大饗射，凡封國、命諸侯，王位設黼依，依前南鄉設莞席紛純，加繅席畫純，加次席黼純，左右玉几。祀先王昨席亦如之。」黼，以絳帛為質，繡著黑白相間的花紋。依，其制如屏風。純，指的是鑲邊。這段的意思是在大朝覲、大饗食、大射禮以及封建國家和策命諸侯的重大場合，天子的堂中都要布置上繡有黑白兩色斧形圖案的屏風。在屏風的前面，面向南鋪設著黑絲帶鑲邊的莞席，莞席的上面鋪著邊緣飾有雲氣圖案的五彩蒲席，蒲席的上面還加有繡著黑白花紋鑲邊的竹席，屏風左右設有玉几。由此看來，周天子盛大場合的席和幾都是非常講究的，席子的花色圖案和作為裝飾的鑲邊都具有高度的審美價值。

　　一般諸侯的席子鋪設情況，《周禮・春官・司几筵》也有相關記載：「諸侯祭祀席，蒲筵繢純，加莞席紛純，右雕几；昨席莞筵紛純，加繅席畫純。筵國賓於牖前亦如之，左彤几。」諸侯祭祀宗廟時，為神鋪設邊緣繪有花紋的蒲席，上加黑色絲帶鑲邊的莞席，席右端放著雕刻著花紋的几。諸侯為接受酢酒鋪設有黑色絲帶鑲邊的莞席，上加邊緣繪有花紋的五彩蒲席。在天子的宗廟裡為國賓布置的席子也是這樣，在室窗前布席，席的左端設紅漆几。

　　各級貴族其它場合的席子的規定還有：「甸役則設熊席，右漆几。凡喪事，設葦席，右素几，其柏席用萑黼純，諸侯則紛純，每敦

一几。」[27]天子田獵時，鋪設用熊皮製作的席子，席的右端設漆几。喪事用蘆葦編織成的席子，席的右端設有素几。設奠祭的席是邊緣飾有黑白兩色花紋的莞席，諸侯的奠祭之席則是黑色絲帶鑲邊的莞席，每只敦都放在一張几上。由此可見周代貴族在不同的場合鋪設不同質地和紋飾的席子，同時，不同等級的貴族所鋪席子也要依循等級的規定。

　　從有關席子的文獻記載來看，在席地而坐的周代貴族生活中，席子是令人關注的等級標誌，又是引人注目的審美對象。席的美是席子的質料、邊緣飾的有機結合，尤其是在現代人看來微不足道的席子的邊緣飾卻引起了周代貴族濃厚的審美興趣，足見周人細膩的審美心性。席子的美飾化追求，也表現了周代貴族對待生活的藝術態度。

二　射侯的美飾

　　前文我們分析了鄉射禮中的行為舉止之美，這裡，我們再對鄉射禮中的器物之美予以分析。

　　舉行射禮時，射侯的美飾是：「凡侯：天子熊侯，白質；諸侯麋侯，赤質；大夫布侯，畫以虎豹；士布侯，畫以鹿豕。凡畫者丹質。」[28]意思是，天子的射侯正中畫著熊首，底色是白色；諸侯的射侯正中畫著麋鹿首，底色是紅色；大夫的射侯是紅底色布上畫著虎或豹；士的射侯是紅底色布上畫著鹿或豬。在這裡，射侯的質地、色彩以及各種作為裝飾的動物的形象都成為射禮中備受關注的審美對象。侯的質地是不同的，據《周禮・天官・司裘》記載，王舉行大射禮

27　《周禮・春官・司几筵》。

28　《儀禮・鄉射禮》。

時，司裘提供「虎侯、熊侯、豹侯、設其鵠」，即諸侯舉行大射禮時，司裘負責提供「熊侯、豹侯」，卿大夫舉行射禮時，司裘提供「麋侯」。射侯是美麗的，但是射侯之美是建立在等級體制之中的。隨著等級地位的降低，司裘所提供的侯就越少，檔次也就越低。所以說，美麗的射侯不僅是備受關注的審美對象，同時，也都被納入到等級體制之中，作為貴族等級的標誌。

此外，貴族舉行射禮時用來放置算籌的用具「鹿中」，也是值得關注的精緻藝術品。《儀禮‧鄉射禮》中記載：「鹿中，髤，前足跪，鑿背，容八筭，釋獲者奉之先首。」即「鹿中」用紅黑漆漆成，鹿的前腿跪下，作伏地狀，鹿背上鑿著可放八支籌碼的洞，也許這八個小洞點綴在鹿的背上，正像梅花鹿背上的斑點。舉行射禮時，放籌碼的人拿著「鹿中」，使鹿頭朝前。在射禮中「鹿中」既是一件器具，又是引人注目的審美對象。「鹿中」放置的位置也非常講究。據《儀禮‧鄉射禮》記載：「釋獲者執鹿中，一人執以從之。釋獲者坐設中，南當楅，西當西序，東面。」釋獲者捧著「鹿中」，另一個人跟隨著他。釋獲者謹慎地坐下將「鹿中」放在南北位置與楅相應、東西位置與序相應的地方，並且要使「鹿中」的面朝東。這一精美的器具以及對這一器具的關注，表明周人對非常細微的審美對象都投入了足夠的關注。關注自己的舉止儀態以及關注生活中幾乎所有的器物的審美價值，這是周人詩意化生存態度的體現。周人的藝術精神就表現在對器物的美飾和對器物的審美關注之中。

三　美麗的燭光

在周人的生活中，還沒有現代化的蠟燭，他們用以照明的只是火把而已。即便是這不起眼的照明方式，這忽明忽暗的火光也成為周代

貴族文化生活中的一個亮點，成為周代貴族的審美對象。同時，像其它器物一樣，火炬的多少也是貴族身分和等級的標誌。

火光閃耀在貴族生活的多種場合，起著照明的作用，同時，也烘托出了一種詩化的氛圍，表達著貴族不同場合的審美心境。如婚禮中前去迎親的隊伍要點著火光，照亮前方的路。嫁女之家，在女兒離開娘家之後，要三日不滅燭火。《禮記・曾子問》記載：「嫁女之家，三夜不熄燭，思相離也。取婦之家，三日不舉樂，思嗣親也。」在這裡深夜還燃著的燭光不只是烘托著一種詩意氛圍，也表達了對出嫁的女兒無盡的惦念之情。娶婦之家將因娶到新婦而代替年老的母親在家中的地位，不免哀戚，所以也無心舉樂。

如果說在享禮中體現出的是貴族舉止的溫文爾雅、是貴族舉手投足中所呈現出的儀節之美，那麼，在燕禮中，氣氛相對和緩。尤其是進入夜晚的燕飲場合中，火炬點綴著燕飲和樂的氣氛，使燕飲呈現出不同於一般的貴族氣派。《儀禮・燕禮》中記載了貴族舉行燕禮時，燈火輝煌的情景：「宵則庶子執燭於阼階上，司宮執燭於西階上，甸人執大燭於庭，閽人為大燭於門外。」在載歌載舞、觥籌交錯、食物豐盛的貴族燕飲中，在阼階上、在西階上、在庭中、在門外分別有專門的人舉著火把，這是何等氣派的燕飲場面。在這些火把的照耀下，貴族的燕飲充滿了溫暖祥和的氣氛。《禮記・少儀》中也記載：「凡飲酒，為獻主者執燭抱燋，客作而辭，然後以授人。執燭，不讓，不辭，不歌。」是說為了謹慎，在燕禮中執燭火的人要不讓、不辭、不歌。這一段記載也從另一個層面展示了燕禮中用燭的情況。

燭光在喪禮中也有很重要的地位。喪禮中要在堂上、堂下、庭中都點上火把來照明。喪禮中燭的定制是：「君堂上二燭，下二燭。大

夫堂上一燭，下二燭。士堂上一燭，下一燭。」[29]喪禮中，無論國君
還是士死了，都要「終夜燎」[30]，即出葬前夕整夜在中庭燃燒火炬。

　　這就是周代貴族豐富的燭光文化。燭光使周人的生活有了光明，
有了溫暖，同時燭光又成為周人生活的點綴和美飾物，燭光成為周人
審美世界中的一個亮點。難怪《詩・小雅・庭燎》以詩化的筆觸對貴
族燕飲中的燭光進行了描述：「夜如何其？夜未央，庭燎之光。君子
至止，鸞聲將將。」夜還沒有盡，夜燭還沒有熄滅，貴族上朝的鸞鈴
聲就由遠而近地在朦朧的晨光中響起來了。燭光使周代貴族的生活平
添了幾分詩意。

　　通過以上有關器物之美的分析，我們認為，周代貴族的審美具有
實用功利化的特徵，是在實用的、功利的生活之中的審美追求，這集
中體現在服飾、音樂、車馬等器物之中。同時，在周人的生活世界
中，這些美好的器物也都被納入到等級禮制之中，成為貴族身分和等
級的標誌。在政治意識形態中進行審美，這是周代貴族美學精神的重
要特徵。從美學角度來看，這些器物中，第一，反映了周代貴族非常
精細的審美追求。周人總是對生活中最微不足道的地方進行美飾，而
且，審美修飾的風格是非常細膩的；第二，周代貴族不僅在生活中創
造著美，而且，還能夠以詩化的眼光來審視生活中的這些審美對象。
古往今來，人們的生活中不是缺少美，而是缺少對美的關注。麻木的
心，即使對最美麗的景致也會無動於衷。周代貴族在意識形態背景下
對美進行等級劃分，又能夠積極追求美飾生活和欣賞美，這是周代貴
族藝術精神的集中體現。這種對生活本身進行積極鑒賞的態度，與老
莊所開創的超越現實功利目的的審美境界是不同的審美路向。這條美

29　《禮記・喪大記》。

30　《禮記・雜記上》。

的路向是儒家美學思想的基礎，它啟迪人們積極入世，以審美的眼光看待現實生活，在現實生活中創造美、發現美，同時美化生活、熱愛生活。

第十七章
從《詩經》看貴族生活方式及其審美追求

　　詩是周代貴族生活中的重要組成部分，它既是虔誠的祭祀禮儀中的宗廟樂歌，又是貴族抒發情懷的方式。《詩經》已經擁有了相當成熟的寫作手法和技巧，因而它又是貴族生活中精心雕琢和打磨的藝術品。如果說《周禮》《儀禮》和《禮記》中所描述的是貴族生活的一般狀態，是抽象化的貴族生活模式記錄，那麼，《詩經》則為我們展示了一幅幅生動真切的貴族生活畫卷。如果說「三禮」是對貴族生活狀態的客觀書寫，那麼，《詩經》則為我們揭示了貴族的情感生活層面。我們在《詩經》中不僅能夠看到貴族生活方式的詩意化描寫，而且可以從中感受到貴族詩人對生活的審美評價，以及他們的審美情趣之所在。詩像一顆晶瑩剔透的寶石，折射著貴族生活的方方面面；詩又像一泓清泉，貴族生活的各個方面就像倒影一樣投射到這泓清泉之中。通過詩，我們可以更為深切地感受到貴族生活中的歡樂和憂愁。

　　《詩經》是周代貴族禮樂文化生活的反映，仔細品味，就會發現詩人所描述的禮儀生活畫卷是貴族詩人眼中的審美世界，蘊涵著詩人的情感，充滿了活潑潑的生趣，與其它文獻資料中所記載的禮儀形式有很大不同。《詩經》不僅把周代貴族儀式化的生活方式更加真實生動地展示給我們，而且使我們能更加真切地理解周代貴族的審美情趣。

第一節　儀式化生活方式的詩意書寫

一　禮儀詩中的貴族生活狀況和詩意情懷

（一）祭祀詩中生動活潑的生活場景

　　《詩經》中的禮儀程序與有關禮儀的種種文獻記載的一個突出的不同點在於，《詩經》不是煩瑣的禮儀程序的記錄，而是一個更為廣闊的生活空間的詩意描寫。

　　祭祀是貴族通過一定的禮儀程序向神靈進行祈禱的活動。祭祀是農業社會人們生活中很重要的一個方面，在嚴肅莊重的禮儀程序中，統治者力求營造一種神秘的氛圍，造成震懾心魄的效果，從而使統治蒙上一層神秘色彩。但是在有關祭祀的詩中，我們感受到的卻不只是單一的祭祀儀程，也不是平面的、僵化的禮制規範的刻板記錄，而是豐富多彩的人的活動和廣闊的生活畫面。詩人總是能將詩意的眼光投向更為廣闊的生活空間，給祭祀的場面設置一個富有詩意的背景，使祭祀詩在凝重、莊嚴之中浸透著周代貴族對現世生活的歌唱，對生活的熱愛和感激。體悟周代貴族有關祭祀的描述，我們能感受到天地神人同樂的氣氛和周代貴族的審美趣味之所在。

　　《大雅・旱麓》寫一個貴族在旱山山麓下祭神祈求保祐的情景。但是詩人並不只是局限於對祭祀過程的描述。詩中既寫了這個貴族準備好了紅色的公牛，用精緻的玉瓚舀鬯酒倒在神位前的白茅上進行祭祀的情景，也寫了在他的周圍鳶飛於天，魚躍於淵，榛楛、葛藤都長得很茂盛的情景。仔細體味就能感受得到，詩人的視閾是非常寬廣的，他是站在祭祀場面之外全域性地把握這一祭祀過程和祭祀場面的，同時，詩人的心性又是非常細膩的。詩中既有對遠處「榛楛濟

濟」景象的描寫，又有對祭祀儀式中酒器之美的讚歎。詩人關注到了祭祀時，舀酒的玉瓚上的花紋。關注到了舀上酒之後的玉瓚之美。玉瓚內鑲黃金，舀上酒之後，盈盈的黃色就顯得溢光流彩。在這裡，凝重的祭祀儀式就是詩人筆下活潑潑的審美對象。詩人的興趣既在於祭祀的儀程，又在於那精美的酒器，以及祭祀場面之外?鬱茂盛的樹木。而且在這些有著靈性的審美意象的描述中，我們依然能感受得到神的到場，這是一個神人與共，充滿虔誠與神秘氣息的藝術氛圍。

　　《小雅・楚茨》寫祭祀祖先的經過以及祭祀時的虔誠態度。詩人將祭祀的整個過程和場面置放在一個豐收的、歡慶的背景下來描寫。「楚楚者茨，言抽其棘。自昔何為？我藝黍稷。我黍與與，我稷翼翼。我倉既盈，我庾維億。」這是祭祀的背景。詩中寫到的物象都是肥美、豐滿的。「楚楚」是指蒺藜的叢生和豐茂；「與與」、「翼翼」是指黍稷的茂盛、整齊；倉庾的狀態是「既盈」與「維億」。一切都是那樣的豐盛和茂碩，呈現出一派豐收的景象。接下來詩人還是沒有直接寫到祭祀，而是又宕開一筆對祭祀準備過程進行描述。為了即將到來的祭祀，人們忙碌著，有的在潔淨牛羊，有的在剝皮，有的在準備俎案，有的在陳列祭器。一切準備就緒後，這才是對神靈的祭祀，請神靈品嘗馨香的祭品，請神靈賜福給賢子孝孫。禮儀完備後，在鼓鐘聲中送神靈。饗神靈的禮儀結束後，是客人們的燕禮，燕禮中人們暢飲著甘甜的美酒，人人流露出滿足的神情。可以看到，詩人對祭祀的描寫，視野是非常廣闊的，從豐收的自然景觀，到祭祀的準備階段，都受到了詩人的關注。在詩人的眼中祭祀是充滿了人情味的鮮活景象。

　　《小雅・信南山》描寫了對祖先神進行祭祀的情景。詩人通過優美的語言將生活中的豐收與和諧狀態展示給祖先神，使他們在陰間或天堂能夠感受到子孫後代的生活狀態。但是詩中並沒有人在神靈面前惶恐的緊張感，而是一派和樂、愉悅的生活景象。詩中寫道，霢霂的

小雨，使人間雨水充足，土地濕潤，莊稼得到灌溉，百穀得以生長。人們將打穀場收拾得整整齊齊，黍稷呈現出一片茂盛的景象。人們收割了莊稼，製作了祭祀祖先、招待賓客用的酒食。田野中有著看護莊稼的房舍，疆場上種滿了瓜果。將這些瓜果切開擺在祭器中，獻給祖先神來品嘗，因為子孫的富足和豐收都源於祖先神的祐護。就這樣，具體的祭祀活動就展開了，進獻清酒以及紅色的小公牛，拿起刀把上雕有花紋的鸞刀切割小牛，將牛的鮮血獻給祖先。接著開始忙忙碌碌地蒸煮牛肉，不多時濃郁的香氣就冒了上來。這馨香的氣息，一定能使祖先神得到感應，從而知道子孫們感謝他們恩賜了風調雨順的生活。我們似乎也隱約聞到了食物的馨香，感受到了祭祀禮儀所帶來的快樂。可以看到，詩人的審美眼光集中在整飭的打穀場、田野中生長的瓜果和祭祀時毛色純正的牡牛，以及切割祭肉的鸞刀等物象之上。《詩經》中的禮儀過程充實而令人歡快。

　　《詩經》中有很多有關禮儀生活的描寫是從禮儀準備階段的採摘、田獵以及捕魚活動開始的，這樣就將更為廣闊的生產生活畫面展現在我們面前，也表達了詩人的審美趣味。如《詩・召南・采蘩》寫祭祀之前宮女們采蘩的情景。「于以采蘩？于沼於沚。于以用之？公侯之事。」一問一答的對話，似乎是勞動時兩撥人之間的對唱。在這對唱之中，隱含著企盼祭祀到來時的喜悅之情。《詩・召南・采蘋》也具有同樣的問答方式，問：在什麼地方採浮蘋？答：在南澗之濱；問：在什麼地方採浮藻？答：在那流水的溝邊；問：用什麼東西來裝所採的祭品？答：用方的筐和圓的簍；問：用什麼器具來煮它？答：用三足的錡和釜。一問一答像此起彼伏的歌聲。之所以對祭祀之前的採摘這樣關注，這與當時農業社會，蠶桑的採摘以及菜蔬的採摘在生活中占有較為重要的地位有一定關係，同時也是因為在祭禮中有很多祭品都是要提前採摘的。對祭祀前採摘的關注，使祭祀的神聖性蔓延

到了祭品的採摘過程之中。可以說，只有詩這一藝術形式才會使我們有機會感受到如此廣泛的祭祀生活場面。

從以上分析可以看出，祭祀詩反映了周人與自然和神靈和諧相處的狀態。祭祀是人神共歡同樂的場合。在各種祭祀禮儀中，詩人並沒有只關注祭禮的儀節本身，而是將人間忙碌的場面和祭祀場面之外的自然景觀盡收眼底，甚至，詩人眼中的祭禮是從祭祀之前的採摘活動開始的，似乎人間的一切都被籠罩在祭祀的隆重氛圍之中。生活中的一事一物也因為圍繞著祭祀的目的而富有了深層的含義。詩人將這些富有生活氣息的場景寫進祭祀詩中，使祭祀呈現出歡快的節奏和濃厚的詩意。從這樣的祭祀詩中，我們領略到祭祀儀式中貴族的生活狀況和貴族的生活樂趣之所在。

（二）貴族燕飲禮儀的詩意描寫

貴族交往禮儀最為集中地體現在燕飲禮儀中。《詩經》中有關貴族交往儀式的詩歌主要集中在《大雅》和《小雅》中，但是與「三禮」中的有關記載相比，詩中的貴族交往禮儀活潑生動得多。詩人往往是將鏡頭拉長，將燕飲之禮置於一個更為廣闊美好的背景中進行書寫。這表明在周代貴族的生活世界中，禮儀活動雖然是嚴肅莊重的，但它並沒有遮蔽人們觀察和感受生活的視野。

《大雅・行葦》寫貴族兄弟宴會、舉行射禮、祭神的情況，表現了等級禮制中人的活動，是對禮制生活方式的詩意表達。詩人一開始就為我們呈現出一幅非常富有詩意的圖景：「敦彼行葦，牛羊勿踐履，方苞方體，維葉泥泥。」敦，是草叢聚的樣子。行，即道路。苞，是茂盛的意思。泥泥，也是枝葉茂盛的樣子。整句詩的意思是，路邊叢聚的蘆葦正長得茂盛，每一片葉子都充滿了茂盛的生命力，牛羊啊，不要踐踏了它們。詩人的情感非常細膩，對自然界中的一切充

滿了愛憐之情。人間的交往就在這濃濃的愛的氛圍中徐徐展開,「或
肆之筵,或授之几」,這是燕飲的準備階段,在準備階段人們有的忙
著陳列筵席,有的忙著布置席上的几案。接著是燕飲中的獻酢酬等儀
節,「或獻或酢,洗爵奠斝。醓以薦,或燔或炙。嘉肴脾臄,或歌或
咢。」在這一段詩中,我們可以看到在燕飲階段,要獻酒致敬,要用
酒回敬,要洗爵奠斝,要進獻多汁的肉醬。燕禮時,有的是好菜好
酒,人們有的在唱歌,有的在擊鼓,好不熱鬧繁忙。從詩人的描述
中,我們能感受到,對周代貴族而言,將要進行的並不是不近人情的
外在的禮儀,不是讓人厭煩的刻板程序,而是人間友好的會晤,是值
得企盼的節日。

周代貴族文化是禮樂文化,雖然燕禮中的禮樂是規定的曲目,但
是詩人寫到燕飲禮儀中的音樂時,無不帶有欣賞的口吻。琴瑟之音細
潤、清越,常與歌聲相配,設在堂上。《小雅・鹿鳴》中「呦呦鹿
鳴,食野之蘋。我有嘉賓,鼓瑟吹笙。吹笙鼓簧,承筐是將」的詩句
就寫出了堂上燕飲時,在鼓、瑟、笙、琴等樂器所演奏的音樂中,人
與人、人與自然之間歡樂和睦的景象。生活優雅舒適的貴族們一邊飲
酒,一邊聽音樂,一邊看著不遠處的麌鹿在悠閒地吃著野草。這就是
貴族的生活,優雅而富有情調。詩人所擷取的景致,不論是呦呦的鹿
鳴,賓主的歡飲,還是鼓瑟操琴,都是能體現貴族審美情趣的景物。
貴族溫文爾雅的氣度與細潤的琴瑟之音以及呦呦鹿鳴又構成了儒雅、
融洽的生活境界。鐘鼓之音高揚、響亮,多設在堂下。《小雅・彤
弓》就反覆唱歎天子賜諸侯彤弓時,鐘鼓所襯托出的歡慶氣氛。詩中
寫道:「我有嘉賓,中心貺之。鐘鼓既設,一朝饗之。」「我有嘉賓,
中心喜之。鐘鼓既設,一朝右之。」在樂曲的反覆之中,詩人對嘉賓
和鐘鼓之音的喜好之情溢於言表。在這裡天子賜彤弓的禮儀過程,直
接展示為對嘉賓的反覆詠歎和對鐘鼓之音的反覆描寫。音樂帶給貴族

悠閒典雅的生活，詩人又將這種對音樂的審美感受描述出來，呈現給我們，使我們也深受周代貴族富有藝術氣質的生活情調的感染。從這些流露著詩人情感的描寫中，我們也認識到，禮樂在當時帶給人們的並不全是昏昏欲睡的感覺，相反，人們在禮樂的背景下，享受著歡快的生活。

從以上分析可以看出，周代貴族詩人所關注的是儀式中的和樂氣氛，是儀式進行時的周邊環境，是儀式中的琴瑟之音。他們並沒有認為禮儀是對生命的束縛，相反，在他們看來禮儀是生命的歡歌，是生命價值得以體現的管道。《詩經》中的這些詩篇為我們了解周代貴族生活的真實狀況提供了非常有價值的資料，至少使我們認識到貴族詩人看待生活的著眼點。可能各種儀式對於生活在周代的貴族而言就像後世人的看戲一樣，在固定的、程序化的演出中，卻有著年年歲歲都看不膩也看不完的滋味。因為，可看的不僅僅是戲的情節，還有對每一個唱腔的玩味。不同的是，在周代貴族的各種禮儀之中，每一個人都既是演出者又是觀看者，這裡演出的是人生大戲，是沒有舞臺的戲。戲中的每個人認為生活理應如此，所以也都沒有作假的感覺。這就是人生的藝術化。

二　從外在的儀式到內心感受

除了祭祀天地山川鬼神以及貴族交往禮儀中固定的詩歌之外，還有很多詩是貴族對生活的感受和思考。思考生活、抒發自己內心的情感，是貴族生活的一個很重要的方面。反思生活的詩，為我們提供了周代貴族情感和精神世界的真實記錄，使我們在這些寧靜的文字中依然可以真切地感受到周人的喜怒哀樂。與各種有關禮儀規範和原則的文獻記載相比，《詩經》為我們呈現了周代貴族非常細膩的情感世界

和審美體悟的精神空間，使我們能夠真切地觸摸到禮儀背後貴族的心靈世界，了解到貴族生活的另一個層面。

《小雅‧鼓鐘》就在禮樂聲的襯托之下，寫出了禮樂背景中人的情感活動，同時還將音樂的畫面與禮樂場景之外的景物組接在一起，使禮樂場景富有詩情畫意。詩中寫道：「鼓鐘將將，淮水湯湯，憂心且傷。淑人君子，懷允不忘。鼓鐘喈喈，淮水湝湝，憂心且悲。淑人君子，其德不回。鼓鐘伐鼛，淮有三洲，憂心且妯。淑人君子，其德不猶。鐘鼓欽欽，鼓瑟鼓琴，笙磬同音。以雅以南，以籥不僭。」詩中將各種樂器發出的聲音都做了形象的描摹，將將、喈喈、欽欽的聲響在詩中回還往復，烘托了詩的熱鬧氣氛，但在各種樂器發出的熱鬧的音樂中，詩人卻是不開心的，這時的音樂與詩人的心境恰成對比，更反襯出詩人的不快樂。「憂心且傷」的反覆詠歎，使這一份憂傷的情懷綿遠流長。這就是詩中的禮樂文化，在外在的禮樂儀式中深深地蘊涵著詩人的喜樂和憂愁。

飲酒之禮，主人向賓客進酒，謂之獻；賓客還敬主人酒，謂之酢；主人先自飲，然後勸賓客飲酒，謂之酬。但在詩人的眼中，這一切並不是煩瑣的和多餘的，相反，在這些儀程之中蘊涵著詩人的欣喜和快樂。《小雅‧瓠葉》以詩的語言記敘了貴族之間的飲酒之禮，寫了貴族燒柴、烤肉、擺酒請客人吃，賓主酬酢的情景。在詩人的筆下，翩翩翻動的葫蘆葉是充滿詩意的景致。頭上長著白毛的兔子，不僅具有食用價值，還具有觀賞價值，而且，兔子的食用方法也很豐富，可以炮、燔、炙。獻、酢、酬的禮儀不再是古板的規定，相反在獻、酢、酬的過程中，更顯出了生活的溫馨。詩中寫出了人在飲酒禮過程中的快樂感受，使儀式化的生活狀態更加真切地展現在我們面前。

《小雅‧車舝》以詩的形式為我們展示了貴族婚禮的過程。這裡的婚禮沒有煩瑣的禮儀，而是從作者的感受出發書寫了詩人眼中所

見、心中所感的婚禮。「間關車之轄兮」是接新娘的車行走時發出的
聲音，也是詩人心中的車發出的快樂的聲音和節奏。「式燕且喜」直
接點出詩人的心情。接著寫到，即使沒有旨酒，也要飲一點，即使沒
有佳餚，也要吃一點。這似乎是新婚的喃喃自語，又似乎是婿對新婦
的體貼關愛之語。心中默默祈禱新的婚姻生活就像四匹馬拉的車一樣
不斷地前進，祝願新的婚姻生活就像六條馬韁繩以及琴弦一樣和諧有
序。這是對婚禮的生動描寫。這裡沒有對納采、問名等煩瑣禮儀的呆
板記錄，而是選取婿親迎新婦行進在回家路上的情景和心理感受進行
描寫。這是作為詩的婚禮與作為一般禮儀規範的婚禮的不同。

　　由此可見，《詩經》中對禮儀場面的描寫多了一些發自內心的感
動，少了一些繁文縟節的刻板儀程。可以說《詩經》是以詩化的眼光
去觀照周代貴族儀式化生活的。《詩經》中透露出周代貴族對待生活
的態度，折射著周代貴族豐富的內心世界，使周代貴族的生活狀態更
加真切地展現在我們面前。

三　從煩瑣呆板的儀程到對和諧氛圍的關注

　　在《詩經》中不論是有關祭祀的詩，還是有關貴族之間交往的詩
歌，有一個共同點是多了一些人與人之間的親密關係的描寫，少了一
些禮儀的煩瑣和刻板。在詩人的眼中，禮儀不是多餘的和煩瑣的，相
反，禮儀是人與人之間建立友好關係的管道，禮儀是人間歡樂的源
泉，所以詩人似乎特別關注禮儀中的和樂氛圍。

　　禮儀文化本來就是一種團結宗族、加強君臣聯繫的和樂文化。詩
人更是被燕飲中的和樂氛圍所吸引，將更多的筆墨用於描寫貴族禮樂
儀式中的和樂氣氛。如《甫田》《鹿鳴》等讚美貴族的生活，形象生
動地表現了周代貴族在禮儀背景下，擁有著其樂融融的生活與和樂溫

馨的人際關係。《小雅‧鹿鳴》中貴族燕飲的場面描寫中，不僅燕飲的貴族之間悠閒和樂，甚至整個自然和人都沉浸在和樂的氛圍之中，連麋鹿呦呦的叫聲和吃草的神態都包含著和樂的藝術精神。禮樂在當時帶給人們的並不是壓抑的感覺，而是愉悅的精神享受。

　　禮儀中的和樂氣氛尤其表現在享禮之後的無算爵階段。在享禮之後往往是氣氛較為緩和的燕禮，在燕禮的各種禮節結束之後，就是無算爵與無算樂，即在威儀棣棣之後，有抑制不住的狂歡色彩溢漫在貴族的交往禮儀之中，這就形成了周代貴族禮儀中，有限度地超越禮制束縛的放縱時空，形成了周代貴族生活的另一個層面，體現了貴族文化中的「樂」。如《小雅‧湛露》寫出了貴族們在禮儀之後「厭厭夜飲，不醉無歸」的暢飲豪情，《小雅‧賓之初筵》描寫了西周幽王宴會大臣貴族的情形。詩人把賓客出場、禮儀形式、筵席食物、食器的陳列、音樂侑食和射箭比賽寫得清楚有序、生動鮮明，宴會的氣氛顯得熱鬧而活躍。尤其是經過鄭重莊嚴的射禮之後的自由射、無算樂、無算爵階段，禮儀開始時「溫溫其恭」的氛圍就開始變為「載號載呶」的開懷暢飲；禮儀開始時的嚴謹恭敬變為較為任情的「屢舞傞傞」、「屢舞僛僛」，詩人捕捉到的就是這和樂的暢飲場面，籩豆被打翻了，帽子也歪了，這是嚴肅的禮儀規範邊緣的另外一個生活空間，是屬於周代貴族的特有的狂歡場面。最莊嚴、肅穆的儀式莫過於祭祀，但在正式禮儀結束之後，也有族人的歡宴，祭祀的性質就由肅雍莊嚴而至於輕鬆熱烈。《小雅‧楚茨》和《小雅‧既醉》都寫了祭祀後燕飲的情景，這時「既醉既飽」的放鬆就代替了禮制的刻板和嚴肅，禮制對人的約束有所放鬆，這就形成了禮儀和超越禮儀之間的張力狀態。詩人正好為我們捕捉到了禮儀中的這種寬鬆的氛圍，並集中筆力進行了描寫，使我們可以看到貴族禮儀生活的全貌。

　　這種其樂融融的生活氛圍和溫文爾雅的貴族氣度，一方面是因為

它產生於西周前期社會較為安定的年代，貴族的行為普遍遵循著禮制的約束，禮樂文化與貴族的生存之間基本上還沒有相互背離；另一方面還是因為在西周前期血緣宗法制是周人的基本社會組織結構，貴族的交往禮儀也主要以血緣宗法家族為基礎，是有著親緣關係的叔伯兄弟之間的往來。如《小雅‧頍弁》「爾酒既旨，爾肴既嘉。豈伊異人，兄弟匪他」，《小雅‧楚茨》「諸父兄弟，備言燕私。樂具入奏，以綏後祿」，《小雅‧斯干》「兄及弟矣，式相好矣，無相猶矣」等，都明確指出前來燕飲的是同族的兄弟。宗族血緣關係，是一種宗法制國家的結構模式，是國家進行統治的內在血緣紐帶。宗族親緣關係隱現在周代貴族生活的各個方面。如果說祭祀祖先的儀式展現的是貴族宗族嫡庶之間的等差和級別，那麼，燕飲則體現出貴族之間的兄弟親情。詩恰切地為我們呈現出燕飲禮儀中宗族成員之間的和諧氣氛，詩是這種和諧氣氛的生動記錄。

通過以上幾個方面的分析，我們可以看到，《詩經》中對於禮儀生活的描寫，大多不是對禮儀程序的刻板記錄，相反，沿著詩人的視線，我們所看到的禮儀場面是豐富多彩的，人們享受著禮儀之中的歡樂氣氛，關注著禮儀之中人們繁忙有序的身影，欣賞著禮儀中的各種禮器，甚至禮儀場合周邊的各種樹木、蟲草都能引起觀賞的興趣。在各種禮儀中，人們看到的是富有情趣的採摘、捕魚活動，是祭祀場合周邊晶瑩的露珠、鮮豔的花朵，整個禮儀活動充滿了生命的活力，呈現出一股活潑潑的生趣。禮儀活動簡直就是族人的歡樂聚會，是令人心嚮往之的隆重節日。我們從詩中所描述的貴族禮儀生活還可以看到，即便是那些在後人看來煩瑣的禮儀，在當時，貴族們也是以一種詩意的態度去觀照它的，在祭祀禮儀中，在燕射之禮中，周代貴族都能體會到人生的美。我們還可以感受到，即使是在各種禮儀之中，也還有著人性自由發揮的空間，周代貴族的禮儀生活是歡樂和愉快的，

是充滿詩情畫意的。他們用審美的視野打量著禮儀活動中的一切，用敏感的心體味著人間的歡樂和憂愁。在儀式化的生活中，周代貴族戴著腳鐐跳出了人生最美妙的旋律。

第二節　情意綿綿的貴族日常生活畫卷

《詩經》是周代貴族生活的生動寫照，它從衣食住行等各個方面為我們展示了貴族生活的立體畫卷。《詩經》中除了告神和頌禱，以及描寫貴族交往禮儀的詩歌外，還有大量的詩歌是對貴族日常生活狀況的描寫。貴族的生活充滿了詩情畫意。他們關注的不僅僅是事物的實用價值，而且還關注日常生活的審美化。他們賦予日常生活的一舉一動、一事一物以詩性的意味，使生活充滿了豐富的內涵。在《詩經》中，我們可以讀到周代貴族豐富的日常生活畫面，可以體味他們對生活的詩意態度。

一　詩意地棲居

周代貴族有著優越的社會地位，有著豐厚的田產，這就決定了他們可以有著較為悠閒的心境來看待生活，也決定了他們可以以審美的眼光來看待生活。我們可以隨意在《詩經》中擷取幾個富有詩意的生活畫面。

貴族的音樂生活。音樂不僅在貴族的祭祀禮儀和交往禮儀中有著重要意義，就是在周代貴族的日常生活中也占有很重要的地位。天子每日飲食必有音樂伴奏。大夫也時常鼓琴操瑟，琴瑟之聲幾乎是貴族有閒生活的一個標誌。如《周南・關雎》寫道：「參差荇菜，左右採之。窈窕淑女，琴瑟友之。參差荇菜，左右芼之。窈窕淑女，鐘鼓樂

之。」作為《詩經》的開篇，《關雎》寫到了貴族的情感世界，展示了一個為情而苦惱的貴族青年的生活。他願以琴瑟、鐘鼓給所愛的人帶來快樂。這裡也為我們提供了貴族日常生活的一個側面，說明周代貴族的日常生活中琴瑟之聲占有很重要的地位。這種優雅的生活方式還體現在《詩經》中一系列其它詩篇中。《小雅・何人斯》雖然總體來說主要寫兩個關係親近的貴族的分裂，但也回顧了兩個人關係好的時候的情形：「伯氏吹塤，仲氏吹篪。」塤是古代的一種吹奏樂器，陶製，大如鵝卵，銳上平底，音孔一至三五個不等。篪是古代的一種管樂器，竹製，單管橫吹。這一句詩給我們的信息是，他們兩個關係好的時候，就像伯仲兄弟一樣，你吹塤，我吹篪。可見在貴族的日常生活中，時常有著相互之間吹奏樂器娛樂的風尚。還有《秦風・車鄰》也寫到了兩個貴族之間的琴瑟之樂。詩中寫到，山坡上有著漆樹和桑樹，低窪處有著栗樹和楊樹，兩個貴族並坐在一起，鼓瑟、鼓簧，享受著人生中的美好時光。《王風・君子陽陽》則為我們展現了一幅貴族奏樂跳舞的生活畫面。詩中寫道：「君子陽陽，左執簧，右招我由房。其樂只且。君子陶陶，左執翿，右招我由敖。其樂只且。」拿著簧、拿著翿舞蹈的君子滿臉洋溢著陶陶的喜悅之情，他一邊舞蹈，一遍招呼我一起加入。這和樂喜慶的樂舞氣氛使每個人都禁不住深受感染。從《詩經》點點滴滴的記載中，我們對周代貴族如詩如畫的日常生活狀態可略見一斑，可以知道貴族的生活之中時常點綴著琴瑟之聲。

周人的日常生活豐富多彩，除了琴瑟之聲對生活的點染之外，《詩經》中還有許許多多的描寫為我們呈現出周人對日常生活的詩意觀照。如《小雅・庭燎》用詩意的語言描述了諸侯貴族上早朝的情景。首先是黎明前的一問一答打破了夜的寂靜。一個聲音問：「夜如何其？」另一個聲音回答：「夜未央！」接著是庭燎之光給黎明的朦

朧色調中添上了暖色和詩意，然後是諸侯上朝的鸞鈴聲為朦朧清晨畫
面點綴上清脆悅耳的聲音之美，使這一幅黎明前的優美畫卷富有聲光
相融相蕩的魅力。這就是貴族日常生活的寫照。沒有對生活的詩意領
悟和對生活的深深感觸，就不會有這樣細膩的對生活的觀察和抒寫。
《小雅・采綠》想像了一幅貴族夫妻之間和諧悠閒的日常生活畫卷。
詩中寫道，你狩獵時，我就將弓裝入弓袋；你釣魚時，我就纏好釣魚
的繩子；你釣出魴或鱮，我就來看。這是對生活最美好的詩意想像，
表現了詩人對幸福生活的渴望。

　　生活中缺少的不是美，而是對美的領悟。對於一雙沒有詩意的眼
睛，再美的生活都不會令他駐足，再美的景觀也都不會引起他的注
意。而周代貴族生活中這些點點滴滴的詩情畫意，一方面來自貴族自
己的審美態度；另一方面也來自於詩人的審美眼光，只有富有詩意的
心才可以捕捉到這些美好的生活情景。

二　悠悠我心——詩中的貴族情感世界

　　縱觀《詩經》中有關周代貴族日常生活的描寫，給人印象頗深的
還在於《詩經》中那濃濃的人間情意。《詩經》中有很多篇章都是對
人間和諧關係的書寫。如《小雅・白駒》敘寫了一個貴族挽留客人的
整個過程。這個貴族熱情好客，讓客人的馬吃自己園圃中的苗和藿，
並且為了讓客人打消要走的念頭，把客人的馬綁住。他認為繫住客人
的馬，就能繫住客人的心，就能使美好的夜晚得以延長，這種想法和
做法顯示了主人的真誠和懇厚，甚至還顯示出主人的天真和幼稚，然
而也正是因為這一點點的幼稚，使這個貴族顯得非常可愛。這首詩顯
示出人與人之間質樸的友情，把挽留者的真誠和懇態以及被挽留者的
人格魅力都活脫脫展現出來。

　　《詩經》中有一系列篇章是關於渴念君子、感激君子之恩的，寫出了人世間的情感和人對人的依賴、依戀之情。如《秦風‧晨風》就寫道：「鴥彼晨風，郁彼北林。未見君子，憂心欽欽。如何如何，忘我實多。」第一句是起興，為情感的抒發創造了詩意的背景。接著寫出思念君子的憂愁情懷。「如何如何，忘我實多」一句包含了豐富的內容。字面意思是猜測君子忘卻了自己，但深深隱含在文字背後的情感卻是無限的擔心，擔心君子忘記了自己，多麼希望昔日的情感還依然如故！這種委曲愁腸讓我們見識到周代貴族的情感世界是多麼細膩和豐富。《小雅‧蓼蕭》寫見到君子後的歡聲笑語，詩中寫道：「蓼彼蕭斯，零露湑兮。既見君子，我心寫兮。燕笑語兮，是以有譽處兮。」表現了人與人之間的親切友好關係。《小雅‧隰桑》敘寫見到一個貴族之後的愉快心情，並為貴族頌德，表示願為他效力，詩中寫道：「隰桑有阿，其葉有難。既見君子，其樂如何！」在婀娜的桑樹旁見到君子，真是喜出望外。同類的詩歌還有《小雅‧裳裳者華》《召南‧草蟲》以及《鄭風‧風雨》等，尤其是《風雨》描寫在一個風雨淒淒的早晨與自己思念的人久別重逢，喜悅和歡快的心情真是難以用語言表達。這些詩歌為我們展示了儀式化的生活空間之外，人與人之間的情感世界，讓我們感到貴族的生活中除了三揖三讓的禮節之外，還有著這樣豐富的人間真情的流露。

　　在《詩經》中有一組詩描寫了貴族之間相互贈送禮物的情景。如《秦風‧渭陽》，據說是晉公子重耳離開秦國時，秦太子罃送自己的舅舅重耳時所作。詩中寫道：「我送舅氏，曰至渭陽。何以贈之？路車乘黃。我送舅氏，悠悠我思。何以贈之？瓊瑰玉佩。」太子罃贈送舅氏的是四匹黃馬拉的路車和瓊瑰色的玉佩，這既是諸侯之間的禮儀，更是人與人之間的情感表達。《衛風‧木瓜》也寫贈送的禮物凝聚著人與人之間的情感。詩中寫道：「投我以木瓜，報之以瓊琚。匪

報也，永以為好也。」這就是感動千古的投桃報李情結。人與人之間，你投我以木瓜、木桃、木李，我就會報之以更珍貴的瓊琚、瓊瑤、瓊玖。這不是物和物之間的交換關係，而是人與人之間永恆的、超越於物的價值之上的情誼。像這樣通過贈送禮物表達情感的詩歌還有《王風・丘中有麻》《陳風・東門之枌》《邶風・靜女》等，這些詩使我們深深體悟到周代貴族的情感生活境界。

在《詩經》中還有一組詩寫出了睹物思人的情懷，揭示了物中所蘊涵的人與人之間的濃厚情感。《邶風・綠衣》寫一位丈夫悼念亡妻。他選擇的描寫對象是妻子生前製作的一套衣服。這套衣服是綠色的面，黃色的襯裡，黃色的裳。從這首詩可以看出作者所看重的已不是一件衣服的實用價值，而是超越實用價值之上的情感寄託。這種睹物思人的情懷表現了周代貴族豐富的精神生活境界。同類的詩歌還有《唐風・葛生》，寫一個男子追悼亡妻。詩中寫到，蔓延的葛藤和荊棘，以及蘞草覆蓋了妻子的墳墓，妻子孤獨地躺在裡面，更為孤獨的是守在外面的丈夫，在夏之日、冬之夜寄予著無盡又無望的思念。這種深摯的思念，使地老，使天荒，讀來真是令人肝腸寸斷。《鄭風・子衿》中「青青子衿，悠悠我心」「青青子佩，悠悠我思」，你那青青的衣服，你那青青的玉佩，不時地浮現在我的心頭，勾起我對你的深深思念之情。《召南・甘棠》寫召伯虎曾在自己的住處栽下一棵甘棠樹，如今這棵樹已經長成枝葉茂盛的大樹，後人看見這棵樹，甚是珍惜，不捨得砍伐它，不捨得毀壞它，也不捨得折它的枝葉，因為看見這棵樹就像看到召伯虎一樣，因為召伯虎曾經在這棵樹下居住過、休息過。甘棠樹寄予了人們對召伯虎深厚的懷戀之情。人間的情感牽掛使貴族的生活多了幾分剪不斷的綿綿情誼。

生活境域的變遷，在詩人的心中也留下了深深的印痕。如《王風・黍離》中詩人看到昔日的都城如今只剩下滿眼的黍稷在隨風起

伏，禁不住步履遲緩，慨歎「知我者，謂我心憂；不知我者，謂我何求。悠悠蒼天，此何人哉？」如果說《黍離》是家國之歎，那麼，《秦風·權輿》就是對自身命運變遷的自悲自歎的哀歌：「於我乎，夏屋渠渠。今也每食無餘。」「於我乎，每食四簋。今也每食不飽。」昨日是擁有四簋的貴族，今天連飯也吃不飽，人世的變遷真是難以預料，怎能不引起詩人的仰天長歎。《王風·兔爰》也是強烈的身世之歎：「我生之初尚無為，我生之後逢此百罹。」生活境域的變遷在詩人的心靈深處留下了深深的創傷，成為無法排遣的憂愁。

通過以上幾類詩歌的分析，可以看到，周代貴族絕對不是無時無刻都生活在儀式之中，相反，他們還有著多姿多彩的日常生活。他們的日常生活中有著琴瑟之樂，有著人和人之間的是是非非、恩恩怨怨，有著對君子的懷戀，有著睹物思人的情懷，有著對生活的種種感觸，有著真摯細膩的情感生活。這是一個充滿著情感的世界，是一個人與人之間相互牽掛的世界。《詩經》為我們展現了周代貴族的情感生活世界，讓我們看到了周代貴族生活的另一個側面。

第三節　《詩經》中的審美對象及貴族的審美趣味

對周代貴族而言，也許他們還沒有成熟的審美理論，但這不等於他們沒有自己的審美活動和獨特的審美眼光。《詩經》中的許多詩篇以貴族的視角觀察生活，為我們提供了一幅幅貴族生活的畫卷，直至今天，我們沿著詩人的視角看去，還可以看到他們眼中的審美世界，也看到他們心中的審美境界。下面，我們將對《詩經》中的審美對象進行分析，並進一步探討這些審美對象中所包含著的周代貴族的審美趣味。

一 《詩經》中的審美對象

《詩經》展現的是一個充滿詩情畫意的世界，桃花鮮豔地盛開著，成群的牛羊在吃著草，谷風習習地吹著，草蟲嘤嘤地叫著，美女如雲，君子乘著矯健的馬。關注什麼樣的審美對象，選擇什麼樣的審美對象，就表現了什麼樣的審美追求和審美趣味。大致說來，《詩經》中的審美對象有以下幾類。

（一）光彩奕奕、神采飛揚的貴族形象

貴族是《詩經》描寫的主要對象，貴族的生活和情感在《詩經》中得到了廣泛的刻畫，即便是《碩鼠》《伐檀》等幾首是對貴族的諷刺和批評，也從一個側面反映了貴族的生活，更何況在《詩經》中隨處可見的是詩人對貴族的舉止情態、服飾、氣質的讚美，詩人眼中的貴族形象光彩奕奕、神采飛揚。

《詩經》中有多處寫到周王的光輝形象。《大雅・棫樸》一開始就賦予周王一個具有神秘氣息的背景：「芃芃棫樸，薪之槱之。」這是寫文王出師前燒柴祭祀司命、風神、雨神的情景。在這樣一個火光照耀、具有神秘氣氛的背景下，文王的形象也具有了一個靈光圈。如果說這一句將文王置於一個火光和神靈的背景之下，那麼，「濟濟辟王，左右趣之」「濟濟辟王，左右奉璋。奉璋峨峨，髦士攸宜」。則又將文王置於眾人敬仰和簇擁的中心。一個有著神秘氣息、又有著凝聚力的文王形象就躍然紙上。《大雅・思齊》也寫到了文王的光輝形象：「雝雝在宮，肅肅在廟。不顯亦臨，無射亦保。」文王在宮中態度和藹可親，在宗廟裡神情莊重，態度嚴肅恭敬。因此，神靈賜福給文王，在最為隱幽的地方也會顯靈，永無厭倦地保祐著文王及其臣民。《周頌・絲衣》是周王舉行養老之禮時所唱的樂歌。詩中寫周王

穿著色彩鮮豔又潔淨的絲製祭服，戴著圓頂的弁帽，恭順地對整個宴會所要用的物品都細細地檢查了一遍，從堂上到臺基，從羊到牛，從大鼎到小鼎，從兕牛形的飲酒器到兕角彎曲的酒杯，無一遺漏。從這些關於周王的描寫中，可以看出，在詩人的眼中，周王的形象是光輝的、親切的。詩人是以崇敬乃至崇拜的情感來塑造周王的形象的。

《詩經》中其它貴族的形象也都光彩照人。如《小雅·采芑》塑造了貴族首領方叔的光輝形象。方叔率領的兵車多達三千，方叔所乘的四匹馬，排列得整整齊齊，鑲嵌著銅片的馬籠頭在閃閃發光。車旗上畫著蛟龍龜蛇的圖案，色彩鮮豔的旗子在空中隨風飄揚。車上的鸞鈴與身上的玉佩相互諧和發出瑲瑲的聲音。在淵淵的鼓聲中，士兵們精神振奮。戎車行進中發出的嘽嘽焞焞聲，如霆如雷。方叔率領軍隊就像鷹隼在天空中高飛。方叔氣宇軒昂、驍勇善戰的形象就展現在我們眼前。

《齊風·猗嗟》將魯莊公置於射禮的背景中，刻畫了莊公非凡的氣質。詩中讚歎魯莊公面色清淨，眼睛黑白分明。射箭水準高超。古代貴族舉行射禮時，立一木架，架上一塊方形獸皮，叫做侯。侯上有一小塊圓形的白布，叫做正或的。射者向正發箭，箭穿正上，叫做中。魯莊公整天射侯，箭沒有離開正的時候，都射中了。可見魯莊公是何等地英姿颯爽。

《詩經》中還有許多豐滿、高大的貴族婦女形象。如《衛風·碩人》描寫和誇讚了衛莊公的夫人莊姜的美麗華貴。寫莊姜身材高大，身穿錦製的裌衣。尤其通過一個個特寫鏡頭將她的手指、肌膚、頸項、牙齒等都分別予以展示。「手如柔荑，膚如凝脂。領如蝤蠐，齒如瓠犀」，是說她纖細的手像初生的柔荑一樣嬌嫩，她的皮膚像凝結的白脂一樣溫潤，她的頭頸像白而長的蝤蠐，她的牙齒潔白如瓠瓜籽。另外她的額頭寬廣而方正，像螓一樣。她的眉毛細長而彎曲，像

蠶蛾一樣。她顧盼之間，美目含情。在詩人的眼中莊姜簡直就是美的
化身。

從以上分析可以看出，詩人眼中的貴族體魄健康，富有生命活
力，是那樣親切，那樣風光。言語之間，我們可以感受得到詩人對貴
族的由衷讚歎之情，也可以深深體會到，詩人欣賞的不是那種怪異
的、病態的，甚至是變態的美，而是有生命活力的、健康正常的、富
貴的美。

（二）皠衣繡裳、佩玉將將 —— 貴族詩人審美視野中的服飾之美

詩人的審美趣味不僅在於貴族的形象氣質，還在於貴族的衣著打
扮。衣著打扮是貴族文化的集中體現。而將服飾、首飾作為描寫的對
象，這表明服飾、首飾也是詩人關注的審美焦點。

《鄘風・君子偕老》寫到貴族婦女的服飾之美。詩人首先寫到貴
族婦女的首飾，「副笄六珈」「委委佗佗，如山如河」。副，指的是貴
族婦女頭上的假髮。笄，是固定頭髮的簪子。珈，加在笄下，垂以
玉，走路時會搖動，漢代稱為步搖，其垂珠有六，故稱為六珈。貴族
婦女美麗的假髮上簪著工藝考究的髮笄，她的頭髮高高地聳起，走動
的時候頭髮顫顫巍巍，顯得是那樣的高貴美麗。關於這個貴族婦女的
髮飾，詩中還寫道：「鬒髮如雲，不屑髢也。玉之瑱也，象之揥
也。」這應是這個婦女另一個場合的梳妝打扮。她的秀髮如雲，她戴
著玉製的耳飾，用象牙製的揥綰著頭髮，同樣給人雍容華貴的感覺。
「象服是宜」，是對貴族婦女服飾的描寫。這句是說貴族的衣服周邊
和領袖都鑲嵌著花邊。「玼兮玼兮，其之翟也」「瑳兮瑳兮，其之展
也。蒙彼縐絺，是紲袢也。之子清揚，揚且之顏也。展如之人兮，邦
之媛也。」玼是玉色鮮明貌。瑳也是玉色鮮明潔白的樣子。這兩句是

說這個貴族婦女繡著雉雞圖案的翟衣和細紗製成的展衣都像玉色一樣鮮明動人。她內著細葛，外服展衣，顯得清揚舒展。嚴格說來這首詩並不是對一個貴族婦女形象的如實刻畫，而是將詩人認為美麗的服飾都一一賦予他所喜愛的主人公，所以詩人既寫了這個貴族婦女戴著假髮走動時，顫顫巍巍的樣子，又寫了她的真髮如雲；既寫了她的翟衣如玼，又不忘記寫她的展衣如瑳。在這些審美對象中可以看出貴族婦女的審美趣味以及詩人的審美趣味。

　　《秦風‧終南》塑造了秦君的形象。詩中寫到，終南山上長著楸樹、杞樹、紅梅和赤棠等樹木。在這樣的背景下，秦君出現了，他穿著袍和錦衣，臉色紅得像渥丹。秦君的衣服上有著黑青相間的黻紋，秦君的身上佩著當當作響的玉。當看到秦君穿著質地高貴、花紋美麗的禮服，臉上呈現出健康的丹紅色，聽到他所佩的玉石發出將將當當的聲音時，作為觀賞者的詩人，不由自主地發出由衷地讚歎：這就是真正的君子吧！《周頌‧有客》是來朝諸侯將要回國，周王設宴餞行時所唱的樂歌。其中寫到諸侯的服飾「有萋有且，敦琢其旅」。萋，是綢緞上的花紋。且，是五彩鮮明的樣子。敦，是雕刻的意思。整句的意思是，客人綢緞衣服上的花紋，美麗鮮豔，他的隨從衣服上也都繡著似雕似琢的花紋。考究華貴的服飾襯托著貴族的精神面貌，表現出詩中的貴族和作為寫作者的貴族詩人對服飾之美的鑒賞之情。

　　《小雅‧都人士》比較集中地表現了詩人對服飾和首飾的審美趣味。詩人以敬仰、羨慕的眼光打量著來自國都的貴族及其女兒的形象。詩中首先寫到都人士的服飾和儀容「狐裘黃黃，其容不改」。黃黃的狐裘和莊重從容的儀態是時人的審美時尚，因而都人士的這一形象引起了詩人的仰慕。緊接著是從更細緻的地方著眼來寫都人士的高貴，他戴著臺草做成的帽子、黑色綢布做成的撮結紮著頭髮，並垂於頸後，他的充耳是堅硬美麗的琇玉，他青絲綬帶也輕輕地垂在身後。

他的女兒也很漂亮，美麗捲曲的頭髮，用黑色的綢帶將美麗的黑髮梳成撮垂於腦後，又自然地卷起，就像蠍子的尾巴一樣在風中飄揚。都人士既有端莊的儀態，又有尊貴的服飾，從裡到外透顯出非同一般的人格魅力。

在《齊風·著》中，詩人將眼光投向貴族首飾中的充耳，並對其進行了反覆的詠歎，「充耳以素乎而，尚之以瓊華乎而」。「充耳以青乎而，尚之以瓊瑩乎而。」「充耳以黃乎而，尚之以瓊英乎而。」用來繫充耳的絲繩的色彩有素色的，有青色的，有黃色的，這三種顏色的絲繩又分別搭配著瓊華、瓊瑩、瓊英三種寶石。不同色彩的絲繩與不同質地的玉石搭配在一起，使得玉石之美更加光彩奪目，表達了貴族們的服飾色彩搭配觀念。

服飾是人類文化的重要組成部分。古今中外幾乎所有的貴族都很講究服飾之美。通過以上對《詩經》中貴族服飾、首飾描寫的點滴梳理，我們可以看到，不論對貴族而言，還是對詩人而言，這些華貴的服飾都是他們關注的審美焦點。而且從以上有關貴族服飾的分析還可以看到，詩人所關注的是服飾中非常細微的裝飾特徵。由此可見，周代貴族有著非常細膩的審美心性。同時，我們還可以看到，在服飾之美的描寫中，服飾的等級特徵似乎不是那麼突出和明顯，看來，詩人更加關注服飾本身的審美特徵。

（三）蕭雍和鳴、鞗革衝衝的車馬形象

周代貴族凡會同、朝覲、田獵、出征等都乘車，凡乘車，必建旗。於是車、馬、旗成為貴族生活的標誌，因而也成為貴族詩人關注的審美對象。在《詩經》中大凡刻畫貴族形象的時候，幾乎沒有不以車馬和旗子來襯托的。如《大雅·烝民》塑造了仲山甫的形象，就是以車馬來襯托仲山甫的。詩中寫道：「四牡業業，征夫捷捷」「四牡彭

彭，八鸞鏘鏘」「四牡騤騤，八鸞喈喈」。仲山甫的出征及歸來都是在強健的馬的襯托之下，以及鸞鈴的和諧聲中完成的。「四牡業業」、「四牡彭彭」，「八鸞鏘鏘」、「八鸞喈喈」的聲勢襯出了仲山甫的英雄氣度。詩中寫馬的精神也是寫人的精神。

《小雅‧采菽》描寫了周天子歡迎來朝諸侯的狀況。詩中通過諸侯的命服和車旗襯托出貴族的富貴之氣。開篇就寫繁忙的採菽場面，有的用筐盛菽，有的用筥盛菽。而天子正忙於想著賜予諸侯什麼東西。天子將賜予諸侯「路車乘馬」「玄袞及黼」。玄袞，是繡有盤龍的禮服。黼，是繡有黑白相間的斧形花紋的禮服。看來，天子想賜給來朝的諸侯貴族四匹馬拉的路車。「其旂淠淠，鸞聲嘒嘒。載驂載駟，君子所屆」，這又是關於來朝貴族的車馬的描寫。「載驂載駟」，是君子所乘的車的檔次和氣勢。「其旂淠淠，鸞聲嘒嘒」，是對於畫有蛟龍的旗幟和車鈴的聲音的審美描寫。這兩句的意思是，遠遠地看去，諸侯貴族車上的旗幟在風中搖曳著，已經能聽到他們馬車上的鸞鈴發出的嘒嘒聲，隱約可見拉車的馬匹了。諸侯們就要來到了。等到來朝的貴族走近了，詩人進一步看到來朝的諸侯紅色的蔽膝繫在腰間，邪幅裹著腿，這些都是天子賜予的象徵著尊貴的服飾。諸侯的神情從容舒緩，不急不躁。他們是輔佐天子、治國安邦的顯要人物。在這樣的美好時刻，天子和諸侯同樂，享受著天賜的優厚福祿。這首詩寫出了天子和諸侯之間相輔相成的關係，也寫出了天子諸侯之間的和諧，真是其樂融融、一片祥和的景象。在這首詩中車馬彩旗是諸侯貴族身分的標誌，也是具有審美價值的觀賞對象。

《周頌‧載見》是諸侯來朝、并致祭周武王廟時所唱的樂歌，也寫出了諸侯貴族來朝時華貴、熱鬧的場面。其中有對來朝貴族車旗之美的集中描寫：「龍旂陽陽，和鈴央央，鞗革有鶬，休有烈光。」諸侯們車上繡著蟠龍的旗幟在風中飄揚，散發著耀眼的光彩。車上的鸞

鈴發出悅耳的央央聲。韁繩上的玉飾發出瑲瑲的聲響。精緻考究的車馬飾襯托著君子的威儀和精神風貌。看來諸侯來朝幾乎就是貴族車馬文化的展示舞臺，是耐人尋味的審美景觀。

貴族詩人眼中的車馬溢光流彩。《鄘風・干旄》寫衛國一個貴族乘車去看望他的情人。看望是鄭重和充滿期待的。詩中寫到貴族所乘車子的旗杆上裝飾著犛牛尾，旗子上或者繡著鷹雕，或者用美麗的五色鳥毛為裝飾。而用來作馬韁繩的也是用料考究的白色絲線。貴族的生活是非常考究的，連車上的旗杆和牽馬的韁繩都是具有審美價值的傑作，都是審美對象。再如《小雅・蓼蕭》寫到貴族的車馬鞗革閃閃發光，繫在車前橫木上的與掛在車架上的鑾，此起彼伏，發出和諧悅耳的聲音。這是周代貴族溢光流彩的車馬文化。

《小雅・六月》則寫了戎車之美。詩中寫道「四牡騤騤，載是常服」，騤騤，指馬強壯。常服，指旗幟上繪製著日月圖案。這一句是說四匹戰馬非常健壯，戰車的旗幟上繪製著日月圖案。詩中「比物四驪，閑之維則」「四牡修廣，其大有顒」「織文鳥章，白旆央央」「四牡既佶，既佶且閑」等都是關於四匹馬的健壯和戰車上的旗幟的描寫，充分刻畫了車馬之美，表達了詩人對旗幟和馬的審美關注。

《小雅・車攻》描寫的是周王到東方去狩獵的情況，審美的焦點集中在車馬的裝飾和馬的精神方面。詩中寫道「建旐設旄」「蕭蕭馬鳴，悠悠旆旌」。旐，是畫有龜蛇的旗子。旄，是飾有犛牛尾的旗子。悠悠，是旗幟搖擺的樣子。周王的獵車上樹著畫有龜蛇的旗子和飾有犛牛尾的旗子。健壯的馬高聲地鳴叫，旆旌悠然地飄蕩著。這首詩突出了貴族用來打獵的馬的高大和健壯，突出描寫了隨風飄蕩的車旗的美麗。

通過以上分析可以看出，《詩經》中對貴族朝覲和田獵時的車馬器物之美頗為關注，車旗是貴族審美關注的焦點，也是詩人著力描寫的審美對象。

（四）草木茂盛、鳥鳴嚶嚶的自然審美對象

1 草木作為審美對象

　　《小雅·蓼蕭》反覆詠歎高大的艾蒿，描摹艾蒿上晶瑩的露珠濡濕的樣子，詩人分別用了「零露湑兮」「零露瀼瀼」「零露泥泥」「零露濃濃」等詞語，反覆描述了對草木的細膩觀察和感受。《小雅·菁菁者莪》也表現出對高大茂密的蘿蒿的關注。莪，是蒿的一種，又名蘿蒿。菁菁，茂盛貌。高大茂密的蘿蒿「在彼中阿」「在彼中沚」「在彼中陵」等不同的地點閃現，既是詩人「泛泛楊舟，載沉載浮」的行進中之所見，也像詩人快樂的心情的外在展現一樣，詩人即將見到君子的快樂心情不時地溢於言表，幻化成為一路行進中隨處可見的自然景物，自然景物中也染上了一層喜悅之情。《小雅·黍苗》「芃芃黍苗，陰雨膏之」，是召伯虎在申地所見到的草木茂盛、雨水充沛的富足景象。《小雅·隰桑》敘寫作者見到一個貴族的喜悅心情。詩中是通過長在濕地婀娜、柔美的桑樹來襯托這種喜悅心情的。詩中寫道「隰桑有阿，其葉有難」「隰桑有阿，其葉有沃」「隰桑有阿，其葉有幽」。阿，通「婀」，柔美的樣子。難（nuó），茂盛的樣子。沃，肥厚、滋潤。幽，墨綠色。這三句寫的是桑葉的茂盛、肥厚和墨綠，寫出了桑樹的生命力，也預示著召伯虎所建設的申地具有廣闊的發展前途。《詩經》中還有許多詩篇對草木之美進行了描述。甚至《秦風·蒹葭》《王風·葛藟》《衛風·芄蘭》《小雅·杕杜》等，就直接以草木之名作為篇名，可見草木之美已經引起了詩人的特別關注，草木之美是周代貴族詩人眼中典型的審美對象。

2 鳥兒作為審美對象

　　《詩經》中常描寫的鳥兒有鴻雁、倉庚等。如《小雅·鴻雁》中

寫道「鴻雁於飛，肅肅其羽」「鴻雁於飛，集於中澤」「鴻雁於飛，哀鳴嗷嗷」，從鴻雁振翅飛翔，到鴻雁飛至澤中，再到鴻雁嗷嗷地哀鳴，寫出了鴻雁的幾種典型的神態。《小雅・沔水》將湯湯的流水作為疾飛的隼的背景，描繪出一幅水天相接處，鳥兒奮飛的圖畫。然而令人心情不能隨鳥兒的高飛暢遊的是，這疾馳的鷹隼，並沒有義無反顧地翱翔於天空，而是「載飛載止」「載飛載揚」，在忽飛忽止之間，形成了鳥兒飛行的節奏感，同時也形成了詩的節奏，而這外在的節奏卻來自於詩人內心的鬱結和憂鬱。在這裡鳥兒的飛翔既是詩背景，又是詩人心境的外在寫照。《小雅・桑扈》寫了青雀交交的鳴叫聲，寫了鳥兒身上的羽毛和頸上的美麗花紋。《豳風・東山》中「倉庚於飛，熠耀其羽」，將倉庚飛翔時，毛色的光亮鮮明作為描寫的對象。《周頌・振鷺》也將群飛的白鷺作為歌詠的對象。可見在周人的眼中鳥兒的存在是何等重要，鳥兒有著能與人的情感相通的靈性，因為鳥兒的點綴，整部《詩經》也具有了令人感動的靈性。

3 其它類別的審美對象

除了草木和鳥兒之外，《詩經》中還有很多審美對象，如魚、蟋蟀等。《詩經》中多次描寫魚安閒自在的樣子以及宴會上魚的繁多和豐盛，以及捕魚的情景。《小雅・魚藻》將魚兒在水藻之間遊動的神態作為特寫鏡頭反覆敘寫，「魚在在藻，有頒其首」「魚在在藻，有莘其尾」「魚在在藻，依於其蒲」，以魚的安閒、愉悅襯托出貴族生活的安逸、富足。《唐風・蟋蟀》在「蟋蟀在堂，歲聿其莫」「蟋蟀在堂，歲聿其逝」「蟋蟀在堂，役車其休」的描寫中，人們深深地感到蟋蟀的鳴叫聲中歲月的流逝和秋天的到來。

此外較多為詩人作為歌詠對象的還有流水，如《鄭風・溱洧》讚歎道：「溱與洧，方渙渙兮」「溱與洧，瀏其清矣」。《曹風・下泉》寫

道：「冽彼下泉，浸彼苞稂」「冽彼下泉，浸彼苞蕭」「冽彼下泉，浸彼苞蓍」，這些都是對水的歌詠。

通過以上分析可見，《詩經》中有著豐富多彩的審美對象，從光彩奕奕的貴族，到貴族精緻的服飾、髮式，從車馬的鈴聲到身邊的草木魚蟲等，周人用審美的眼光打量著身邊的一切，在他們所關注的審美對象中寄予著他們的審美趣味。《詩經》中的這些美好景致，表現了詩人對生活環境的關注，也使我們認識到，周代貴族除了謹慎嚴肅的禮樂文化之外，還有著自然審美空間，詩人對自然之美已經有了一定的認識。

二　審美對象中隱含著的美學思想

兩千多年前的周代，人們雖然沒有明確的、成系統的美學思想，但這不等於他們沒有自己的審美活動和獨特的審美眼光，也不等於他們沒有自己的審美追求和處於朦朧狀態的審美意識。審美意識指的是一種分析美和鑒賞美的能力，它常表現在具體的審美對象的選擇上，有怎樣的審美意識，就可能選擇怎樣的審美對象。所選擇的諸多審美對象呈現出一種總體性的風格，其中隱含著審美主體的內在藝術精神和美學思想。從《詩經》中所選擇的審美對象中可以看到周代貴族的美學思想包含以下幾個方面。

（一）以生命力為美的審美意識

《詩經》中的大多數詩篇以貴族的視角觀察生活，為我們提供了一幅幅貴族生活的畫卷，也將周代貴族的審美情趣和審美意識展示給我們。縱觀《詩經》中的篇章，我們發現，《詩經》中的審美對象大多都具有活潑潑的生命色彩。這股強烈的生命力崇拜意識彌漫在字裡

行間，凝結為周代貴族特有的生命美學思想。生命哲學和生命美學在中國文化中有著源遠流長的發展歷程。張岱年在《中國哲學大綱》中指出中國哲學是生命的哲學。宗白華說中國藝術是生命的藝術。二十世紀九〇年代，中國又出現了以潘知常等為代表的生命美學思潮。但是，生命美學的淵源應該在更為悠遠的年代，至少，在中國最早的詩歌總集《詩經》中就已隱含著處於朦朧狀態的生命美學的影子。在《詩經》所展示的世界中，魚兒在水中歡快地遊動著，桃花燦爛地盛開著，肥美的牛羊在吃著草。在這些審美對象中隱含著周人素樸的審美觀念，表現了周代貴族對旺盛生命力由衷的讚歎之情。

具體說來，這種鮮活的生命色彩首先表現為對人的頑強生命力的敬仰和尊崇。《大雅‧生民》是一首敘述周人始祖后稷傳說的史詩。詩中寫到后稷生下來以後，被棄置在窄巷裡，但是牛羊圍繞著他，保護著他。后稷被放在樹林裡，剛好遇到砍伐樹木，被人發現了而得救。后稷被放在寒冰上，翻飛的鳥兒張開雙翼溫暖著他。鳥兒飛走了，后稷呱呱地大聲啼哭，哭聲又長又洪亮，在很遠的路上都能聽到。這就是周民族的始祖后稷的傳奇故事，是對生命奇跡的慨歎。在各種各樣的艱苦環境下，后稷都能頑強地生存下來，這種強大的生命力成為周民族頑強生命力的象徵，也一直影響和感召著周民族的審美意識的形成和發展。

在周代貴族詩人眼中，精神飽滿、意氣風發、服飾豔麗的貴族，以及豐滿、健壯的貴族婦女都充滿了生命活力，是美的化身。《詩經》中所塑造的貴族形象都神采奕奕，他們的服飾都有著耀眼的光彩和精美的裝飾。每一個社會衡量女性之美的標準都是不同的。如果說唐代以肥為美，宋代以瘦為美，那麼，周代衡量女性美的標準就是健壯。《詩經》中所描寫的貴族婦女大多豐滿、高大，有著強健的體魄。《陳風‧澤陂》中「有美一人，碩大且卷」「有美一人，碩大且

儼」等詩句反覆唱歎的也是女性健康豐滿的美。

周人對生命力之美的認識還集中體現在對茂盛的植物的歌頌方面。尤其是那些高大茂密、富有生命活力的花草、樹木、莊稼更是貴族詩人謳歌的對象。《大雅・生民》寫到后稷種植的大豆長勢茂盛。后稷培植的穀物，穀穗沉甸甸地下垂著。后稷種植的麻麥瓜果都長勢良好，呈現出喜人的豐收景象。后稷所種的各種莊稼都具有良好的長勢和極強的生命力。繁茂的莊稼，飽滿的果實是周人眼中的一道亮麗風景。

《唐風・椒聊》是對繁盛之美的最典型歌頌，詩中寫道：「椒聊之實，蕃衍盈升。彼其之子，碩大無朋。椒聊且，遠條且。椒聊之實，蕃衍盈匊。彼其之子，碩大且篤。椒聊且，遠條且。」椒聊，是一種叢木，即今天的花椒。花椒樹的枝幹細長，葉為綠色，開小白花，結暗紅色小球狀的果實，有香味。《椒聊》一詩為我們呈現了花椒樹繁盛眾多的果實之美，也對象花椒一樣碩大無朋的「彼其之子」予以由衷的讚歎。整首詩表現出對繁盛的生命力的崇拜之情。

《小雅・采菽》寫到的柞樹同樣是「維柞之枝，其葉蓬蓬」，呈現出的也是一派茂盛的景象。《大雅・棫樸》是歌頌周文王及其大臣的詩。詩中也寫道「芃芃棫樸，薪之槱之。濟濟辟王，左右趣之。」茂盛的棫樹、樸樹是文王出師的背景。也許只有詩人的眼光才會賦予出師這樣滿目蒼翠的背景。

尤其值得一提的是《詩經》中還有一類詩歌，即使是寫憂傷的心情，但是用來起興的植物依然有著鮮豔的色彩和旺盛的生命力。如《唐風・杕杜》寫的是「獨行踽踽」的感傷心情，詩中所寫的景物卻呈現出盎然的生機。詩中寫道：「有杕之杜，其葉湑湑」「有杕之杜，其葉菁菁」，這兩句所表達的意思都是獨立的赤色甘棠，有著茂盛的葉子。甘棠茂盛的葉子是周人對自然環境的描寫，也是周人眼中獨有

的審美對象。《小雅‧裳裳者華》是對貴族之間情誼的謳歌，詩歌將人的活動置於一個鮮花盛開的詩化背景之下，「裳裳者華，其葉湑矣」「裳裳者華，芸其黃矣」「裳裳者華，或黃或白」。幾個反覆的詠歎，寫出了在茂盛的枝葉襯托下，黃色和白色的花鮮豔盛開的景象。即便是內心充滿了憂傷也要用這些有著飽滿生命力的鮮花來反襯。由以上分析可以看出，《詩經》中的花草樹木都煥發著盎然的生機，呈現出蓬勃的生命色彩。

健壯、飽滿的生命力之美還集中表現在描寫動物的詩句中。《詩經》中寫到馬的時候，幾乎沒有不寫到馬的肥大和健壯的，如《小雅‧北山》所描述的戰馬「四牡彭彭」，突出強調戰馬的強壯有力。《秦風‧駟驖》中「駟驖孔阜」，為我們呈現的也是四匹鐵黑色的健壯有力的馬跑在去打獵的路上的形象。以前人們多認為《周南‧螽斯》是以蝗蟲來諷刺統治階級，這其實是對《螽斯》的誤讀。事實上，詩人的眼中所看重的並不是蝗蟲對莊稼和人的危害性，相反，詩人的著眼點在於對蝗蟲極強的繁殖能力的讚歎。詩中寫道：「螽斯羽，詵詵兮。宜爾子孫，振振兮。螽斯羽，薨薨兮，宜爾子孫，繩繩兮。螽斯羽，揖揖兮，宜爾子孫，蟄蟄兮。」螽，是蝗蟲的一種。羽，即翅膀。詵詵，是蝗蟲翅膀振動時發出的聲音；薨薨，是蝗蟲眾多的樣子；揖揖，是蝗蟲眾多聚積的樣子。這首詩的意思是，祝願您的子孫能像蝗蟲一樣多，像蝗蟲一樣有生命力。可見繁殖能力強、生命力旺盛的蝗蟲也是周人所頌贊的審美對象。《小雅‧無羊》是對人丁興旺的繁多審美觀念的集中體現。詩中寫到，誰說你沒有羊，你的羊三百成群，誰說你沒有牛，你膘肥體壯的牛多達九十多頭。你的羊，有的在山坡上吃草，有的在池中飲水，有的在休息，有的在走動。你的羊，有著各色各樣色彩豐富的毛。在這首詩裡，還寫到牧人做了一個夢，夢見有許許多多的魚以及畫著龜蛇和鷹隼的旗子。經過

占卜知道這樣的夢預示著豐年和家室的興旺。全詩表達了對肥美健壯的羊群的羨慕，以及對貴族人丁興旺、吉祥如意生活的讚歎之情。這是周代貴族繁盛、肥美的審美觀念的體現。

審視和關注生命力之美還表現為對生命動態過程的關注。《大雅・卷阿》寫奮飛的鳳凰忽然之間停下來聚集在一起，然後又翽翽地鳴叫著飛向天空。就算寫瓜，《詩經》也要寫出瓜不斷生長的態勢。《大雅・綿》「綿綿瓜瓞」，就給接連不斷生長的大瓜、小瓜一個特寫，將周王朝不斷強壯的生命力特徵書寫出來了。有了運動，就有了活力。對植物和動物的動態的描寫，表現出詩人對生命活力的關注。

《詩經》以豐收的景象為美。在《詩經》中對豐收的景象有多處描述。如《周頌・良耜》寫出了一派豐收、富足的場面。詩中寫道「獲之挃挃，積之栗栗。其崇如墉，其比如櫛，以開百室。百室盈之，婦子寧止。」挃挃的收穫聲中充滿了豐收的喜悅，堆積成牆一樣高的穀物排列得整整齊齊，倉庫裝滿了黍稷，這是秋收的熱鬧和喜慶氛圍。詩中表達了對豐饒、富足之美的追求。這是一首秋收之後，用新穀祭祀土神和谷神時所唱的樂歌，人們認為人間豐收的景象是應該向神靈稟告的，神靈對豐收的景象也會感到欣慰。

當我們將隱含在《詩經》中的美學精神予以梳理和勾勒時，就可以清楚地看到，從光彩奕奕的貴族形象，到茂盛的草木、成群的牛羊，都充滿了生命的活力，寄予著周代貴族詩人朦朧的生命美學思想。周代貴族崇尚繁茂、健壯、有光彩、有生命活力的審美對象。這種對生命活力的歌頌成為流動在《詩經》各篇章之間的內在旋律。

之所以將有生命力的事物作為歌詠的對象，一方面是因為周人所生活的中原地區當時以農業生產為主，農作物的長勢直接影響著人們的生活，田野肥沃，才能作物豐收，才能衣食豐足，才能有安靜、祥和的日子。所以，周人的農事詩和祭祀詩中，幾乎無一例外地都有著

對茂盛的植物的描寫，有著對農作物豐收的企盼。換句話說，那些病態的景象中所預示著的一定不是豐收的兆頭。

另一方面，因為只有極有生命力的事物才能在當時比較艱苦的條件下存活，所以《詩經》中對生命力的強大、茂盛等特徵給予了熱情的歌頌。周人相信語言有著神奇的魔力，反覆地讚歎生命力的旺盛，神靈一定會聽到人間的聲音，從而使所祈禱和嚮往的豐收、繁茂景象，在反覆的詠歎中不斷變成現實。

將富有生命活力的意象作為審美對象，這與周人認為萬物諧和感應的思想有一定的關係。在周人的思維中大自然中的一事一物都有著神秘的氣息，都具有某種冥冥之中的徵兆性。健壯豐滿的馬，就與它的主人的精神有著內在的一致性，所以，寫人時就用馬的精神來襯托。《魯頌・駉》寫的是公家的馬，然而，這又不僅僅只是馬而已，而是預示著魯國的國勢是否昌盛，所以，詩中極力唱歎的是那些膘肥體壯的牡馬，並且，詩中在「駉駉牡馬，在坰之野」的四次反覆，和「有驈有皇」「有驪有黃」等的羅列中，將成千上萬匹馬都呈現在我們眼前，預示著魯國的繁榮昌盛。作物的長勢與家族的興旺之間也有某種內在的感應關係，所以，寫宗族的祭祀時，時常要寫到作物的茂盛長勢和豐收的景象。人與自然之間這種冥冥之中的契合和內在感應，是《詩經》時代天人合一思想的特殊內涵的體現。

此外，較為寧靜的生活狀態和相對富足的良田，不僅給周代貴族提供了充足的生活資源，也為他們提供了豐富的精神資源，這是《詩經》中以茂盛生命力為美的審美意識所賴以產生的自然環境。周代貴族生活在周原的時期，周原的氣候溫和、雨量充沛，當時的沮水和漆水兩條河流的水量豐沛，渭河流域則有著桑樹、漆樹、杞樹等各種各樣的樹木，有著廣闊的土地。可以想見周人生活在一個農田肥美、草木茂盛的自然環境之中。農業的發展使生活相對安定，美好和諧的自

然又陶冶了周代貴族的情懷，使他們具有平和、健康的審美心性。周人生活在一個有著蔥郁樹木和廣闊土地的世界中，他們也以詩意的眼光和詩意的心態感悟著大自然賦予人類的審美世界。相對和諧的生態環境為周人提供了生殖和繁衍的空間，也涵養了周人的詩性情懷。茂密的樹木既是周代貴族維持自然生命的資源，又是養育他們精神生命的源泉，所以在《詩經》中高大的樹木、潺潺的流水、呦呦鳴叫的小鹿成為詩人歌唱的對象，也成為周代貴族健康活潑的審美追求的寫照。

周代貴族詩人選擇繁茂、鮮活、有生命力的景物、事物作為歌詠的對象，反映了他們的審美趣味是正常的、健康的，是積極向上的，也表明周民族是一個方興未艾的民族，有著昂揚向上的精神氣質。對生命價值的肯定，是隱含在《詩經》中的貴族審美思想的一個重要方面。

（二）對現世人生的珍愛

與殷人尊神的思想觀念相比，周人雖然依然對神有著無限的敬畏之情，但是到了周代，人的存在受到了較多的關注。人的存在是《詩經》中所描寫的一切景物、建築和活動的中心。對人的存在的關注，使《詩經》成為具有生命律動的詩歌。縱觀整部《詩經》就會發現，周代貴族詩人無論寫草木蟲魚還是建築廟宇，抑或一次狩獵活動，都會以人為核心，也都會滲透著詩人的情感。《小雅·斯干》最集中地體現了建築中人的存在。貴族的房屋建造在潺潺的流水旁，幽幽的南山下。在剛剛建好的房屋裡，「兄及弟矣，式相好矣」「爰居爰處，爰笑爰語」，呈現出的是宗族之間融洽相處的和樂氛圍。關於建築的敘寫最終落腳到對建築中的人的生存和對生命綿延的關注。《小雅·楚茨》是周代貴族祭祀祖先的樂歌。但是在這首祭祀的詩歌中，我們讀到的更多的不是聖靈的威嚴可怖，而是人間祭祀的繁忙和喜慶氣氛。

詩中祭祀的時間背景是在黍稷豐收、蒺藜豐茂的季節，充滿了對神靈賜予幸福和豐收的感激，也有著對神靈繼續賜予福祉的期望，最後的落腳點依然在人間「既醉既飽，小大稽首」的富足與和樂場面。可以說，幾乎周代貴族的所有祭祀樂歌中對神靈敬畏之情到最終都會演變為人間的歡樂場面。而且，在《詩經》中我們更多的時候所讀到的並不是禮儀的刻板程序，而是禮儀中人們忙碌、歡快的身影，似乎大大小小的禮儀都不過是人間的一次次歡宴而已。在禮儀中，人不是可有可無的背景，相反，人的存在以及人對禮儀的感受才是詩人描寫的側重點，對人間生活的關注使詩充滿了生命氣息。

　　《詩經》中所寫到的這些自然景致，無一不在周人的生活之中，而不是幻想中的虛擬境界，表現了周代貴族對現世生活的珍愛之情。屈原《離騷》中也有許多對美麗花草的歌詠，但詩人更關注花草所蘊涵的象徵意義，而《詩經》中的花草蟲魚就是周代貴族身邊的景物，就是生活的一部分。如《小雅・出車》中寫道：「昔我往矣，黍稷方華。今我來思，雨雪載途。」黍稷方華正茂和雨雪載途既是周人生活中的場景，又是季節變換、時空轉移的標誌，一草一木本身就是意味深長的審美對象。而且，在《詩經》中詩人並不需要用這些花草樹木營造一個虛幻的境界，從而形成一個精神的棲息地與逃避所，以排遣悒鬱不快的心懷。相反，不管詩人的心境是快樂還是憂鬱，飛翔的鳥兒，躍動的魚兒，盛開的花兒，茂盛的樹木本身都是鮮活的審美對象。在詩人喜悅的心境中，桃花鮮豔地盛開著，即便是詩人心情憂傷，枌杜之實依然渾圓鮮明，燕燕依然在上下頡頏。周人不會寫出韓愈生澀寒冷的美，不會寫出李賀陰森森的美，不會寫出張愛玲陰冷淒清的美，更不會寫出現代派作家筆下那種怪異的美。這與周人相對平和的心態和相對和諧的社會生活有著密切的聯繫。大自然如同周人的孩子，無論生活境遇順與不順，孩子在母親的眼裡都是可愛的。這種健康的情感令人感歎。

第四節　興與周代貴族的生活方式

　　興的表現手法將花草茂盛、鳥兒飛翔的生活世界轉換為詩的境界。興的表現手法的運用，體現著周代貴族對待自然的審美態度。興的運用是周代貴族文飾化審美追求的典型體現。興的運用又是貴族委婉儒雅的言說方式的代表形態。興，是周代貴族文化的一個縮影。

一　興是對待自然的審美態度

　　興是先言他物以引起所詠之辭的表現手法，是中國詩歌最為特別的表現手法，因為有興，所以中國的詩歌才顯得色彩斑斕、瑰麗多姿。因而歷來研究《詩經》的，幾乎沒有不對興進行探討的。就我們所見到的材料來看，研究者基本偏重於探討興與原始意象思維的關係。如袁濟喜指出：「『興』作為中華民族獨特的藝術思維方式，其最早的原始蘊涵乃是先民們的宗教活動與天人一體的思維模組中發生的，在其後來的發展演化中，也未能完全脫離這一痕跡。」[1]認為興緣於原始生命活動及其意識衝動。葉舒憲在《詩經的文化闡釋》一書中也闢出專章來探討興與引譬連類的神化思維的內在關係。趙沛霖在《興的起源——歷史積澱與詩歌藝術》中指出《詩經》中鳥類興象的起源與古人對鳥的崇拜有關，魚類興象中隱含著人類的生殖崇拜觀念等。

　　我們認為從人類學的角度探討興與原始神化思維或意象思維的內在關係，或探討興與原始先民的生命衝動之間的關係，都有其合理之處，但是這些研究有一個共同的問題是，過分強調興與原始思維之間

1　袁濟喜：《興：藝術生命的啟動》，南昌，百花洲文藝出版社，2001，第138頁。

的關係。此外，這些研究者都過多地將產生於周代的、已經較為成熟的詩歌與原始先民的生活聯繫在一起。事實上，周人的生活早已超越了原始人茹毛飲血的階段。周代已經達到較高的文明程度，雖然有原始思維的成分在內，但原始思維已經不能占主導地位。而且，從《左傳》《國語》等一系列文化典籍來看，到《詩經》的時代，人們已經具有了相當成熟的理性思維能力，不論對待各國之間的交往，還是對待戰爭，都以較為嚴格地分析論證為行動的前提。雖然《詩經》中有明顯的原始意象思維的成分，但我們還應該更廣泛地探討興的運用與周代文化其它層面的關係。

我們認為，興這種表現手法所涉及的不僅僅是一個寫作學的課題，更是一個關於生活態度的問題。確切地說，是一個以什麼樣的態度對待自然的問題。

大自然為人類提供了各種生活資料，人們的吃穿用度無不與自然有著密切的聯繫。如衣服的原料無不來自自然。《詩經》中涉及採葛、種葛和紡葛的有四十多處。染色的原料也來源於大自然，《詩經》中記載了以植物作染料來染色的情況。《小雅・采綠》敘述人們採摘綠草、藍草的情景。《鄭風・東門之墠》描寫可染紅色的茜草布滿山坡。自然與人之間有著這樣密切的關係，所以周人對自然生出了無限的感激之情。《詩經》中的許多祭祀樂歌，就表達了對神賜予人間風調雨順年景的感激之情。

因為深知自然對人的重要性，所以，當時的貴族已經具有保護自然的明確意識。據《禮記・月令》記載，西周時已經有管理山川河澤的官職，國家規定，春、夏時不許搗鳥巢，搗鳥蛋，捕殺幼小的鳥、獸等，不可用漁網在河中捕魚，不可用火燒山林，砍伐大樹，不可大規模田獵等，這些措施都表現出西周、春秋時期人們對生態平衡的重視。有了這樣的具體措施，人們對自然的珍愛之情就落到了實處。

　　從《詩經》描寫的生活場景可以深刻地體會到，那是一種人與自然融合無間的生存狀態。在周人的生活中有著呦呦鳴叫的小鹿，有著一望無際的田野，有著不同叫聲的鳥兒在空中飛翔，有著茂密的樹林，人們生活在一個鳥語花香的生存空間中，生活在一個與自然十分親近的世界之中。

　　《詩經》是對人和自然和諧生存狀態的記錄，它是周代貴族以一種詩意的態度對待生活的藝術精神的體現。如《大雅·靈臺》寫周王建築靈臺，在辟雝奏樂自娛的情景。周王建造靈臺，庶民都積極地來參與，而且工程很快就完成了，並沒有給庶民帶來負擔。在周王的靈囿裡，潔白的鳥兒在空中飛翔，魚兒在水裡跳躍，鹿也潛伏在那裡，一派人與自然和樂的場面。周王懸掛編鐘、編磬的木架都是用樅木做成的，大鼓、大鐘懸掛其上，鼓鐘按秩序演奏，周王在辟雝裡享受著音樂。盲人樂手在奏著音樂，鼉鼓嘭嘭地響著，這是一種天人和樂的藝術化的生活。

　　對周代貴族而言，一棵結滿果實的花椒樹，一對翻飛的燕子，雨雪的霏霏等，都能引起他們的關注，甚至能引起他們的情緒波動，引起他們對自身生活狀況的反思，對生命的感悟。這是極具靈性的審美心性。人與自然之間有著內心的契合和溝通。如《小雅·蓼蕭》中「蓼彼蕭斯，零露湑兮」一句，就包含著耐人尋味的審美景象：白蒿枝葉上的晶瑩露珠。難以想像，在遙遠的周代，路邊的白蒿，以及白蒿上晶瑩清亮的露珠能成為詩人關注的審美對象。這需要何等細膩敏感的審美心性！《小雅·湛露》也寫道「湛湛露斯，匪陽不晞」「湛湛露斯，在彼豐草」「湛湛露斯，在彼杞棘」，意思是濃重的露珠，在陽光下閃耀，在豐茂的草葉上滾動，濃重的露珠靜靜地落在枸杞和酸棗樹上。詩之為詩，不在於外在的形式，而在於詩化的心境，這樣細小的露珠能夠成為詩人觀照的審美現象，可見詩人的心性是何等細

膩！換句話說，詩人的視角能夠聚焦在這樣細小的露珠上面，足見其有怎樣的詩心。

興是一個從自然美到藝術美的橋梁，它的一端是對自然美的審視和關注，另一端是對藝術美的獨特領悟。沒有對自然的審美感悟，就不會用興的表現手法。

二　用美麗的大自然編織語言的花環——興對語言的美飾化作用

周代貴族是一個注重美飾生活的群體，他們的生活中審美裝飾的風格非常明顯，從青銅器到服飾，從射侯到席子，都要用花紋、色彩等進行精心地裝點。他們的言說方式和行為也追求文飾化風格。行為的禮節化實際上是對行為的美化，語言禮儀化和文雅化，也是對言說方式的美化。《詩經》集中體現了周代貴族語言的文飾化特徵。在很大程度上，是興的藝術手法在生活與詩之間架起了橋梁，使詩具有了審美性。也是興的藝術手法，將《詩經》的語言編織成美麗的語言花環。

興不僅表現了周代貴族對自然審美價值的認識，也體現了周代貴族詩化語言的審美追求。詩人常常是用身邊的事物起興的。如《鄭風・野有蔓草》以清晨沾滿露珠的青草起興。清晨的陽光下清新、晶瑩的露珠就像詩人遇到清揚婉轉的美人時快樂的心情。《大雅・卷阿》則用興的手法將和樂悠閒的貴族生活編織成富有魅力的語言花環，「鳳皇鳴矣，于彼高岡。梧桐生矣，于彼朝陽。菶菶萋萋，雝雝喈喈。君子之車，既庶且多。君子之馬，既閑且馳」。高岡上的鳳凰在翽翽地鳴叫，朝陽中的梧桐在生長。茂盛的青草襯著鳳凰和諧的鳴叫聲。君子的車馬富庶而多，君子的馬熟練地在路上馳騁。人融於美好的大自然之中，感悟著自然的美麗、和諧，享受著生活。這美麗的語

言使詩成之為詩，它既是用來起興的詩句，又成就了詩的境界之美。

　　興往往使所吟詠的對象不再孤立，而賦予所吟詠的對象一個詩意的背景。所以說興是最能體現作者詩性情懷的表現手法。如《陳風‧澤陂》寫一個男子暗戀一個美女。詩中寫道：「彼澤之陂，有蒲與蘭。有美一人，碩大且卷。」「彼澤之陂，有蒲菡萏。有美一人，碩大且儼。」作者以湖澤邊的蒲草與荷花起興，使愛戀之情在隨風搖曳的蒲草和菡萏開放的荷花的背景下徐徐展開，體現了作者對生活的詩性感受。《小雅‧湛露》寫舉行宗廟落成儀式時宴請賓客的盛況。詩以「湛湛露斯，匪陽不晞」「湛湛露斯，在彼豐草」「湛湛露斯，在彼杞棘」「其桐其椅，其實離離」來起興，將貴族宴請賓客的場面置於一個非常詩意化的背景之下。這裡已漸漸進入夜晚，無數顆晶瑩的露珠在草叢、枸杞和野酸棗樹的葉子上搖搖欲墜。梧桐和山桐子的樹上正結滿了累累的果實。自然界的美好景致與人間的「厭厭夜飲」融為一體。「湛湛露斯」的變化，既是烘托貴族詩意化夜飲的背景，也是時間變化的物候標誌，又是詩人隨意拈來的起興詩句。

　　通過以上分析可以看到，隨風搖曳的蒲草、含苞待放的荷花、晶瑩的露珠、累累的果實、翻飛的燕子都因為興的手法的運用，而被編織進周人的語言體系，使《詩經》的語言成為散射著花草芬芳的、璀璨鮮豔的美麗語言花環。能寫出這樣詩情畫意的句子，表現了周代貴族的一種詩意的生活態度。一個利慾薰心的人，或是一個為生計憂心忡忡的人，都不會擁有這樣的言說興趣。周代貴族詩人能以這樣一份詩心擷取自然中富有靈性的景致來作為詩歌的起興對象，這一方面是因為大自然與周人的生活有著那樣密切的關係，所以，才會促使詩人通過興的表現手法將自然融進詩歌中；另一方面與周代貴族的審美素養不無關係，體現了他們優雅的性情和獨到的審美眼光以及高超的語言技巧。

三　興與貴族委婉的表達方式

　　興的運用也是貴族生活中委婉含蓄表達方式在詩中的體現。《詩經》中有很多詩歌都是在將要表述一個思想或將要展現的人物形象之前先宕開一筆，先言他物，使言說顯得委婉含蓄。如《小雅・鶴鳴》將「它山之石，可以為錯」「它山之石，可以攻玉」的生活哲理遠遠地宕開，先勾畫出一幅「鶴鳴九皋，聲聞於天。魚潛在淵，或在於渚」的視閾廣闊的畫卷，使哲理的闡說隱含在鶴鳴魚躍的詩情畫意之中。《小雅・苕之華》寫生活的艱辛，但依然保持著貴族的持重和沉穩，而不是歇斯底里地發作。詩從美麗的凌霄花寫起，「苕之華，芸其黃矣」「苕之華，其葉青青」，黃色深濃的凌霄花，襯著青青的葉子，代替了一種對情感直白式的表述。即使是要表達「知我如此，不如無生」的感慨，也會在無意識間選擇一個富有詩意的言說開端，這就是周代貴族言說委婉性的表現。一種經過詩意化處理的情感本身就是一首詩。因而，我們說周代貴族的生活是富有詩性的生活。再如《小雅・瞻彼洛矣》塑造了一個帶兵東征的貴族形象。詩人在沒有直接寫到貴族的光輝形象之前，先通過「瞻彼洛矣，維水泱泱」的三次唱歎，將人物置放到一個闊大而有氣勢的背景之中，接著才勾畫「君子」服飾的細節特徵，體現了言說的委婉含蓄特徵。

　　在興和所要表達的情感之間主要有兩種情況：一種是用來起興的景物與所要表現的心情具有異質同構關係。如《周南・桃夭》，詩中用桃的生命發展歷程來比擬女子的青春歷程。從「桃之夭夭，灼灼其華」到「桃之夭夭，有蕡其實」再到「桃之夭夭，其葉蓁蓁」，桃從開出鮮豔的花朵，到結出飽滿的桃子，再到桃葉的茂盛，這一過程正與女子從成熟到健壯的生長階段相一致。詩是寫花也是寫人，花與人的內在生命律動在這裡是同構的。再有《邶風・北風》「北風其涼，

雨雪其雱」「北風其喈，雨雪其霏」的起興景物，既是現實中雨雪紛飛的景象，又是詩人心中悲涼的風雪景象。

還有一種是通過景物反襯人的心境。《小雅・杕杜》通過幾次眼中景物的轉移，表現出詩人深沉的、無法排遣的憂愁。杕杜之果實渾圓鮮明，詩人的心境卻憂傷無望。果實之渾圓與詩人傷感的心緒正成為反襯，進一步加深了詩人心情的落寞。等到夏季，「有杕之杜，其葉萋萋」，卉木茂盛，呈現出一派盛夏的濃密景色之時，詩人的心境依然憂傷不止。可見其傷感之持久和難以排解。詩人登上北山，希望通過採杞活動和放眼四顧來排解心中的憂愁，但「王事靡盬，憂我父母」的哀傷又悄悄爬上心頭，這時破敗的檀車和疲憊的馬車的現實景象又出現在眼前，使詩人的憂傷鬱結難以排解。整首詩借助景物來襯托心境，也通過景物的轉換來傳達心境的變化。再如《邶風・燕燕》中那一對上下翻飛的燕子，既是詩人眼中所見的燕子，更是詩人心中的燕子。所惦念的人已經遠遠地消失在天地相接的地方了，已經看不見了，這時禁不住淚下如雨。在淚眼模糊之中，一對燕子頡之頏之，相互鳴叫著，此情此景寄予著詩人對生活無言的渴望，燕子尚且能成雙成對地一起飛翔，人與人之間卻面臨著生離死別。《小雅・白華》以一系列景物描寫寫出了詩人落寞的心情。外在景物中所寄託的心境與內心的直白交相出現，形成了一首心境抒寫的二重奏。首先是開著白花的白菅，「白華菅兮，白茅束兮」，用白茅綁起來的白花映襯出詩人的心境。接著是對心境的直接抒寫，「之子之遠，俾我獨兮」，原來落寞的心境來源於離開了所愛的人。接著又是將視線從心境的實寫移開，展現在讀者眼前的是又一幅詩意化的景致，「英英白雲，露彼菅茅」，天上飄著白雲，地上的露水滋潤著菅茅。詩人了無興致地看著這些自然界的雲起雲落。真是才下眉頭又上心頭，視線的轉移無法排遣心中的鬱悶，緊接著又回到糾纏不清的心事，「天步艱難，之子不

猶」又是一句心的獨語。「滮池北流,浸彼稻田」是外在的景物描
寫,「嘯歌傷懷,念彼碩人」又是對心境的直白。「鼓鐘於宮,聲聞於
外」寫景,「念子懆懆,視我邁邁」抒情。「有梁在梁,有鶴在林」寫
景,「維彼碩人,實勞我心」抒情。就這樣,整個詩篇在外在的景物
描寫和內在的心境描寫之間形成了一首婉轉的樂曲。

　　興的運用使情感的表達婉轉多姿。興的運用給詩歌藝術帶來了重
大的變化,使情感的表達含蓄雋永,從而使貴族的言說成為有意味的
形式。正如趙沛霖在《興的起源——歷史積澱與詩歌藝術》一書中所
說:「興出現以後,客觀物象與主觀思想感情被集於一首詩中,欲言
情而先及物,從而改變了那種同一言辭無限重複的簡單抒情方式。詩
歌就是這樣走上了把主觀思想感情客觀化、物象化的物我同一、情景
結合的道路,並逐漸形成了含蓄雋永的品格,具備了詩歌藝術所特用
的審美特徵——詩味。」[2]

　　通過以上分析可以看出,周代貴族生活在一個詩的世界中,詩是
周代貴族儀式化生活中不可或缺的一部分,是溝通天地神人的紐帶,
也是貴族交往禮儀中的固定用語。更值得人關注的是,詩還是貴族反
思生活、抒發個人情感的方式和途徑。詩使貴族的生活具有了藝術
性。禮樂文化是貴族生活的主旋律,它所張揚的謹慎、嚴肅、莊重、
規範化、等級化的生活方式滲透在生活的方方面面,但是禮儀並不能
涵蓋貴族生活的全部。儀式是排除情感的、集體的、群體的,或使情
感僵化、規範化、固定化,但是《詩經》卻通過對貴族生活狀態和心
態的真實描寫告訴我們,在禮儀生活的背景下,周代貴族還有著廣闊
而豐富的審美空間。周代貴族的日常生活是多姿多彩的,人與人之間

2　趙沛霖:《興的起源——歷史積澱與詩歌藝術》,北京,中國社會科學出版社,1987,
　　第2頁。

有著濃重的情感牽掛。從《詩經》的審美對象中可以看到周代貴族的審美趣味在於那些碩大的、繁盛的、富有生命力的審美對象。這表明周代貴族有著積極健康的審美追求。興的表現手法表明周代貴族已具有相當成熟的審美眼光。沒有一種詩意的眼光，沒有對生活的審美感受，沒有對功利的超越是不會有這樣的審美情懷和這樣委婉含蓄的言說方式的。《詩經》告訴我們，在禮制生活之中，人們還有著以審美的眼光來打量生命存在的可能。

第十八章
儀式化生活方式的衰微與貴族藝術精神的嬗變

　　春秋時期是貴族文化的成熟期、繁盛期，同時也是貴族的社會地位從盛到衰的轉折期，所以在貴族的生活中，一方面是貴族的社會地位以及貴族的生活方式不斷受到衝擊；另一方面是貴族對等級禮制、貴族文化和貴族的生活方式的積極維持和張揚。幾乎春秋時期所有的文化現象中都隱含著來自這兩個方面的張力。

　　春秋時期的貴族生活狀況集中體現在《左傳》《國語》以及《論語》等典籍中。從這些文獻中，我們可以感受到等級禮制依然是春秋時期貴族生活的大背景，但是春秋時期的禮樂氛圍，已沒有西周時期鐘鼓齊鳴的喧鬧和熱烈，《左傳》《國語》中的禮樂之聲漸漸失去昔日的和諧。禮制雖然存在著，但禮制的內涵和禮制所維護的社會關係已經悄悄發生了變化。《左傳》《國語》中的歷史主角已不是戴著靈光圈受到神靈呵護的天子和諸侯貴族，而是那些去掉了靈光圈的諸侯貴族和卿大夫，在《左傳》《國語》中記載著這些沒有神化色彩的貴族在禮儀活動、日常生活中的種種樣態。從《左傳》《國語》中，我們可以真切地感受到貴族生活方式在春秋時期的發展演變情況，也可以感受到貴族藝術精神的發展演變軌跡。

第一節　春秋時期貴族生活方式發生演變的文化背景

一　貴族統治的危機

　　春秋時期，鐵器和青銅農具逐漸代替以石、木為主的農具，開始使用牛來耕作，水利灌溉有所改進，農業技術開始全面發展，大面積的荒田得到了開墾。生產力的發展最終導致了井田制的瓦解，原先公田上繁忙的勞動場面不見了，原先公田裡莊稼一片豐收的景象衰落了。各國賦稅制度的改革，進一步促進了井田制的崩潰。井田制是西周貴族體制存在的基礎，當土地成為可以自由買賣和贈送的私有物品時，這就直接影響到貴族的統治基礎。

　　首先是王室的統治出現危機。遷都洛陽後的東周王室逐漸失去了對土地的控制權，只剩下王畿周圍很少一部分土地，王室的衰落成為不可挽回的歷史趨勢。在統治權力方面，周平王東遷後，周王室失去天下共主的資格，而降到了一般諸侯的地位。周桓王時周、鄭不和，周桓王組織和率領周、虢、蔡、衛、陳五國聯軍討伐鄭國，與鄭戰於繻葛。鄭大夫祝聃射中桓王肩。桓王伐鄭，不但沒有能顯示出王權的威力，反而使天子的名譽和威信受到進一步地損害。周王室從此威風掃地，不再能號令諸侯。周惠王死後，襄王繼位，襄王有異母弟王子帶（叔帶），他的生母惠后陰謀廢棄襄王改立叔帶。在平定王子帶叛亂的過程中，周王室的力量進一步被削弱，而晉國為平定王子帶之亂，速戰速決，在諸侯中引起極大震動，在春秋時期最初一百年中默默無聞的晉國，從此活躍在政治舞臺上，成為新時期的諸侯們的領袖。神聖的王權統治開始讓位於具有明確利益關係的諸侯聯盟，霸主實際上代替了天子的統治地位。

　　周代等級制的危機、貴族統治的危機從天子到諸侯呈現出層層滲透的趨勢。在各諸侯國內部，也程度不同地出現了諸侯統治的危機。各諸侯國公室逐漸失去土地和特權。並且無視天賦嫡子的神聖性和統治權，也無視血緣親情，相互殘殺的現象在春秋時期比比皆是。就魯國的情況而言，西元前六〇八年，魯文公死，大夫東門遂殺嫡長子而立宣公，掌握了魯國政權。宣公死後，政權實際落在季氏手中。到魯定公時，三桓勢力一度衰弱，魯國又出現了陪臣執國命的局面。齊國也存在著貴族統治的危機，在春秋中期以前，齊國的私家勢力多為公族，執政的卿大夫主要出自國氏、高氏等世家大族。春秋中期以後，異性貴族田氏崛起，逐漸取代公族而主國政，並最終奪取了齊國的政權，變姜齊為田齊。而晉國的公族勢力在春秋前期已退出了歷史舞臺，卿大夫多是異姓貴族，他們逐漸掌握了國家政權，並最終瓜分了晉國。其它諸侯國也不同程度地出現統治的危機。春秋時期處於統治地位的雖然仍是貴族勢力，但是這些發生在諸侯國中的政爭，極大地削弱了貴族的統治。

二　貴族文化的社會轉型期特徵

　　貴族統治的衰微與貴族文化統治的衰微是相輔相成的關係。春秋時期，周天子以及各級諸侯貴族的統治基礎受到了很大衝擊，但是貴族的統治體制還沒有發生根本的變化。社會矛盾還掩蓋在禮樂體制之中。所以說春秋時期的文化，往往是兩種相互矛盾的思想觀念交織在一起，體現出明顯的社會轉型的特徵，這主要表現在以下幾個方面。

（一）對神秘統治意志的懷疑和敬畏意識同在

　　生產力的發展動搖了原有的田產製度，使貴族統治的經濟基礎發

生了動搖，更重要的是，生產力的進步也衝擊了貴族統治的形而上根
據，也可以說科學實證觀念對神秘的統治意志產生了巨大的衝擊力。
天神觀念是科學技術不發達，人對自然的變化懷著一種敬畏意識的情
形下產生的。在生產力不發達，人們愚昧無知的歷史條件下，對人格
神的崇拜對於鞏固貴族階級的統治是極其有效的。但是，隨著科學技
術的發展，隨著人們對自然規律的掌握，自然界的神秘感也就淡化
了。《詩經》中就一直隱現著人們對天的存在和其權威性的懷疑。如
《大雅・雲漢》是一首向上天祈雨的詩歌。但是上帝、百神都祭祀
了，圭璧犧牲都用完了，卻沒有一個神靈予以祐助，也沒有一個神靈
予以同情、可憐，天下依然是大旱不止，人們禁不住要發出無望的哀
歎，昊天上帝什麼時候才能賜福給人間！天庇護人類的承諾並沒有實
現，因而，在實證思維的萌動中，天的神聖性受到質疑和拷問。到春
秋時期，隨著科學技術的進步和生產力的發展，人們進一步認識到有
許多事情的成敗得失都是天無法控制的。這種科學實證的思維模式使
人們對祭祀的態度和處理問題的方式發生了很大變化。西元前五二四
年，天空出現彗星，有人建議子產用瓘斝玉瓚祭神以免除災難，子產
認為天道遙遠，是不可實證的對象，所以不必相信天的存在。子產的
觀點正是科學技術有一定發展的背景下的必然產物。可見自然科學的
發展，以及人們思維能力的加強，減弱了天的神秘色彩。

　　天的神聖性是周天子進行統治的形而上依據，是宗法社會結構存
在的理論基礎。人們對天的存在的懷疑也促成了對天子存在的先驗
性、合法性的懷疑。從春秋時期開始，隨著科學知識的增長，人們對
天的自然屬性有了進一步的認識，天逐漸從存在的形而上根據而變為
對象化的實體。伴隨著天的地位的動搖和下降，王權的神聖性漸漸失
去內在根據，禮儀規範和人倫秩序也受到一定程度的衝擊。西周時期
普遍存在的對禮儀規範的遵循到春秋時期開始有所動搖，一系列違背

禮制的行為引起人們的思想震動和反思。

　　但是，生產力的發展使人們對天和神靈的存在產生懷疑，這並不等於人們完全拋棄了對神秘力量的敬畏心理，事實是神秘統治力量的存在與人們對天的觀念的解構同時並存。如《左傳‧僖公四年》記載：「初，晉獻公欲以驪姬為夫人，卜之，不吉；筮之，吉。公曰：『從筮。』」晉獻公用卜筮的方式來決定行為的取向，這是對神靈的認可，但是他又不完全認可神靈的意志。這表現了春秋時期人們對天神觀念的認可與否棄並存的狀況。

　　《左傳‧成公五年》記載，晉國的梁山崩塌，晉侯使人召伯宗，伯宗在趕往晉國朝廷的途中遇到一個拉載重車的絳地人，這個人告訴伯宗，梁山崩不過是山朽壞而崩而已。這是對山崩的自然規律的認識，但是，絳地的拉車人還指出，國君應當為之不殺牲，減膳撤樂，穿素服，乘坐沒有彩繪的車子，離開寢宮。可見，春秋時期雖然對自然界的變化已經具有一定的科學認識，但依然籠罩著濃厚的神秘色彩。

　　就算是講出了「天道遠，人道邇」之類警世話語的子產，也不是一個純粹的唯物主義者。《左傳‧昭公十八年》記載：「七月，鄭子產為火故，大為社，祓禳於四方，振除火災，禮也。」由此可見子產並不是完全無視神秘力量的存在的。

　　再如《左傳‧哀公六年》載，楚王得了重病，當時天上的雲彩像赤鳥一樣圍繞著太陽飛翔了三天。楚王就派人詢問成周的太史。從這一事例可以看出，春秋時期史官依然是處於天地之間，能夠感天通地的角色，人們還是希望在自然界發生變化或出現天災人禍等現象時，神職人員能夠起到溝通天地神人的作用，將天的意志告訴給人類。

　　祖先神對人間的統治也依然存在著。《左傳‧桓公二年》記載：「凡公行，告於宗廟；反行，飲至、舍爵、策勳焉，禮也。」這裡記

載的是國君外出前後的禮儀。凡諸侯朝天子、朝諸侯，或與諸侯盟會，或出師攻伐，臨行前都要到宗廟中去告廟，即告訴祖先自己的行蹤。返回時，同樣要到宗廟祭告祖先自己的歸來。祭告後，還要和群臣一起設爵飲酒，謂之飲至。並將重要的事情書於簡策。可見，在貴族的生活中，祖先神的位置是很重要的，死去的祖先一直存活在生者的心中，形成左右人間生活的另一種神秘力量。

這種敬畏意識還表現在其它方面。《左傳．文公四年》記載，楚人滅了江國，秦伯為了哀悼江國被滅，著素服，避開正寢不居，去盛饌而撤樂，其哀悼他國之滅的禮數甚至超過了禮制的規定。秦伯對滅國絕嗣的事情具有一定的恐懼感，也擔心這樣的事情落在自己頭上。行為的小心謹慎，禮儀的周到，這是貴族還具有一定畏懼意識的表現。

對神靈的敬畏還表現在盟誓過程之中。諸侯會盟時，常舉行一些儀式，先鑿地為坎，殺牲於坎上，割牲左耳，盛以盤，又取血，盛以玉敦，用以為盟。寫成盟辭之後，乃歃血而讀所書內容。在盟誓中，神靈是無形的見證者。神秘的外在力量是維繫著周代貴族的精神存在的重要因素。如《左傳．成公十二年》記載，晉、楚癸亥之盟。盟辭中寫道：「有渝此盟，明神殛之。」表明在盟誓中神靈是見證者和監督者。可見春秋時期貴族之間的交往既有對強權的順服，另一方面諸侯之間關係的鞏固也來自於神靈的監督。

從以上分析可以看到，隨著生產力的發展，神秘統治力量受到一定的懷疑，但是在春秋時期，人們的生活中依然有著濃厚的神秘文化色彩。春秋時期貴族的生活中，既有著科學實證的理性思維，又有著神秘的非理性思維的存在。

（二）親情觀念與對親情的漠視同在

社會的轉型期特徵還表現在人們的親情觀念中。可以說，西周是

一個依靠親情血緣關係構建起來的社會組織。但是到了春秋時期，人們的生活中一方面繼續表現出對親情的認可；另一方面利益的衝突又常常使親緣關係被懸置起來。楚鄧關係最能說明春秋時期貴族親緣關係的這一特徵。《左傳·莊公六年》記載，楚文王伐申時路過鄧國。騅甥、聃甥和養甥請求殺掉楚文王，並指出將來滅亡鄧國的肯定是楚國，但是鄧祁侯並沒有採納三甥的建議，他說，楚文王是我的外甥，我怎麼可以殺掉他呢。鄧祁侯不但沒有殺掉楚文王，而且還設宴招待楚文王。其結果是，楚文王伐申回來時，就對鄧國進行了征伐，莊公十六年再次對鄧國進行征伐，最後滅掉了鄧國。這是一個重視親族血緣關係與無視血緣親情同在的典型事例。《左傳·僖公五年》也記載著類似的事件。當晉侯要假道虞國而伐虢國時，虞國的大臣宮之奇指出不可使晉的野心擴張。虞公卻說，晉國是我們的同宗，難道還會加害於我們？其結果是，晉國滅虢國後，返回的途中就滅掉了虞國。從以上史實可見，親緣關係在春秋時期雖然還存在著，但是春秋時期的利益之爭對親族血緣關係形成了巨大的衝擊。

（三）溫文爾雅的燕享之禮與殘酷的廝殺同在

燕飲和殺伐同在，這是春秋時期諸侯之間交往的又一個特徵。《左傳·桓公十八年》記載，魯桓公為了修舊好，偕夫人到齊國。桓公夫人與齊襄公私通，受到桓公的指責，桓公夫人將這一情況告訴齊襄公。其結果是，齊襄公先宴享魯桓公，然後讓公子彭生將魯桓公殺死在車中。一代君主就這樣在表示友好的燕飲之禮後死於非命，甚至可以說，燕享之禮掩蓋著殘酷的殺害目的。再說晉國，晉靈公年幼時，趙盾把持了晉國的政權。靈公長大以後，就想去除趙氏的勢力奪回政權，但是趙氏的勢力盤根錯節，布滿朝廷。晉靈公派力士鉏麑行刺趙盾於私第，但鉏麑失敗。西元前六〇七年九月，靈公伏甲於宮

中，召趙盾入宮飲酒，欲在宴前擒殺趙盾。晉國的這次君臣政變也是以燕飲之禮為幌子的。再如《左傳・昭公十一年》記載，楚王伏甲而宴享蔡侯，並執而殺之，這又是一起暗藏著殺機的宴享事件。《左傳・定公八年》記載，陽虎「將享季氏於蒲圃而殺之」，依然是在燕享之禮的遮掩下進行的廝殺。從這些史實可以看出，春秋時期的貴族生活中，殺機就暗藏在觥籌交錯的燕飲之中。揖讓周旋的禮樂文化與殺伐同在，這是春秋時期貴族文化交融性的又一體現。

通過以上幾個方面，可以深感春秋時期各種觀念交織並存的時代特徵，貴族的等級制和禮樂文化依然具有一定的勢力，但受到一定的衝擊。社會表現出明顯的轉型期特徵，這是貴族生活方式發生演變的文化背景。

第二節　禮儀化生活方式的維持與衰微

周代貴族創造了輝煌的禮樂文化，這一文化形態發展到春秋時期走向成熟，同時也呈現出衰微的趨勢。這一節我們對貴族生活方式中的禮儀之美與違背禮儀的行為方式進行論述。貴族文化在春秋時期的交融性的一個典型表現就是貴族行為方式中有著符合禮儀規範的從容和優雅，又有著對禮儀的無知和僭越。

一　禮儀化行為方式的維持

春秋二四二年的歷史中，貴族文化的確面臨著種種危機，但總體來說，這一歷史時期的主流文化還是貴族文化。這一方面是貴族文化經過了長期積澱後的一種必然結果；另一方面也是因為，貴族在文化危機面前表現出一種抗爭之勢，使貴族文化反而更加典型和突出。貴

族文化到春秋時期發展到它的最高點。春秋時代常為後世所仰慕與敬重。正如錢穆所說：「春秋時代，實可說是中國古代貴族文化已發展到一種極優美、極高尚、極細膩雅致的時代。」[1]春秋時期貴族的禮儀美主要表現在以下兩個方面。

（一）貴族生活中的禮儀美

春秋時期，周天子失去天下共主的權威性，各諸侯國之間的關係，就要靠不斷地征戰、朝聘與會盟來維繫。列國之間的戰爭時有發生，但是列國之間的禮尚往來、交際酬酢也非常頻繁。並且在朝聘、會盟與征戰中，遵循禮儀的行為依然廣泛存在。這些符合禮儀的舉止中顯示著貴族的精神氣質。時隔千年，在一些文獻記載中，透過字裡行間，我們還能真切地體會到貴族交往儀式的考究，以及各種儀式中貴族的儀態之美，還能體會到貴族生活的禮儀化特徵。

《左傳·襄公二十四年》記載：「穆叔如晉，范宣子逆之。」即魯國的大夫穆叔到晉國去朝聘，在聘禮中，晉國首先派國卿范宣子穿著朝服拿著束帛到郊外慰問。《左傳·桓公九年》記載，魯國享曹太子時，行初獻禮，並奏樂。《左傳·襄公二十九年》記載，范宣子來聘，魯國還以較為完整和隆重的禮儀來接待范宣子。展莊叔按禮制規定在主人勸賓客飲酒時送以束帛作為酬幣。享禮之後，魯國還舉行了射禮，儘管射者中公臣不足，還需要取於家臣，但至少說明當時貴族之間的朝聘還有較為完整的禮儀。還有《左傳·僖公三十年》記載，「冬，王使周公閱來聘，饗有昌歜、白、黑、形鹽。辭曰：『國君，文足昭也，武可畏也，則有備物之饗，以象其德；薦五味，羞嘉穀，鹽虎形，以獻其功。吾何以堪之？』」從此段記載可以看出春秋時期

1　錢穆：《國史大綱》（修訂本），北京，商務印書館，1994，第71頁。

諸侯之間的聘問和宴享還是很講究的。從食物來看，有菖蒲根製作的
醃菜，有稻米和黑黍米熬的飯，並且還有非常講究的虎形鹽。在宴享
開始前，周公閱非常委婉地推辭，說自己不堪如此貴重之宴享。雖然
《左傳》的記載比較簡略，但通過這隻言片語還是可以想見貴族交往
禮儀中言辭的委婉和舉止的文雅，以及食物的精美。

　　這些文獻記載都說明，雖然禮樂文化在春秋時期發生了很大變
化，但是一些主要的禮儀形式依然在諸侯國之間長久地存在著。對貴
族而言，雖然禮儀的社會基礎發生了動搖，但是他們依然堅持著，維
護著，希望通過行為上的符合禮儀來表明自己的貴族身分；另一方
面，傳統文化具有一定的延續性，貴族社會還以是否符合禮制規範作
為衡量一個人是否具有修養的標準。朝聘和會盟活動中，貴族的言談
和舉止兩方面符合禮儀規範依然是那個時代獨具特色的審美追求。

　　在貴族的交往儀式中，文雅、謙和以及程序化是禮儀用語的主要
特色。當語言具有程序化的特徵時，它就在一定程度上超越了傳達實
用信息的作用，而成為一種具有表演性和可欣賞性的藝術化語言。即
禮儀程序中的語言具有一定的藝術韻味，人們在這種外交套語中傳達
的主要不是實用的信息，而關注的是操作這種語言的人的神情、聲腔
和儀態之美。《左傳・文公十二年》記載，秦伯使西乞術來聘魯，同
時商量伐晉的有關事宜。《左傳》著重記載了這一次聘問儀式中的辭
玉儀式。當西乞術帶著圭、璋之類的禮器來到魯國時，襄仲作為主國
的儐，到廟門之外辭玉。襄仲說：「君不忘先君之好，照臨魯國，鎮
撫其社稷，重之以大器，寡君敢辭玉。」襄仲的歡迎詞是一段客套
話，但是這一套語使歡迎儀式顯得莊重、文雅。秦使者對曰：「不腆
敝器，不足辭也。」秦使者的回答也是禮儀中的套語，但回答得非常
恰當、穩妥，符合禮儀規範。於是主人三辭，賓答拜，然後又是一番
謙和的辭讓和美好的祝願，辭玉儀式才算完成。這一辭玉的儀式，具

有典型的程序化特徵，襄仲和秦使者西乞術的對話基本都是禮儀中的套語，但是正像詩歌中的重章疊句或像戲劇中的程序化表演一樣，程序化重複的語言也具有一定的藝術韻味。貴族的客套之中，同樣包含著值得人細細品味的內蘊，反過來講，如果去掉這些重複和客套，生活變得簡潔了，但人的生活也將變得乾枯沒有滋味。還有《左傳・昭公二年》記載魯叔弓到晉國去聘問，晉侯按照禮制規定派人到郊外慰勞魯使者，叔弓辭謝道：「寡君使弓來繼舊好，固曰：『女無敢為賓』，徹命於執事，敝邑弘矣，敢辱郊使？請辭。」晉臣請叔弓入住賓館，叔弓又按禮辭謝曰：「寡君命下臣來繼舊好，好合使成，臣之祿也。敢辱大館！」這次聘問的郊勞雙方都表現出了貴族外交中的謙讓和翩翩君子風度，呈現出春秋貴族行為的禮儀美。禮節中的言辭同樣是禮儀中具有程序化性質的套語，但是正是在這程序化的語言中，貴族的謙和以及外交禮節的嚴肅和鄭重得到了體現。反過來講，如果去掉這些看起來多餘的外交語言直奔主題，那麼，外交活動也就少了一些直接功利目的之外的含蓄和委婉，少了一些具有藝術氣質的東西。

　　除了貴族外交語言的程序化審美特性之外，貴族交往禮儀中的行為也表現出一種耐人尋味的儀態之美。如《國語・周語》記載：「晉羊舌肸聘於周，發幣於大夫，及單靖公。靖公享之，儉而敬，賓禮贈餞，視其上而從之，燕無私，送不過郊。語說《昊天有成命》。」單靖公的行為儉而敬，在享禮中的一舉一動、一言一行都符合禮儀規範，這引起了叔向的感慨和稱讚。《左傳・僖公九年》記載，周王使宰孔賜齊侯祭祀完宗廟的祭肉，齊侯將下階答拜。宰孔說，天子有命，你作為天子的伯舅，又到了耄耋之年，就不必為接受祭肉而行下拜之禮。即使這樣，已經耄耋之年的齊桓公還是先降於兩階之間，北面再拜稽首。然後升堂，又再拜稽首，再受賜。可以想見已經行動不便的齊桓公是怎樣動作緩慢而恭敬地完成了這一系列下階、稽首，然

後又登階、稽首、受賜的禮節的。正是在這緩慢而恭敬的一舉一動之中，貴族行為的禮儀之美呈現於我們面前。

在春秋時期人們的內心深處，遵循禮儀規範是天經地義的事情，如果對禮儀有所違背，自己會深深感到不安。如《左傳·僖公三十三年》記載，在文嬴的請求下，晉襄公放掉了秦國的三個將帥孟明、西乞術和白乙丙。晉大臣先軫朝見，問到秦囚的情況，當得知襄公已經放走了秦囚時，非常氣憤，甚至在國君的面前，「不顧而唾」。在尊長之前吐痰、擤鼻涕，這在當時是嚴重的違禮行為。這一情急之下的行為也給先軫帶來了沉重的精神負擔，以至於在狄人入侵時，先軫說：「匹夫逞志於君，而無討，敢不自討乎？」於是，脫掉頭盔，進入狄師，最後戰死。可以想見，一次違禮的行為給先軫造成了多麼大的精神痛苦，以至於他要用放棄生命來取得心理的平衡。也可見禮的約束力在當時還是相當強大的，先軫用自己的生命維護了禮的尊嚴和神聖。

從以上分析可以看出，春秋時期貴族的交往中還有著較為完備的外交禮儀活動，貴族外交禮儀中的行為舉止基本都符合一定的禮儀規範，具有程序化的藝術表演性質。在這些禮儀中，貴族的言辭基本都是外交禮儀中的套語，但是這種套語對於外交禮儀來說，不是多餘的，相反，這些外交辭令使外交禮儀具有不同於日常交往的莊重性和嚴肅性，並且，外交辭令也成為一種可以欣賞的藝術化語言。符合禮儀規範的行為是人們追求的行為風範，外交禮儀是展示貴族禮儀之美和維護各諸侯國之間友好關係的基礎。

（二）貴族戰爭中的行為美學及其藝術精神

古往今來人間有無數次戰爭，但是不同的歷史時期，不同的人，其戰爭的方式也是不同的。春秋時期的戰爭常常是為禮而戰，在戰場

上貴族們也遵循著禮儀規範。禮儀的存在使春秋時期的戰爭多少帶有
審美超越性，似乎所進行的不是刀光劍影的廝殺，而是溫文爾雅的行
為藝術。並且，戰爭中的貴族還追求著具有審美性的活動，如外交中
的賦詩言志、彈琴唱歌等。下面，我們對春秋貴族戰爭中的藝術精神
進行簡單的梳理。

1 貴族戰爭中的禮儀之美

　　周代貴族的戰爭都遵循著一定的禮儀規範。如出師前要到太廟舉
行祭祀和占卜，用牲、幣祭祀祖先，告知將要出兵之事，祈求祖先的
祐護。《左傳‧閔公二年》記載：「帥師者，受命於廟，受脤於社。」
《禮記‧王制》記載：「天子將出征，類乎上帝，宜乎社，造乎禰，
禡（祭祀）於所徵之地。受命於祖，受成於學。」說的都是出征前的
告廟活動。在決定進行戰爭後，軍士在太廟接受出征的盔甲和武器也
要舉行一定的儀式。《左傳‧莊公四年》就記載了楚武王在太廟授師
戟以伐隨的情況。

　　天子諸侯不僅出征前要告廟，還要「遷祖」，即將祖先的牌位奉
祀於軍中。「必以幣、帛、皮、圭，告於祖、禰，遂奉以出，載於齊
車以行，每舍，奠焉而後就舍。」[2]就是對貴族奉著祖先的牌位行軍
的狀況的記錄。《左傳‧定公四年》也記載：「君以軍行，祓社、釁
鼓，祝奉以從，於是乎出竟。」可見春秋時期貴族出師時依然在軍中
供奉著祖先的牌位。

　　在戰前的準備工作中，還要準備鼓樂。《國語》記載，宋人弒其
君，晉國作為霸主要對宋國進行討伐，在戰前就準備戰樂，召軍吏而
戒樂正，令三軍之鐘鼓必備。並且指出，鼓樂在戰爭中的作用是聲彰

2　《禮記‧曾子問》。

其罪，錞于、丁寧等樂器的作用是警誡其民。

戰爭生活是西周乃至春秋時期貴族生活的一個縮影，它表明了貴族的生活始終具有形而上的精神層面，戰爭不是純粹的物質利益之爭。從這些出征前的儀式，可以看出周人的戰爭中始終有著神靈的陪伴，充滿對神靈的敬畏，具有神秘色彩。

到了戰場上，在開戰前還有一系列的儀式。如晉與楚、鄭的鄢陵之戰中，楚共王站在巢車上望見晉軍戰前舉行的一系列儀式。首先看到的是晉國兵車向左右兩方馳騁，然後聚集於中軍共同謀議的情景，又看到晉軍帳幕張開，在先君主位之前虔誠地問卜的情景，接著又看到晉軍將帳幕撤除，發布命令，且晉軍在一片喧嘩和塵土上揚的氣氛中塞井夷灶，然後兵士們又拿起武器先上車，後又下車聽從命令。接著又看到晉軍進行戰前祈禱。與其說，楚子所看到的是晉軍的戰前的準備，不如說《左傳》的作者通過楚子的視角為我們展示了一幅貴族戰前生活的畫面，也像出征前的儀式一樣，戰前的各種儀式不僅達到了蓄勢的目的，也充滿了神秘文化色彩。

由於遵循著一定的禮儀規範，所以即使在刀光劍影的戰場上，貴族們的行為還是表現出了難得的藝術氣質和貴族所特有的儒雅之氣。《左傳‧成公十六年》記載，鄢陵之戰中，郤至三次遇到楚共王都下車，脫下頭盔，向前快走，以表示恭敬。楚共王使臣下工尹襄以弓作為禮物送給郤至，並且詢問這個身著淺紅色牛皮製作的軍衣的君子是否受傷。楚共王的舉止也表現出貴族的禮儀之美。郤至的回答是非常委婉且符合禮儀的，他說：「君之外臣至從寡君之戎事，以君之靈，間蒙甲冑，不敢拜命。敢告不寧，君命之辱。敢肅使者。」接著郤至對楚共王的使者行三次肅拜之禮。楚共王和郤至的言談舉止、舉手投足都為我們展示著春秋貴族和緩、寧靜的風采，常使人懷疑這是戰場還是表示友好的外交活動。

　　貴族戰爭中還遵循著不辱國君的禮儀規範。國君是一個國家社稷的代表，在等級制下，不僅平時要受到尊敬，在戰場上也要禮遇，不可輕易傷害。如繻葛之戰，鄭祝聃「射王中肩」，並欲乘勢俘獲周桓王。鄭莊公堅決反對，他說：「君子不欲多上人，況敢陵天子乎！」[3] 對天子的禮讓，表現出鄭莊公的貴族涵養。又如成公二年鞌之戰中，齊國大敗。齊頃公的車右逢醜夫為了保護國君，與齊侯換了位置，而韓厥沒有看清，當齊侯的戰車被樹木掛住時，韓厥誤把逢醜夫當成齊侯，對他再拜稽首，獻上酒杯玉璧。在戰爭中，即使對待敵國的君主也會畢恭畢敬地獻上酒杯玉璧，表現出了貴族的教養和禮儀風範。在你死我活的戰場上，雙方竟如此彬彬有禮，這是春秋時期貴族戰爭的特點。也正是不傷天子和國君的禮儀規範使春秋貴族的行為表現出溫和的禮儀之美。

　　春秋時期作為講求禮儀的貴族社會，對德才兼備、敬奉禮儀的君子也是尊而敬之、禮遇有加的。《左傳·成公二年》記載，晉齊鞌之戰中，晉韓厥雖處於御者的位置，但齊國的邴夏從韓厥的儀態一眼就看出韓厥是貴族，邴夏說：「射其御者，君子也。」齊侯說：「謂之君子而射之，非禮也。」射其左，越於車下，射其右，斃於車中。從這一段文獻來看，就會發現，第一，貴族即使是處於御者的位置，也能被人一眼就認出是貴族；第二，齊侯說謂之君子不射，表明在戰爭中，貴族的精神不僅表現為一種儀態上的與眾不同，而且，還表現為對一定禮儀規範的遵循。

　　春秋時期的戰爭不伐有喪之國，不乘人之危，這也是貴族涵養的體現。《左傳·僖公二十七年》記載：「夏，齊孝公卒，有齊怨，不廢喪紀，禮也。」即當齊孝公死後，即使齊國曾兩次伐魯，魯國也不會

3　《左傳·桓公五年》。

乘人之危攻打齊國，甚至還會去齊國弔生送死。《左傳・襄公四年》記載：「三月，陳成公卒。楚人將伐陳，聞喪乃至。」《左傳・襄公十九年》記載：「晉士匄侵齊，及穀，聞喪而還，禮也。」這些記載都說明貴族戰爭具有人文精神，他們認為戰爭是為禮而戰，而不是要放任自己的殺伐欲望。

春秋時期戰爭常常是為了對禮的維護，而不是為了滅掉他人。因而不滅國絕祀是貴族戰爭的又一個特徵。《左傳・宣公十二年》記載，楚國打敗了鄭國，鄭襄公肉袒牽羊前來表示臣服，楚國就不再滅掉鄭國，而是與之講和。可見當時的戰爭目的並不以斬祀殺厲、置人於死地為快。甚至在戰場上殺人後也要掩其目。《禮記・檀弓下》記載楚國的工尹商陽「每斃一人，掩其目」，難怪孔子慨歎：「殺人之中，又有禮焉。」從這些文獻記載可見，春秋時期的貴族戰爭中道義禮信有著重要的地位，貴族戰爭具有超功利性的成分。

戰爭結束後，還有一系列的禮儀活動。一般來講，軍隊打仗班師回國，還要祭告宗廟和社神，並舉行獻捷、獻俘等儀式。如《禮記・曾子問》中記載著戰爭結束後告廟的情況：「反必告，設奠，卒，斂幣、玉，藏諸兩階之間。」《左傳・僖公二十八年》記載了城濮之戰後，晉將楚國的馴介百乘和徒兵千人獻給周王的情景。春秋以後更多的是向諸侯霸主獻捷。但就是向霸王獻捷、獻俘時，軍隊也要排成長隊，年長者在前，年幼者在後，高奏軍樂進入太廟，報告俘虜和殺死敵人的數目，並置酒犒賞。

禮儀活動伴隨著戰爭的始終，戰爭中的雙方都基本遵循著一定的行為規範，這使春秋時期的戰爭具有一定的儒雅文化色彩，戰爭中有著貴族的禮儀之美。而神靈在戰爭中的存在，又為貴族戰爭添上了神秘的文化氛圍。

2 貴族戰爭中的詩情畫意

　　春秋時期的戰爭中更令人驚歎的是，貴族們在戰場上竟然還會表現出賦詩、論理甚至是彈琴、獻虜這樣的儒雅舉止。在有關春秋時期戰爭的記載中，有不少賦詩言志的記載。如在諸侯聯盟跟從晉國伐秦的戰爭中，晉侯待於境，使六卿率諸侯之師到達涇陽，諸侯之師不肯渡涇河。魯國的大臣叔孫豹為晉國的叔向賦了《詩・邶風・匏有枯葉》，叔向就退而準備過河的船，魯人、莒人就先渡河。在伐秦的戰爭中，這一段外交辭令，簡直就像打啞謎。其實，這是因為他們都具有共同的文化背景，都知道在這種語境中賦《匏有枯葉》，就暗示將要渡河。因為古人渡水，常把大葫蘆拴在腰間，作為渡河的輔助工具。叔孫豹賦這首詩取其渡河這一含義，雙方都能夠心領神會。看來戰爭中既要有運籌帷幄的膽識和魄力，還要具備一定的文化修養。

　　從《左傳》記錄的戰爭情況來看，貴族的戰爭常常富有戲劇性。《左傳・宣公十二年》記載，在楚國和晉國的戰爭中，楚王讓許伯、樂伯、攝叔去向晉軍挑戰。這三個人一路走，一路說著各自對挑戰方式的理解。許伯說，致師就是要疾馳至敵軍陣營而後快速返回，並且車上的旗幟以及車轅都要傾斜，以示所向披靡；樂伯說，致師就是當車左和車右都入敵軍陣營後，作為御者，等待在敵軍陣營外，非常悠閒地將兩匹服馬與兩匹驂馬排列好，使它們之間不致參差不齊；而攝叔說，他所理解的致師就是，車右進入敵軍陣營殺死敵軍，取其左耳，生俘敵人，然後返回。到了晉軍陣營，三個人果真都實踐了自己對致師的理解，然後返回。許伯、樂伯、攝叔三人似乎不是在參戰，而是在進行一場遊戲，並且三人的確也是以遊戲的心態來完成任務、履行職責的。

　　在許伯等三人返回的途中，晉軍兵分三路對楚國的挑戰者進行左

右夾攻。這時，樂伯左射馬而右射人，使晉軍不能逼近，最後剩下一支矢時，樂伯看見一隻麋鹿出現在前面，一矢射中麋鹿，使攝叔奉麋鹿獻給正當其後的晉軍將帥鮑癸，並說：「以歲之非時，獻禽之未至，敢膳諸從者。」楚國挑戰者的行為使晉軍將帥鮑癸佩服，因而鮑癸使左右停止追擊，並說，楚軍的車左善射，車右言辭彬彬有禮，他們是真正的君子。楚軍挑戰者的行為舉止所贏得的是晉軍將領的欣賞，並且認為這是君子的舉止而不予以追擊。獻麋的行為使貴族的戰爭充滿了戲劇性，耐人尋味。晉軍將領對楚軍行為舉止的鑒賞心態，更是令人慨歎不已。

同樣，當楚國的潘黨追趕晉國的挑戰者魏錡到滎澤時，魏錡看到六隻麋，就射一麋而回頭獻給潘黨，並委婉地說，您有軍事行動，獸人不可能不供給足夠的鮮禽獸，那麼就將這只麋鹿獻給您的從屬吧。潘黨聽了這話也就不再追擊了。這是春秋戰爭中的一個個小插曲，不過，從中我們也可對春秋時期貴族在戰爭中所表現出的從容和優雅氣質略知一二。

《左傳‧襄公二十四年》所記載的戰爭狀況，為我們展示了貴族性情的另一側面。襄公二十四年的冬天，楚國伐鄭以救齊，軍隊先攻打了鄭國的東門，然後駐紮在棘澤，這時諸侯聯軍就準備救鄭。晉侯使張骼、輔躒向楚國挑戰，讓熟悉鄭國地形的鄭人宛射犬作為二位的御師。但是，作為大國的晉國人自以為是，對鄭國聯軍有些瞧不起，所以，大叔對宛射犬說，你可不能與大國的人平起平坐，就像小土山上生不出大樹一樣，小國是不能與大國平等的。宛射犬說，國與國之間不在於兵的多少，我為御，自然在車右，車右之上各國平等。宛射犬表現出不亢不卑的精神。但這也改變不了晉國將領對鄭國的輕視。張骼、輔躒坐在帳幕中時，就使宛射犬坐在帳幕之外。進餐時，張骼、輔躒食畢，才能輪到宛射犬用餐。去楚國軍營的途中，張骼、輔

躒讓宛射犬獨自駕馭著進攻敵人的廣車，而他們自己則乘坐著平日所乘的戰車。將近楚兵營時，二位才捨棄自己的車子而乘坐宛射犬所駕馭的廣車。這一系列舉動都表現出了作為大國將士對弱小國家的輕視。尤其是在廣車上，張骼和輔躒更是表現出了大國人的優越和優雅。他們一路上都蹲在車後的橫木上彈著琴。在臨近楚兵營時，宛射犬沒有提前告知二位，忽然加快速度，驅車而入，使二位優雅的將領急忙從橐中取出頭盔戴上，在沒有思想準備的情況下就進入楚營展開搏鬥，還沒等二位反應過來是怎麼回事，宛射犬又獨自馳車衝出敵人兵營，二位措手不及趕緊追了出來，跳上車，並抽出弓箭射擊追上來的敵人。脫險後，二位又開始蹲在車後的橫木上彈琴，並且幽默地對宛射犬說：咱們是一夥的，怎麼你行動的時候也不跟我們商量一下？宛射犬既已捉弄了二位，加之都是諸侯同盟，所以也悠然地回答說，第一次不告而馳，是因為一心想著怎樣突襲敵營，第二次不告而馳，是因為害怕敵軍追上來了。這是多麼無懈可擊的回答。但是，大家彼此心裡都很清楚這不過是一個漂亮的託詞而已，所以相視而笑，說公孫的性子好急呀！這一段關於戰爭的描寫，將貴族的優雅、從容、幽默以及對地位不如自己的人的不帶惡意的輕視寫得淋漓盡致，將春秋貴族在戰爭背景下的舉手投足中的藝術氣質活脫脫地呈現了出來。

還有《左傳·襄公十八年》記載楚師伐鄭，晉人知道有楚師。師曠說，大家不要怕，我屢次唱北方的曲調，又唱南方的曲調。南方的曲調比較微弱，多死聲，楚人聽了一定會失去戰鬥力而失敗。這又是一次在戰場上高歌的事件。彈琴、高歌使春秋時期的戰爭富有一種耐人尋味的藝術氣質。

由此可見，貴族的儒雅精神貫穿於整個戰爭之中，但是列國之間越來越激烈的戰爭，畢竟不是展示貴族修養的舞臺，也不是諸侯貴族的殿堂，而是兩軍廝殺的角鬥場，因而貴族的行為方式越來越與打著

禮的幌子而進行的利益之爭的戰場背景不相協調。於是在諸侯相互兼併的戰場上，春秋時期貴族的謙謙君子之氣就逐漸顯得不合時宜。如前所述成公二年晉齊鞌之戰中，齊頃公不讓邴夏射韓厥，最後被韓厥追上，差點被俘。這就是齊頃公遵循禮儀規範的結果。還有楚與宋之間的泓之戰簡直就成為千古笑柄。《左傳・僖公二十二年》記載，宋伐鄭，楚救鄭攻宋，在楚宋之間擺開陣勢，宋人既已成列，楚人還沒有完全渡過泓水。宋司馬說，敵眾我寡，不如趁敵軍還沒有渡過河，我們就開始攻擊。宋襄公說，不行。等到楚軍渡過了河水，還沒有成列，司馬又請求出擊，宋襄公還說不行。直等到楚軍整好了軍隊，宋國才出擊，其結果是被楚軍打了個大敗。宋人和楚人的戰爭，宋襄公在楚軍還沒有渡河時，不願意出擊，是因為堅持不能乘人之危的原則。在楚軍已經渡河，但還沒擺好陣勢時，也不出擊，是因為要遵循不打不仁義之仗的原則。當國人責備宋襄公時，宋襄公說：「君子不重傷，不禽二毛。古之為軍也，不以阻隘也。寡人雖亡國之餘，不鼓不成列。」宋襄公的確講出了貴族戰爭的規範，但這樣的行為規範，在你死我活的戰爭面前只能成為千古笑談，並且宋襄公次年也因傷於泓之戰的緣故而殞命。這些事件都說明貴族的禮儀規範和貴族原有的謙讓精神在越來越激烈的諸侯國之間的利益衝突中失去實際的價值，溫文爾雅的貴族行為將被列國的紛爭擊得粉碎，貴族的行為方式必將失去現實意義而成為歷史。

（三）社會輿論對禮儀化生活方式的維護

　　春秋時期，禮在人們的生活中占有重要位置，而且，人們時常以禮作為標準評論一個貴族的行為，預測他的前途和命運。如《禮記・檀弓上》記載：將軍文子之喪，已經除喪了，越人因為路途遙遠，消息閉塞，這才前來弔喪。文子的兒子作為孝主穿著深衣，戴著練冠，

流著眼淚在家廟中等待。子游看了之後，說將軍文氏的兒子的做法接近完美了吧！這是不在常禮中的禮了，他的舉動卻是那樣恰當。從這則記載中我們可以看出周人的舉止和言談都是受到他人關注的，同時，也是大家批評或者欣賞的對象。

春秋時期，人們常常根據一個人的行為是否符合禮儀，來推斷他是否有前途。據《國語》記載，柯陵之會，單襄公看到晉厲公「視遠步高」，聽到晉三言語盛氣凌人，就斷定晉國將有禍亂。《左傳·僖公三十三年》記載：「秦師過周北門，左右免冑而下，超乘者三百乘。」王孫滿當時尚幼，就能夠從秦師無禮的表現中看出秦師必敗的結果。《左傳·昭公二十五年》記載，叔孫昭子聘於宋，宋公享之，賦《新宮》，叔孫昭子賦《車轄》。第二天宴禮中飲酒正當高興處，宋公使昭子坐在自己的右邊，以便於交談。在交談中兩個人相對而泣。樂祁相禮，看到這種情形，出來以後告訴別人說，這兩個人可能都離死不遠了，聽說，哀樂而樂哀，都是喪心的表現。心之精爽，是人的魂魄。魂魄已經離開了，怎麼能長久呢？樂祁就是通過觀察宋君與叔孫昭子的行為而推斷這兩個人內心都沒有了昂揚的魂魄，認為這是一種行將死亡的徵兆。《左傳·定公十五年》記載，邾隱公來朝。子貢就觀察到：「邾子執玉高，其容仰；公受玉卑，其容俯。」子貢由此推斷，邾隱公和魯定公都要死亡。因為「夫禮，死生存亡之體也，將左右周旋，進退俯仰，於是乎取之；朝祀喪戎，於是乎觀之。今正月相朝，而皆不度，心已亡矣。嘉事不體，何以能久？高仰，驕也；卑俯，替也。驕近亂，替近疾，君為主，其先亡乎！」通過儀容舉止來觀察和透視一個人的內在精神世界，並予以評論，體現了社會輿論對禮儀生活方式的維護。

比較典型的事例，還有虢之盟時對楚公子穿著華麗一事的觀察和評論。《左傳·昭西元年》記載虢之盟時，楚公子衣著華貴，裝扮得

像國君一樣，還帶著執戈的衛兵。看到這種現象，叔孫穆子說：「楚公子美矣，君哉！」鄭子皮說：「二執戈者前矣。」蔡子家說：「蒲宮有前，不亦可乎？」楚公子不合身分的華麗服飾，引起了各位的紛紛議論，體現了社會輿論對禮儀規範的維護。

　　春秋時期，觀察和評論一個貴族的行為是否符合禮儀，這表明禮依然是人們遵循和追求的行為美學標準，也體現了禮的衰微與對禮的維護同時存在的時代特點。

二　禮儀化生活方式的衰微

　　禮的觀念的演變深深地影響著春秋時期貴族的生活方式和價值觀念的選擇。禮既是人們力求拋棄的精神枷鎖，又是貴族證明自己身分和修養的途徑。春秋時期的貴族在禮的是是非非中艱難地摸索著、痛苦地思索著。

（一）禮與儀的分離

　　禮與人的隔膜是從禮的內涵的改變開始的。禮的含義非常寬泛，既是國家的法令制度，又是人們遵循的行為規範，還是社會風俗習慣。總體來講，在西周時期，禮維護的是以周天子為核心的貴族的等級體制，禮的精神集中體現為各種禮儀中人們舉手投足、周旋揖讓的氣質和風度。到了春秋時期，禮成為維護諸侯國的存在和諸侯霸主地位的砝碼。與天子的天賦權力不同，霸主的地位是需要積極爭取的，是需要不斷加以維護的，禮在維護諸侯霸主和各諸侯國利益的過程中，就逐漸演變為一種帶有契約性質的理和信。如諸侯會盟時約定，大國要庇護小國、小國要侍奉大國，如果違背了這一原則，就會引起諸侯國之間的征戰。《左傳・僖西元年》記載：「凡侯伯，救患、分

災、討罪，禮也。」就是約定諸侯國之間要救患、分災、討罪。由此可見，禮在新的歷史時期是和信譽聯繫在一起的，具有諸侯國之間為維護共同利益而形成的契約的性質。《左傳・成公十五年》記載，楚準備攻打晉國，出使的大夫子囊說，剛剛與晉結盟，就違背盟約，這樣做合適嗎？子反說，對自己有利就進攻，不利就後退，和盟約有什麼關係。申叔時聽後說，子反可能要倒楣了。誠信才能守禮，禮才能維護自己的利益，現在誠信和禮都沒有了，想免於災難，能行嗎？從子囊、子反和申叔時三人的態度中，我們可以看出：第一，禮在春秋時期具有契約性質，信就是禮，失信，就是無禮；第二，這種契約關係也時常被利益關係所毀壞；第三，作為信的禮的毀壞經常是引起諸侯國之間戰爭的原因。總體來說，禮在春秋時期的側重點已經不是貴族應當如何舉手投足、有怎樣的儀容、在具體的禮儀中如何去做的行為規範等，而成了諸侯國之間協調關係的契約。禮就是理、就是信，是在盟會中制定的協約。

但是禮作為儀式的意義還存在著，於是禮在春秋時期漸漸分裂為兩套禮的觀念，即儀式化的禮和作為諸侯之間契約的禮。禮與儀的分離成為影響春秋時期貴族生活的一個重要因素，也成為人們討論、思索的重要內容。《左傳・昭公五年》就有關於禮與儀的討論。魯昭公到晉國去，從郊勞到贈賄，沒有失禮的行為。但女叔齊卻指出，魯哪裡知道禮，魯君所踐行的只是儀式而已，而不是禮。在女叔齊看來，禮，就是能保守住自己的國家，推行政令，從而獲得人民的擁護，這就是禮。至於從郊勞到贈賄的所有活動，都是禮儀而已，而不是禮。由此也可見舉止行為上的符合禮儀的價值已不受時人重視。《左傳・昭公二十五年》還有關於禮與儀的討論。當趙簡子向子大叔問揖讓、周旋之禮時，子大叔說，這是儀也，非禮也。接著子大叔大談禮即順乎天地自然的觀點。由此可見禮與儀的分離已經引起了人們的廣泛關注。

禮與儀的討論意味著，一直為貴族所重視的行為的規範性和儀式化的生活方式在春秋時期逐漸不為人們所看重。儀式化是周代貴族生活方式的重要特徵，當禮與儀式不再是一回事時，當禮與一定的儀式相脫離，禮側重於理和信時，由禮樂所烘托的貴族交往氛圍逐漸失去詩化的境界之美，禮儀中的詩性精神就逐漸衰落，周代貴族的生活方式和思想觀念也將發生較大的變化。

（二）禮儀與人的隔膜

雖然在貴族的生活中有對禮儀規範的積極維護，但是隨著列國之間衝突的加劇，社會生活的進步，以及禮與儀的分離，禮儀不再是人的必然的生存模式，甚至漸漸成為人與人的生存相隔膜的外在約束，於是大量出現無視禮儀或僭越禮制的行為。儀式化生活方式的衰微最終將成為不可挽回的歷史趨勢。禮儀與人的生存的背離主要表現為以下幾種情況。

1 禮儀的陌生化

當列國之間的矛盾越來越激烈時，面臨著生死存亡的鬥爭，人們就無法過多地顧及禮儀規範的問題，同時也是因為生產力的發展，生活節奏加快，禮的繁文縟節越來越不適合時代發展的需要了，禮儀漸漸不為人們所熟悉。宣公十六年冬，晉侯使士會調和周王室諸卿士間的矛盾，周定王享士會，周大夫原襄公相禮。士會不懂折俎之禮，私下問這樣做的緣故。周王聽到後說，季氏，你沒有聽說過嗎？天子享禮有將半個牲體置於俎的禮節，這叫做房烝，也叫體薦。周天子宴禮有折俎，即將牲體開解，連肉帶骨置之於俎。天子招待諸侯則設享禮，招待諸侯之卿，則設宴禮。這是王室的禮制。士會聽後頗受啟發，回到晉國開始請求修晉國的禮法。可見，在春秋時期，貴族對禮制的規定已經相當陌生。

　　《左傳‧昭公七年》記載魯昭公入楚，過鄭境時，鄭伯勞師於郊外，孟僖子作為魯君的介，不能輔佐魯君行禮，到楚國後，又不能輔佐魯君行答郊勞之禮。可見，到春秋後期，禮儀依然存在著，但是人們對禮儀已經開始感到陌生。

　　由於對禮的無知，在禮儀活動中，人的行為就顯得不再從容和協調。《左傳‧昭公十六年》記載，晉韓起聘於鄭，鄭伯舉行享禮。鄭國的大臣子張按禮本應先到場，他不但後於主賓到場，而且站到了賓客的位置上，受到阻攔後，不得已只好站在客人的位置之後，然而又被執政推到一邊，最後被擠到放置鐘磬等樂器的懸間。子張不懂禮儀的尷尬引起客人的嘲笑。子張失位是貴族禮儀活動中的一個不和諧的音符，它意味著貴族的生活中還有著一定的禮儀秩序，但是也有一些人不懂禮儀，不能非常自然地融於貴族社會之中，而顯得委瑣和卑微。

　　禮儀在春秋時期的陌生化，使貴族的行為逐漸不再具有舉手投足之間的優雅。這意味著貴族的禮樂文化在新的歷史時期漸漸退出人們的審美視野。

2　強權使禮儀變形，使儀式之中的人變得委瑣

　　春秋時期禮儀雖然還依然存在著，但是，禮儀時常被強權所扭曲，禮儀維護貴族等級的作用遭到一定的破壞，說到底，強權幾乎成為了了禮。如晉國為霸主，齊國害怕晉國，所以嫁少姜於晉時，畏於強權，使上大夫陳無宇送少姜如晉。即使這樣晉還嫌不是卿來送少姜，即晉國甚至要求齊國用送夫人的方式來送姬姜。而當少姜不幸死後，按禮應當是大夫來送葬，但是鄭國畏於強權，竟使鄭卿來送葬。可見在春秋時期，禮制常常為強權而改變。禮儀中的人也常常表現得委瑣，秩序井然的貴族交往狀況不復存在，人們得看著強者的臉色行事。

　　周代諸侯相見有「授玉」與「受玉」之禮，即來拜訪的諸侯國的使者拿著作為信物的玉來到要拜訪的國家，通過一定的儀式將玉交給主國，等到拜訪完畢，主國又要通過一定的儀式，將玉還給來賓，表示重禮輕財。古代堂上有東西兩大柱，叫東楹、西楹。兩楹之中曰「中堂」。如賓主身分相當，授玉應在兩楹之間。如賓身分低於主人，授玉在中堂與東楹之間，即在東楹之西。但這一禮儀在春秋時期也因為強者的存在而被破壞。《左傳‧成公六年》記載：「鄭伯如晉拜成，子游相，授玉於東楹之東⋯⋯士貞伯曰：『鄭伯其死乎！自棄也已。視流而行速，不安其位，宜不能久。」晉景公與鄭悼公都是一國之君，依當時常理，授受玉應在兩楹之間。鄭悼公以晉景公為霸主，不敢行平等身分之禮。鄭悼公授玉不僅位置謙卑過度（至少應在東楹以西，而他竟至於跑到東楹之東），而且行為上也表現出卑微之態，不敢正視晉景公，眼神顧盼不定，並且是快步走向東楹之東，表現出內心的極度緊張和不安。這一授玉儀式體現了諸侯之間因為國家勢力的不平等而引起的人的精神狀態的卑微和禮儀化生活方式的衰微。

　　當貴族失去了一定的權力時，尊貴的社會地位和身分就無法維持，禮儀中的舉止就不再舒展。如魯昭公被驅逐到齊國後，齊侯以享禮招待魯昭公。享禮是古代禮制中最隆重的禮儀，諸侯間相互聘問時行之。此時，魯昭公失去了作為一國之君的尊貴地位，寄居在齊國，齊景公也就漸漸不再尊重他。齊侯所請的享禮也只是以享禮的名譽招待魯昭公飲酒而已。根據古禮，諸侯之間飲酒，如果身分相等，則自獻，即酌酒飲客。如果是君燕臣，則讓宰夫向賓敬酒。在齊侯宴請魯昭公的享禮之中，齊侯竟讓宰夫向魯昭公獻酒，這就等於將昭公當成臣來對待。在這次燕飲的過程中，魯昭公的尊貴蕩然無存。同樣，當魯襄公到晉國去朝聘時，因為懾於晉國的霸主地位，竟然對晉悼公行稽首大禮（這是諸侯對天子行的禮），表現出魯君的卑微和軟弱。

　　從以上史料可以看出，在強權的壓力下，展現貴族精神氣度的禮儀已經被壓縮變形，在一定程度上已經不能展現出貴族的儀態之美，相反，在禮儀中人被襯得更加卑微，顯得縮手縮腳。

3　許多貴族無視禮制的存在

　　春秋時期，有許多貴族開始無視禮制的存在，行為不再遵循禮的約束。如喪禮中要表現出悲哀的儀容並撤樂，這是禮儀中的基本行為規範，但是《左傳·成公十四年》記載，當衛侯死後，新立的太子，既無悲傷的表情，也沒有蔬食水飲。晉國的大夫荀盈死後，按禮是不能再繼續奏樂的，但是荀盈還沒有下葬，晉平公又是飲酒，又是鼓鐘，根本無視禮的存在。

　　盟誓儀式是貴族生活中的一種重要的儀式，它以神秘的外在力量和相互的信任為基礎，協商制定雙方都互相遵守的契約。盟誓儀式應當是虔誠的和嚴肅的，隆重的盟會還要宰牛，割其左耳，取其血，以敦盛之。參與盟會的雙方微飲其血，稱之為歃血。但是，春秋時期的盟誓卻常常成為一紙空文，失去約束力，盟誓中的嚴肅性也逐漸衰落。《左傳·隱西元年》記載，陳國與鄭國講和以後，陳桓公派五父到鄭國參加結盟活動。但是在結盟時五父心不在焉，竟然在歃血時忘記了盟誓之辭，這真是對盟誓神聖性的褻瀆。

　　《左傳·僖公二十八年》記載，蔡侯聘問晉國來回都要經過鄭國。蔡侯去晉國時，過鄭境，鄭君使子展在國都東門外進行慰問，蔡侯的行為舉止傲慢。蔡侯返回時，鄭伯享之，蔡侯不但沒有斧正自己的行為，而且在享禮中神情慵惰、心性怠惰。子產說，看來蔡侯是免不了禍患了，災難將要降臨到他的兒子身上。蔡侯的傲慢和慵惰的神情都是對貴族謙和恭敬的交往禮儀的踐踏和無視。

　　通過以上分析可以看到，春秋時期禮儀之美的成熟與衰微是同時

並存的文化現象。隨著社會的發展，煩瑣的禮儀程序逐漸失去存在的意義，這就導致了禮儀的衰微。春秋時期的貴族對禮儀規範也開始陌生了，但是禮的規範不是蕩然無存了，它依然存在於一些貴族的思想深處，諸侯貴族也在極力維護禮的存在，因為，禮是文化積澱的產物，即便是它面臨著衰微的趨勢，但是，貴族還是飽含著對舊的禮制的眷念，以及對自身文化身分的深沉留戀，所以春秋時期禮儀之美也得到了最廣泛的體現。但無論如何禮的衰落和貴族文化的逐漸衰微都成為不可挽回的歷史趨勢。

第十九章
等級禮制的危機與春秋時期貴族的審美活動

　　春秋時期貴族等級制受到衝擊，出現了大量下級貴族超越禮制等級規定享受本應屬於上層貴族才有資格享受的審美權利的現象，這一方面是春秋時期社會結構發生變動的結果；另一方面也可以理解為是美的發展規律使然。

第一節　僭越等級審美

一　美的發展規律與周代等級審美的危機

　　等級審美被僭越，被毀壞的原因是多方面的，首先，美的發展規律是等級審美被毀壞的重要原因。在美的發展歷程中，一直伴隨著這樣一個規律，即美不斷地作為各種觀念的附庸而存在，同時，又不斷努力擺脫這種附庸地位。可以說人類在史前時期就形成了樸素的審美意識。如浙江河姆渡文化遺址中的橢圓形盤，盤沿上裝飾著連續的樹葉紋圖案，這樣的審美造型親切質樸而自然，裝飾圖案純真，貼近原始人的生活，沒有任何神秘感，表現了人類對美的認識。由此可見，即使在生活狀況極其艱苦的條件下，人們的愛美之心也依然會隱隱流露，這種質樸中傳遞出的美的追求，在人們腦海中留下了深深的時代印記，成為後世審美發展的源頭。但是，隨著人類思維能力的加強，

這種簡單素樸的審美感受就被納入到外在的功利體系之中，成為達到某種外在目的的手段。夏商以及周代前期，器物上的審美圖案主要是作為原始圖騰的象徵符號或某一家族的族徽，具有濃厚的宗教崇拜功能。如商代的青銅器，器物造型莊重，裝飾繁縟而充滿神秘感，在這裡美充任的是宗教崇拜的對象。美的發展必然要努力突破這種附庸地位而趨於獨立。到了周代，生產力和人類思維能力得到一定的提高，審美就逐漸擺脫了對宗教的附庸地位，美漸漸失去靈光圈，成為現世生活中帶給人愉悅的美好景致。但是，隨著貴族等級制的確立，美的事物，以及對美進行享受的權利被納入到等級禮制之中，美又成為等級禮制的附庸，成為貴族等級和身分的標誌。如白玉、山玄玉、水蒼玉、瑜玉、瓀珉玉等玉石本身的美已與等級的貴賤交融在一起，玉的等級價值在一定程度上遮蔽了玉原初的審美價值。非功利化的審美與功利化的政治等級意識混為一體。美的發展必然伴隨著對美所依附的外在價值的不斷超越，作為等級標誌的美必然要力圖超越等級的限制而突出美的獨立價值。所以，僭越等級禮制而追求美的享受，是有一定的必然性的。

其次，周代審美的等級僭越也是社會結構發生演變的必然結果。周代統治階級對美進行等級劃分，其目的在於穩定社會秩序，維持貴族對精神財富和物質財富的統治地位，但是隨著社會的發展，貴族的統治出現了危機。從春秋中後期開始，周王室衰微而失去控制能力，各諸侯國爭相擴大財產、權力，互相攻伐不斷，滅國絕祀的事件接連發生，西周分封的一百多個諸侯國，到春秋末至戰國初大部分都已不存在。從經濟上來講，鐵器的出現大大推動了農業的發展，私田被大量開墾，貴族的公田卻逐漸荒蕪，貴族賴以存在的經濟基礎出現了危機。貴族的等級體制也無法正常存在，依附於等級禮制的審美劃分也受到一定的衝擊。隨著宗族政治的日趨瓦解，傳統的禮樂制度難以繼

續維持，出現了「禮崩樂壞」的局面。在各國的政治舞臺上，以下克上的奪權事件層出不窮；與此同時，不循舊禮的現象亦屢見不鮮。一些從國君手中奪取政權的卿大夫，不但僭用諸侯之禮，甚至僭用天子之禮。如按禮只有天子和諸侯才有資格祭祀名山大川，位於魯國境內的泰山為天下名山，理應由周天子或魯君祭祀，這時實際情形卻是「季氏旅於泰山」，僭用天子諸侯之祭禮。同樣按照禮制規定，天有日食時，只有天子可以擊鼓救日，諸侯只能鼓於朝，但到了春秋時期，諸侯也開始僭用天子的禮儀，擊鼓救日。

同樣，隨著貴族等級地位的動搖，僭越等級的審美享受也不斷出現。如《左傳・襄公十一年》記載，諸侯聯軍要伐鄭，鄭國為了社稷的安全，只好順服於晉國，並賄賂晉國大量的樂師、樂器、車馬和玉帛結好於晉。「鄭人賂晉侯師悝、師觸、師蠲；廣車、軘車淳十五乘，甲兵備，凡兵車百乘；歌鐘二肆；女樂二八。」樂器和樂師成為諸侯國之間交換的物品。晉大夫魏絳因幫助晉侯和諸戎狄，八年之中，九合諸侯，晉侯將鄭國所贈樂之一半賜給魏絳，所以大夫也擁有了「金石之樂」。可見列國的征戰之中，由於對戰功的獎賞，一些下層貴族也有機會享用高級貴族的禮樂。在戰爭的背景下，對軍功的獎賞是原有審美等級遭到毀壞的一個原因。

所以說，突破美的等級限制，既是社會結構發生變化的結果，同時，也是審美意識發展的必然規律，在美過多地依附於外在等級價值而存在時，美會努力突破外在等級的束縛。這樣就會出現低等級的貴族對審美權利的僭越行為，使依附於貴族等級制而存在的美的等級劃分趨於衰微。

二　僭越等級的審美追求

　　周代文化是禮樂文化，春秋時期在審美領域中，對等級禮制的衝擊就首先表現為對音樂等級的僭越。「金奏」，就是鐘、鼓、磬的合奏。「金奏」規格很高，只有天子、諸侯可以享用，大夫和士只能用鼓。鐘和磬以其宏大的音量和特有的音色交織成肅穆壯麗的音響效果，再加上鼓的配合，確實能烘托出天子、諸侯至尊、威嚴、高貴的政治地位。如「金奏」《肆夏》本來是天子用樂的標準。《左傳‧成公十二年》記載，晉國大臣至到楚國聘問，楚王設享禮招待他，在地下室懸掛了樂器，至登堂時，下面擊鐘奏樂，嚇得不敢進去。因為這裡使用的樂是「金奏」，即先擊鐘，後擊鼓磬之樂，用於演奏九種夏樂。按照禮制規定，只有天子招待元侯時，才可以有「金奏」，楚國招待使者竟然也用了這樣隆重的禮樂，所以不敢接受。

　　《左傳‧襄公四年》記載，魯國的穆叔到晉國去，晉侯設享禮招待他，宴會上竟也僭用天子用來招待諸侯的音樂《肆夏》。不僅諸侯國君僭越禮制僭用《肆夏》，大夫一級的貴族也敢僭用《肆夏》之樂。《禮記‧郊特牲》記載：「大夫之奏《肆夏》，由趙文子始也。」看來「金奏」《肆夏》不再是天子的特權，審美的等級界線越來越模糊了。

　　僭越音樂等級的事件還有很多。如按照西周的禮制，貴族樂舞，依主人身分的高低確定舞蹈者的人數，八人為一列，稱為「佾」。天子用八佾，諸侯用六佾，大夫用四佾。身為魯國大夫的季氏依其名分只能用四佾，居然敢於享用「八佾」之舞，公然僭用天子之樂。並且在祭祀結束時，演奏只有天子才有資格享用的《雍》樂來撤俎。

　　本是作為宗法等級載體和等級標誌的禮樂，到春秋時期被普遍僭越，那些暴發崛起的中下層貴族竭力僭越等級享受本應屬於上級貴族

才有資格享有的禮樂，以炫耀自己的地位。《左傳‧哀公十四年》載：「（宋）左師每食，擊鐘。聞鐘聲，公曰：『夫子將食』，既食，又奏。」作為宋大夫的向巢竟然每次飯前飯後都要奏鐘樂，這是下級貴族對鐘樂僭用的典型事例。鐘鳴鼎食已經不是上層貴族身分的特殊標誌，而成為人們僭越等級、展示個人財富的標誌。至此鐘鳴鼎食終於從祭神娛神的祭壇上下來，轉而成為新興貴族們娛己娛人的享樂手段。鐘鳴鼎食的祭祀宗教意義和意識形態蘊涵開始衰弱，禮樂逐步世俗化，成為新興貴族現世享樂生活的一個必不可少的部分。

　　在楚國，貴族個人竟然能演奏大型軍樂。據《左傳》記載，息媯本為陳國之女，嫁給息侯。但是由於息媯有著異乎尋常的容顏，所以引起了蔡哀侯以及楚文王的垂涎，幾經周折，楚文王滅了息國，並將息媯帶到楚國，將其納為夫人。楚文王死後，息媯還在中年，風韻猶存，令楚文王之弟令尹子元想入非非，魂不守舍。楚成王六年（前666），子元為了誘惑息媯便在她的宮室近旁建造了自己的新邸，並在房內搖鈴演出《萬》舞，以便息媯能夠聽見，從而達到取悅息媯的目的。《萬》舞的節奏強烈，樂聲嘹亮，息媯自然能夠聽到，但出乎意料的是，息媯聽了《萬》舞的樂聲之後，非常氣憤，哭著說，先君演習《萬》舞，是為了展示軍隊的裝備，練習參戰的本領。今天令尹在我這沒有跟著丈夫一起死掉的人跟前演奏《萬》舞，這不是有點奇怪了嗎！從這件事可以看出，春秋時期，人們的日常審美可以隨便用宮廷樂舞，甚至表達愛情的方式也是用樂舞。這應該是春秋時期審美活動的一個特例，雖不具有普遍性，但也可對當時人的審美活動脫離等級規範的狀況略知一二。

　　僭越等級禮制的審美享受也表現在其它方面。如《禮記‧禮器》篇記載齊國的大夫管仲在盛飯的器皿上雕鏤花紋，用紅色的組帶作為冕帶，將宮室的斗拱雕刻成山形花紋，在短柱上繪水藻作為裝飾。管

仲的這些行為都是對天子審美特權的僭用。還有「諸侯之宮懸，而祭以白牡，擊玉磬，朱干（盾）設錫（斧鉞），冕而舞《大武》，乘大路，諸侯之僭禮也。臺門而旅樹（屏風），反坫，繡黼丹朱中衣，大夫之僭禮也。」[1]宮懸、白牡、玉磬、盾鉞、大舞、大路等都是天子才有資格擁有的審美對象。到春秋時期被諸侯所僭用。禮制規定，天子設外屏，諸侯設內屏，大夫以廉，士以帷。但到春秋時期，大夫也開始臺門而設屏。坫本是諸侯舉行燕享之禮時，放酒爵的土檯子，春秋時期，大夫也為自己設坫了。「繡黼丹朱中衣」指的是以丹朱為中衣之領緣，又於其上繡黼紋。按禮這是諸侯的服飾，但春秋時期大夫也開始僭用這種服飾。同類的事例在《左傳‧哀公五年》中也有記載，鄭國的駟秦富貴而奢侈，自己僅僅是一個下大夫而已，卻經常將卿大夫的車服器用陳列在自己的家中。這是對審美等級的僭越。

對橡子進行打磨是天子的特權，在春秋時期，卻成為諸侯貴族的審美追求。《左傳‧莊公二十四年》記載，莊公不僅將桓公之廟的柱子漆成紅色，而且將其進行了細細的打磨。同類性質的事件在《國語‧晉語》中也有記載：「趙文子為室，斲其椽而礱之……」趙文子斲椽而礱也是對天子特權的僭越，可見，當時人們對於審美權利的等級劃分已經不甚清楚。

關於旗的等級制，《周禮‧春官‧司常》中有較為詳細的規定，天子之旗十二旒，常九仞，插於田車；諸侯九旒七仞；卿大夫七旒五仞。但是楚國的令尹，卻「為王旌以田」。[2]旌是一種用五色羽毛裝飾的旗子。按禮令尹只能用七旒五仞的旌旗，楚靈王為令尹時卻用十二旒九仞的旗子。這顯然是對旗等級規定的僭越。

1　《禮記‧郊特牲》。
2　《左傳‧昭公七年》。

　　《左傳·成公二年》記載，齊人攻打衛國時，衛大夫叔孫於奚在
這一次戰爭中立有功勞，衛人準備賞賜給叔孫於奚封地，但是，叔孫
於奚不要封邑，而要曲懸和繁纓，這實際上是作為大夫的貴族想僭越
等級享受只有諸侯才有資格享受的音樂和車馬。叔孫於奚請曲懸，是
以大夫而僭用諸侯之禮。衛人竟也同意了叔孫於奚的請求。孔子對此
歎息道：「惜也，不如多與之邑。唯器與名，不可以假人，君子所司
也。」從衛大夫叔孫於奚的追求可以看到：第一，在春秋時期，貴族
的審美標誌，對處於下級的貴族還具有相當的吸引力，以至衛大夫叔
孫於奚寧可不要封地，也要只具有標誌性的曲懸和繁纓；第二，這也
意味著，在春秋時期標誌著貴族等級的器物已經可以隨便賞賜，等級
審美已經開始衰落，禮器的神聖性已經趨於崩壞。

　　通過以上分析可見，按照禮制規定本應是上級貴族才有資格享受
的審美特權，在禮崩樂壞的春秋時期對崛起的下層貴族具有一定的誘
惑力，因而僭越等級享受本該由上級貴族才有資格享受的美，就成為
春秋時期普遍存在的社會現象。下級貴族僭越等級審美活動，雖然也
是對美的觀念的發展，但是，還沒有脫離周禮所規定的審美範疇，換
句話說，審美追求的目標沒有變，只是享受這種美的人發生了變化。
人們還將傳統的等級禮制之中的審美對象作為追求的目標。

第二節　等級禮制之外的審美活動

　　隨著等級禮制的衰落，越來越多的貴族開始將審美的眼光投向等
級之外的審美空間。但是在等級禮制的大背景還沒有被完全摧垮的情
況下，這些等級禮制之外的審美活動時常顯得蒼白、沒有色彩，甚至
被扭曲變形。本節擬對等級禮制之外的審美活動及其產生的原因進行
分析。

一　在等級禮制之外開闢新的審美空間

對美的享受權利進行等級劃分，將美作為等級的標誌，這是周代美學的主要特徵，但是，即便是在等級森嚴的周代社會，也不是所有的審美現象都能夠被納入到等級的體系之中。春秋時期隨著等級禮制的鬆動，開闢等級禮制之外的審美空間就成為更加具有吸引力的事情。

（一）開闢等級禮制之外審美空間的原因

春秋時期貴族之所以要在等級禮制之外開闢審美空間，這首先是因為，在等級審美之外，本來就存在著非等級審美的空間。在等級森嚴的周代禮樂文化體制中，人的審美視野被局限於標誌等級的一些事物之中，主流美學思想糾纏於等級和禮樂儀式的框架之內，然而美的觀念的發展卻不是等級和禮儀儀式可以完全涵蓋得了的，比如對玉石的形制、大小和色彩的擁有是貴族等級化的標誌，但是對玉的溫潤質感的體認卻不是等級劃分可以左右和硬性規定的。因而在等級的背景下，潛滋暗長著非等級體制的審美意識。換句話說，即使是在等級森嚴的周代社會，也並不是所有的審美範疇都能夠被納入到等級禮制之中，人類多姿多彩的審美活動並不是等級的概念所能涵蓋得了的。只是到了春秋時期，這些存在於等級禮制之外的審美領域得到了更多的關注，甚至貴族們還不斷地在等級禮制規定的審美範疇之外開掘新的審美空間，從而對等級禮制形成衝擊。

其次，在等級社會中人的自然情感時常受到等級禮制的規訓，很多人間的真情實感和自然願望或被過多的限制，或在等級體制之中變得僵化，失去生命力。如《左傳・隱公五年》記載，在一個春光明媚的日子裡，魯隱公離開國都去位於魯、宋兩國交界處的棠地觀看漁人

捕魚為樂。如果是一個普通人能對捕魚這樣的日常生產勞作產生興趣，那可能就是一個具有審美情趣的人了。問題是身為一國之君，承擔著國家社稷興衰存亡的重任，魯隱公的審美舉止在當時就受到臧僖伯的批評。臧僖伯說與祭祀戎兵無關的事物，國君是不應該去參與的。國君應該整頓軍旅，使國家強盛。一切行為和舉止都應圍繞著禮制的需要，使貴賤、等級、少長各就其位。鳥的羽毛固然美麗、犛牛的尾巴固然美麗，但是如果不是作為祭祀來用，國君就沒有理由去射殺和擁有。至於山林、川澤中雖有豐富物產，但是這些事情都應有專門的人去管理。魯隱公所熱心的捕魚之事，按禮就應該由卑賤的人去做，而不應該由國君來插手。但是臧僖伯的等級之論也無法阻攔魯隱公如棠觀漁者的閒情雅趣。對自然人性的過多限制，最終導致了等級審美原則的崩潰，導致了審美追求與等級觀念的衝突。

最後，貴族等級制的衰微使原有的等級審美失去吸引力，這也是人們在等級禮制之外開闢審美空間的一個原因。如《左傳・昭西元年》記載，鄭國大夫徐吾犯的妹妹長得很漂亮，公孫楚已經與之確定了婚姻關係，這時公孫黑又執意要來納采。徐吾犯就將抉擇權交給他的妹妹。於是兩個男子在徐吾犯之妹的面前分別進行了一場才藝表演。「子晢盛飾入，布幣而出。子南戎服入，左右射，超乘而出。女自房觀之，曰：『子晢信美矣，抑子南，夫也。夫夫婦婦，所謂順也。』適子南氏。」子晢的服飾華貴，舉止得體，恪守禮儀。子南戎服入，左右射，超乘而出，顯得更加瀟灑。在子晢和子南兩人之間，子晢是上大夫，子南是孌大夫。從爵位來說，子晢的爵位更高，子南次之。但是徐吾犯之妹選擇了動作瀟灑有著武士氣質而爵位較低的子南。可見在春秋時期，人們已經不再完全以爵位為貴，不再一味欣賞具有傳統貴族風範的子晢，而崇尚英武瀟灑的子南。一個時代的婚姻標準往往是這個時代審美理想的集中體現，徐吾犯之妹的擇婿標準，

深刻地體現了春秋時期審美標準的變化，表現出對適合時代需要的審美對象的偏好。

（二）在等級禮制之外開闢新的審美空間

春秋時期，貴族不斷在等級禮制規定的審美範疇之外開闢新的審美空間。這些新的審美範疇使作為等級標誌的美受到衝擊。比如「玄冠紫緌，自魯桓公始也」[3]，講的就是春秋時期審美觀念的變化。紫色的穗帶本是等級禮制中所沒有的，而魯桓公卻以玄冠配上紫色的穗帶，形成一種等級禮制之外的審美範疇。這種新的審美範疇就對原有的等級審美形成衝擊。再如《左傳・莊公二十三年》記載：「秋，丹桓公之楹。」按照禮制規定，天子諸侯宮殿牆壁應是白色，柱子應是青黑色，大夫之柱子應用青色，士應用黃色，那麼桓公的廟宇之柱漆成紅色，這雖然使整個建築顯得醒目和耀眼，但是這是在等級規定的幾種色彩之外，另外開闢出一種柱子的色彩來。可以說這是等級禮制之外的審美追求。

《左傳・僖公三年》還記載著一件頗有趣的事情：「齊侯與蔡姬乘舟於囿，蕩公。公懼，變色；禁之，不可。公怒，歸之，未之絕也。」春秋時期的苑囿有山有水，可以打獵，可以蕩舟。難得這位齊桓公夫人蔡姬有興致坐在小船上與君取樂，遊山玩水，想來這該是一件非常愜意的事情，不湊巧的是齊桓公是那樣膽小，也不具有遊戲的心態。夫人蕩舟，他竟嚇得臉上顏色都變了，對夫人予以禁止，但是，蔡姬似乎比較任性，沒有把齊桓公的命令當回事。齊桓公甚至為這事休了蔡姬。《左傳》中這一段記載使我們對等級禮制之外的貴族生活有了些微了解，使我們認識到等級政治之外貴族還有豐富多彩的審美娛樂活動。

3　《禮記・玉藻》。

　　《國語·晉語》記載，晉平公好新聲。師曠勸諫說：「公室其將卑乎！君之萌兆衰矣。夫樂以開山川之風也，以耀德於廣遠也。風德以廣之，風山川以遠之，風物以聽之，修詩以詠之，修禮以節之。夫德廣遠而有時節，是以遠服而邇不遷。」師曠認為，音樂應當具有耀德而服遠的功能。但是，晉平公的音樂愛好逐漸溢出了音樂的這種社會功能，成為純粹的個人興趣和愛好。晉平公的個人愛好超出了等級禮制所允許的範圍，這一方面表明審美逐漸擺脫等級禮制的束縛，表明音樂背後的意識形態功能正在衰落；另一方面也表明個體的欲望和情感正在覺醒。

　　春秋後期到戰國時期，周人的等級審美觀念進一步遭到破壞。在人們的審美視野中愈來愈多地出現了對個體主觀感受的關注。魏文侯就曾問子夏曰：「吾端冕而聽古樂，則唯恐臥；聽鄭衛之音，則不知倦。敢問古樂之如彼何也？新樂之如此何也？」[4]肅穆莊重的古樂使人神情寧靜，但在春秋時期已經失去存在的社會現實基礎，而徒具形式，所以顯得古板，也使人厭倦，新興的鄭衛淫聲作用於人的感官，使人亢奮，因而使人不知疲倦。

　　隨著西周禮樂體制的衰落，禮樂對人的精神約束力逐漸減弱，所以春秋時期蓄養女樂的風氣在各國宮廷中十分流行。正如子夏回答魏文侯的，與古樂相伴的和正文雅的貴族精神已經消失了，而歷史舞臺上逐漸興起的風氣是演奏放蕩而淫邪的樂曲，是優伶、侏儒所帶來的娛樂效果，是男女混雜不知父子尊卑的新派娛樂。新聲作用於人的感官，形成強烈的感官刺激，樂曲不再傾向於引導人的精神生活。至此，精神世界趨於萎縮，有著豐富精神世界的貴族階層也就讓位於另一些新的歷史主角。等級體制內的審美觀念走向了衰落。

4　《禮記·樂記》。

二　個人審美趣味在貴族文化語境中顯得蒼白無力

　　追求美是人的天性，美的發展最終會突破等級的束縛，但是在等級禮制依然主導社會體制的時代，等級禮制之外的審美範疇，存在於諸侯爭霸以及各諸侯國內部爭權奪利鬥爭的夾縫之中，顯得是那樣地蒼白。

　　《國語‧楚語上》記載，楚國有個大臣屈到非常喜歡一種叫做芰的植物，在自己病重將要死去的時候，甚至囑咐其家臣說，他死以後，就用芰來祭他。等到屈到死後祥祭之時，宗老根據屈到的遺願將要用芰來祭祀，卻遭到了屈到的兒子屈建的反對。屈建命令去掉用來祭祀的芰。宗老解釋說，這是夫子的遺願。屈建說：「不然。夫子承楚國之政，其法刑在民心，而藏在王府，上之可以比先王，下之可以訓後世，雖微楚國，諸侯莫不譽。其祭典有之曰：『國君有牛享，大夫有羊饋，士有豚犬之奠，庶人有魚炙之薦，籩豆脯醢則上下共之。』不羞珍異，不陳庶侈，夫子不以其私欲干國之典。」最後只好不用芰來祭祀。屈建否定了父親的個人愛好，用禮儀規範來代替了父親的臨終遺言，可見在貴族文化語境中個人審美趣味的無力。

　　春秋時期各國社祭活動很熱鬧，尤其是齊國的民間社祭活動最為熱鬧，齊國的社祭活動就像宋國的桑林一樣，男女都可以結伴來遊玩觀看，甚至魯莊公也親自到齊國民間去觀社祭。但是魯莊公去齊國觀社的行為卻遭到了大夫曹劌的委婉批評。曹劌的意思是，先王制諸侯的目的是正班爵，使長幼有序。現在齊君拋棄太公之法而觀民於社，您也跑去湊熱鬧，這不是先王之訓啊！曹劌指出魯莊公的入齊觀社是先王禮制之外的行動，是不應該的。雖然魯莊公最終還是不聽勸諫而執意到齊國觀社，但是在等級禮制的背景之下，魯莊公的自然天性還是受到了社會輿論的限制，從而形成了春秋時期自然審美天性與禮制

約束之間的矛盾和衝突。

在貴族等級社會之中，那些不符合等級規定的行為，不僅要受到一定的束縛，甚至會因為短暫的審美享受而引起尖銳的矛盾衝突和滅頂之災。

春秋時期，貴族普遍追求對苑囿的建設。《左傳・莊公三十一年》記載，魯築有郎臺、薛臺、秦臺。《左傳・僖公三十三年》記載，皇武子說：「鄭之有原圃，猶秦之有具囿也，吾子取其麋鹿……」可見當時秦、鄭兩國都有有名的苑囿。《左傳・成公十八年》記載，魯築鹿囿。這些建築既是貴族的審美空間，又時常是引起爭端，導致貴族災難的導火索。《左傳・莊公十九年》記載，惠王曾將為國用籬笆圍起來做種菜蔬瓜果的菜園子，變成自己的囿，這件事竟然成為五大夫叛亂，最終推翻惠王而立王子頹的直接導火索。

《左傳・莊公二十年》記載，王子頹在五大夫的支持下作亂，趕走了周王。為了慶祝勝利，王子頹宴請五大夫，並讓他們欣賞王室的各種樂舞。鄭厲公知道此事後，就對虢叔說：「寡人聞之：哀樂失時，殃咎必至。今王子頹歌舞不倦，樂禍也。夫司寇行戮，君為之不舉，而況敢樂禍乎？奸王之位，禍孰大焉？臨禍忘憂，憂必及之。盍納王乎？」果真，在第二年的春天，鄭厲公和虢公攻入王城，殺了王子頹及五大夫，恢復了王位。但鄭厲公同樣在宴請周王時僭用了天子的音樂。原伯評價說，鄭伯效尤，也將同樣引起殺身之禍。可見在等級禮制的背景下，忘乎所以的審美追求表現出審美享受者已經忘掉了自己的身分地位和危險處境，其結果往往是招致殺身之禍。審美在鬥爭的背景下顯得如此的脆弱和蒼白無力。

古人看到鷸鳥夏季在北方繁殖，冬季則南渡，認為鷸鳥知天文，所以也認為知天文者才可以戴鷸冠。《左傳・僖公二十四年》記載：「鄭子華之弟子臧出奔宋。好聚鷸冠。鄭伯聞而惡之，使盜誘之。八

月，盜殺之於陳、宋之間。君子曰：『服之不衷，身之災也。《詩》曰：「彼己之子，不稱其服。」子臧之服不稱也夫……』」這一段話的意思是，鄭子華的弟弟子臧不懂天文，卻「好聚鷸冠」。鄭伯認為子臧出奔到宋尚且不知韜晦，竟然還追新獵奇，所以知道子臧的這一嗜好後很不高興，使人誘殺之於陳、宋之間。看來子臧的服飾追求最終成為導致其滅頂之災的導火索。

綜上所述，可以看出：第一，人類的審美追求即使在紛亂的、動盪的時代也會潛滋暗長，即使是在等級禮制的夾縫中，也會存在。但是，在禮儀背景的襯托和政治鬥爭的左右下，這些禮制之外的審美活動不是社會的主流文化，而且在等級的夾縫中，這些審美追求顯得是那樣的柔弱和蒼白，甚有可能因為一些異想天開的審美行為而為自己招來殺身之禍；第二，春秋時期貴族於等級禮制之外的審美活動，在一定程度上是對個體欲望的放縱，然而這一來自等級之外的審美追求將最終對等級審美形成強大的解構作用。

第三節　等級禮制的衰落與器物價值的變遷

在周代貴族的生活中，器物幾乎都被納入到等級禮制之中，但是春秋時期隨著貴族等級制的衰微，器物的審美價值、玩賞價值和交換價值就開始突顯出來。所以研究春秋時期貴族活動中器物價值的演變，可以從另一個側面體會貴族生活方式和審美追求的變遷。

一　從賞賜和供奉之物到成為交換的條件

西周時期天子分封諸侯，同時也對珍寶器物進行封賜。《左傳・定公四年》記載子魚追憶周初分封的情況：「分魯公以大路、大旂，

夏后氏之璜，封父之繁弱（古之良弓）；分康叔以大路、少帛、大赤色的旗、旃旌（用布帛製而無裝飾者為旃旗，用析羽為飾者為旌旗）、大呂（鐘名）；分唐叔以大路、密須之鼓、闕鞏（鎧甲名）、沽洗（鐘名）。」《國語・齊語》記載了葵丘之會後，周襄王賜齊桓公胙肉，以及大輅、龍旗九旒、渠門赤旂的情況。

器物分封的目的是為了維持周王室與各諸侯國之間的關係，正像孔子所說：「古者分同姓以珍玉，展親也，分異姓以遠方之職貢，使無忘服也。」[5]天子的賞賜是維持等級秩序，加強對諸侯統治的手段，是天子和諸侯之間權利和義務關係的象徵符號。

在西周時期，器物還具有表示諸侯國之間友好關係和作為諸侯國之間友好往來信物的作用。《國語・魯語上》記載，魯國有了饑荒，臧文仲對魯莊公說：「夫為四鄰之援，結諸侯之信，重之以婚姻，申之以盟誓，固國之艱急是為。鑄名器，藏寶財，固民之殄病是待。今國病矣，君盍以名器請糴於齊？」在這裡臧文仲向魯莊公講了名器在諸侯交往禮儀中的重要性。最後，魯莊公同意臧文仲拿著鬯圭與玉磬到齊國告糴。

據《儀禮・聘禮》記載，使者受命出國聘問時，要拿著表示國家級別的玉圭，同時還要為拜訪國的國君、卿大夫以及夫人分別準備「束帛加璧」「束帛加璋」「束帛加琮」等禮物，稱為幣。到達他國行聘禮時，使者要執圭往見，由儐者入告主人，再出來辭玉，請使者升堂，主人受玉。接著舉行享禮，使者將「束帛加璧」贈送給主國國君。隨後聘問夫人和卿大夫，分別贈送禮物。但是，貴重的玉圭最後由受聘國的國君派卿給使者送回賓館，表示所看重的是兩國之間的友好往來，而不是具體的物質利益。實際上，是通過玉的授受以及歸還

5　《國語・魯語下》。

儀式，達到輕視器物的實用價值而使其蘊涵的精神價值得到昇華的目的。如莊公二十八年，魯國鬧饑荒，臧文仲代表魯國，「以鬯圭與玉磬如齊告糴」，齊國「歸其玉而予之糴」[6]。可見當時鬯圭和玉磬還具有諸侯國往來信物的作用，表達著諸侯貴族對物質功利性的超越。

但是器物作為等級標誌的價值很快就被推翻。《左傳・莊公十八年》記載，虢公、晉侯朝王時，王饗禮，賜給虢公、晉侯同等數量的玉玨和馬匹。賜給名分和等級不同的諸侯國同等數量的器物，這就等於是對等級禮制的自我否定和瓦解。《左傳・昭公十二年》記載，隨著楚國的強大，楚國開始提出這樣的問題：「昔我先王熊繹與呂伋、王孫牟、燮父、禽父並事康王，四國皆有分，我獨無有。今吾使人於周，求鼎以為分，王其與我乎？」這是諸侯勢力強大以後，對周王室分封體制的質疑，也意味著器物所象徵的周初的社會關係面臨著危機。

周初的這種周王分封和賞賜諸侯器物，諸侯上貢周王器物的關係，以及以器物作為諸侯國之間友好往來信物的狀況，在春秋時期逐漸發生了變化，器物逐漸成為巧取豪奪的對象和諸侯之間換得和平的交換條件。如《左傳・昭公十五年》記載，晉大夫荀躒到周王室參加完穆后的葬禮，並除喪以後，周王為荀躒舉辦宴禮，用的是魯國所獻的壺樽。周王看著魯壺樽對晉大夫說，別的諸侯國都有貢獻給王室的器物，晉國怎麼沒有獻給王室的器物？言外之意，你們晉國該向周王室進貢了。這就把一種自覺的進獻行為，變成了周王室向諸侯國的索要行為。晉國的大臣籍談回答說：「諸侯之封也，皆受明器於王室，以鎮撫其社稷，故能薦彝器於王。晉居深山，戎狄之與鄰，而遠於王室，王靈不及，拜戎不暇，其何以獻器？」籍談的回答包含著兩重含

6　《國語・魯語上》。

義：其一，周初分封諸侯，諸侯國受到周王的器物賞賜，各諸侯國對周王室也要供奉彝器；其二，晉國遠於王室，沒有受到過周王的器物之賜。籍談的回答，也確實屬無稽之談，因而令周王很不滿意。周王說，你忘了當年周公分給唐叔密須之鼓、大路以及闕鞏之甲，後來周襄王又分賜給晉文公大路、戎路、鈇鉞、秬鬯，彤弓、虎賁。周王對有功勳的諸侯加以重賞，書功於策，撫之以彝器，旌之以車服，明之以文章。周景王的話使籍談啞口無言。籍談回到晉國將這件事告訴叔向，叔向對這件事評論說：周王一年之中有太子壽和穆后兩件喪事，卻以喪宴賓，並向諸侯國索求彝器，這都是非禮的行為。從《左傳》所載這一件事可以看出，周初王室確曾分封諸侯彝器，同時諸侯國也要向周王室供奉器物。但這樣的時代已經過去了。現在不是諸侯國向周王室供奉器物，而是王室向諸侯國索要器物。事實上，周襄王策命晉侯為侯伯，並賜晉文公大路之服、戎路之服、彤弓、彤矢、秬鬯等物，距籍談說此話時，也不過一百年左右的時間，但器物所維繫的周王室和諸侯國之間的關係已經發生了很大變化。而且，周初器物是禮制觀念的物質載體，現在連王室對器物的享用也是非禮的，竟在喪事之後不久就用尊貴的魯壺與賓行宴禮。看來，器物所蘊涵的禮制含義正在全面崩壞，周王室和諸侯國都不再恪守禮制規定了。

　　器物傳達諸侯國之間誠信友好關係的作用，在春秋時期演變為各諸侯國之間尋求和平的交換條件。如《左傳‧成公二年》記載，晉打敗齊國，並進入齊國境內後，「齊侯使賓媚人賂以紀甗、玉磬與地」。《左傳‧成公十年》記載，晉國欲伐鄭國，「鄭子罕賂以襄鍾」，齊國的車服器物和鄭襄公廟之鐘都成了換取和平的交換條件。《左傳‧襄公二十五年》記載，齊國「賂晉侯以宗器、樂器。自六正、五吏、三十帥、三軍之大夫、百官之正長、師旅及處守者皆有賂」。《左傳‧昭公七年》記載，齊國準備攻打北燕國，燕人嫁女於齊侯，並「賂以瑤

甕、玉櫝、斝耳」。玉甕是盛酒的陶器，以美玉為飾。玉櫝是飾著美
玉的櫃子。斝耳，是帶耳的玉斝。齊國拿到了幾樣寶物就放棄攻打北
燕國了。在這裡「先君之敝器」的確可以起到謝罪的目的。

　　但並不是所有的時候器物都能收到息事寧人的目的，如《左傳．
僖公二年》記載，晉荀息想用屈地所產的車和垂棘所產的璧作為信物
假道於虞國去征伐虢國。虞公貪戀寶物，讓晉國經過虞國攻打虢國，
結果晉國假道伐了虢國，歸來的途中就滅掉了虞國。看來寶物未必都
能換來國家的安全。還有吳國和越國的鬥爭中，首先是吳國打敗越
國，越國通過金玉、美女，換得了與吳講和的機會，後來，越王句踐
臥薪嚐膽，打敗吳國，吳王夫差也想以金玉、子女賄賂越國，以換得
平安，但是越國吸取了吳國的教訓沒有答應。最後越國滅了吳國。看
來到春秋後期，通過器物交換以得到和平已經不可能了。

二　從等級的標誌到貴族追求和占有的對象

　　西周分封諸侯，對貴族生活的各個方面都進行了等級性的規定。
正如《左傳．桓公二年》所記載的：「袞、冕、黻、珽，帶、裳、幅、
舄，衡、紞、紘、綖，昭其度也。藻、率、鞞、鞛、鞶、厲、游、纓，
昭其數也。火、龍、黼、黻，昭其文也。五色比象，昭其物也。錫、
鸞、和、鈴，昭其聲也。三辰旂旗，昭其明也。」這裡列舉的是周人
服飾和車旗的裝飾，這些美麗的飾物，幾乎全都被納入到等級體制之
中，成為彰明等級的標誌。《國語．周語上》也指出先王「為車服旗章
以旌之，為贄幣瑞節以鎮之」，即車服旗章、贄幣瑞節等器物都是為了
起到分別貴賤等級的作用，成為等級的標誌和強化等級觀念的手段。

　　並且，西周時期的各種禮儀幾乎都是對器物的實用價值和對器物
占有心理的限制。如前所述，文公十二年秦伯使西乞術來魯國聘問。

襄仲要對秦國的禮玉進行三番辭讓，在相互辭讓的禮節中，諸侯國之間的謙讓精神得到了昇華，同時也是為了達到對器物占有欲望的懸置和有意忽略的目的。《左傳·昭公五年》記載，楚大臣啟強說：「朝聘有珪，享覿有璋，小有述職，大有巡功。設機而不倚，爵盈而不飲；宴有好貨，殤有陪鼎，入有郊勞，出有贈賄，禮之至也。」啟強指出器物在諸侯外交禮儀中的意義不在於器物本身的使用價值，而在於器物中傳達的友好協作關係。珪、璋之屬沒有實用價值，但卻傳達著禮制觀念；廳堂中擺設著美麗的雕几，但不是為了倚靠在上面使自己舒舒服服；將酒爵斟得滿滿的，但不是為了飲用，器物之設，不是為了滿足個體的口腹之欲。周代貴族對器物實用功利性的超越使他們對待器物的態度帶有幾分藝術性。

但是當貴族文化的等級性開始紊亂之後，器物的玩賞價值、收藏和占有價值大大提高。「君子小人，物有服章，貴有常尊，賤有等威」[7]的禮制意義逐漸為器物的其它價值所代替。

如《左傳·昭公十六年》記載，晉韓宣子有一對玉環中的一個，而另外一個在鄭國的商人手中。韓宣子拜見鄭伯，希望通過官方的管道獲得鄭商人手中的那個玉環。子產不給並說，不是官府的守器，我們不了解情況啊。晉韓宣子所尋求的玉環就屬於珍玩之玉。韓宣子想得到這塊玉，子產以非官府所有不好強行從商人手中攫取為由拒絕了韓宣子的要求。由此可見，當時的玉已經不是官方的禮器，而成為商人可以自由買賣的玩物。

《左傳·僖公二十八年》記載城濮之戰前，「楚子玉自為瓊弁、玉纓，未之服也。先戰，夢河神謂己曰：『畀余，余賜汝孟諸之麋。』弗致也。」據楊伯峻注，「瓊弁，馬冠，在馬鬣毛前，其弁飾

7　《左傳·宣公十二年》。

之以瓊玉，故謂之瓊弁；纓，即馬鞅，馬頸之革，飾之以玉，故謂之玉纓。」[8]戰前子玉夢見河神對自己說，以這兩物祭祀河神的話，就可以獲得戰爭的勝利，但是，子玉不捨得用美麗的瓊弁玉纓祭河神。最後楚國大敗。從這件事可以看出，子玉將擁有瓊弁、玉纓看得比祭祀和戰爭取勝更加重要。春秋時期器物在祭祀中的重要性逐漸輕於它的玩賞價值由此可略見一斑。

《左傳・定公三年》載，蔡昭侯到楚國去時，製作了兩套佩和兩套裘衣，獻一佩一裘於楚昭王。當昭王、蔡昭侯分別穿上這兩套新衣服時，楚國的令尹子常看到了也想要一套，但蔡昭侯沒有給，令尹就將蔡昭侯扣留在楚國三年之久。唐成公到楚國，帶了兩匹名為肅爽的駿馬，子常又想要，在得不到的情況下，也將唐成公扣留在楚三年。蔡昭侯一旦從楚國脫身，就請求晉國攻打楚國。晉國的大臣荀寅借機向蔡侯索要東西，但卻沒有得到。荀寅沒有得到好處，竟然挑撥范宣子，最後放棄幫助蔡國攻打楚國。從這一系列事件中可以深深地體會到，在春秋晚期，諸侯貴族對器物的瘋狂追求。這時的器物已經不能使諸侯之間建立友好的關係，已經不再是諸侯之間往來的信物，而成為諸侯貴族之間爭奪的對象和相互索要的條件。

《左傳・桓公十年》記載，虞叔有寶玉，虞公索要，虞叔沒有給。過後虞叔想，周代諺語有：「匹夫無罪，懷璧其罪。」於是後悔自己沒有將寶玉獻出，而自己給自己找麻煩，所以，又將寶玉獻給虞公。後來虞公又索要寶劍，這次虞叔認識到虞公貪得無厭的本性，認識到不除掉虞公禍難就有可能殃及自己，所以，虞叔先下手為強，對虞公進行討伐，迫使虞公出奔。從這件事也可以看出，器物只是諸侯貴族之間玩賞的珍寶而已，基本與禮制無關，並且對器物貪得無厭的

8　楊伯峻：《春秋左傳注》，北京，中華書局，1990，第467頁。

追求也表明貴族已經不再對個體行為和欲望進行適當的約束。

更有甚者，如《左傳・襄公二十八年》記載，崔杼之臣為了得到崔杼的拱璧，竟以獻出崔杼的屍體為交換條件，足見春秋時期貴族對器物急功近利地追求的狀況。《左傳・昭公二十九年》記載：「（魯昭公）賜公衍狐裘，使獻龍輔（玉名）於齊侯，遂入羔裘，齊侯喜，與之陽谷。」齊侯因得一件羔裘而把陽谷邑給了公衍。可見時人對器物的追求已經到了不擇手段的地步。

綜上所述，我們認為，西周時期，貴族重視的是通過器物協調群體之間的關係，有著對器物實用價值的超越，並通過各種儀式，對器物的實用價值有意予以淡化。但到了春秋後期，貴族對物質利益的有意迴避和謙讓的精神已經過時，貴族開始重視個體欲望的滿足，表現出對物質的強烈占有心理。

第四節　春秋時期美學理論的萌芽

西周時期以行為舉止符合禮儀規範為美，貴族們遵循的是等級審美的原則，追求的是紋飾化的審美趣味。這些美學精神在春秋時期都受到了一定的衝擊。面臨著社會的轉型，面臨著禮樂文化的崩壞，人們開始更敏銳地觀察和思考。春秋時期沒有關於美的專門論述，但是縱觀《左傳》《國語》，我們還是能夠深切地感受得到春秋時期正處於一箇舊有的審美觀念動搖，新的審美觀念正在形成的歷史時期。對生活的觀察、討論和反思成為春秋時期貴族生活的一個重要內容，正是在觀察和討論的過程中，逐步形成了春秋時期貴族趨於理性化、體系化的審美觀念。許多朦朧的美學理論的雛形就是在對生活的觀察和思考中形成的。春秋時期貴族所討論和思考的美學問題主要有以下幾個方面。

一　有關「度」的美學

　　之所以有對「度」的強調，是因為隨著禮樂文化在春秋後期的動搖，天神觀念和等級禮制對人的約束力逐漸淡化，行為無度的事件屢屢發生，人們越來越大膽地放縱自己的欲望為所欲為。如周代貴族有著濃厚的敬畏意識，如果遇到喪事和天災時，在行為舉止和著裝方面都要謹慎，一般要著素服。而且，「君子不履絲屨」[9]，即不以絲帛製作鞋子。但到了春秋時期，一些貴族開始追求無度的享受。據《晏子春秋・內篇諫下》記載，齊景公製作了一尺多長的鞋子，以黃金做鞋帶，裝飾以銀，上面綴著珠子，並以上好的玉做鞋頭上的裝飾物。這對周代貴族服飾禮制規定進行了極大地僭越，服飾中所蘊涵的等級倫理觀念和敬畏意識都漸漸沒有了。《國語・楚語下》記載，楚國的令尹子常，「問蓄聚積寶，如餓豺狼焉」，是說子常對財富如狼似虎般地進行聚積。春秋時期，貴族不僅表現出對財富橫征暴斂的趨勢，也表現出對娛樂過度享受的趨勢，《左傳・昭公二十年》記載，晏子批評無德之君，「從欲厭私，高臺深池，撞鐘舞女，斬刈民力，輸掠其聚，以成其違，不恤後人。暴虐淫從，肆行非度，無所還忌，不思謗讟，不憚鬼神」。是說無德之君的行為表現出無所顧忌的放縱態勢。

　　周景王鑄造「無射」鐘就是審美發展史上過度追求聲音之美的典型事件。《國語・周語下》記載，春秋末年，東周王室已經非常衰微，但君主的享樂要求有增無減。為了滿足個人聽覺上的審美欲求，周景王便打算鑄造一個合於「無射」音律的樂器，建成一套八枚以上具有八度以上音域的編鐘。當周景王把這個打算對大臣單穆公說了之後，單穆公就說：

9　《禮記・少儀》。

且夫鐘不過以動聲，若無射有林，耳弗及也。夫鐘聲以為耳也，耳所不及，非鐘聲也。猶目所不見，不可以為目也。夫目之察度也，不過步武尺寸之間，其察色也，不過墨丈尋常之間。耳之察和也，在清濁之間，其察清濁也，不過一人之所勝。是故先王之制鐘也，大不出鈞，重不過石，律度量衡於是乎生，小大器用於是乎出，故聖人慎之。今王作鐘也，聽之弗及，比之不度，鐘聲不可以知和，制度不可以出節，無益於樂，而鮮民財，將焉用之！夫樂不過以聽耳，而美不過以觀目。若聽樂而震，觀美而眩，患莫甚焉。夫耳目，心之樞機也，故必聽和而視正……

　　單穆公對音樂之美的認識包含了兩個要點：第一，音樂應該在一定的度之內，不可超過度的限制。而景王的無射鍾已經超過「度」的界限；第二，在一定的「度」的範圍內的樂曲，才能帶給人們五聲相和的審美感受。單穆公的勸諫表明周人做事和進行審美鑒賞都在遵循和維護的一個美學原則，即對事物發生的「度」應予以很好的把握，過猶不及。但是在春秋晚期，因為人們行為的形而上的約束力和來自禮樂制度的約束力都已經衰微，所以開始出現了過度放縱自己欲望的行為。

　　在單穆公之後，負責音樂的官吏伶州鳩也通過對周景王鑄鐘一事的評論而發表了對音樂美的認識。他說：「臣聞之，琴瑟尚宮，鍾尚羽，石尚角。匏竹利制，大不逾宮，細不過羽。」「金尚羽，石尚角，瓦、絲尚宮，匏、竹尚議，革、木一聲。」「聲以和樂，律以平聲。」「聲應相保曰和，細大不逾曰平。」「細抑大陵，不容於耳，非和也，聽聲越遠，非平也。」[10]即高低清濁不同的聲音應當相諧和，

10　《國語・周語下》。

無論「細」的羽聲，還是「大」的宮聲，都要平和有度，不能越出五聲音階的範圍。

就周景王鑄鐘一事的議論，單穆公和伶州鳩從不同的角度出發，都表達了追求聲音之度以及五音相互和諧的美學思想。單穆公側重於從接受者的感受出發，而伶州鳩更側重於從五聲相諧和的音律規律出發提出問題。從有關無射鐘的議論中，可見周人關於音樂的美學思想並沒有專門的論述，即沒有將其抽象化為一種空洞的理論，而是隱含在對具體的事件的評論之中。這是整個周代美學的一個特徵。換句話說，周代美學中有著抽象理論的思考，但沒有對美學規律的抽象概括和總結，而是表現為對具體事件和現象的深刻思考和分析。

把握「度」的關鍵就在於對行為和欲望有所節制。《左傳・昭西元年》記載，晉侯求醫於秦，秦伯使醫和視之。醫和從陰陽五行相生相剋以及身體保養的角度提出了「樂節百事」的美學思想。醫和對過多地近於女色的晉侯說：

> 節之。先王之樂，所以節百事也，故有五節；遲速本末以相及，中聲以降。五降之後，不容彈矣。於是有煩手淫聲，慆堙心耳，乃忘平和，君子弗聽也。物亦如之。至於煩，乃舍也已，無以生疾。君子之近琴瑟，以儀節也，非以慆心也。天有六氣，降生五味，發為五色，徵為五聲。淫生六疾。六氣曰陰、陽、風、雨、晦、明也，分為四時，序為五節，過則為災：陰淫寒疾，陽淫熱疾，風淫末疾，雨淫腹疾，晦淫惑疾，明淫心疾……

醫和認為晉侯的病症在於禮樂文化失去了對人的約束力，從而出現了過度淫樂的行為，導致了和諧生活秩序的紊亂，所以應當對行為

有所節制，節制女色與節制音樂的道理是一樣的。宮商角徵羽五聲有緩有急，有本有末，彼此調和相融，而得中和之聲，然後止息。五聲止息之後，不可再彈奏。如果再彈奏就會出現繁複、過度的手法和過度的靡靡之音。所以應當對音樂有所節制。同樣，對於女色也應當有所節制。正如吳公子季札觀樂時所提出的，要「樂而不淫」「尤而不困」「勤而不怨」「曲而有直」「直而不倨」「哀而不愁」「愁而不怨」，事物只有在一定的「度」的範圍內，才能和諧發展，也才能產生美感。這是後世「中庸」美學觀念和倫理道德觀念的前奏。從以上分析也可以看出，西周，乃至春秋時期貴族的美學思想來源於他們對自身生活狀況的思考。當禮儀和倫理道德以及神秘的外在統治力量對周人的約束力逐漸在新的時代衰微的時候，也是人們開始思考生存之「度」的美學的時候。

二　「和而不同」的美學思想

「和而不同」美學思想的提出，與以等級禮制來維繫的社會的和諧穩定結構發生動搖有一定的關係。春秋時期諸侯貴族力求使各諸侯國之間的關係重新得到協調，所以希望在君臣之間、各諸侯國之間能夠建立一種新的和諧秩序。在君臣關係中、在諸侯霸主和同盟國的關係中，一方面要有獨立的生存空間，要有獨立性；另一方面也有認同感，有追求統一的意識。這就是「和而不同」美學思想提出的理論背景。

春秋時期，在統治階級的審美觀念中，影響最為深刻，也最為普遍的理論就是對立面之間和諧的思想。假如說魯大夫臧哀伯對魯桓公談「文物昭德」體現了周代貴族審美的等級化特色，[11]那麼，《國語·

11　《左傳·桓公二年》。

鄭語》中鄭國的史伯和鄭桓公在談論當時國際形勢時提出的就是適應時代需要的「和而不同」的美學觀點：

> 夫和實生物，同則不繼。以他平他謂之和，故能豐長而物歸之，若以同裨同，盡乃棄矣。故先王以土與金木水火雜，以成百物。是以和五味以調口，剛四肢以衛體，和六律以聰耳，正七體以役心，平八索以成人，建九紀以立純德，合十數以訓百體。出千品，具萬方，計億事，材兆物，收經入，形姟極。故王者居九畡之田，收經入以食兆民，周訓而能用之，和樂如一。夫如是，和之至也。於是乎先王聘後於異姓，求財於有方，擇臣取諫工，而講以多物，務和同也。聲一無聽，色一無文，味一無果，物一不講。

史伯認為，陰陽相生，異味相和，萬物才能生長，所以先王以土與金木水火相雜，聘任異姓女子為後等，使世間萬物能夠在對立中相互協調。五聲相雜，然後才有美妙的樂音，但是只有一種聲音，就成不了音樂；五色相雜，能夠形成美麗的文采，但是單一的色彩不成為文；五味和合，可以成為美味，但是只有一種味道則不成味矣。史伯表述了對立面和諧的思想。當然史伯和鄭桓公談論和而不同的美學思想，絕不是憑空而論，而是看到周王棄高明昭顯，而好讒慝暗昧，惡角犀豐盈，而近頑童窮固，去和而取同，所以才有感而發，所以說，「和而不同」的美學思想是周代貴族面對生活進行觀察和思考的結果。

在人間的和諧秩序被毀壞的情況下，「和而不同」就成為貴族的一個帶有普遍性的呼聲。《左傳・昭公二十五年》記載，子大叔回憶子產關於禮的思想，也涉及社會生活中各種因素相互協調的美學思想：

則天之明，因地之性，生其六氣，用其五行，氣為五味，發為五色，章為五聲。淫則昏亂，民失其性。是故為禮以奉之，為六畜、五牲、三犧，以奉五味；為九文、六采、五章，以奉五色；為九歌、八風、七音、六律，以奉五聲；為君臣上下，以則地義；為夫婦外內，以經二物；為父子、兄弟、姑姊、甥舅、昏媾、姻亞，以象天明；為政事、庸力、行務，以從四時；為刑罰、威獄，使民畏忌……哀有哭泣，樂有歌舞，喜有施捨，怒有戰鬥；喜生於好，怒生於惡。是故審行信令，禍福賞罰，以制死生。生，好物也；死，惡物也。好物，樂也；惡物，哀也。哀樂不失，乃能協於天地之性，是以長久。

子大叔轉述子產的這段話，使趙簡子頗受啟發，趙簡子願終身守此言。這段話的精神實質是將整個社會看做一個有機的整體，認為天地自然、五章、五色、四時等各種因素之間相互影響，只有彼此之間和諧有序，社會才能向前發展。子產認為禮就是能起到協調作用的關鍵因素，有了禮，整個社會君臣、父子、夫婦之間就能上下有序。這一思想是針對當時社會的失序狀態而言的，但隱含著對和諧美學思想的思考，並且指出只有各種因素和諧有序地發展，整個社會才能天長地久。天長地久的願望是春秋時期提出和諧美學思想的最根本動機。這是注重族群利益、注重社會長久發展的貴族精神的體現。

晏子在談論大臣與齊侯的關係時，也論述了「和」與「同」的關係。晏子說：

和如羹焉，水、火、醯、醢、鹽、梅，以烹魚肉，燀之以薪，宰夫和之，齊之以味，濟其不及，以泄其過。君子食之，以平其心。君臣亦然……聲亦如味，一氣，二體，三類，四物，五

聲，六律；七音，八風，九歌，以相成也；清濁、大小，短
長、疾徐，哀樂、剛柔，遲速、高下，出入、周疏，以相濟
也。君子聽之，以平其心……若以水濟水，誰能食之？若琴瑟
之專一，誰能聽之？同之不可也如是。[12]

　　晏子以味道和音樂的和諧為喻，說明君臣之間的關係應當是「和
而不同」，而不是一味附和，這與子產以及史伯的討論如出一轍。從
多人在不同的場合面對不同的事件不約而同地提出「和而不同」的思
想，可見在一個失去和諧的時代，人們對和諧的人際關係的呼聲是多
麼強烈。但是，從史伯、子產以及晏子的談論中，我們可以看到，第
一，「和而不同」美學思想的提出都來源於對生活中出現的具體問題
的思考和討論；第二，史伯、子產和晏子幾乎無一例外地都從滋味、
音樂等角度來比擬「和而不同」的社會關係，都是用日常生活中的簡
單事例作比喻，闡明抽象的哲理。這些都是周代美學的特徵。

三　以外在紋飾為美還是以具有實際功用價值為美的思考

（一）外在紋飾之美與實際功用之美的抉擇

　　當等級禮制發生動搖時，當貴族的世襲統治地位發生危機時，貴
族所追求的言談舉止的審美風範，貴族所崇尚的儀式之中的儀態之
美，貴族所追求的對器物符合等級的紋飾之美，就受到了質疑。什麼
是美就成為春秋時期貴族思考和討論的美學焦點。

　　《國語・楚語下》記載，楚王孫圍出使晉國，晉定公設宴招待
他，趙簡子穿戴著華貴的衣服相禮。趙簡子身上的佩玉發出優雅的碰

---

12 《左傳・昭公二十年》。

擊聲，表現出貴族特有的高傲神情，並問王孫圉有關楚國之寶物白珩的情況。王孫圉的回答表明了一種審美觀念。他說：

> 楚之所寶者曰觀射父，能作訓辭，以行事於諸侯，使無以寡君為口實。又有左史倚相，能道訓典以敘百物……龜、珠、角、齒、皮、革、羽、毛，所以備賦以戒不虞者也，所以供幣帛，以賓享於諸侯者也。若諸侯之好幣具，而導之以訓辭，有不虞之備，而皇神相之，寡君其可以免罪於諸侯，而國民保焉。此楚國之寶也。若夫白珩，先王之玩也，何寶焉？圉聞國之寶六而已。聖能制議百物，以輔相國家，則寶之；玉足以庇蔭嘉穀，使無水旱之災，則寶之；龜足以憲臧否，則寶之；珠足以御火災，則寶之；金足以御兵亂，則寶之；山林藪澤足以備材用，則寶之。若夫嘩囂之美，楚雖蠻夷，不能寶也。

王孫圉的回答包含著這樣幾重意思：第一，明王聖人能治理百物，能輔佐國家，可為國寶；玉能庇蔭穀物生長，使其不遭受水旱災害，龜能辨別好壞，珠能防備火災，金能防備戰爭兵亂，山川湖澤能產百物以備財用等，這些東西都是因為具有實際的功用，所以可以視為寶物；第二，至於白珩，只不過是先王的玩物而已，因為不能帶來實際的社會效益，所以不算什麼寶物；第三，至於趙簡子所自以為是的佩玉之和諧的碰擊聲，那只不過是華而不實、嘩眾取寵之物。即使楚國為蠻夷之國，也不會將其當做寶物。王孫圉的話雖是外交辭令，但從中也可以看出，在當時，人們認為具有實用性的事物，才具有審美價值。

王孫圉所講的是一種實用主義的美學觀，並且，這種實用性的美學觀念與以趙簡子為代表的舊貴族注重紋飾和玩賞之物的有閒階級的

審美觀念是針鋒相對的。時代語境發生了變化，貴族那鏘鏘的佩玉之聲，貴族那慢條斯理的儀式化舉止，貴族那詩化的語言都不能適應時代發展的需要了，人們逐漸去掉沒有直接社會效益的繁文縟節，而追求當下的實用目的。這種實用主義的美學觀念，對貴族藝術化的生活方式形成了巨大的衝擊。

（二）追求奢華之美還是以德行為美

春秋時期許多貴族僭越等級禮制表現出對個體欲望的放縱和對感官享樂的過度追求。在這種時代背景下，追求節儉有度之美，還是追求感官刺激之美，成為人們關注和討論的又一美學問題。

莊公不僅將桓公之廟的柱子漆成紅色，也對桓公廟的椽子進行了細細的打磨。針對這件事情，匠師慶對莊公說，我聽說湯、武、周公等聖王先公之先封者，給後世留下可以遵循的法度，使後人不致陷於迷惘無度的境地。作為後世人，就應該對聖王先公的訓導發揚光大，使它能長期地對後世人的行為起到監督的作用，使後世的統治能夠長久。但是，現在的狀況是先君節儉而您奢侈，先君的德行在今天開始衰敗了。莊公聽了匠師慶的勸諫之後，不僅沒有對自己的行為進行反思，反而說，他就是要追求美。不顧禮制規範而追求美成為莊公最為明確的行為根據。匠師慶和莊公的對話中就存在著兩種審美觀念的衝突：一個是聖王先公節儉有德的風範，另一個是莊公所追求的外在感觀之美。兩種美學觀念的衝突也是兩種時代精神的衝突，它反映了一種擺脫外在約束、放任個體欲望的歷史趨勢正在蔓延。

關於臺榭之美的討論中也存在著追求奢華之美，還是追求節儉、有德之美的思考。臺榭作為古代建築的一種，最初是軍事防守和觀天象的高臺。《國語・楚語上》記載伍舉討論臺榭的作用說：「先君莊王為匏居之臺，高不過望國氛，大不過容宴豆，木不妨守備，用不煩官

府，民不費時務，官不易朝常。」「先王之為臺榭也，榭不過講軍
實，臺不過望氛祥。」伍舉指出莊王為匏居之臺是為瞭望國氛，臺的
高度和規模要符合禮制的規定。但是進入春秋時期，追求臺榭之高大
華麗成為諸侯貴族審美享受的重要內容。各地的臺榭不斷湧現，臺榭
建築大有蓬勃發展之勢，如齊國有歇馬臺、雪臺，楚國有章華臺、荊
臺，晉國有九重臺等。靈王修建了章華之臺，與伍舉登高遠望時，慨
歎說，臺美嗎？伍舉回答說：「臣聞國君服寵以為美，安民以為樂，
聽德以為聰，致遠以為明。不聞其以土木之崇高彤鏤為美，而以金石
匏竹之昌大嚚庶為樂。不聞其以觀大、視侈、淫色以為明，而以察清
濁為聰也。」[13]伍舉的這一段話，突出地反映了春秋時期貴族對美的
思考，也反映出春秋時期正經歷著一個美的轉型階段，存在著重視感
官刺激的視覺之美，如器物的雕琢和宮殿臺榭的高大、色彩的絢麗
等，與政治上的清明、道德上的完美兩種美的交融與衝突。接著伍舉
對美下了一個定義：「夫美也者，上下、內外、大小、遠近皆無害
焉，故曰美，若周於目觀則美，縮於財用則匱，是聚民利以自封而瘠
民也，胡美之為？」[14]這是一個以德行為美的定義，它反映了以禮儀
規範為行為標準的美學觀念發生動搖以後，人們尋找新的行為規範和
新的審美價值的努力。

　　西周貴族雖然也有對德性的關注，但直接呈現出來的卻是對器物
服飾的華美和人的行為的文雅之美的關注。進入春秋時期，貴族無可
置疑的統治地位受到了衝擊，這就使原有的以重視紋飾美為特徵的審
美觀念受到衝擊。因而整個春秋時期審美討論的一個焦點就是，發展
外在的紋飾之美還是發展事關貴族存亡的德性和政治之美的思考。討

13　《國語・楚語上》。
14　《國語・楚語上》。

論的結果是人們逐漸認識到舊貴族所追求的舉止言談之美和紋飾之美
已經過時，在新的時代，應當將德性和才能以及人品之美作為根本。
因為在西周時期事關貴族的尊貴與否的標準在於他們的行為舉止是否
謹慎適度，在於他們是否擁有周王賜予的華貴服飾和車馬，以及在禮
制的範圍內所能建造的宮殿的高度和田產土地的多寡，但是到了春秋
時期，這些都成為動態的東西，甚至是隨時都有可能在激烈的爭奪中
失去的身外之物，於是人們將審美的焦點放在如何能在內在行為和精
神上還具備統治階級的素質上。

四　順應自然的美學思想

順應自然是天人合一思想的體現。《禮記‧月令》記載，春季，
冰河融化，桃花盛開，黃鸎鳴唱，陽氣上升。天子居青陽之屋，乘著
設有鸞鈴、飾以青色的車，駕的是青蒼色的大馬，車上插著青色的大
旗，身上穿著青色的衣服，佩戴著青蒼色的玉，食品主要是小麥與羊
肉，使用粗疏而有孔的器皿。天子舉行籍禮，開始春耕；夏季，青蛙
鳴叫。為了順應季節，天子居住在明堂之屋，乘著紅色的車，駕著棗
紅色的大馬，車上插著紅色的大旗，身上穿著紅青色的衣服，佩戴著
紅色的玉，食品主要是豆飯與雞肉，使用高而粗的器皿；相應的，秋
季，涼風開始吹來，植物葉上集結了露水，寒蟬開始鳴唱。天子就居
住在名叫總章的房室裡。為了順應季節，天子乘的是白色的兵車，駕
的是白馬，車上插的是白旗，身上穿的是白色的衣，佩戴的是白色的
玉。食品主要是麻子飯和狗肉。使用的是有棱有角而較深的器皿；冬
季，大地開始凍結。冬季屬水，色調是黑色。天子乘的是黑色的車，
駕的是黑色的馬，車上插著黑色的旗，身上穿著黑色的衣服，佩戴著
黑色的玉。食品以黍米和豬肉為主。使用的是肚大口小的器皿。這是

一個玉石之美的季節變換圖，這是一個車旗之美的季節變換圖，也是一個器皿與色彩的季節變換圖。這些器物之美使周人的生活富有詩意。也許這只是一幅周人理想中的四季生活圖景，但是它也反映出周人順應自然、遵循自然的觀念意識。對自然的遵循和順應，對器物用度的重視和欣賞使周人的生活中充滿藝術的氣息。

順應自然的美學思想還表現為對自然生命的尊重。據《禮記·王制》記載：「天子不合圍，諸侯不掩群……獺祭魚，然後虞人入澤梁；豺祭獸，然後田獵；鳩化為鷹，然後設羅；草木零落，然後入山林。昆蟲未蟄，不以火田。不麛，不卵，不殺胎，不殀夭，不覆巢。」天子打獵不合圍，諸侯打獵不掩群，都是為了給生物留一條生路。不會為了一時的欲求而將野獸趕盡殺絕。並且打獵、取材要順應自然界的變化。在所有物種的繁殖季節，都不應該進行捕殺和射獵。如當鳩化為鷹的時候，人們才可以布下羅網捕鳥；當草木零落的時候，人們才可以進入山林砍伐樹木。如果昆蟲尚未蟄居地下，就不能放火田獵。打獵時，不要捕殺幼獸，不要探取鳥卵，不要殺害懷胎的母獸，不要殺害剛出生的鳥獸，不要拆毀鳥窩等。

春秋時期，天神觀念以及禮儀對人的約束都有所淡化，人們開始趨於放縱自己的行為，開始張揚自我的欲望，並對自然規律有一定程度的破壞，順應自然的美學思想的提出，就來源於對春秋時期出現的一系列社會問題的反思。《國語·魯語》記述了魯宣公夏天在泗水之淵設網捕魚，下臣里革當即斷其網，並說，古代大寒降，土蟄發，漁師開始置網捕魚，當鳥獸孕育之時，掌管鳥獸的官吏就開始禁止捕殺鳥獸蟲魚，只有這樣才能使萬物蕃育。魯宣公在夏天魚大量繁殖的季節設網捕魚，這是違背自然發展規律的。可以說，之所以在春秋晚期，順應自然的審美觀念被提上議事日程，受到重視和討論，這是因為此時有許多行為是違背自然發展規律的。如《國語·周語下》記

載，周靈王二十二年，洛水氾濫，威脅到王宮，王欲壅防洛水。太子
晉竇諫說：「不可，晉聞古之長民者，不墮山，不崇藪，不防川，不
竇澤。夫山，土之聚也。藪，物之歸也。川，氣之導也。澤，水之鍾
也。夫天地成而聚於高，歸物於下。疏為川谷，以導其氣。陂塘污
庳，以鍾其美……象物天地，比類百則，儀之於民，而度之於群
生。」太子晉在這裡所表述的是一種順應自然、象物天地的美學思
想。順應自然是在人的行為具有一定禮樂規範約束的背景下才能實現
的。在春秋時期當人的行為越來越多地不遵循約束，有越來越多的事
情違背了自然發展的規律時，作為一種生活原則，順應自然的美學觀
念引起了人們的思考，並得到了強調。

綜合以上關於美的思考和討論，我們可以看出，春秋時期關於美
的討論無不涉及以下幾個問題：個體欲望的放縱與約束；個體存在的
價值與群體的和諧發展關係；當下感受與人類的長久發展。春秋時期
對個體行為進行約束，注重宗族長遠地、理性地發展的理念受到一定
衝擊，關注個體享受、個人情感欲望等成為時代的新聲。在這樣的社
會轉型期，美學思想就是對這些社會問題的反思和思考。

周代貴族的生活方式以等級禮制為其總體特徵，在這樣的生活方
式中蘊涵著貴族階級的審美追求。周代貴族小心翼翼地遵循著等級的
規定，他們的審美視閾也集中在對等級體系中的美的事物的欣賞方
面。他們的生活充滿詩情畫意，言談舉止溫文爾雅，具有可觀賞性。
但是當這樣的美的服飾和舉止被外在的規定鉗制而成為外在於人的規
範和程序的時候，美就趨於僵化，這也意味著貴族的生活從生命本真
情感的流露到了遵循外在禮儀規範而生活的程度，尤其是有很多禮儀
規範過於煩瑣和細碎，使人的存在失去個性。社會的進步、生產力的
發展使一些新的審美領域進入人們的視野，對過於僵化的等級美的僭
越就成為歷史發展的必然趨勢。但是春秋時期貴族文化還是主流文化

形態，所以那些僭越於等級禮制之外的審美活動在等級禮制和政治鬥
爭的夾縫中顯得非常蒼白和脆弱。面對著一系列時代問題，貴族展開
了審美大討論。在討論中，春秋時期個體欲望與群體和諧發展的問
題，當下感官享受與長久理性發展的問題在討論中逐漸明晰化，而行
為之「度」的提出，「和而不同」美學觀念的強調，順應自然美學原
則的提出等，都是在新的時代背景下，對貴族文化精神的進一步完
善。但是，貴族精神即使是在努力和完善中也表現出頹廢之勢。

第二十章
貴族的沒落與世俗藝術精神的興起

　　戰國時期，隨著各諸侯國之間爭霸戰爭的愈演愈烈，春秋時期在尊王攘夷的旗號掩蓋下已經岌岌可危的貴族統治就不可能存在了，用以掩飾貴族衰落和極力張揚貴族存在的禮樂文化，在各國的征戰中被徹底擊碎，代之而起的，不再是春秋時期對禮制統治合理性的矛盾而痛苦的思索，而是對禮制的破除，是對個性的張揚。並且生活節奏的加快也使人們沒有更多的時間去進行繁複的禮儀活動，給政治意識形態包裝上溫文爾雅的禮樂文化形式的周代貴族藝術精神已經不能適應時代發展的需要了，對直接功利目的的追求成為戰國時期文化的一個特徵。

第一節　貴族精神和貴族文化的衰亡

一　歷史舞臺換了主角

　　可以說在貴族衰亡之前，貴族的精神和貴族的文化就已經表現出衰亡之勢。在人們的思想觀念中，以出身為貴、以世襲貴族為榮耀的時代逐漸遠去。據《左傳・襄公二十四年》記載，這一年，魯國的叔孫豹出使晉國，晉國的范宣子接待了他。范宣子問，聽說古人有「死而不朽」的話，請問是什麼意思？叔孫豹沒有回答他。范宣子又說，我的祖先，在虞舜以前是陶唐氏，在夏朝是御龍氏，在商朝是豕韋氏，在周朝是唐、杜氏，在當今作為華夏盟主的晉國是范氏，代代相

傳為國之重臣，是不是這就算不朽呢？叔孫豹說，以我所見，這只能叫世祿，算不上不朽。我們魯國從前有個大夫叫臧文仲，雖然已經去世，但是他的名言卻流傳下來了，這大概才算是不朽。我聽說，最上等的是立德，其次是立功，再次是立言。至於保住姓氏，守住宗廟，代代不絕，哪個國家都有這樣的人。即使是職位再高，也不能算不朽。從這段話我們可以認識到在春秋時期根基深厚的世襲貴族的榮耀開始受到懷疑，新的衡量人的標準正在逐漸形成。

由於經濟地位的衰落，大宗的統治地位勢必發生動搖，因而也就衝擊了傳統的宗法血緣關係。大批宗族的消亡使宗族統治土崩瓦解，失去了宗族依託的貴族大批地淪落，新型的官僚政治體制應運而生。新型官僚和國卿及士大夫之間沒有任何血緣關係，不是憑身分高貴而是憑其才學入仕，憑才幹換取俸祿，而不擁有祿邑；君臣之間沒有依附性，合則留，不合則去，而不是終身制或世襲制。進入戰國時代，隨著生產力的進步，社會分工的發展，軍事活動的頻繁，國家的內政和外交事務劇增，官僚隊伍迅速壯大並逐漸取代了宗族勢力。

隨著官僚等級制的確立與鞏固，出身卑微的人晉升機會大增。一個憑個人功績獲得官職的政治制度建立起來了。個人的功績，而不是世襲的權力，才是取得官職的必要條件。在這樣的時代背景下，歷史舞臺上的主角就發生了變化。春秋時期活躍在歷史舞臺上的還是出身貴族世家的子產、季氏等，戰國時期的歷史舞臺就交給了出身於下層的縱橫家，這說明貴族政治已經結束。在春秋時期的外交活動中，還遵循著貴族的禮儀規範，到了戰國時期崇尚的則是權謀之術。「戰國縱橫家的言行決沒有春秋行人那樣光明磊落，雍容典雅。」[1]所以

1　趙敏俐：《先秦君子風範——中華民族文化人格的歷史探源》，北京，東方出版社，1999，第241頁。

說，在春秋時期雖然有周王室和諸侯貴族衰落的**趨勢**，但是，在歷史舞臺上活躍著的仍然是貴族階層。而到了戰國時期，隨著貴族的進一步衰落，活躍於政治舞臺的已不是貴族，而是出身較為低賤的士人。出身的富貴和榮耀成為歷史，歷史舞臺換了主角。

二　貴族精神的衰亡

　　貴族精神表現為對神靈的敬畏、對自我行為的剋制和約束、對精神價值的追求等，但是這幾個方面在戰國時期都不同程度地被拋棄了。

　　首先，出身低賤的人成為歷史舞臺的主角，這表明天賦神權的神話已經被打破，人從外在的神秘力量和等級禁錮的束縛中得到了解脫，也表明原有的宗族血緣關係已經解體。周代貴族賴以存在的形而上根據是天神觀念，是親族血緣關係和現實生活中的等級禮制。到了戰國時期，建立在神聖的天的護祐和血緣紐帶維繫的基礎上，充滿了敬畏感與和樂精神的貴族文化就大面積衰落了。個體的人的存在和人的價值實現成為這個時代的中心議題。比如《左傳・桓公六年》記載，隨國大臣季梁談到祭品的時候，就說：「夫民，神之主也，是以聖王先成民而後致力於神。故奉牲以告曰『博碩肥腯』，謂民力之普存也，謂其畜之碩大蕃滋也，謂其不疾瘯蠡也，謂其備咸有也；奉牲以告曰『絜粢豐盛』，謂其三時不害而民和年豐也；奉酒醴以告曰『嘉栗旨酒』，謂其上下皆有嘉德而無違心也。所謂馨香，無讒慝也。」從季梁對祭品價值的解釋可以看出，春秋時期，人們已經不太看重神的存在而看重祭品中所包含的人的生活狀態。戰國時期，神權進一步從神秘走向開放，從貴族走向民間，祭祀權開始普及。人的存在獲得了自由，個體的情感和欲望也得到重視。關注個體存在的價值，盡情地享受生活，成為戰國時代的時代精神。這是社會進步的體現。

　　但是，當人的存在價值備受關注時，不僅控制人的行為的外在神秘力量逐漸消失，具有社會契約性質的禮樂規範也失去了對人的約束力。正如顧炎武所總結的：「春秋時猶尊禮重信，而七國則絕不言禮與信矣；春秋時猶宗周王，而七國則絕不言王矣；春秋時猶嚴祭祀重聘享，而七國則無其事矣；春秋時猶論宗姓氏族，而七國則無一言及之矣；春秋時猶宴會賦詩，而七國則不聞矣；春秋時猶有赴告策書，而七國則無有矣。」[2]顧炎武的這段話，不僅指出春秋時期貴族的衰落，而且指出貴族的文化也衰落了。貴族文化對個體自由鉗制的一面被拋棄了，貴族文化中溫文爾雅的精神，以及對行為的必要限制也被拋棄了。

　　當人成為世界的主宰，人的行為又沒有外在約束的文化背景下，人的欲望就開始膨脹，人的占有欲就得到了極大的放縱，這就導致了戰國時期的巧取豪奪和激烈的兼併戰爭。春秋時期雖然各諸侯國之間互相抑制，但伴隨戰爭的還有頻繁的朝聘與會盟，而且，在貴族的觀念中，更多的時候，戰爭是為了維護一種相互和平共處的社會秩序，因而各諸侯國之間很少滅國絕祀。如《左傳・文公七年》記載，晉缺對趙宣子說：「日衛不睦，故取其地。今已睦矣，可以歸之。叛而不討，何以示威？服而不柔，何以示懷？非威非懷，何以示德？無德，何以主盟……」缺的話代表了春秋時期貴族處理國際關係的基本原則：既有討伐，同時，也有懷柔。但是從戰國時期開始，這種情況開始發生變化，各諸侯國之間展開了激烈的兼併戰爭，社會處於一個劇變的歷史階段。

　　當個體的行為失去了外在的約束之後，各種欲望開始膨脹，屢屢

2　〔清〕顧炎武著，黃汝成集釋：《日知錄集釋》卷十三《周末風俗》，上海，上海古籍出版社，1985，第1005頁。

出現過度享樂的行為。如前述晉侯生病求醫於醫和。診斷的結果就是
晉侯淫逸過度。《左傳・哀西元年》記載吳王夫差「次有臺榭陂池
焉，宿有妃嬙、嬪御焉；一日之行，所欲必成，玩好必從；珍異是
聚，觀樂是務」。吳王夫差過著奢侈浮華的生活，放縱著自己的各種
欲望。再如按禮諸侯國之間往來款待上公用九牢之禮，款待侯伯以七
牢，款待子男以五牢。但《左傳・哀公七年》記載，吳國竟然向魯國
徵百牢。子服景伯說先王沒有這樣的禮制規定。吳人說，魯國曾牢晉
國大夫士鞅超過十牢，怎麼不可以給吳國百牢呢？景伯說，晉范鞅貪
而棄禮，以大國威懾我國，所以我們為其準備了十一牢。你們如果能
以禮命於諸侯，就應當有個禮數。如果放棄禮儀，那就是在放縱自己
的行為。周王制禮，上物不過十二，因為十二是天的大數。今天違背
周禮，竟然要百牢，也太過分了。從這一件事可以看到，春秋末期，
人們已經完全無視禮制的約束，開始放縱自己的欲望，貪得無厭地追
求物質財富，禮對欲望的節製作用蕩然無存。

　　雖然在西周貴族的文化生活中也有無算爵、無算樂與鄭衛淫聲的
存在，但是，從整體上說，西周至春秋時期的享樂還基本保持在禮制
的「度」之內，而戰國時期對個體情感和欲望的放縱的結果是，人的
行為超越了一定的「度」的界限。人性從周代的繁文縟節中解放出來
以後，但卻走向另一個極端，人的本能和低俗的欲望大開其門，貴族
精神衰亡。

第二節　貴族藝術的衰亡和新的審美趣味的出現

　　周代貴族對等級範疇中的審美對象的追求，經過春秋時期的動搖
和猶豫，終於在戰國時期走向了全面的瓦解。貴族藝術精神衰亡，新
的藝術精神興起。但是貴族藝術的沒落不是突然之間發生的事情，可

以說，貴族藝術精神的衰落是從春秋時期就已經開始了。春秋時期的引詩、賦詩以及孔子對曾點之志的讚歎中就已經蘊蓄著貴族藝術精神衰亡的趨勢，就已經具備了戰國藝術精神的因素和特質。再如青銅器作為貴族文明的象徵形態更是從春秋時期就體現了衰變的趨勢，就已經具備了戰國新的藝術精神的因素。所以，本節對貴族藝術的衰落從春秋時期文化的演變說起。

一　貴族生活方式的演變與春秋時期藝術的發展

春秋時期具有兩大特徵，一是諸侯國稱霸的戰爭越演越烈，禮樂體制發生了動搖，諸侯及卿大夫僭越禮制之事屢屢發生；二是生產力進一步發展，鐵器開始使用。社會生活中的這些變化直接影響到春秋後期乃至戰國初期的藝術風格。反過來講，藝術風格是春秋時期貴族生活狀況的無意識反映。通過一系列出土的實物資料，我們可以透視春秋時期貴族的藝術精神發展演變的軌跡。

（一）技術的進步使青銅器審美逐漸突破傳統的禮制觀念

春秋時期藝術精神發生轉向的一個重要原因來自於技術上的進步。春秋時期的青銅器製造比較普遍運用了「分鑄法」。有的青銅器先鑄附件，再將器身與附件接合；有的先鑄器身，再與附件相接合。「分鑄法」的普遍採用，使春秋時期的青銅器形制開始複雜、多樣。

在青銅裝飾技術上，鑲嵌法、失蠟法和線刻紋飾三種工藝得到了長足發展。如鑲嵌技術是將綠松石、紅銅和金、銀絲等不同顏色的礦物質嵌在已鑄成的青銅器表面的青銅裝飾技法。通過鑲嵌法可以使鑲嵌物與青銅器形成顏色的對比，從而獲得強烈的視覺反差，達到增強藝術效果的目的。正如於民在《春秋前審美觀念的發展》一書中所講

到的：「鑲嵌紅銅的技法，使得藝術形象突出，輪廓鮮明，紅白相
映，光輝照人。它適於表現豐富的生活內容、生動活潑的形態和瑰麗
多彩的圖景。」[3]鑲嵌法的使用打破了青銅器色調單一的局限，各種
鑲嵌物使青銅器顯得十分華麗。

　　錯金法是把金片、銅片或銀片嵌入凹槽，然後敲打固定，再打磨
光滑。這樣的技法使青銅器的表面呈現出金光燦燦或是銀光閃閃的精
美圖案。山西趙卿墓出土的兩件錯金幾何紋銅帶鉤，就採用這種技
法，使器物顯得富麗堂皇。但是這種富麗已不是西周和春秋早期貴族
含蓄深沉內斂精神的寫照，而是一種張揚的、外顯的、過分炫耀的時
代精神的體現。

　　線刻藝術在春秋時期也有所發展。線刻技法是用堅硬的工具在銅
器上線刻禽獸、人物、樹木、臺閣等圖案。線刻法使裝飾工藝打破了
以往神秘、呆板、格調一律的風格，有利於表現現世生活中的燕飲、
樂舞、射侯、舟旅等生動活潑、富有朝氣的貴族生活畫面。在趙卿墓
出土的一個銅匜的器壁內側、底部、流等處都刻有圖案。其中流部刻
有三條約三公分長張口遊動的魚，形態甚是活潑可愛。器壁和器底上
的圖案分層刻繪，表現的是貴族從事射禮祭祀活動的場面。圖案中共
有十九個人物，高冠寬袍，腰佩寶劍，儼然是上層貴族的形象。線刻
法將通神的禮器的威嚴、神秘的氣息為人間生活的景象所代替。

　　技術的進步必然帶來人的審美觀念的變化。作為禮器的器物也就
逐漸被作為欣賞和把玩的藝術品所代替。技術進步改變了貴族的生活
觀念，生活觀念的改變又進一步促使貴族的藝術追求傾向於等級禮制
之外的審美領域。

3　于民：《春秋前審美觀念的發展》，北京，中華書局，1984，第113頁。

（二）生動活潑的器物造型是對傳統禮制觀念的衝擊

　　生產力的進步使人們有條件在原有的等級禮制所規定的審美範疇之外開拓更為廣闊的審美空間。如春秋後期出現的紅銅鑲嵌的《鑲嵌狩獵紋豆》，對貴族狩獵者的勇猛和禽獸飛奔的圖景作了生動地描繪，開創了新的審美領域。而且隨著生產力的繼續發展，越來越多超越於等級規定之外的美出現在人們的生活之中，使西周初期所形成的對美的享受的等級劃分失去現實意義。

　　可以說，由莊嚴肅穆到歡樂明快，由凝重古樸而輕浮華麗，這是各種藝術從西周、春秋到戰國時期風格變化的總體特徵。如出土於山西太原金勝村二五一號春秋大墓的銅匏壺，壺身整體成葫蘆形，已不是方正古板的造型，而是呈現扭動、傾斜之勢，打破了西周青銅器追求對稱的審美追求。壺蓋是一隻張喙瞪目的鳥，鳥的羽毛層次分明，鳥的空腹與壺口銜接。使用時傾斜壺身，酒就從鳥嘴裡流出。鳥腹下有一對利爪，分別緊抓小蛇一條，小蛇身軀扭動，蛇口大張，似痛苦地在拼命掙扎。壺的鋬手是一隻昂首張口正在努力向壺蓋方向攀爬的老虎，虎的前肢微伏，後肢直立，長身躬曲，尾巴卷如 S 形。虎口銜著從壺蓋上的鳥尾部垂下的鉸鏈。整個造型精巧美妙，可謂巧奪天工。顯然，青銅器莊重、肅穆的禮器風格正在減弱，而它作為藝術品的功能正在增強。

　　山西太原金勝村趙卿墓出土的一個三足虎頭提梁匜，提梁為虎形，虎伏首躬身卷尾，四足牢牢攀抓住匜的口沿。匜下為兩隻鳥形足，但為了使匜更加穩當，在匜的後下方又鑄有一個面向匜直立的小老虎。小老虎的頭和上肢緊緊地貼著器身，後肢撐地。從小老虎的神態來看，既像是在努力地支撐著整個匜器，又像在努力地往上爬，在靜態的形象中蘊涵著一種動的趨勢。這比起周代早期那些呆板和沉重

的青銅器來，顯得輕鬆活潑得多，並且能隱約感受得到有一種不可遏制的生命氣息正在悄悄地萌動著。

　　一九二三年河南新鄭出土的蓮荷方壺，全器從造型到裝飾均充滿靈動的生氣。器蓋上鑄鏤空蓮瓣兩層，荷花瓣中間站著一隻展翅欲飛的仙鶴，神態逼真。壺身布滿蟠龍紋，腹旁以兩龍為耳，腹上部各有一組相互纏繞的獸，四偶用飛獸為扉棱，圈足下靜臥的四足怪獸與輕盈欲飛的仙鶴形成了一靜一動的對比。蓮鶴方壺造型精美，花紋雕刻細膩，也是春秋時期青銅製作工藝的代表作品。商代銅器的神秘威嚴和西周銅器的典雅規整風格轉變為一種自由舒展、活潑靈動的新風格。這反映了青銅禮器功能的萎縮與鑒賞價值的提升。它無聲地訴說著貴族生活從禮制化、規範化向自由化、無規範化轉變的歷史。

　　玉器在春秋時期也有較大的發展，具有較強的時代過渡特徵，既有作為禮器的玉，又有較多作為裝飾品的玉。玉器的雕琢已經有了高超的鑽孔拋光技術，可謂精雕細刻，紋飾多見龍紋、鳳紋、虎紋、谷紋、水波紋、竹節紋以及幾何形紋飾。顧德融、朱順龍在《春秋史》一書中指出，春秋時期玉、石器複雜多樣，製作隨意性加強，改變了西周造型單調、性質雷同的特點，玉、石器中玉佩、串飾盛行，標誌著玉、石器的人格化。如陝西鳳翔秦公一號大墓出土玉佩、玉璧、玉璜等上千件，有的形同活魚，有的形似燈籠，有的刻出特有的圖案，形象逼真，色彩斑斕。[4]故宮博物院珍藏的一件白玉蟠夔玉佩，其夔龍作回首張口弓背卷尾狀，尾上立著一隻小鳥，其造型的精巧令人歎為觀止。這既是工藝技術水準的提高的結果，也是春秋時期王權衰落、禮樂體制衰落的表現。

　　另外，作為裝飾品的器物更加多樣。如山西太原金勝村趙卿墓出

4　顧德融、朱順龍：《春秋史》，上海，上海人民出版社，2001，第194頁。

土的裝飾品綠松石串珠，有四十六枚是戴在手腕或腳腕上的晶瑩透亮的水晶珠。還有十三枚蜻蜓眼飾料珠，在淡綠色的玻璃質地上鑲嵌白邊的深藍色蜻蜓眼，色彩絢麗，圖案鮮明，顯然也是裝飾品。

從這些實物資料可以看出，春秋到戰國時期，器物的造型打破了古樸莊重的造型風格，開始變得靈動和多樣，體現了審美風格的變化，打破了等級禮制對審美天性的束縛。

二 傳統的禮樂價值喪失，音樂成為娛樂方式

在周代貴族的生活中，音樂不僅是溝通神人的媒介，在宴射禮儀中，還具有烘托和樂氣氛，協調人們動作的作用。但到了春秋時期，音樂作為禮樂文化組成部分的功能就開始衰微，以鐘磬為主的雅樂體系走向衰落。從考古發掘的樂器來看，在打擊樂器如鈕鐘、甬鐘、編鐘、編鎛、編磬等之外，較多地出現了排簫、瑟、笙等吹奏、管絃樂器。隨著樂器組合的改變，莊重嚴肅的宮廷禮樂體系開始走向衰落，鄭衛新聲，以及民間樂曲逐步興起。《禮記・樂記》記載：「今夫古樂：進旅退旅，和正以廣，弦、匏、笙、簧，會守拊、鼓，始奏以文，復亂以武，治亂以相，訊（迅）疾以雅。君子於是語，於是道古，修身及家，平均天下，此古樂之發也。今夫新樂：進俯退俯，奸聲以濫，溺而不止，及憂、侏儒，獶雜子女，不知父子。樂終不可以語，不可以道古。此新樂之發也。」古樂主要以打擊樂器為主，崇尚循規蹈矩、整齊有序的節奏。而新聲則擺脫了音樂的禮教意義，以取悅於人為尚。

《韓非子・十過》中師曠和平王的一段對話，不僅反映了春秋晚期對音樂神秘咒語意義的忽視，也反映了春秋晚期人們對個體欲望的極度張揚。衛靈公經過濮水之上時，晚上聽到有人鼓新聲，於是令師

涓記下，到晉國後給晉平公演奏。晉國的樂師師曠聽了後，知道這是師延所作的靡靡之音，聞此聲者其國必削，所以建議不要繼續演奏這一樂曲了。但到了春秋時期那種咒語性質的行為約束力已經淡化，晉平公表明自己只關注音樂的聲音之美，而不在乎音樂中所包含的神秘約束力，更不在乎音樂的政治功用性，所以要求繼續演奏更悲傷的清商之音和清徵之音。師曠不得已，援琴而為平公演奏清徵之音，結果「一奏之，有玄鶴二八，道南方來，集於郎門之危。再奏之，而列；三奏之，延頸而鳴，舒翼而舞。音中宮商之聲，聲聞於天。平公大悅，坐者皆喜。」音樂帶給個體以無限的歡樂，即便是如此，還不能滿足平公的欲望。當平公知道還有比這更加悲傷的清角之音時，不顧師曠的勸告要求繼續演奏。其結果是，一奏之，有玄雲從西北方起，再奏之，大風至，大雨隨之，裂帷幕，破俎豆，隳廊瓦，坐者皆走，平公嚇得伏於廊室之間。之後晉國大旱，赤地三年，平公之身遂癃病。當然《韓非子》中所說的情況帶有誇張的成分，但從《韓非子》中的這一記載可以看出當時人們的觀念中，音樂溝通神靈世界的作用，以及音樂的符咒作用已經為人們所忽視，音樂成為純粹的感官刺激之物。平王對音樂的態度表明，春秋晚期的審美活動中，人們對外在的約束力已經無所顧忌，其行為表現出極端化的傾向。對音樂的無限追求也表現了春秋晚期貴族對個體欲望的放縱。

綜上所述，春秋時期青銅器、玉器和音樂等藝術已經開始擺脫了等級禮制的約束，呈現出藝術自由發展的趨勢，一股清新的生命律動正悄悄地萌動於春秋晚期的藝術品之中。同時，對個體欲望的過分張揚也蘊涵在春秋時期的藝術活動之中。

三 戰國時期不受禮制約束的藝術形式進一步得到發展

　　春秋晚期到戰國時期的藝術具有一定的延續性，其中並無質的差別，只是，戰國時期的藝術中更少了對禮制的顧忌，表現出對現世生活的更多關注，以及對人的更多關注。藝術的發展擺脫禮制約束之後，表現出更為豐富的審美趣味，甚至也出現了對藝術的極端追求的現象。

（一）表現人的生活狀態的藝術品增多

　　西周和春秋早期的青銅器紋飾以繁複和具有神秘色彩的裝飾性圖案為特徵，後來也逐漸過渡到以裝飾性的雷紋、雲紋以及溫馴的鹿、寫實性的鳳鳥為主，但總體來說整個西周乃至春秋時期的青銅器紋飾還是以厚重威嚴為主要特徵。到了戰國時期，青銅紋飾一方面向簡練的幾何紋飾發展，另一方面向描繪現實生活的場景發展。有許多青銅器的紋飾就由裝飾性圖案轉變為具有寫實傾向的繪畫。這些繪畫表現出來的主導傾向是更加關注人間的生活和人間的快樂。如河南汲縣山彪鎮戰國墓葬出土一對銅鑒，外壁嵌錯紋飾，內容為「水陸攻戰」，幾乎是東周戰爭的實況記錄，「如徒卒戰、舟師戰、短兵交手戰、長槍大戟戰、仰攻戰、飛梯戰、投石戰、旗鼓相當的陣地戰，在圖中都有具體的表象。而戰士們人人短裝佩劍，或有幘巾；射者的支左屈右，張弓搭矢；持戟者的前握後運，兩足穩插；仰攻者的鼓胸挺身，邁步躍進；受傷者的足上軀下，首級落地；蕩槳者的前屈後蹺，傾身搖盪；駕梯者的雙手擎舉，大步跑進，處處都表現出各人崗位上的應有動作，給人以生動有力的感覺」。[5]這些形象逼真、情節連貫而富於

5　郭寶鈞：《山彪鎮與琉璃閣》，北京，科學出版社，1959，第23頁。

變化的圖景，與布滿饕餮紋的青銅禮器絕不是同一風格。它表明商周以來那種神秘恐怖、注重禮儀規範的嚴肅莊重的生活方式已經離人們漸去漸遠。人的存在，以及人間的戰爭和廝殺引起人們的更大興趣。

　　輝縣琉璃閣出土的刻紋匜也是戰國時期難得的器物紋飾代表作。此匜壁紋分三層，第一層為鳥樹相間紋，第二層為復線垂花紋，第三層為樂舞狩獵紋。三層之間以繩紋為界。在樂舞狩獵紋中，可以看到有手執長管葫蘆笙吹奏者，有雙手執雙桴，立鼓錞前者，表現了人間生活的歡樂，也可見戰國時期對人的存在的關注，對人的情感神態的關注。

　　戰國時期藝術與神秘的外在力量的聯繫越來越少，與人的現實生活的聯繫越來越多。這也表現在其它藝術中，如陝西咸陽秦古城遺址出土的瓦當有各種動物圖案，如鹿、鳥、葵花、太陽等都是表現現世生活的圖案。縱觀從西周到戰國時期的繪畫藝術品，就會發現西周和春秋時期的作品注重神秘力量的存在，注重作品的禮儀價值，戰國時期的作品逐漸成為現世人間生活的記錄，它們作為禮器的價值大大減弱。這從一個側面為我們展示了生活方式的變化。

（二）從精巧、富麗到追求極端的審美趣味

　　沒有了外在等級制對藝術美的限制，藝術可以自由地發展了，因而出現了許多造型極為精巧的藝術珍品。如戰國中山國國王墓出土的十五連盞銅燈，令人歎為觀止。燈座平面圓形，下由三隻等距環布的雙身虎承馱。虎的頭部向外，口銜圓環，雙身分成左右兩邊，尾部上卷，頸部和虎身的後部支撐燈座。座面飾有三條透空捲曲成 S 形的龍。更為驚奇的是座上立有形態相同的兩個人，上身袒衣裸露，下穿短裳，短裳有花邊飾，仰面上視。他們左手於胸前捧食，右手前伸向上拋食。樹形燈架上的猿猴一手抓枝，一手下伸討食。枝上有立鳥一

對，張嘴鳴啼。此外樹形燈架上還有攀枝上爬的猿猴等。十五盞燈錯落有致，無一重疊，彷彿一株大樹，繁茂生華。燈架設計奇特，造型新穎，呈現出一派繁榮昌盛的景象，全無西周春秋時期的壓抑和肅穆之氣，代表了一個全新時代的到來。十五連盞銅燈所追求的已不是等級制中的美，而是一種具有靈動性的新的審美的風格。

但是隨著工藝技術的進步，春秋到戰國時期的藝術品也不同程度地表現出對技巧極端炫耀的趨勢。這首先表現為器物紋飾繁複風格的一度昌盛。春秋晚期素樸的竊曲紋、瓦紋急劇衰落，細密的蟠紋及蛇紋開始風行，精細、繁縟的蛇紋甚至細膩到不凝神而不能分辨清楚的程度。曾侯乙墓出土的尊盤為無數極為細小的小龍蛇的穿插，整個造型纖細、繁複到令人歎為觀止。這與商周時期青銅器上布滿饕餮紋和夔紋的繁複已經不是同一文化語境，前者是為了追求威嚴和神性，後者是為了展示技藝的精湛，展示美輪美奐的裝飾風采。這時的繁複也逐漸脫離了等級禮制的規定，成為獨立藝術審美精神的體現。從這些過分精細的裝飾風格中，可以深切地體會到這是一個失去外在行為約束的時代，這是一個追求極端審美趣味的時代。

琉璃閣出土的狩獵紋壺從另一個角度為我們展示了藝術風格上的繁複和極度的炫技傾向。這個狩獵紋壺，上下分為七層，「第一層二鳥銜蛇對立，足踏一蛇，尾後一小鳥亦踏一蛇；第二層一怪人中立，有角有翼，殆亦獵人偽裝，兩旁二鳥，有冠，足各踏蛇；第三層一人持劍、矛，作刺猛獸狀，獸後另有小鹿奔跳；第四層二獵人持劍攻兕，兕低頭抵拒，一鳥高飛；第五層雲紋，幾何形圖案；第六層獵人射飛獸，下有四足蛇三，上有一鳥，獵人亦鳥冠；第七層長腿涉禽群立，足各踏蛇作張口欲食狀。」[6]從這一狩獵紋壺足見戰國時期器物

6　郭寶鈞：《山彪鎮與琉璃閣》，北京，科學出版社，1959，第66頁。

裝飾繁複和極端細膩的審美風格。趨於繁縟的紋飾風格是周代貴族一貫的追求，只是此時繁複紋飾的出現，一方面是科技進步的體現，另一方面也是失去禮制約束後，藝術極度發展的體現。一個紋壺竟然能分七層刻繪紋飾，這是對美的極端追求的體現。同時，從所刻繪的內容來看，可以感覺得到戰國時期，富有階層的生活場所從西周時期的廟宇轉移到廣闊的室外，少了壓抑和神秘的感覺，多了輕鬆和閒淡的氣息。

此外曾侯乙墓出土的樂器之多，也令人驚奇。其中的一套編鐘，合重竟然超過二五○○千克。繁多的樂器種類和龐大的樂器重量，為我們從不同的角度展示了戰國時期追求極端的藝術傾向。

這種極端的藝術追求還表現在對器物的態度上面。西周時期，借助於器物所傳達的剋制、禮讓的貴族精神，在春秋時期變成了對器物僭越等級的追求，在戰國時期，就進一步變成了沒有等級禮制觀念的對器物的瘋狂追求。如對於和氏之璧、隋侯之珠的追求成了整個時代奢靡審美風氣的典型事例。

（三）從禮樂文化到感官文化

禮樂曾經作為維繫宗法等級社會的精神紐帶，在周代文化發展史上起著重要作用。但是隨著春秋戰國之際周禮的鬆弛和崩壞，禮樂也失去了昔日的輝煌。它不再是貴族身分的標誌和貴族文化的典型代表。隨著社會的發展，西周禮樂顯然已不能適應新的社會節奏。它過於緩慢、典雅、嚴肅和莊重，與人們獲得解放了的各種欲望和個性的表達不相協調。於是，戰國時期開始流行的不再是宮廷禮樂，而是來自民間的「新聲」。這種音樂突破了雅樂的種種限制，情感上不再像西周雅樂那樣平和，音調上打破了原有的諧調。可以說從平和走向感官刺激，這是音樂在社會轉型期的變化。《禮記‧樂記》記載了戰國

初年魏文侯聽古樂正襟危坐，只擔心睡著，而聽鄭衛之音，則是不知疲倦的事。這一方面說明，隨著時代的變化，古樂確實缺乏生命力；另一方面也說明，伴隨著古樂而存在的人們對精神境界的追求以及對個人行為的謹慎約束也隨之消失了。感官的刺激和世俗生活享受的追求是戰國時代的一個特徵。應該說行為有沒有約束性、有沒有一定的文化底蘊，這是舊貴族與新貴族的不同。行為規範的缺失從人的品格方面標誌著貴族精神的衰微。

春秋戰國時期，貴族的文化生活中還包括收養大批歌工樂師供他們宴前朝後的娛樂，並在宮廷中供養供國君娛樂的藝人，即「優」。如晉獻公有優人名施，專門靠調笑戲謔取悅於主人。優施為了幫助驪姬策立奚齊為嗣君，專門去拜訪中大夫里克。宴間，優施起舞，並唱道：「暇豫之吾吾，不如鳥烏；人皆集於苑，已獨集於枯。」[7]優施以此暗示里克，別人都懾服於驪姬，你卻像小鳥棲息於枯樹枝上一樣不合群。再如齊國在太公廟舉行嘗禮，有以活人代受祭者的屍，也有表演節目的優，《左傳・襄公二十八年》記載，「陳氏、鮑氏之圉人為優」。這說明在嘗禮中，已經有了搞笑節目表演。到了戰國時期，這些優人更是以表演滑稽、丑怪博取君主歡笑為生。這與西周以來所追求的溫文爾雅的君子氣度是大相逕庭的。

再如現藏於美國弗利爾美術館的「耍動物的藝人」青銅雕像，為我們了解當時的娛樂文化提供了很好的實物資料。這尊青銅雕像塑造了一個正在耍動物的藝人，他的面部表情恣意活潑，右手拿著一根木杆，木杆的頂端有一隻小熊。為了保持平衡藝人呈微蹲狀。從這尊青銅雕像可見當時娛樂風氣的盛行，也可以看出人們追求的已經不是溫文爾雅的、符合一定節奏的進退揖讓之美，而是追求輕鬆開心和娛樂。

---

7 《國語・晉語》。

四　貴族文化的影子

　　時代變遷了，昔日的貴族紛紛衰落，興起的士階層取代了貴族的文化地位，貴族溫文爾雅、揖讓有度的舉止，慢條斯理的言說方式，注重紋飾的審美追求，都不能適應列國之間激烈的競爭環境。但是，是不是西周以來的貴族文化和貴族精神就截然中斷了呢？這個問題應當從兩個方面進行辯證地分析。

　　從總體來說，隨著貴族社會地位的衰微，確實出現了貴族藝術的衰落和新的藝術精神興起的現象。藝術的發展突出體現在以下兩個層面：①藝術品作為精神統治和等級標誌的價值逐漸減弱，表現人的存在的藝術形式逐漸增多。這類藝術品中體現了人的解放的痕跡，是人作為主體對世俗生活的真切感受，充滿了藝術的靈動之氣。如從春秋後期開始，在繪畫方面出現了以人物為主代替以獸形為主的繪畫趨勢。同時寫實代替了虛構，生動活潑的圖景代替了呆板僵化的形式，人間平易的氣息代替了天上神秘的威嚴氣息，瑰麗精巧的造型代替了單調的紋飾。相對於西周青銅紋飾色調的簡單和低沉，春秋晚期至戰國時期的藝術品呈現出更加明麗的色調。如從河南信陽楚墓出土的實物中可以看到，內棺壁板上的金銀彩繪圖案，由於金銀線的裝點，整個畫面顯得富麗華貴。錯金嵌玉鐵帶鉤也因為金和玉的點綴，顯得非常華貴；[8]②藝術品中出現了對感官刺激的強烈追求。假如說西周時期的貴族所追求的紋飾之美具有統一的規範，天子之冕的旒數與一般貴族之冕的旒數的遞減等都表明了周代貴族紋飾之美的追求還處於有統一規定的時代，那麼到了春秋後期乃至戰國時期，紋飾已突破了周代貴族的紋飾規範，一變而為注重感官刺激的紋飾之美。由於新的鑲

8　河南省文物研究所：《信陽楚墓》彩版六、七，北京，文物出版社，1986。

嵌技術的運用，各種色彩斑斕的藝術品就呈現在人們眼前，一改殷商西周以來古樸肅穆的藝術風格，使人的感官欲望得到了滿足。尤其是禮樂文化的衰微，使新聲和女樂大肆流行，極大地滿足了人們的感官欲求。

但是，在文化的種種發展演變之中，有一點是需要特別注意的，即貴族文化並不是在戰國的戰爭烈火中消失殆盡了，並不是隨著時代的變化，貴族文化就戛然中斷了，恰恰相反，貴族文化成為影響後世文化發展的一個重要因素，永遠地留存在中華文明之中。一方面，隨著下級貴族對文化的僭越和士階層的興起，尤其是私學的興起，文化不再是貴族的專利，貴族文化平民化和大眾化，貴族文化在消亡的同時，部分地也得到了傳承；另一方面，戰國時期的文化就是以貴族文化為參照而發展的，如儒家極力繼承貴族文化中的禮樂文化；道家極力超越和否定貴族文化；法家極力毀壞貴族社會的上下秩序。無論是肯定還是否定，在戰國文化的發展中，都有著貴族文化的影子；此外，貴族的生活方式和審美情趣成為其它階層追求和仿效的對象。如戰國時期出現的許多瓦器都是對青銅禮器形狀和紋飾的模仿，並且是作為平民的陪葬品而存在的。正如錢穆所說：「所謂中國學術之黃金時代者，其大體還是沿襲春秋時代貴族階級之一分舊生計。精神命脈，一氣相通。因此戰國新興的一派平民學，並不是由他們起來而推翻了古代的貴族學，他們其實只是古代貴族學之異樣翻新與遷地為良。此是中國文化一脈相承之淵深博大之處。」[9]這種文化的延續形象，表現在戰國時期的繪畫藝術中，就是戰國時期繪畫的內容實際上還是貴族生活的寫照，如出土於河南輝縣的銅鑒就隱約可見貴族射禮從請射到射後燕飲的全過程，表現出後世人對貴族生活方式的嚮往和

9　錢穆：《國史大綱》（修訂本），北京，商務印書館，1994，第72頁。

模仿。戰國時期的青銅器中也還隱約可見周文化繁複雕飾風格的遺
存。即便是在對和氏之璧、隋侯之珠的極端化追求中，也積澱著古玉
文化的影子。尤其是將意識形態的建構納入到文化藝術之中，這種做
法千古流傳。現在每年農曆三月三在河南新鄭舉行的祭拜軒轅黃帝的
大典中也都有著周代貴族禮樂文化的影子。儀式對人的意識的強化作
用在今天也越來越得到人們的認同。在戰國時期拋掉的周代貴族文化
的煩瑣禮儀，在後世的文化發展中又被多次撿起，重新得到利用。

第五編
儒家文藝思想

第二十一章
從禮樂文化到儒家學說

　　儒家思想毫無疑問是從周人的禮樂文化發展而來。禮樂文化是中國古代貴族的偉大創造，這種文化形態是政治制度和意識形態的完美結合，是道德觀念與藝術形式的完美結合。其功能是政治性的，而其方式是藝術的。它一方面嚴格地「區隔」著人們，使貴族等級制合法化；一方面又處處顯示著溫文爾雅、溫情脈脈。這種集政治制度與意識形態於一體的文化形態的確是後來儒學的主要思想來源，但如果認為禮樂文化與儒學是一而二、二而一的事情，那又大錯而特錯了。儒學絕不是對以往文化遺存的簡單傳承，而是一種系統的、整體性的話語建構。儒家的文藝思想是其整體性話語建構的組成部分，故而欲深入了解這一文藝思想，就不能不從儒家思想之整體性入手。

第一節　禮樂文化的形態與功能

　　周公「制禮作樂」史有明文，乃是不爭的事實。《左傳・文公十八年》載魯宗室季文子之言云：

> 先君周公制《周禮》曰：「則以觀德，德以處事，事以度功，功以食民。」作《誓命》曰：「毀則為賊，掩賊為藏，竊賄為盜，盜器為奸……」

《禮記・明堂位》亦云：

> 武王崩，成王幼，周公踐天子之位，以治天下。六年，朝諸侯
> 於明堂，制禮作樂，頒度量，而天下大服。

　　儘管史籍的記載只是寥寥數語，看上去似乎「制禮作樂」是一件
很簡單的事情，而實際上我們可以想見，這肯定是一項十分艱難、十
分浩大的工程，因為它涉及一個國家政治體制的根本性變革。那麼所
謂「禮」「樂」究竟有哪些內容呢？

　　從廣義上來看，「禮」主要包括三個方面：一是官制。《史記‧周
本紀》中關於「制禮作樂」的史實是這樣記載的：

> 既絀殷命，襲淮夷，歸在豐，作《周官》。興正禮樂，度制於
> 是改，而民和睦，頌聲興。

《史記‧魯周公世家》則說：

> 成王在豐，天下已安，周之官政未次序，於是周公作《周
> 官》，官別其宜。作《立政》，以便百姓。百姓說。

　　這裡的《立政》乃是《尚書》篇目，今古文皆有，肯定是先秦舊
籍，其中也包含了許多周代官制內容。《周官》則是梅賾《偽古文尚
書》篇目，所記與今傳《周禮》多不合，古人對此頗為疑惑，然只能
曲為之解。[1] 自清初閻百詩考定《偽古文尚書》之後，這個問題才算
解決了——司馬遷所言之《周官》並非指《尚書》的篇目，而是指

1　例如，宋人蔡沈《書集傳》論《周官》篇云：「此篇與今《周禮》不同。如三公、
　　三孤，《周禮》皆不載……是固可疑，然《周禮》非聖人不能作也。意周公方條治
　　事之官，而未及師保之職……要之，《周禮》首尾未備，周公未成之書也。」

《周禮》而言。這部書以前稱為《周官》，到劉歆之後方稱為《周禮》。當然，今存之《周禮》未必就與周公所作之《周禮》完全一致，在千百年的傳承中很可能會有增刪改動。但是今存《周禮》保存了當時周公對於官制的基本構想應該是無可懷疑的。[2]不管《周禮》記載的官制是如何龐雜細微，就西周官制的核心而言無疑是宗法制與世卿世祿之制——這是保證貴族階層形成並居於統治地位的最重要的制度，也是各種禮儀規範產生的基礎。

二是禮儀制度。官制是根本性的政治制度，是社會政治結構的骨架。禮儀制度則是各種政治、外交、宗教、軍事、民俗等活動的儀式。用之於朝會、聘問、喪葬、慶典、祭祀、祝捷、迎送、嫁娶等場合之中。禮作為一種儀式起源甚早，在人類初民的原始宗教活動中就已廣泛存在。從文化人類學的研究成果來看，原始人的各種巫術儀式毫無疑問就是後來種種禮儀形式的最初來源。當然，不同的是巫術儀式具有直接的功利目的，例如現在在某些偏遠地區甚至還存在的求雨儀式，而禮儀活動則沒有這種直接的功利目的。據史籍載，周代禮儀極為繁雜細微，有所謂「禮儀三百，威儀三千」或「經禮三百，曲禮三千」之說。[3]今存《儀禮》一書所記僅僅是「士禮」，即士階層所遵行的禮儀而已，已然可以看出當時禮儀在貴族生活中占有何等重要的地位。可以說，禮最基本的作用乃是使人們的行為形式化、規範化，從而將人們的生活納入一個統一的系統規則之中。因此在西周的禮樂社會中，作為一個貴族如果不懂得禮儀制度，那真是寸步難行。

三是道德規範。《周禮・地官・師氏》云：

---

2 有關專家早就指出，《周禮》所記與周代銘文所載官制多有不合。這一方面說明此書的確經過後人改寫；另一方面也說明《周禮》所記與實際實施的官制是不能等同的，僅僅是一種構想而已。

3 〔元〕陳澔：《禮記集說》卷一。

> 以三德教國子：一曰至德以為道本，二曰敏德以為行本，三曰
> 孝德以知逆惡。教三行：一曰孝行以親父母，二曰友行以尊賢
> 良，三曰順行以事師長。

可知周人的道德規範就是以「孝」及服從師長為核心的。這是宗法制社會結構的必然結果。只有「孝」——自覺地敬愛長上——成為核心的價值規範，以血緣關係來維繫的宗法制政治體制方能得以運作。另外還有一系列其它的道德規範。

周公所制之「禮」大體上就是上述三個方面。可見這既是政治制度的確立，同時也是國家意識形態的建構。在這裡關於「禮」的意識形態內涵我們有必要稍稍加以闡述。

目前學術界對「意識形態」這個概念的使用常常有不同的含義。而事實上這個概念在其歷史的演變中也的確曾經擁有各種各樣的理解。筆者在這裡不準備對這個概念意義演變的歷史進行描述，而只想指出，在我們的語境中，「意識形態」是指那種居於主導地位的，以為之提供合法性的方式來維護現存秩序的觀念體系。這樣我們就沒有必要檢討意識形態是真實的還是虛假的這類問題，因為它作為一個觀念體系本來就不是要反映什麼現實的，它是功能性的，目的在於讓人們相信現存的一切都是應該如此的。這個概念是與「烏托邦」概念相對立的，後者指那種處於邊緣地位的，旨在顛覆現存秩序而指向未來的觀念體系。從歷史實際的角度看，「意識形態」大致有三種情形：一是制度化的意識形態，其特徵是不以純粹觀念形態存在，而是融於政治制度之中，借助於某種儀式的力量來實現其功能。二是半制度化的意識形態，特點是部分地融於政治制度之中，同時保持自己獨立的觀念形態，二者相互為用。三是純粹觀念形態的意識形態，特點是與政治制度沒有直接的聯繫，而是以各種看上去遠離政治利益的各種文

化形式存在。現代資本主義社會的意識形態基本上屬於第三種情形，中產階級是其主要承擔者；[4]自兩漢以降的中國古代社會以及西方的中世紀的意識形態基本上屬於第二種情形，士大夫階層是其主要承擔者；我們所要探討的西周以禮樂文化的形式存在的意識形態則屬於第一種情形，貴族階層是其主要承擔者。

　　第一，從功能論的角度來看，我們可以說「禮」就是行為規範。然而這並不是一個確切的定義，因為法律條文也同樣是一種行為規範。那麼「禮」和「法」的區別何在呢？我們知道，「法」是關於人們應該享受的權利與必須遵循的規則的種種規定。它告訴人們什麼是你的責任，什麼是你的義務，如果違反了規定你將受到什麼懲罰等。「禮」也同樣告訴人們應該怎樣做，不應該怎樣做，否則你也會受到指責甚至懲罰。但是「法」的任何規定都直接地與人們（個人的和他人的）政治的或經濟的利益掛鉤，本質上是在某種利益面前人們應該如何有序地分配它。而「禮」則看上去似乎永遠遠離利益，它只是和人們的身分、尊嚴直接掛鉤，本質上是人的社會地位在沒有直接功利性的情況下的自我確認。「禮」的儀式看上去似乎是在做一種可有可無的遊戲，但是在這種遊戲中人們真實地找到了自己在社會中的確切位置並對它產生深刻的認同感。「法」只是令人知道什麼可以做，什麼不可以做；「禮」除此之外還讓每個人都感受到自己在社會中能夠享受到的尊嚴和歸屬。所以，「法」是建立在人的畏懼心理的基礎上的；「禮」則是建立在人的自尊心理和歸屬需要的基礎上的；「法」在對人進行規範的過程中是依靠時時提醒你不如此就會失去什麼，「禮」在對人進行規範的過程中是依靠時時告訴你如此做就會實現什

4　現代西方學界，例如法蘭克福學派有一種觀點認為科技就是一種意識形態或者說大眾文化也具有意識形態的性質，這種見解是很有道理的。所以我們所說的「純粹的觀念形態」主要是指其在與政治制度的關係上保持相對獨立性的意義上而言的。

麼或成為什麼。前者是抑制，後者是鼓勵。我們當然可以說「禮」和「法」本質上都是一種社會對於個體的「暴力」，因為實際上個體都是被規範和受壓制的。但是不同的是，對於「法」這種「暴力」人們非常清楚，因而時時懷著畏懼心理而避免觸犯它；但對於「禮」這種「暴力」人們在心理上卻不認為它是一種「暴力」，並且心安理得地遵循它。《禮記・曲禮上》說：

> 人有禮則安，無禮則危。故曰，禮者不可不學也。夫禮者，自卑而尊人。雖負販者，必有尊也，而況富貴乎？富貴而知好禮，則不驕不淫；貧賤而知好禮，則志不懾。

這是說，「禮」可以令人感到受尊重，產生做人的尊嚴感。這顯然是「法」所無法達到的效果。在「禮」中如果人人做到「自卑而尊人」，則人人都會受到尊重了。孔子說「君使臣以禮，臣事君以忠」[5]，也是要求君主尊重臣下之意。所以「禮」可以讓人人都感受到自己的價值。

第二，我們可以說「禮」是關於社會等級的規定。為什麼必須用「禮」的方式來規定社會等級呢？社會等級的本質乃是關於人在社會中的地位與權利的秩序，這完全可以通過政治和法律的種種制度和規定來確定。甚至動物世界中也有社會等級，那是靠直接的力量來維繫的。那麼「禮」的必要性何在呢？事實上，周人在制禮作樂之時，通過分封與任官等政治措施已經劃分出了社會等級，因此「禮」並不是關於社會等級的原初規定，而是在業已存在的社會等級的基礎上對這種既定事實的確認。所以「禮」的作用主要不是直接的政治制度層面

---

5 《論語・八佾》。

的，而是意識形態層面的，就是說「禮」的根本功能是使已經存在的社會等級獲得確認，即獲得合法性。《荀子·樂論》說「樂合同，禮別異」，正是指禮的這種使社會等級合法化的功能。《禮記·禮器》云：

> 先王之立禮也，有本有文。忠信，禮之本也；義理，禮之文也。無本不立，無文不行。

《禮記·郊特牲》云：

> 禮之所尊，尊其義也。失其義，陳其數，祝史之事也。故其數可陳也，其義難知也。知其義而敬守之，天子之所以治天下也。

這些話都是對孔子「人而不仁，如禮何」以及「禮云禮云，玉帛云乎哉」的發揮，是說「禮」的真正意義不在於形式本身，而在於其所蘊涵的意義。用我們今天的話來說就是意識形態話語功能。當然這裡又不可以用內容與形式二分法為之分類。因為禮的意義雖然不等於禮儀形式，例如鐘鼓玉帛之類，但它又離不開這形式。意義不是禮儀形式的內容而是它的功能。這裡的關鍵在於禮儀形式存在的歷史條件：在人們還相信它存在的合理性的時候，例如西周時期，它的形式本身就蘊涵著意義，這時儀式本身就是意識形態性的；當人們普遍認為這種儀式已是過時之物時，例如戰國時代，它即使被使用著，也僅僅是一種純粹的形式，已不復有昔日的意識形態功能。因此，「禮」的意識形態性是一種歷史性的功能，只有在特定的歷史條件下才會具有現實性。事實上，任何儀式無不如此。例如「早請示，晚彙報」在「文化大革命」時期是一種極為嚴肅認真的儀式，具有豐富的政治意義，現在如果有人進行這種活動，就完全失去了當時的意義而成為一

種「戲擬」了。「禮」作為一種儀式實際上乃是政治、經濟等級關係的象徵形式，而在人們習慣了這種象徵形式之後，也就對其所象徵的東西視為理所當然了。這恰恰是「禮」的意識形態功能之根本所在。應該說以禮這種形式化的、沒有直接功利性的方式作為主要統治手段實在是周人的一大發明，是極為高明的政治策略。其高明之處就在於從表面上看它既非政治性的，亦非意識形態性的，而在實際上卻無處不是政治性的，無處不浸透著意識形態因素。我們並不認為離開了「禮」的意識形態，西周時期那種通過封建和其它政治手段確立起來的等級秩序就會土崩瓦解，但是我們可以說，有了這種意識形態的確使這種等級秩序大大鞏固了。應該承認，意識形態的功能從來都是有一定限度的。

第三，「禮」是使貴族成為貴族的方式。這話聽上去有些奇怪，因為誰都知道，貴族作為一個社會階層根本上是政治經濟地位決定的，而不是「禮」決定的。但是政治經濟的地位可以使人成為實際上的貴族，卻不能使之在精神上確認自己的身分，所以這種實際上的貴族就像尚未確立自我意識的孩童一樣，處於拉康所謂的「前鏡象階段」。西周的「禮」本質上乃是貴族的身分性標誌，是將在政治經濟上獲得統治地位的那個社會階層塑造成在行為方式、文化觀念、道德修養甚至一舉手、一投足都不同於其它社會階層的特殊人的最佳方式。「禮」使政治經濟上居於優勢地位階層在一切人的行為中都顯現這種優勢地位，「禮」通過使這種優勢地位形式化、感性化以及無處不得到顯現而大大強化了它。所以「禮」也是貴族們對貴族身分進行確認的最佳方式。《禮記・曲禮上》云：

> 國君撫式，大夫下之。大夫撫式，士下之。禮不下庶人，刑不上大夫。

陳澔注云：

> 君與大夫或同途而出，君過宗廟而式，則大夫下車；士於大
> 夫，猶大夫於君也。庶人卑賤，且貧富不同，故經不言庶人之
> 禮。古之制禮者，皆自士而起也⋯⋯一說，此為相遇於途，君
> 撫式以禮大夫，大夫則下車；大夫撫式以禮士，士則下車。庶
> 人則否。[6]

此二說無論哪種都是說「禮」為士以上階層所遵，無涉於庶人。
「禮」的作用正是要將人的貴賤高下分清楚。《荀子・樂論》云：

> 樂合同，禮別異。禮樂之統，管乎人心矣。窮本極變，樂之情
> 也；著誠去偽，禮之經也。

荀子又回答「曷謂別」的問題說：

> 貴賤有等，長幼有差，貧富輕重皆有稱者也。[7]

這裡「禮別異」值得細究：既然曰「異」，就是說已然是有差別
的了，為什麼還要「別」呢？對此可以這樣來理解：「異」是指自然
的差異，例如君臣、父子、長幼之類；「別」則是使這種自然的差異
固定化、合法化。那麼「禮」如何做到這一點呢？這就要借助儀式的
作用了——在那種莊嚴的、集體性的、有嚴格程序規定的活動中，任

6　〔元〕陳澔：《禮記集說》卷一。
7　《荀子・禮論》。

何一個個體都要受到一種「場力」的壓迫，並因此而產生某種敬畏感與認同感。這種活動的最主要的特徵就是嚴格的等級性。每個參加者都根據自己的身分地位而在整個程序中獲得相應的位置。即使是衣、食、住、行之類純粹私人性的活動，由於處於「禮」的文化「場」中，也都進行極為嚴格的規定。在「禮」的秩序中，沒有人是完全自由的，即使是天子也首先要受到限制，然後才得到尊崇。所以每個人都同時得到兩個方面的感受，一方面是受到限制，時時處處都在提醒著他關注自己的身分，不能有絲毫越禮行為，這時「禮」就近於法律；另一方面是得到肯定，使他時時刻刻感到自己屬於一個受到尊重的社會階層，在社會序列中有自己不可動搖的優勢地位。這時「禮」象徵著特權。簡言之，「禮別異」的含義是：使人們在政治、經濟、輩分、年齡、性別上存在的差異形式化，並貫穿於人們的一切行為方式之中。其意識形態意義在於：由於「禮」的作用，人們誤以為社會等級是天經地義的，是從來就有的。在儀式的獨特作用下人們會忘記對原因的追問，他的主體性被同化於儀式營造的「場力」之中了。如此看來，「禮」亦與其它的意識形態一樣，對於現實的實際情況有某種「遮蔽」作用。

由於「禮」的作用，社會的統治階層就不僅僅是在政治經濟上占有優勢地位的一群了，他們成了在任何方面都不同於被統治者的特殊人群，任何人所必需的事情，哪怕僅僅是滿足生理需要的活動，也無不帶有身分性標誌。結果這個特殊的階層成了符號化的人，他們的一言一行都被符號包裹了。正是在這個意義上，我們說「禮」使貴族成為貴族。

第二節　儒家學說形成的邏輯軌跡

　　儒家士人是春秋之末戰國之初以破落貴族和受過教育的「國人」為主體而形成的民間知識階層的一部分。在先秦古籍中這個民間知識階層被稱為「士」、「布衣之士」、「處士」等。這個階層是西周文化傳統與社會轉型的現實兩種因素碰撞、激盪的產物。他們的唯一共同特徵就是都從西周文化傳統那裡汲取營養。也可以這樣來表述：原有的文化資源為他們提供了言說的基礎，處於轉型中的社會現實為他們提供了言說的衝動；原有文化資源為他們提供了他們建構新的話語系統的基本材料，而社會需求則決定著他們處理這些材料的設計方案。這個新產生的社會階層由於出身、經歷的不同，所吸取的西周文化資源的側重點的不同，因此就成為不同社會需求的言說者。所以士人階層在思想學術上就分為「諸子百家」。如果我們不像以前的學者那樣根據諸子百家所代表的社會集團來為他們分類，而是以他們對西周文化的態度，即接受或疏離的程度來為之分類，對他們就可以有新的認識和評價。總體上看，士人思想家雖然都是秉承了西周文化資源，但是他們並不是簡單地繼承，而是通過革新與改造，從而使之成為一種具有現實批判性的、在本質上與西周文化迥然有別的文化觀念系統。

　　西周文化有一個很明顯的特徵，就是文化與政治、話語與儀式、觀念與行為渾然一體，難以區別。文化就實際地存在於典章制度之中。並不存在一種與實際的政治制度相游離的獨立觀念系統。「制禮作樂」既是確立文化系統，更是制定政治制度。同理，「禮崩樂壞」既是文化系統的破壞，更是政治體制的崩潰。士人思想家所做的事情就是將西周這種與國家機器渾然一體的文化剝離開來，使之變為純粹的話語系統。從而完成了從物質存在到精神存在的話語轉換。那麼，這種轉換有什麼意義呢？

　　第一，在中國歷史上第一次出現了與現實的政治體制拉開一定距離的文化話語系統，這是具有劃時代意義的偉大事件。在人類歷史上，精神文化與政治制度、經濟制度拉開距離乃是它得以蓬勃發展的關鍵點。在物質的沉重拉扯下精神永遠不會騰飛。實現為政治制度與經濟制度固然應該是精神文化的最高追求，但是在某一個歷史時期，精神文化只有疏離於政治和經濟制度才能飛速發展。將來總有一天人們的物質生活方式與精神生活方式會重新融合為一，但這是以二者的長期分離為條件的。以儒家為主的士人階層最偉大的歷史貢獻就是完成了文化系統與政治系統的分離。孟子說：「世衰道微，邪說暴行有作，臣弒其君者有之，子弒其父者有之。孔子懼，作《春秋》。《春秋》，天子之事也。」[8]孟子為什麼說「《春秋》，天子之事也」呢？所謂「天子之事」是指禮樂征伐、賞善罰惡的舉措，是實實在在的政治活動；而《春秋》卻是地地道道的歷史敘事，屬於話語系統。二者如何是一回事呢？孟子的意思是想說，儒家的話語行為目的就是起到政治行為的作用，但是這句話實際上卻是恰恰證明了西周實際的政治行為到了儒家士人這裡已經蛻變為一種文化的話語行為。原先的典章制度成為話語，國家的上層建築變為民間的文化觀念；失去了話語權力的現實的政治家依然擁有政治權力，而沒有政治權力的布衣之士卻擁有著話語權力──這種文化話語權與政治權力相分離的情況真是中國古代少有的、難能可貴的現象，它使人們在沒有外在壓力與誘導的條件下純粹依據自己的意願任意言說，因而春秋戰國之際是中國人文化原創力發揮得最為充分的時期，是中國人的想像力最為張揚的時期，也是中國文化最為光輝燦爛的時期。自此之後就很少再見到這樣適合

8　《孟子·滕文公下》。

於文化發展的社會條件了[9]。

第二，這種話語轉換奠定了中國古代文化的基本格局。西周時期文化的主體是屬於「體制內」的「巫、史、祝、卜、樂師」之類的人物，他們的一切文化活動都是剔除了個人的意志和情感的集體主義精神的表現；春秋戰國之際的儒家士人則是「體制之外」的在野人物，所以他們的文化創造活動就更多地具有個性特徵。也就是說，在「政文合一」的西周時期，文化系統僅僅附著於政治系統，沒有絲毫獨立性，故而也沒有個性。士人思想家所進行的話語轉換工作不僅僅是將文化系統與政治系統剝離開來，而且還通過選擇、改造、創新賦予文化系統以種種不同的價值取向與文化個性。於是就形成面目各異，甚至相互對立的諸子百家之學。

關於諸子之學產生的根源問題，歷來有兩種不同觀點。漢儒劉歆、班固以為諸子俱出於王官[10]。《淮南子·要略》認為諸子之學都是針對各諸侯國的具體政治需要而生。後代學者常各持一說而相互攻訐。在我們看來這兩種觀點其實並不矛盾。劉歆《七略》與《漢書·藝文志》之說具體觀之不免有膠柱鼓瑟之嫌，謂某一學說必出於某一職守，並無有力證據，給人以憑空猜度的感覺，難以令人信服。但如果總體言之，則此說實不可動搖。道理很簡單，既然西周文化與政治制度不可分拆，禮樂書數、史祝占卜諸種文化形式均有相應的官守，那麼說以西周文化為主要學術資源的諸子之學「出於王官」當然是無

9　六朝時期在某些方面與春秋戰國之際的情況庶幾近之，其根本不同者乃在於先秦士人言說的指向在於重新安排社會秩序，而六朝士族文人的言說指向卻是遠離社會現實而回到純粹私人性的精神空間之中。

10　《漢書·藝文志·諸子略》認為：儒家出於「司徒之官」；道家出於「史官」；陰陽家出於「羲和之官」；法家出於「理官」；名家出於「禮官」；墨家出於「清廟之守」；縱橫家出於「行人之官」；雜家出於「議官」；農家出於「農稷之官」；小說家出於「稗官」。

可懷疑之論。諸子所做的正是從「王官之學」中剝離出獨立的學說來，即所謂話語轉換。

《淮南子》之說同樣有它的道理：士人思想家進行話語轉換時並不是簡單繼承，而是根據自己的需要對先在的文化資源進行了選擇、加工和創新。在這個過程中憂世救弊之情自然滲透其中，故而這一話語轉換的結果──諸子之學就自然是針對時勢而立言了。胡適嘗批駁自漢儒以至章太炎等人的「諸子出於王官」之說云：「吾意以為，諸子自老聃、孔丘至於韓非，皆憂世之亂而思有以拯濟之，故其學皆應時而生，與王官無涉。」[11]胡適對劉歆、班固之說的批駁是有力的，但諸子「與王官無涉」的結論卻是過於武斷。因為他看到了諸子之學與時勢的密切關係，卻忘記了任何一種學說都不可能是憑空杜撰的，先在的思想資料總是發揮著極為重要的作用。儘管「縱橫家者流，出於行人之官」之類的說法委實荒謬之極，但是卻不能因此而否定「王官之學」對於諸子之學的重要作用。正是先在的思想資料與現實社會需求的共同作用才導致了任何一種學術的產生與興盛。實際上，先秦士人思想家中有人對西周文化之於諸子之學的淵源關係已然有清醒認識。如《莊子・天下》篇說：「天下大亂，賢聖不明，道德不一。天下多得一察焉以自好。譬如耳目口鼻，皆有所明，不能相通。猶百家眾技也，皆有所長，時有所用。雖然，不該不遍，一曲之士也。」觀其文義，顯然是說原本有全面完整、無所不包的文化學術，只是由於天下大亂而遭到了破壞，諸子都是「一曲之士」，他們各自繼承了原來文化學術的一個方面，都是偏而不全的。那種「古之人其備乎」的「配神明、醇天地，育萬物，和天下，澤及百姓……」的完美文化是指什麼而言呢？顯然是在「天下大亂」之前的周文化。

---

11 胡適：《諸子不出王官論》，見《胡適學術文集》，北京，中華書局，1991，第596頁。

　　諸子將那在西周之時與國家制度融合無間的文化剝離為種種話語系統，從而導致中國古代第一次文化學術的大繁榮，形成「百家爭鳴」的恢弘局面，這是無論如何形容都不算過分的偉大功績。更為重要的是，他們的創造奠定了此後二千餘年的中國文化之基本格局，即使在今天也依然影響著人們的思想。在中國文化史上諸子之學之具有無可比擬的崇高地位，主要原因就在這裡。

　　第三，諸子的話語轉換還確定了士人階層欲以文化學術的形式達到政治目的的干預策略，這一干預策略一旦產生就延續了二千餘年，成了古代知識階層最基本的政治權利與行使這一權利的主要有效方式。從暫時的歷史語境看，士人的這種干預策略或許會顯得迂腐可笑，缺乏有效性，但是如果從長期來看，其效果是極為深遠巨大的。例如，孔子和子路談及治理國家時，孔子提出著名的「正名」思想，認為這是為政的首要任務。子路則嘲笑老師迂腐，孔子於是教導他說：

> 野哉由也！君子於其所不知，蓋闕如也。名不正，則言不順；言不順，則事不成；事不成，則禮樂不興；禮樂不興，則刑罰不中；刑罰不中，則民無所措手足。故君子名之必可言也，言之必可行也。君子於其言，無所苟而已矣。[12]

　　這裡孔子明顯地是把話語的言說當做首要的政治行為了。在他看來，只有先在名──話語層面上安排好秩序，才有可能在現實層面上安排好秩序。這裡的邏輯是所謂「循名責實」──先確立「名」的合法性，再根據「名」來確定實際的社會秩序的合法性。言說於是具有了根本的性質。孔子最後說道「君子於其言，無所苟而已矣」，文義

---

12 《論語・子路》。

與前面並不貫通，犯了邏輯上的錯誤，但是在意義上卻是緊密相連的：言說要實現為現實的價值，首先要變為個體的行動。所以「正名」首先要落實為君子對言說的充分尊重與實踐，否則就是毫無用處的空話。這裡也就預示著此後二千餘年間知識階層的困惑與無奈：對於藐視其言說者無法可施。考之中國歷史，知識階層的確是通過話語建構來為天下制定價值標準與行為規範的，這些標準與規範對於包括君主在內的統治階層和平民百姓都是非常有效的，無效的只是個別的、反常的情況。

中國古代的這種情況與西方迥然不同。例如，古希臘的知識階層就不是靠話語建構來實現政治理想的。在他們那裡，政治性的言說與文化性的言說是截然分開的，前者就是直接的政治活動，不用絲毫偽裝迂迴；後者則是純粹的文化活動，並不包含政治的目的。而在我們的諸子時代，政治的目的往往掩藏在倫理的、認知的、宗教的目的後面，與之渾然一體，難以分辨。這也正是中國幾千年中政治和道德、法規與人情、集體與個人、公與私、責任與義務始終糾纏不清的原因。

試圖用話語建構的方式來影響政治的干預策略可以說並不是士人階層自覺的主體選擇，而是必然如此的歷史選擇：先秦知識階層沒有古希臘民主制度那樣的政治公共空間來直接地、順暢地、充分地滿足自己的政治衝動，只好採取迂迴戰術：從根本上規定人們所思所想的方式，為社會制定普遍的價值準則。孔子對此有極為清醒的認識。他在回答有人提出的「子奚不為政」的問題時說：

> 《書》云：「孝乎！惟孝，友於兄弟，施於有政。」是亦為
> 政，奚其為為政？[13]

---

13 《論語・為政》。

此即所謂「出為帝王師，處為萬世師」——總之無論出處進退都是扮演師的身分，絞盡腦汁建構種種話語體系，使之影響人心，主要是執政者之心，從而間接地決定政治的格局。由於包括君主在內的統治階層較之其它社會階層更需要受教育，而教育方針與教育內容都是士人階層的專利，故而君主常常是首先被士人階層的話語霸權所控制的對象。士人階層掌握著教育領域的話語權，他們因此而成為上至君主、下至黎庶的名副其實的「師」。

第三節　儒家對「禮樂文化」的改造

我們知道，在諸子之學中儒家是以直接宣稱繼承弘揚西周文化為特徵的。孔子明確指出：「周監於二代，郁郁乎文哉，吾從周。」[14]並畢生以「克己復禮」[15]為己任。而且儒家將周代遺存的典籍作為修習的經典。所以在諸子之學中儒家可以說是對周代文化繼承得最多的。但是如果我們稍加分析就不難發現，在孔孟等大儒那裡，西周文化之基本價值精神的許多因素還是都被暗中置換了。這表現在如下幾個方面。

第一，理想化。西周的禮樂制度被儒家士人大大理想化了。在政治制度方面，西周以禮樂文化為主要意識形態的宗法制與殷商以鬼神祭祀為主要意識形態的部落聯盟制有著根本的區別，故而王國維在《殷周制度論》開篇即云：「中國政治與文化之變革，莫劇於殷、周之際。」[16]據王國維的研究，西周的政治制度不同於殷商之處有三：

14　《論語・八佾》。

15　《論語・顏淵》。

16　王國維：《殷周制度論》，見《王國維論學集》，北京，中國社會科學出版社，1997，
　　第1頁。

一是嫡長之制，二是廟數之制，三是同姓不婚之制。[17]西周制度的這三個特點的根本之處就是完整的宗法制。這是殷商制度所不具備的。[18]西周宗法制與殷商制度的根本區別在於：在國家體制上，西周是以血親分封為主幹的嚴密等級制；殷商卻是以部落（諸侯）聯盟為形式的政治聯合體。就文化觀念而言，殷商的貴族事事請示鬼神，所謂「殷人尊神，率民以事神」[19]。所以求神問卜就成了彼時文化活動。相對而言，西周貴族文化就複雜多了。他們眼見殷商統治者由於過分的荒淫無道而導致滅亡，深知「天命靡常」[20]的道理，所以就以宗法制為核心建構起一整套極為細密、極為嚴格的人際倫理價值規範。按王國維的觀點，嫡庶之制（周代繼統之法）乃是宗法制的核心，有嫡庶之制而後有喪服之制，有喪服之制而後有「親親、尊尊、長長、男女有別」之觀念。他說：

> 商人繼統之法，不合尊尊之義，其祭法又無遠邇尊卑之分，則
> 於親親、尊尊二義，皆無當也。周人以尊尊之義經親親之義而
> 立嫡庶之制，又以親親之義經尊尊之義而立廟制，此其所以為
> 文也。[21]

如此看來周人的文化較之商人的文化更為成熟，更為有效了。但

---

17 王國維：《殷周制度論》，見《王國維論學集》，北京，中國社會科學出版社，1997，第2頁。

18 近年來史學界也有人認為殷商同樣是宗法制社會，不夠確當，我們認為，殷商雖有宗法制的某些特徵，但還不是完整的宗法制度。

19 《禮記・表記》。

20 《詩・大雅・文王》。

21 王國維：《殷周制度論》，見《王國維論學集》，北京，中國社會科學出版社，1997，第9頁。

是這只能說明周代的統治者更加精明，更善於統治而已，並沒有什麼高尚的道德價值。然而儒家士人卻將周代的這套禮樂制度進行了理想化的重構，用「仁、義、禮、智」「文、行、忠、信」「溫、良、恭、儉、讓」「忠恕之道」「仁政」「王道」等道德價值規範來重新賦予禮樂制度以崇高的道德倫理價值，從而將宗法制度描述為一種溫情脈脈、充滿仁愛的理想的社會制度。

實際上西周的宗法制度在壓抑個性、束縛人性方面比殷商時代絕不遜色，甚至更有過之。因為它是以與生俱來的自然關係作為基本準則來安排既定社會秩序的。孔子將其概括為「君君，臣臣，父父，子子」[22]。按照這樣的制度，一個人生下來，他一生的前途就已經被決定了。整個社會就像由條條道路構成的網路，任何人一生將走哪條路都是事先規定好的。實際上這並不是個人出於道德的自覺而做出的選擇，而是嚴厲的外在強力規定的。在這樣的制度之下，個人有什麼自由可言呢？但是在儒家的心目中西周社會簡直就是人間的天堂一般，充滿了「父慈子孝，兄良弟悌，夫義婦聽，長惠幼順，君仁臣忠」[23]的和睦與友愛。而我們只要看看周公平三監之亂，殺武庚、管叔，放蔡叔以及周昭王（前977）「南征不復」（有史書載昭王渡漢水時船人進膠船，故沒於水中）的史實，看看周穆王時制定的《呂刑》關於肉刑的記載[24]，以及《詩經》中那些憤懣怨刺之作，就不難知道，西周的宗法制社會絕對也是血雨腥風，靠強力的殺戮來維持的。那種溫情脈脈的道德規範不過是儒家的理想而已。

---

22 《論語·顏淵》。

23 《禮記·禮運》。

24 據《尚書·呂刑》載，「五刑」為墨、劓、剕、宮、大辟五種刑法。而且，「墨罰之屬千，劓罰之屬千，剕罰之屬五百，宮罰之屬三百，大辟之罰其屬二百，五刑之屬三千」。可見當時刑罰的嚴密和殘酷。

　　第二，內在化。即將西周文化系統中的社會價值規範轉換為個人的內在價值規範。也可以說是將政治話語倫理化。關於這一點我們可以從孔子將道德的自覺性當做「禮」得以實現的前提條件這一觀點中看出來。如前所述，「禮」在西周之時既是官方意識形態，又是政治制度本身，完全是外在的強制性規範。《詩・大雅・烝民》云：「天生烝民，有物有則。民之秉彝，好是懿德。」《詩・大雅・皇矣》更說「不識不知，順帝之則」。意思是，上天讓萬民生於世上，同時也就為他們制定了行為的規則，百姓無須知道其中的道理，只是按照規則辦事就行了。孔子也說過「民可使由之，不可使知之」[25]的話，這無疑是西周統治者思想的遺留。但是，對於自己所代表的士人階層來說，孔子卻絞盡腦汁要為「禮」找到自然的、合乎人性的根據，試圖將這種外在的強制性規範改造為主體自覺的價值追求。他說：「不學禮，無以立。」[26]又說：「興於詩，立於禮，成於樂。」[27]什麼是「立」？包咸、劉寶楠等人都認為「立」即是立身之意。立身也就是修身。朱熹則注云：「禮以恭敬辭遜為本，而有節文度數之詳，可以固人肌膚之會、筋骸之束。故學者之中，所以能卓然自立，而不為事物之所搖奪者，必於此而得之。」[28]意思是「禮」的強制性可以轉化為人們的道德自覺性，使人成為卓然自立的人。究其旨，也還是修身之意。這就是說，孔子是將「禮」作為個人修身的準則來理解的，這顯然與其本來意義有著根本性區別。在他看來，「禮」是最為合理的價值秩序，「禮」的實現就意味著天下太平。那麼「禮」為什麼會遭到破壞呢？主要原因就是自君主而下的貴族階層放縱了自己的私欲而

25　《論語・泰伯》。

26　《論語・季氏》。

27　《論語・泰伯》。

28　〔宋〕朱熹：《四書章句集注・論語集注・泰伯第八》。

忘記了公德。所以孔子認為，要想「復禮」必先「克己」——個人的道德自覺性乃是實現社會價值秩序的前提條件。這樣一來，「禮」也就不再是強制性規範，而成了個人修養所達到的結果。

人們都很清楚，「禮」這個字從字源學角度看，是與宗教祭祀活動密切相關的。這意味著，最初「禮」成為社會規範帶有某種信仰的性質——人們相信這樣做是神明的意旨（當然，這本質上乃是統治者利益的表現，是使統治獲得合法性的手段）。這說明，在西周之時，「禮」制的推行除了武力的（例如刑罰）強制之外，還要靠神明的召喚——「禮」最初具有他律的性質。而到了孔子和儒家士人這裡，「禮」完全是依據個人的道德良心來實現了。孔子說：「禮云禮云，玉帛云乎哉？樂云樂云，鐘鼓云乎哉？」[29]又說：「人而不仁，如禮何？人而不仁，如樂何？」[30]這意思是：鐘鼓玉帛等外在的形式並不是「禮」的真諦所在，只有在「仁」，即在自覺的道德理性的指導下，作為儀式的「禮」才具備現實的意義。在西周之時，「禮」作為強制性規範，只要它的儀式存在著，就說明它是有效的，社會就是有序的；而在孔子之時，只有人們具有道德的自覺性（道德自律），具有內在的道德理性（自己所認同的道德意識），「禮」才是有意義的。這種內在的道德理性就是「仁」。在孔子看來，只有以「仁」為內在價值依據的「禮」才是有效的。而「仁」則是純粹的道德自覺。所以孔子說：「為仁由己，而由乎人哉！」[31]換言之，在西周之時只要「禮」存在著，它就是有效的，因為它就是社會秩序本身；而在孔子之時，「禮」只有在人們從心裡相信它的時候它才具有現實的意義，因為此時它已經不再是社會秩序本身，而淪落為一種形式，諸侯貴族

29　《論語・陽貨》。
30　《論語・八佾》。
31　《論語・顏淵》。

們常常用以炫耀、娛樂的純形式。

這樣一來,西周的禮樂文化就被以孔子所代表的儒家士人內在化了:從物質性的現實社會制度變為精神性的道德價值觀念。將物質的變為精神的,現實的變為理想的,外在的變為內在的——這就是儒家對先在的西周思想資源所進行的繼承和改造。於是作為國家制度的禮樂文化變為儒家之學,外在的強制規範變為內在的自我修養。

第三,確立了人格境界這樣一種獨特的精神價值。西周的禮樂文化歌頌祖先與歌頌上帝義近,都是對神明的讚揚,並含有祈福之意,儒家士人對先王的讚揚卻有了新的含義:塑造一種人人可以朝之努力的人格理想。《詩經》中那些頌詩當然也描寫先王的美好品德,但往往具有某種神性,是常人不可企及的。如《大雅・生民》描寫周人先祖后稷的誕生乃是姜嫄「履帝武敏歆」的結果,是神而不是人,至少是在神的庇祐下的人。《文王》《大明》都是如此。這類詩與其說是歌頌先王的功業,不如說是歌頌上帝的降福。而有時又完全用紀實的筆法描寫先人實實在在的活動,並不標榜其人格的高尚,如《公劉》都是如此。主人公基本上就是一個任勞任怨的族長或家長,是個地地道道的凡人。而在儒家士人這裡,既不歌頌高遠難及的上帝,也不歌頌身邊比比皆是的凡人,他們讚揚的是聖賢之人:是人不是神,卻又不是一般的人。他們是由一般的人經過自我修養和人格的提升而達到的一種高尚境界。在孔子和孟子那裡,這種人格境界基本上分為兩個層面:一是君子或賢人,二是聖人。處於這兩種人格境界之下的則是小人,即作為芸芸眾生的庶民。

君子或賢人是指那些通過個人的修養而具有「仁義禮智信」等品格的人。他們善於處理各種人際關係(和而不同;己所不欲勿施於人),樂於幫助別人(仁者,愛人;己欲立而立人,己欲達而達人;老吾老以及人之老;幼吾幼以及人之幼),立身行事有自己不可逾越

的原則，什麼事情可以做，什麼事情不可以做都是有一定之規的（大丈夫有所不為，有所必為；行己有恥；富貴不能淫，貧賤不能移，威武不能屈）；尤為難能可貴的是他們還能夠始終保持心中的坦蕩誠實與平和愉悅（君子坦蕩蕩，小人常戚戚；貧而樂，富而好禮；回也不改其樂；吾與點也）。此外他們還有許多美好的品質如孝、忠、敬、謙、博學、慎思、明辨、篤行等，總之這是一種既能承擔對天下的責任，又能保持個人心靈和樂的理想的人格境界。

聖人是儒家最高的人格理想，較之君子賢人更高一層。[32]孔子本人被後來的儒家如孟子、荀子等人尊為聖人，但他自己並不敢有此奢望，在他的心目中聖人是極不容易達到的崇高的理想境界。例如，孔子與弟子子貢之間的一段對話：「子貢曰：『如有博施於民而能濟眾，何如？可謂仁乎？』子曰：『何事於仁，必也聖乎！堯、舜其猶病諸！』」朱熹注云：「病，心有所不足也。言此何止於仁，必也聖人能之乎！則雖堯、舜之聖，其心猶有所不足於此也。」[33]即使是堯舜這樣被儒家奉為偶像的古代君主對於聖人的稱號也還有所欠缺，可見這是一種「雖不能至，而心嚮往之」的崇高的理想。

對於儒家士人來說，這種聖賢人格為什麼具有絕對的重要性，或者說，儒家士人為什麼會建構這樣一種人格境界來作為自己學說的核心內容。在筆者看來，原因有四：

第一，將社會政治價值變為個體的人格價值這是彼時知識階層不得已的選擇。春秋戰國之際形成的這個知識階層有一個很明顯的特徵，那就是游離於任何一個有政治地位或經濟地位的社會階級，所以

---

32 在人格境界上的聖人、君子、小人之分恰恰是西周宗法制社會等級制的政治觀念的變相形式。儒家將西周的典章制度轉化為倫理價值系統的同時，也就將政治上的等級制轉換為價值觀念上的等級制了。骨子裡是一樣的。

33 〔宋〕朱熹：《四書章句集注・論語集注・雍也第六》。

既不屬於統治階級，又不屬於勞動大眾；既沒有可靠的政治地位，又沒有穩定的經濟來源；既沒有任何人賦予他們任何具體的社會責任，他們卻又有著最強的社會責任心與歷史使命感。這樣一個由於特殊的社會地位而惶惶不可終日、急欲有所作為、急欲借改造社會現實來改變自己的社會境遇（以救世的方式來自救）的階層，處於一方面擁有著當時最先進的文化知識因而也有最美好的社會理想，一方面又沒有任何物質力量的尷尬境地，唯一的辦法就是通過改造人心，也就是用文化宣傳、文化教育的方式來實現改造社會的目的，所以他們不遺餘力地建構指涉人格境界的話語系統，其實是實現社會理想的一種手段而已。對此儒家士人從不諱言。孔子關於「為政」的論述、孟子關於「仁政」的觀點、荀子對於「修身」的專章論述等都說明這一點。而最為集中的表述則是《禮記・大學》中宋儒所謂「八條目」的論述：

> 古之欲明明德於天下者，先治其國。欲治其國者，先齊其家。欲齊其家者，先修其身。欲修其身者，先正其心。欲正其心者，先誠其意。欲誠其意者，先致其知。致知在格物。

由個人的心性存養而至於治國平天下──這就是儒家的邏輯，呼喚人格境界，號召人人成聖成賢，實際上也就是呼喚風清弊絕的太平盛世。

儒家是如此，其它的士人思想家也都是如此，只不過由於種種原因九流十家各自開出的人格境界各不相同罷了。在通過改造人的心靈來重新安排社會秩序這一點上大家都是一樣的。道家有道家的至上人格，墨家有墨家的至上人格，即使法家和縱橫家這樣極重功利的學派也有自己的人格理想──這正是中國古代文化生活、政治生活始終難以嚴格分開的原因，是中國古代社會的長處所在，更是其短處所在。

　　第二，士人們需要一種理想的人格境界來寄託自己的心靈。春秋戰國之際的諸子百家之學光輝燦爛，令後世乃至今日之中國知識階層豔羨不已，但實際上彼時的士人階層並非處於輕鬆愉快的精神體驗之中，恰恰相反，他們時時被普遍的心理焦慮困擾著。這種揮之不去的心理焦慮來自於他們那種漂泊無依的社會境遇以及無休止的戰亂與動盪。理想的人格境界在這時可以起到心理調節、自我安慰的重要作用。在某種意義上這也是很有效的一種精神勝利法。

　　第三，儒家士人的人格理想還具有一種否定性的意義——對現實的執政者的批判。儒家士人出於對現實的深惡痛絕而將古代君主塑造成聖人，正如在現實統治者面前樹立一面鏡子，將他們的卑微無恥暴露無遺。後世歷代的士大夫們欲對其君主進行批評時，每每要將古代聖王的嘉言懿行大加描述，其作用正與先秦儒家士人同。

　　第四，將「道」推崇到至高無上的地位。在西周的禮樂文化中，最高的價值範疇是「天」「天命」「上帝」等，都是至上之神的代名詞。並沒有一個形而上的抽象概念作為一切價值的本原，到了儒家這裡就高揚一個「道」來作為最高價值本原和萬事萬物之本體。在孔子那裡，「道」大體有三層含義，一是指萬事萬物貫穿的根本法則，是天地之間的最大奧秘所在。他說：「朝聞道，夕死可矣。」[34]朱熹認為這個「道」是「事物當然之理。苟得聞之，則生順死安，無復遺恨」。[35]二是指具有合理性與合法性的國家政治制度和政策。他說：「天下有道則見，無道則隱。邦有道，貧且賤焉，恥也。邦無道，富且貴焉，恥也。」[36]（《論語・公冶長》之「子謂南容，『邦有道，不廢；邦無道，免於刑戮』及「甯武子邦有道則智，邦無道則愚。其知

34　《論語・里仁》。

35　〔宋〕朱熹：《四書章句集注・論語集注・里仁第四》。

36　《論語・泰伯》。

可及也,其愚不可及也」均同)這個「道」就是指國家政治狀況而
言的。三是君子立身行事的準則。他說:「參乎!吾道一以貫之。」
曾參說:「夫子之道,忠恕而已矣。」[37]這個「忠恕之道」是一種人格
修養。

儒家提出一個「道」來作為最高價值本原,其意義實在非同小
可。這至少表現在三個方面:

第一,建構了一個與現實的物質力量,即君權相對的權威話語作
為士人階層向統治者分權的合法性依據,並以此為現實權力立法。有
了這個「道」,士人階層在君主和官吏面前就不再自卑,而是帶著十
足的自信和勇氣向著這些當權者指指點點:告訴他們怎樣做才是合理
的,怎樣做才符合做官的準則,甚至是做人的準則。

「道」使這些布衣之士堅信自己是為全社會制定行為規範的人,
是立法者。魯繆公聽說孔子的孫子子思是一位有學問的人,就派人去
請他,並且許以朋友之道待之,子思卻很不以為然,他說:「古之人
有言曰:『事之云乎?』豈曰『友之云乎?』」孟子還覺得子思說得不
夠有力,替他說道:「以位,則子,君也;我,臣也,何敢與君友
也?以德,則子,事我者也,奚可以與我友?」孟子總結說:「為其
多聞也,則天子不召師,而況諸侯乎?為其賢也,則吾未聞欲見賢而
召之也。」[38]這說明,自以為承擔著「道」的士人就會感到自己擁有
比君權更加可貴的價值。創造出一個「道」來作為權威話語,並試圖
依據這個沒有任何物質力量依託的話語來重新安排社會秩序、平定天
下──這就是儒家士人的宏圖大略,也是士人烏托邦精神的最充分的
體現。

---

37 《論語 · 里仁》。
38 《孟子 · 萬章下》。

　　第二，找到了士人階層共同遵守的最高價值準則，可以在這個旗幟下將士人階層有效地團結起來，形成一種具有內部凝聚力的社會力量。有人問孟子：「士何事？」孟子回答說：「尚志。」並解釋「尚志」之義說：「仁義而已矣。殺一無罪，非仁也。非其有而取之，非義也。居惡在？仁是也。路惡在？義是也。居仁由義，大人之事備矣。」[39]士人不同於他人之處就在於他們有自覺的做人準則，而且這種準則不是別人強迫遵守的，而是他們自己為自己制定的，是一種自由的選擇。所謂「居仁由義」就是說處身行事按照自己選擇的原則來，而不是蠅營狗苟、唯利是圖。

　　第三，以「道」為核心建構士人價值觀統序，使之成為根深蒂固的文化傳統。如前所述，「道」是士人階層的社會理想與人生理想，是社會上一切事物最終的合法性依據，是衡量一個社會或一個人價值的最高尺度。可以說是先秦士人階層留給後世的最豐厚的遺產。孟子第一次建立了從堯舜禹、湯文武到孔子的所謂「道統」，這個統序後經由韓愈的闡揚，最終成為宋以後士人階層普遍認可的中華文化的精神命脈，對塑造中國人的精神品格起到了至關重要的作用。「道統」使士人階層成為一個有自己一以貫之的價值規範的獨特的社會階層，這個階層在精神價值層面的共同性甚至可以超越時間與空間的限制而長存。任何統治者（無論漢族還是外族）只要希望得到士人階層的支持與合作，就必須接受（至少是部分接受）他們世代恪守的價值準則。正如孔子所認為的：即使夷狄之人，只要用了華夏之禮，就是華夏之人；即使華夏之人，用了夷狄之禮，也就是夷狄之人。這是一種文化決定論，而這種文化的傳承者正是士人階層，所以士人階層實際上是將自己當成了承擔著中華民族歷史使命的人，這也就是曾子的

---

39 《孟子・盡心上》。

「士不可不弘毅，任重而道遠」[40]的真正含義。

　　士人階層通過話語轉換與價值轉換將王官文化即作為官方意識形態的禮樂文化變為民間文化，準確地說是變為士人烏托邦精神。這樣就為一種僵化的文化系統貫注了生氣，使之成為活潑潑的、富有人性特徵、有超越精神和批判精神的新型話語系統，完成了中國古代文化的一次重大的歷史性轉變，並從而奠定了此後兩千餘年間中國古代文化發展演變的基礎。其意義是無比重大的。

---

40 《論語‧泰伯》。

第二十二章
「詩言志」與「賦詩」、「引詩」的文化意蘊

　　傳統的《詩經》研究比較關注「詩何為而作」的問題，故而「詩言志」之說被視為中國古代詩學的「開山的綱領」。但是「詩言志」之說究竟何義？究竟何時提出？都是沒有解決的問題。《左傳》《國語》等先秦典籍中有大量關於「賦詩」、「引詩」的記載，這種文化現象說明什麼？這都是值得研究的。嚴格說來，「詩言志」之說以及春秋時期的「賦詩」「引詩」都還不是儒家直接的話語建構，但是它們與儒家文藝思想的形成無疑有著極為密切的關聯。

第一節　「詩言志」的含義與意義

　　《詩經》中的確有不少抒懷之作，但這些基本都是周王室東遷之後的作品。被學界認定是周初之作的都不是書寫個人情懷的，並不符合後人所理解的「詩言志」的含義。所以，這裡存在兩種可能，一是「詩言志」之說晚出，即不會早於變風變雅產生的時代，也就是西周末年。因為這時大量表現個人情懷的詩才湧現出來。二是「志」不是後人理解的意思，即不是個體性的思想情感之義。聞一多在《歌與詩》一文中就提出過詩的「記憶、記錄、懷抱」三義說。清代著名文字訓詁學家王念孫注《漢書・司馬相如傳》「詩大澤之博」句云：「詩

者，志也。志者，記也。謂作此頌以記大澤之溥博……」[1]以「志」訓「詩」本是漢儒的共識。《說文解字》的解釋是有代表性的：「詩，志也。志發於言，從言，寺聲。」但是「志」是什麼呢？漢儒大都主張「在心為志」[2]，這或許是從《荀子・解蔽》「志也者，藏也」之說而來。但是藏在心裡的未必就是「情」，所以漢儒的進一步解釋，即「情動於中而形於言」之說就離「志」的本義甚遠了。如果「詩言志」之說是西周前期的說法成立，那麼這個「志」就不應該理解為情懷，而只能理解為記憶或記錄。也就是說，詩最初是為了記錄某些有意義的東西，後來才發展為抒懷的。在上古時期，記錄本身就是一件極為重要的事情。人類初民為生計所困，無暇顧及許多無直接功用之事，其所記者，必為有重大意義者。故而無論是記錄於口頭，還是記錄於文字，都又使記錄的內容增加了神秘性與神聖性，這就是話語的力量。

「詩言志」無疑是先秦時期關於詩歌本體和功能最為普遍也最為概括的認識，同時也是中國古代最具有影響力的詩學命題。朱自清將其理解為中國古代詩學方面「開山的綱領」是不無道理的。儘管這個提法究竟起於何時已經難以確知，但是由於它的產生年代與其所蘊涵的意義有著直接關聯，所以又是一個無法迴避的問題。這裡的關鍵是如何認識記載這句話的《堯典》的產生年代。對於漢初伏生所傳《今文尚書》中的《堯典》一篇的產生年代，現代以來比較有影響的有兩種說法：一是戰國說，以顧頡剛等「古史辨派」為代表；二是周初說，為近年來許多論者所持。如果信從顧說，則「詩言志」之說應是在春秋時期「賦詩言志」之普遍社會現象的背景下提出的，因此，其

1　〔清〕王念孫：《讀書雜志・漢書十》。

2　《毛詩序》云：「詩者，志之所之也，在心為志，發言為詩。情動於中而形於言。」

所謂「志」即應理解為賦詩者所欲表達的言外之意，與詩歌本身的蘊涵根本無關。例如，《左傳・襄公二十七年》載，鄭伯率七位大夫宴請晉國的上卿趙孟一行，席間趙孟請七大夫賦詩以觀其志。其中伯有賦《鶉之奔奔》。這是《鄘風》中的一篇。其原文為：「鶉之奔奔，鵲之彊彊。人之無良，我以為兄。鵲之彊彊，鶉之奔奔。人之無良，我以為君。」毛序云：「刺衛宣姜也。」鄭箋：「刺宣姜者，刺其與公子頑為淫亂。」對於毛、鄭的這種解釋，歷代注家均無異辭。至少我們可以肯定這是一首衛國的卿大夫或國人諷刺其君的詩。宴會之後，趙孟對他的助手晉國大夫叔向說：「伯有將為戮矣！詩以言志，志誣其上，而公怨之，以為賓榮，其能久乎？」這裡的「詩以言志」之志顯然是指賦詩者所欲表達的意思而非作詩者之原意。所以，如果可以確定《堯典》為戰國時所作，則對「詩言志」之說的解釋就不能不考慮到春秋時在貴族階層中普遍存在的賦詩言志的風氣，也就是說，《堯典》的「詩言志」與《左傳》的「賦詩言志」含義相同。然而如果從現代詩學的角度看，「賦詩言志」與「作詩言志」是完全不同的兩回事。自朱自清等人以來，今人對「詩言志」的理解大多是從現代詩學角度出發的，即將「詩言志」理解為「作詩言志」，而非「賦詩言志」。

　　如果可以確定「詩言志」之說為西周初期所提出，則「詩言志」之「志」即可理解為「記錄」之義。因為當時並沒有出現春秋時那種在貴族政治生活中普遍存在的「賦詩」風氣，也沒有借作詩來抒發個人情懷的習慣，故對於「志」就只能像聞一多那樣從文字意義的演變角度進行理解了。這樣一來，「詩言志」之說就可以有兩種迥然不同的解釋：一是對詩歌創作普遍原理的概括，二是對詩歌在特定時期獨特功能的認定，所以說這裡的關鍵在於記載這種說法的《堯典》產生的年代。

　　徐復觀曾以為，對於《今文尚書》的文章宜分三類觀之：一是根據口頭傳說整理、記錄的，如《堯典》《皋陶謨》等；二是經整理過的典籍，如《甘誓》《湯誓》等；三是傳下來的原始材料，如《商書》中的《盤庚》及《周書》等。並認為第一類文章必定成於孔子之前。[3]這應該是比較合理的看法。我們看在《論語》中孔子那樣稱讚堯的豐功偉績和個人品格，即可斷定他必然掌握關於帝堯事蹟的大量記載。因此即使傳世的《堯典》或許經過後人改寫刪擅，但其基本面貌應該是在孔子之前即已成型。如果徐復觀此說成立，再聯繫我們前面的觀點，則「詩言志」之說無疑應該產生於孔子之前。近年的考古成果也為此種說法提供了依據。上海博物館藏戰國楚竹書首批資料於二〇〇一年十一月整理出版，其中《孔子詩論》是一篇《詩經》研究和孔子詩學思想研究方面極為珍貴的原始文獻。其中有「孔子曰：『詩亡隱志，樂亡隱情，文亡隱意。』」[4]之句。「詩亡隱志」的意思是詩歌應充分地表達心意。李學勤認為《孔子詩論》的作者很可能是孔子的弟子子夏，如此說成立，就足以證明孔子是認同「詩言志」的說法的，如此，則說孔子之前已經有了「詩言志」的說法或者觀念，就具備了充分的理由。

　　這樣一來，對於先秦「詩」與「志」之關係的看法就必須做一個清晰的區分：在詩歌本體論和創作論的意義上的「詩言志」和在工具論意義上的「詩以言志」。前者具有真正的詩學意義，是中國古人對

3　徐復觀：《中國人性論史・先秦篇》，臺北，臺灣「商務印書館」，1969，第589-590頁。

4　此據李學勤釋文，參見李學勤：《詩論的體裁和作者》，見上海大學古代文明研究中心、清華大學思想文化研究所編：《上博館藏戰國楚竹書研究》，上海，上海書店出版社，2002，51-61頁。其中「隱」字竹簡作「𢕳」，饒宗頤釋為「吝」，參見饒宗頤：《竹書詩序小議》，見上海大學古代文明研究中心、清華大學思想文化研究所編：《上博館藏戰國楚竹書研究》，上海，上海書店出版社，2002，第228-232頁。

於詩歌最本真的意義的理解；後者則僅僅是關於詩歌在特定時期所獲得的某種獨特功用的概括，並無普遍的詩學意義。就前者而言，「詩言志」是對詩歌本體和功能的雙重認定：從本體角度看，其說明確指出詩歌的基本構成或曰根本之處在於「志」。從功能角度看，「詩言志」等於說「詩是用來抒發懷抱的」，或者說「詩可以用來抒發懷抱」。這種具有原則性的詩學觀點在理論的深刻和精確方面絲毫也不遜於柏拉圖詩的奧秘在於「回憶」或「神的憑附」之說以及亞里斯多德在《詩學》中為悲劇下的定義。

當然我們也不能完全排除另一種可能，即「詩言志」之說實際上就是「詩以言志」的意思，是春秋時某位好事者在整理、修訂《堯典》時依據普遍的「賦詩」現象添加進去的。換言之，在春秋之前並沒有關於詩歌本體與功能的根本性認知，「詩言志」之說只是對春秋時期普遍的「賦詩」活動的概括總結。如按此邏輯，則《孔子詩論》的「詩無隱志」之說也是「賦詩言志」之義。然而即使如此，「詩言志」的提法後來畢竟還是被闡釋為關於詩歌本體的理論話語，從而成為真正的詩學觀念。那麼這種轉換是如何發生的呢？

這首先是以「志」這個語詞的多義性為前提的。如前所述，聞一多認為「志」與「詩」原是一個字，本義是「記憶」、「記錄」和「懷抱」的意思，但這只是一家之言，雖然影響很大，卻並沒有得到普遍的承認。事實上在先秦典籍裡，很難找到「志」與「詩」可以互通的例子。[5] 而「志」的含義則是十分豐富的。這裡我們隨意舉幾個例子來大略梳理一下「志」在先秦典籍中的各種義項。

在《左傳》中「志」是一個使用廣泛的語詞。《襄公十六年》荀

5　《左傳・昭公十六年》有「賦不出鄭志」之謂，有學者認為這裡的「志」即與「詩」相通。此外再無例證可言，所以這種說法似很難成立。

偃謂「諸侯有異志矣」，此「志」是打算、圖謀之意；《襄公二十五年》載孔子之言：「《志》有之，『言以足志，文以足言。』不言，誰知其志？」前一個「志」是史書之名，後一個則泛指心意、想法；《昭公九年》載晉屠蒯之言曰：「味以行氣，氣以實志，志以定言，言以出令。」這個「志」是指意志而言；又《昭公十六年》載韓宣子言「二三君子請皆賦，起亦以知鄭志」。這個「志」與《論語・公冶長》中「盍各言爾志」之「志」相近，蓋指志向而言，只是一指國家的志向，一指個人的志向而已。此外，《墨子》有《天志》之篇，是指天之意願。《莊子・達生》有「用志不分，乃凝於神」之說，是指心意、心思而言。《孟子・公孫丑上》說：「夫志，氣之帥也；氣，體之充也。夫志至焉，氣次焉；故曰『持其志，無暴其氣』。」這裡的「志」實際上乃是指一種道德意識，可以說是「志」最為晚出的義項。

「志」的這種多義性就使其發生意義轉換不僅是可能的，而且是必然的。

在先秦典籍中將「志」與「詩」相聯繫的提法除了前面提到的《堯典》「詩言志」之說與《左傳・襄公二十七年》的「詩以言志」之說以及《孔子詩論》中的「詩亡隱志」外，還有三處：一是《莊子・天下》，其云：「《詩》以道志，《書》以道事，《禮》以道行，《樂》以道和，《易》以道陰陽，《春秋》以道名分。」這裡的「道」既可以理解為「言說」，亦可理解為「導向」或「引導」。而這個「志」也不同於《左傳》中「詩以言志」的「志」——不再是指某種意見、觀點，而是泛指人的精神活動，當然可以理解為思想和情感。二是《孟子・萬章上》所云：「故說《詩》者，不以文害辭，不以辭害志。以意逆志，是為得之。」這個「志」與《莊子》意近，乃指作詩者的思想感情。三是《荀子・儒效》中所云：「聖人也者，道之管也。天下之道管是矣，百王之道一是矣。故《詩》《書》《禮》《樂》

之歸是矣。《詩》言是，其志也；《書》言是，其事也；《禮》言是，其行也；《樂》言是，其和也；《春秋》言是，其微也。」這裡的「志」與《孟子》已大不相同，是指聖人的思想意趣，或曰儒家的精神。

通過了解先秦典籍中有關「志」的使用以及「志」與「詩」連用情形，我們不難看出，無論「詩言志」的提法究竟如何形成以及它原本的含義究竟怎樣，都不影響這樣一個事實：它至遲在戰國中期已經被理解為一種具有普遍意義的詩學原理了。漢儒的所謂「詩者，志之所之也。在心為志，發言為詩，情動於中而形於言」云云，乃是對《孔子詩論》《孟子》《莊子》有關詩與志關係之觀點的具體發揮。

總結上面充滿矛盾的說法可以得出下列結論：第一，「詩言志」之說的本來含義可能有三：一是「詩」與「志」或「識」通，是指「記憶」或「記錄」。如果「詩言志」之說產生於西周之初甚至更早，就只能是這種含義；二是「賦詩」意義上「詩以言志」之義，如果「詩言志」之說產生於春秋戰國之時，就極有可能是這種含義；三是後人通常的理解，如果此說產生於西周後期到春秋「賦詩」普遍出現之前這段時間，則很有可能是這種含義。第二，無論「詩言志」原本的含義如何，至遲到了戰國中葉這種說法已經被普遍理解為今天我們所理解的那種含義，即詩是用來表達思想或抒發情感的。這是現代詩學意義上的原理性的詩學命題。第三，不論「詩言志」的本來含義究竟如何，這種說法的提出和意義演變都是特定文化空間的產物，離開了對特定文化空間的把握就不可能正確理解「詩言志」的含義與意義。

從以上分析我們不難看出，詩的產生與發展，特別是詩學觀念的生成與演變決非詩人或言說者個人之事，而是某種獨特的文化空間之「結構性因果關係」的產物。如果我們不把詩看成像穿衣吃飯那樣的自然存在，而是看成一種人們有意為之的意義建構，那麼，我們也就

必須承認最初詩不可能是純粹的主觀宣洩或自言自語。詩能夠成為具有普遍性的言說方式需要有言說者、聽者、傳播方式與管道以及評價系統等。也就是說，需要形成一種以詩為核心的特殊文化空間或者特殊「場域」。離開了這樣的文化空間或場域，詩就沒有任何可以確定的意義[6]，絕對不會成為普遍的言說方式。下面我們就試圖通過對西周至春秋時代文化空間的考察，梳理出詩作為一種特殊的言說方式形成與演變的歷史軌跡。

第二節　「賦詩」、「引詩」的文化意蘊

　　《左傳》《國語》裡記載的那些春秋「賦詩」、「引詩」的史實真是令人豔羨不已——「賦詩」、「引詩」者那種溫文爾雅、彬彬有禮的風度與含蓄委婉、高雅脫俗的言談方式都是後世所沒有的。但是為什麼在那個時候會出現這種「賦詩」和「引詩」的普遍現象？在這樣的現象背後隱含著怎樣的文化的和歷史的意蘊？這些都是從來沒有得到過很好解決的問題。下面我們就對這些問題做一些初步的思考。

一　關於「賦詩」

　　據《左傳》和《國語》等史籍的記載，春秋時在重要的外交和交際場合貴族們常常要以賦詩的形式表達自己的意思，讓我們先看一個例子：

　　衛侯如晉，為晉侯所執。齊侯、鄭伯連袂如晉為衛侯求情。齊相國景子賦《蓼蕭》，鄭相子展賦《緇衣》。前者出自《小雅》，本是諸

6　即使那些自生自滅的民間歌謠也需要這樣的文化空間，否則就不可能傳播開來。

侯讚頌周王之詩，這裡藉以讚揚晉君澤及諸侯；後者出自《鄭風》，本是寫贈衣之事，這裡取其「適子之館兮，還予授子之粲兮」之句，表示「不敢違遠於晉」（據杜預注）之意。均與詩之本意不相類。之後，晉侯數衛侯之罪，國景子又賦《轡之柔矣》，子展賦《將仲子》。前者為逸詩，見於《周書》，「義取寬政以安諸侯，若柔轡以御剛馬」；後者出於《鄭風》，「義取人言可畏」（均取杜預注）。於是晉侯放還衛侯。

　　《將仲子》乃是年輕女子拒絕情人糾纏之詩，有「人之多言，亦可畏也」之句，這裡被用來勸誡晉侯，亦為純粹的「斷章取義」。這個例子說明，「賦詩」在春秋之時是一種非常有效的、在比較重要的場合方始採用的言說方式。

　　那麼究竟如何賦詩呢？古人說：「不歌而誦謂之賦，登高能賦可以為大夫。」[7]這是說賦詩是指朗誦詩之辭，並無樂曲，也不歌唱。我們看史書中記載的賦詩情形，這種「不歌而誦」的說法似乎是不錯的。那麼是誰來「誦」呢？當然應該是賦詩者本人。孔子的「不學《詩》，無以言」[8]以及「使於四方，不能專對」[9]之謂似乎可以證明這一點。但是對此後人有不同看法。顧頡剛說：

　　　　春秋時的「賦詩」等於現在的「點戲」。那時的貴族（王，侯，卿，大夫）家裡都有一班樂工……貴族宴客的時候，他們在旁邊侍候著，貴族點賦什麼詩，他們就唱起什麼詩來。[10]

7　《漢書·藝文志》。
8　《論語·季氏》。
9　《論語·子路》。
10　顧頡剛：《論詩經所錄全為樂歌》，見顧頡剛編著：《古史辨》第三冊，上海，上海古籍出版社，1982，影印本，第649頁。

　　這裡有兩點不同於古人的理解：一是認為賦詩的主體實際上只是點出詩名，真正的「賦」者乃是旁邊侍候的樂工們。二是說「賦詩」並不是「不歌而誦」，而是要「歌」的。關於第一點似乎很難在史籍中找到證據，不知顧頡剛何所據而云然。儘管《左傳》有主人令樂工歌詩和誦詩的例子[11]，但這並不能證明凡是賦詩都是請樂工來唱。關於第二點，大約顧頡剛的觀點是比較合理的，這是有證據的。《國語 · 魯語下》：

> 公父文伯之母欲室文伯，饗其宗老，而為賦《綠衣》之三章。老請守龜卜室之族。師亥聞之曰：「善哉！男女之饗，不及宗臣；宗室之謀，不過宗人。謀而不犯，微而昭矣。詩所以合意，歌所以詠詩也。今詩以合室，歌以詠之，度於法矣。」

　　這裡師亥說公父文伯之母的「賦《綠衣》之三章」是「歌以詠之」，可以說明「賦詩」即是「歌詩」。「不歌而誦謂之賦」之說不能成立。但這裡的「歌詩」又不能等於「樂歌」，因為「歌詩」大約是類似今日之「清唱」，是沒有器樂伴奏的，或許接近於古人所說的「徒歌」[12]。這也就是先秦史書都稱之為「賦」而不直接稱之為「歌」的原因。禮書中所說的「歌」或「間歌」云云都是指有管絃伴奏的歌唱。總之，所謂「賦詩」大約是交接應對之際主客雙方吟唱詩歌來表達意思。這種吟唱並不一定完全同於一般意義的唱歌，也許只是拉長聲音，略有一些曲調而已。賦詩的目的是並沒有娛樂或者儀式之意義，完全是為了傳達意思，故而孔子才會有「不學《詩》，無以言」的說法。

---

11 《左傳 · 襄公十四年》：「衛獻公……使大師歌《巧言》之卒章，大師辭，師曹請為之。」《襄公二十八年》：「叔孫穆子食慶封……使工為之誦《茅鴟》，亦不知。」
12 《毛傳》：「曲合樂曰歌，徒歌曰謠。」（《毛詩正義》卷五）

　　從《左傳》《國語》等史籍所記載的「賦詩」情況來看，這種獨特的言說方式主要有如下幾個方面具體的交往功能：

　　第一，表達友好的意思，如歌頌、讚美、支持、友誼等，這類賦詩的作用是增進感情、強化關係。我們知道，《左傳》記載的第一例賦詩的事件是僖公二十三年秦伯接待出奔的晉公子重耳時發生的：秦伯設宴招待重耳，重耳在宴會上賦《河水》一詩，秦伯賦《六月》相答。晉大夫趙衰趕緊請重耳降階而拜，並說：「君稱所以佐天子者命重耳，重耳敢不拜？」這裡重耳賦的那首《河水》，有人說是逸詩，也有人說是《沔水》之誤。如從後者，則重耳賦這首詩所取義在其首二句：「沔彼流水，朝宗於海。」其本義是諸侯朝見天子，這裡以海喻秦，自比為水，當然是奉承秦伯之意。秦伯所賦的《六月》本是歌頌尹吉甫輔佐宣王征伐的，這裡比喻重耳還晉定能振興晉國，並像尹吉甫那樣輔佐天子。這是十分隆重的祝福了。所以趙衰請重耳拜謝秦伯之賜。

　　文公三年，魯文公到晉國與之結盟。晉侯設享禮款待文公，席間晉侯賦《菁菁者莪》。義取詩中「既見君子，樂且有儀」之句，表達真誠歡迎的意思。文公賦《假樂》，義取「假樂君子，顯顯令德。宜民宜人，受祿於天。」是表達衷心祝福的意思。這裡所舉的兩個例子都是諸侯君主之間會見時的賦詩，這似乎是當時兩君相見必有的節目。

　　第二，表達請求或建議的意思。文公七年晉國的先蔑要出使秦國，他的同僚荀林父勸他不要去，先蔑沒有聽從。於是荀林父賦《板》的第三章，先蔑還是沒有接受他的勸告。《板》第三章：「我雖異事，及爾同僚。我即爾謀，聽我囂囂。我言維服，勿以為笑。先民有言，詢於芻蕘。」意思極為明顯：希望對方聽自己的勸告。

　　文公十四年冬，魯文公由晉返魯途經鄭國。鄭伯與之相見。宴飲之際，鄭大夫子家賦《鴻雁》，取詩中「爰及矜人，哀此鰥寡」之

義，隱含的意思是請求文公返回晉國，為鄭國說情。魯大夫季文子賦
《四月》，取其「亂離瘼矣，爰其適歸」句，藉以表達離家已久，備
受辛勞，希望早日回歸的意思，這是對鄭大夫之請求的委婉回絕。接
著子家又賦《載馳》之四章表達小國有急，希望大國幫助之義。於是
文子賦《采薇》第四章，取其「豈敢定居，一月三捷」句義，表示答
應為鄭國返回晉國說情。

襄公二十九年，魯襄公到楚國訪問，返回的路上聽說季武子藉口
有人要叛亂而佔據了卞這個地方，並派公冶向襄公報告。襄公心存疑
慮，不想進入國都。於是隨行的榮成伯就賦了《式微》這首詩，襄公
才下定決心回到國都。這首詩中不過是有「式微式微，胡不歸」之
句，也就是表達應該回去的意思，但是用賦詩的方式說出，似乎就更
有力量了。

這三個例子都是以賦詩的形式表達請求、建議的，前者發生在同
僚之間，說明春秋時的賦詩範圍極廣，並不僅限於聘問朝覲的外交場
合。第二個例子則是用賦詩的方式解決重大外交問題最成功的事例之
一，說明賦詩作為一種獨特的外交辭令具有一般言說方式所無法比擬
的作用。第三個例子是臣子向君主的建言，應該屬於「諫」的範圍。
說明漢儒的「諫書」之論在先秦時期是有一定事實根據的。

第三，表達諷刺、警告或批評的意思。襄公十四年衛獻公因失禮
惹惱了衛大夫孫文子，文子出走到戚這個地方，派兒子孫蒯入朝請
命。獻公命太師唱《巧言》之卒章。此章有「彼何人斯？居河之麋，
無拳無勇，職為亂階」之句，獻公藉此喻孫文子意欲作亂。所以太師
認為不妥，就推辭不唱。這時對獻公一直懷恨在心的師曹（樂人）自
告奮勇地要唱。獻公同意他唱，而他卻誦了一遍（按：這個師曹用心
險惡，希望孫文子造反，唯恐孫蒯不明白詩的諷刺義，所以才改唱為
誦的）。

　　襄公二十七年，齊國執政的大夫慶封到魯國聘問，魯國大夫叔孫宴請他。席間慶封表現不夠恭敬，於是叔孫就賦了《相鼠》，取其「相鼠有皮，人而無儀；人而無儀，不死何為？」這是極為明顯，也極為尖刻的譏刺了，可怪的是慶封居然渾然不覺，可見此時某些貴族已經對詩書之類的典籍很生疏了。這也是「禮崩樂壞」的表現之一。襄公二十八年慶封再一次到魯國，叔孫招待他時又請樂工誦《茅鴟》之詩（按：請樂工誦是為了讓慶封聽清楚詞義）。這首詩是逸詩，據說是「刺不敬」[13]，慶封聽了依然無動於衷。

　　襄公二十七年晉國大夫趙文子路過鄭國，鄭伯以享禮招待他，席間鄭國大夫子展、伯有、子西、子產等七人相陪。趙文子請鄭國七位大夫賦詩以觀其志。其中伯有賦《鶉之奔奔》。這首詩本來是衛國人諷刺其君主的，其中有「人之無良，我以為君」之句，明顯的是表達對自己國君的不滿。所以宴會之後趙文子對同行的晉國大夫叔向說「伯有將為戮乎！」這位伯有早有不臣之心，故而借機譏刺其君。

　　這幾個賦詩的例子說明春秋時君臣之間、外交場合都可以借賦詩來表達某種否定性的意見，詩於是成為打擊對方的有力武器。

　　從以上分析可以看出，春秋時期的賦詩活動完全不具有現代意義上的審美功能。由於「詩」在貴族社會中成了一種通行的、具有固定「交往意義」的話語系統，因而也就失去了它本來應該具有的個體情感宣洩與審美體驗的性質（就詩的發生而言，它應該具有這種性質，即使是「勞者歌其事、饑者歌其食」的「里巷歌謠」也是如此）。具有審美愉悅性質的詩歌創作與欣賞，是個體性精神活動，而貴族的「賦詩」卻是純粹的「公共活動」，二者判然有別。

　　明白了詩在社會交往領域這種重要作用，我們就不會驚詫於後來

13　〔晉〕杜預：《春秋經傳集解》第十八，上海，上海古籍出版社，1988，第1105頁。

的儒家何以會將先秦那些極為樸素、純真,有的甚至頗有些「放蕩」的詩歌當做神聖的經典了。從作為民歌(或作為貴族們祭祀儀式的樂章,或作為破落貴族的怨恨之作)的「詩」,到作為貴族交往話語的「詩」,再到作為儒家至高無上之經典的「詩」,這是一個「三級跳」的過程。作為貴族主要教育內容與交往話語的「詩」是對作為民歌的「詩」的「誤讀」(當然還有在收集、整理過程的選擇與修改),而作為儒家經典的「詩」又是對作為貴族交往話語的「詩」的「誤讀」──儒家,特別是漢儒在解詩上多有「發明」。

從以上所舉數例不難看出,對於《左傳》的時代而言,「詩」作為一種特殊的話語系統具有如下兩個特點:

第一,與西周時期相比,詩的功能發生了重要變化。春秋時「詩」在貴族社會已成為人人熟悉的通行話語。據《周禮》《禮記》及其它史籍記載,在西周的貴族教育中,「詩」是主要內容之一。春秋之時王室雖已衰微,但在各諸侯國大體上仍依周制。例如,孔子教授弟子的功課即從西周的教育演化而來。可見「詩」在當時不是作為創作與欣賞的特殊精神產品,而是作為一種貴族文化修養而獲得價值的。在西周之時,「詩」本來是在祭祀典禮等重要儀式中一種獨特的言說方式,開始時是人向神的言說(告廟、告神明),後來演變為臣下向君主的言說(諷諫)。由於這些詩都是作為禮樂儀式的組成部分而得到保存的,所以在無數次的重複之後,詩歌本身也就漸漸失去了言說的意義而演化為一種純粹的形式。作為儀式的一部分,詩的意義不在於其言辭中蘊涵了什麼,而在於它是儀式的一部分這一事實本身;也就是說詩歌不是作為言說而獲得意義,而是作為修辭而獲得意義的。即使那些鮮活靈動的民歌民謠一旦經過儀式化的過程也就失去了個性與生命活力,被儀式的沉重肅穆所同化。而在春秋之時,詩歌從廟堂儀式的組成部分演變為一種獨特的外交辭令,這是詩歌功能的

重要變化。從根本上而言，詩被俗世化了。詩作為在外交場合被普遍使用的工具，當然是以其原有的那種儀式的神聖性和權威性為前提的，但是一旦它成為工具，其神聖性就蕩然無存了，其權威性也打了折扣。因為與詩歌相伴隨的不再是莊嚴的樂舞，其所面對的不再是至高無上的天地之主宰與先祖的神明，而是政治層面的朋友或對手。於是詩歌就從高高在上的儀式跌落為實用性的委婉的言說。這種詩歌功能的變化所隱含的意義是：西周以來居於統治地位三百餘年的官方意識形態開始崩潰了。原本鐵板一塊的宗法制社會結構出現了裂隙。原來作為「制度化的意識形態」而存在的詩歌變成了貴族們在各種場合表達意見的工具，這表明詩歌原來所依附的那種制度已經開始動搖了。

　　第二，「賦詩」是貴族文化最後的存留。錢穆曾盛讚春秋時期貴族文化的燦爛。主要原因之一正是這種外交場合的賦詩活動。他說：「當時的國際間，雖則不斷以兵戎相見，而大體上一般趨勢，則均重和平，守信義。外交上的文雅風流，足以說明當時一般貴族文化上之修養與了解。（當時往往有賦一首詩，寫一封信，而解決了政治上之絕大糾紛問題者。《左傳》所載列國交涉辭令之妙，更為後世豔稱。——自注）即在戰爭中，猶能不失他們重人道、講禮貌、守信義之素養，而有時則成為一種當時獨有的幽默。道義禮信，在當時的地位，顯見超出富強攻取之上。（此乃春秋史與戰國史絕然不同處。——自注）《左傳》對當時各國的國內政治，雖記載較少，而各國貴族之私生活之記載，則流傳甚富。他們識解之淵博，人格之完備，嘉言懿行，可資後代敬慕者，到處可見。春秋時代，實可說是中國古代貴族文化已發展到一種極優美、極高尚、極細膩雅致的時代。」[14]在這裡錢穆對古人或許有過譽之處，《左傳》的記載本身或許

---

14 錢穆：《國史大綱》（修訂本），北京，商務印書館，1994，第71頁。

就已經有譽美之處，但是春秋時代貴族的行為方式與人生價值準則與戰國之後的中國人有極大的區別當是不容懷疑的事實。戰國的政治家奉行實用主義策略，只看結果，不論手段，所以雞鳴狗盜、朝秦暮楚之士每每得勢。春秋時的政治家是真正的貴族，他們有所不為，有所必為，講信義、重榮譽，有一套自覺恪守的行為準則。賦詩之舉在後人看來是那樣迂腐幼稚，但在當時卻是真正的貴族精神的展現。在這個意義上說，孟子的「詩亡」之說實在具有重要的象徵意味：它象徵著貴族階層的滅亡，此後作為中國社會統治者的，基本上都是流氓加政客式的人物了。

春秋賦詩這種獨特文化現象的主要功能即如上述。面對這種現象人們難免要產生這樣的疑問：彼時的貴族們何以如此喜歡「掉書袋」呢？現在看來似乎是很迂腐，很幼稚，而其溫文儒雅的風度又令人心嚮往之。我們從文化歷史語境的闡釋角度來審視這種現象大致可以得出如下幾點結論：

第一，春秋賦詩是西周禮儀形式的遺留或變體。西周時是否有賦詩這回事呢？由於史料缺乏，現在已經找不到其存在與否的直接證據。但是我們從禮樂文化演變的內在邏輯來看，在西周初期詩歌作為樂章乃是禮樂儀式的重要組成部分，不可能存在隨意賦詩明志的事。但是隨著詩歌功能的演變，在正式的禮儀節目之後的「無算樂」漸漸發展起來，並因此而導致了「變風」、「變雅」的勃興，這恐怕才是春秋賦詩的主要來源。「無算樂」如何進行？當然不會是樂工自作主張隨便演奏歌唱，而應該是宴享的參加者們隨意指定的，也就是顧頡剛說的「點戲」。既然是出於個人意願的行為，在所「點」之樂歌中就必然體現了個人的興趣、愛好乃至某種意圖，也許正是由於這個原因，這種最初出於娛樂目的而發展開來的「點戲」行為，在西周之末、春秋之時漸漸脫離宴享娛樂的範圍，而演變為一種借詩歌之意來

表達意見或情緒的方法。「點戲」的形式也由樂工奏唱變為點戲者自己來「賦」了。由於受過同樣的教育的貴族們絕大多數都對那些詩歌文本極為熟悉，故而漸漸形成了一套「賦詩明志」的通則，即使賦詩者要表達的意思比較隱晦，聽之者也一樣可以迅即理解其意而絕不會出現誤解。《左傳》中所記載的六十餘次賦詩活動中，除了有齊大夫慶封的茫然不知以及衛國的甯武子、魯國的穆叔曾因主人的賦詩不合禮制而不拜謝外，並無一次理解有誤的情況。這說明在當時的貴族生活的文化空間中，詩歌真的成了一種特殊的言說方式，成了人們彼此溝通的重要交往方式。

第二，賦詩之所以能夠成為貴族生活中一種具有普遍性的言說方式，還在於詩歌原來所具有的那種莊嚴性、高貴性恰好符合了貴族作為一個社會階層的自我認同需求。我們曾經說過，西周的禮儀制度具有確定貴族身分的政治意義。貴族之所以是貴族，除了政治上、經濟上的特權地位之外，還必須有著日常生活方式上的特殊性。就是說他的一言一行都要透出神聖與高貴。否則即使他政治上、經濟上高高在上，也會受到民眾的蔑視——就像今天的老百姓看不起那些腰纏萬貫卻言談乏味、舉止粗俗的暴發戶一樣。貴族之為貴族必須有文化上、生活習俗上不同於常人而又為常人所認同、所羨慕的地方，否則他們就只能是暴發戶或者已經墮落的舊貴族。周公的制禮作樂使西周的統治階層成為真正的貴族。這個貴族階層直到春秋中葉之前一直是社會主流文化的承擔者。詩歌本來是禮樂文化的重要組成部分，即使它的功能發生了重要變化，從儀式化的歌舞樂章成了一種言說方式，但它依然具有某種神聖的色彩，正是這種神聖色彩使它作為言說方式依然可以成為貴族的身分性標誌，也使貴族在用這種方式進行交流的過程中感到自己的高貴身分得到了確證。慶封之類的貴族因不懂得這種交往方式而受到輕蔑，就是因為他有損於這種貴族的身分性。因此賦詩

只能是中國古代貴族文化發展到一個特定時期才會出現的現象，正如兩晉、六朝的清談只能是士族文化發展到一定時期的產物一樣。

「詩」具有身分性標誌的意義，同時也就在一定程度上決定著人們的身分。孔子說「不學《詩》，無以言」，朱熹解釋說：「事理通達，而心氣平和，故能言。」[15]這是宋儒的臆斷之辭。聯繫《左傳》所記載的種種「賦詩」史實，我們可以斷定孔子此言與「誦《詩》三百，授之以政，不達；使於四方，不能專對。雖多，亦奚以為？」[16]文義相通，都是指在外交和交際場合借助於詩來表達自己的意思。「不歌而誦謂之賦，登高能賦可以為大夫」的說法至少意味著精通《詩》乃是承擔重要政治職責的前提條件。這與前引孔子之言是一致的。何以會如此呢？這是因為西周以來的官方學校都以詩教作為主要教育內容之一，因此精通《詩》就意味著受過良好教育。而受過良好教育、精通西周以來的文化則是一個諸侯國不可戰勝的標誌。班固說：「古者諸侯卿大夫交接鄰國，以微言相感，當揖讓之時，必稱《詩》以諭其志。蓋以別賢不肖而觀盛衰焉。」[17]這裡的「別賢不肖」和「觀盛衰」主要不是從詩的內容來看，而是從賦詩者對詩的熟悉程度和借詩來表達意願的準確程度來看的。如果一位大夫不能迅速領會別人賦詩的含義，或者不能恰當地賦詩來表達本人的意願，就會被對方輕視。所以並不是說詩這種言說方式在表達自己的意願方面有什麼突出的優勢，而是這種言說方式在當時的具體語境中湊巧成為顯示文化修養與實力的身分性標誌。於是賦詩成為一種特殊的遊戲規則，要進入貴族社會的遊戲中就要遵守這種規則。就如同兩晉的名士們見面時常常要說一些玄遠深奧的話題以顯示身分一樣。

---

15 朱熹：《四書章句集注・論語集注・季氏第十六》。

16 《論語・子路》。

17 《漢書・藝文志》。

　　但是，「詩」作為貴族文化修養的主要內容之一而受到人們的高度重視，並不意味著它僅僅是貴族身分的標誌，對於貴族階層而言，「詩」的確具有極為具體的實用價值：在日常交往中，特別是在政治、軍事、外交等場合，「詩」是表達意見、表明態度、傳達信息的一種特有的方式。觀《左傳》等史籍引詩，儘管引者所要表達的意思與詩句本身固有的意義往往風馬牛不相及，往往極為隱晦難測，但聽者卻從不錯會其意，而是立即就能準確地明白賦詩者所要表達的意念。這說明「詩」在當時的確是一種在貴族社會中具有普遍性的交往話語系統，每首詩，甚至每句詩都有某種不同於其原本意義，但又較為固定的「交往意義」。是貴族教育和具體的文化語境賦予了「詩」這種特殊的交往功能。

　　第三，賦詩之所以成為那個時期具有普遍性的言說方式還與詩歌所獨有的含蓄、委婉特性有關。無論是請求別人如何，還是拒絕別人的請求，用賦詩來表達意思都比直接說出來委婉一些。這樣至少不會令對方覺得過於難堪。《詩大序》說風詩「主文而譎諫，言之者無罪，聞之者足以戒」，鄭玄《六藝論》說詩可以對君主「誦其美而譏其過」。可以說準確地指出了用詩歌表情達意這一含蓄的特徵。用這種方式來「美」，不能算是阿諛奉承；用這種方式來「刺」，也不能算是惡意誹謗。鄭國的大夫伯有之所以敢於賦《鶉之奔奔》來譏刺自己的國君，也正是基於這種特殊言說方式所具有的委婉性。

　　從功能的歷時性演變角度看，周代的詩歌經歷了從祭祀樂歌、慶典禮儀之樂章、「無算樂」、「房中之樂」等審美娛樂之樂歌、為表達憤懣不平情感而專門製作的政治性言說方式等階段。在春秋時期，這些詩歌還漸漸獲得一種新的功能──交往溝通的特殊方式，也就是普遍存在於兩君相見、行人聘問、同儕交往等外交、「內交」場合的賦詩活動。對於這種現象歷來為史學家、文化史家津津樂道，人們無不

為春秋貴族們在交際場合表現出的那種溫文爾雅、彬彬有禮的儒雅風
度所傾倒。但是對於這樣一種現象的功能意義和文化意蘊卻鮮有全面
深入的發掘，這不能不說是一件可怪之事。我們試圖在這方面做一些
努力，以期引起學界更深入的研究。

　　總之，春秋的賦詩是中國文化史乃至人類文化史上一件很獨特
的、有意味的現象。從中我們可以看出古代貴族階層在生活方式、交
往方式上的雅化追求。從文學史的角度看，這種賦詩現象也是文學作
品在特定時期所具有的極為特殊的功能。可以說這是古代詩歌由政治
性的歌舞樂章向純粹個人性的表情達意方式轉換的一個中介。我們從
後世文人雅士飲酒高會時的即席酬唱中還可以看到古代貴族的風範。

二　關於「引詩」

　　在有關《左傳》引詩和賦詩現象的研究中，許多研究者都是將這
兩者放在一起進行論述的，我們認為賦詩和引詩在春秋時期貴族生活
中的意義是不一樣的，賦詩更多的時候與外交活動、宴饗禮儀有關，
而引詩則大量地存在於貴族的日常交談之中。如果說，賦詩是春秋時
期貴族的一種外交辭令的話，引詩更多的是貴族的日常交談方式。含
蓄有致、委婉曲折的言說方式中折射著貴族深厚的文化素養，使貴族
功利性的言說目的掩蓋在詩化的言說方式之中。但是時代畢竟已經發
生了變化，引詩的言談方式，成為貴族文化衰落前夕的最後亮光。

（一）引詩是一種委婉文雅的言說藝術

　　「引詩」指的是春秋時期貴族在說話中隨口引用《詩經》中的詩
句的言說方式。引詩使語言表達文雅、高貴，體現了貴族追求文飾美
的藝術精神；引詩使語言表達委婉、含蓄，體現了貴族彬彬有禮的人

格風範；引詩是貴族特有的言說方式，它顯示出貴族的文化底蘊，表明貴族的文化地位和身分。《左傳》中廣泛存在的引詩現象也表明貴族還生活在一個詩樂文化相當濃厚的氛圍之中。

委婉、文雅的言說方式是貴族之尊貴性的一個表現，也是貴族精神的一個標誌。如《左傳·襄公七年》記載，衛國的孫文子來魯國聘問，在行聘禮時，「公登亦登」，即魯襄公登一級臺階，孫文子也登一級。按照禮制規定，受聘國之君立於中庭，請貴賓入內。賓入後，行三揖之禮到階前，然後，主客相讓。依禮，國君先登兩級臺階，然後賓才能登一級，即臣應後於國君一級臺階而登。但是，孫文子卻與魯襄公同時登階。這種行為引起了魯國大臣的恐慌，面對這樣的失禮行為，魯國的貴族叔孫穆子急忙走向前，委婉地說，諸侯國之間相會，魯君與衛君地位相當，所以登階時應同行，而孫林父應視魯君如視衛君。言外之意，孫林父在本國登階時，後於衛君，在魯國也應當後於魯君而登。而與魯君同時登階，這會使魯君不知自己犯了什麼過失而被輕視。所以，建議孫文子腳步應稍停一下。遺憾的是，孫文子沒有什麼解釋，也沒有任何悔改的意思。在這裡我們看到當叔孫穆子看到孫文子的失禮行為時，叔孫穆子是「趨進」而告，同時，以非常委婉的方式予以建議，表現了貴族言說委婉、含蓄的特徵。

引詩是貴族特有的言說方式，是貴族委婉、含蓄言說方式的集中體現。作為貴族，他們不會像下層人那樣粗喉嚨、大嗓門地說話，更不會像下層人那樣言語粗俗，而是特別注意使自己的語言文雅、委婉。引詩是使言談文雅化的一個重要途徑。如《國語·周語下》記載，叔向對單靖公節儉恭敬的品格感慨萬分，他說：「單子儉敬讓諮，以應成德。單若不興，子孫必蕃，後世不忘。《詩》曰：『其類維何？室家之壺。君子萬年，永賜祚胤。』類也者，不忝前哲之謂也。壺也者，廣裕民人之謂也。萬年也者，令聞不忘之謂也。胤也者，子

孫蕃育之謂也……」叔向評論和稱讚單靖公時引用了《詩經》中的詩句，其言說方式顯得很文雅。再如《左傳・襄公七年》記載，晉韓獻子告老後，欲使公族穆子為卿，但是穆子身體欠佳。所以穆子婉言推辭說：「《詩》曰：『豈不夙夜？謂行多露。』又曰：『弗躬弗親，庶民弗信。』無忌不才，讓其可乎？請立起也。」穆子通過兩句詩表達了自己也想為卿，但自身有疾，不能躬親辦事，則不能取信於眾的意思。謙讓、柔和的姿態以及詩的引用使穆子的言談舉止文雅、含蓄。

貴族對他人的行為提出異議時，總是很謙虛、溫和。《左傳・成公四年》記載，魯成公到晉國，晉侯不敬。季文子說：「晉侯必不免。《詩》曰：『敬之敬之！天惟顯思，命不易哉！』夫晉侯之命在諸侯矣，可不敬乎？」在這裡，季文子引《周頌・敬之》中的話來批評晉景公的非禮行為。《左傳・成公八年》記載，晉侯使韓穿來商議汶陽之田的事情，欲把汶陽之田讓給齊國。季文子設酒食為韓穿送行，私下交談說，汶陽之田本來是屬於魯國的，鞌之戰後歸於魯，現在又說歸之於齊，這樣沒有信義，諸侯怎能不渙散呢？季文子引《衛風・氓》中「女也不爽，士貳其行。士也罔極，二三其德」來批評晉侯的不講信義的行為。《左傳・襄公二十九年》記載，晉平公說明杞國理地、修城，朝臣對此不滿。子大叔引詩《小雅・正月》中的詩句「協比其鄰，昏姻孔雲」批評晉平公親近夏代的後裔杞國，並指出這樣會使晉國棄同姓而親異姓，最終會導致其它國家不再歸順晉國。這些批評都不是鋒芒畢露的激烈言辭，而是委婉而溫和的批評。這種委婉的批評方式成為也許正是後世「主文而譎諫」詩文美學風格的濫觴。

貴族對他人的勸諫也很客氣、溫和，不強求他人，或聲嘶力竭地宣告自己的主張，而指責他人的做法。如《左傳・僖公二十二年》記載，周大夫富辰建議周襄王召王子帶，引用《小雅・正月》「協比其鄰，昏姻孔云」一句對周王進行勸諫。富辰的意思是，先與婚姻親戚

團結親附，然後才能與左右臨近之人和諧相處，建議周襄王先與自己的兄弟處好關係，才能與其它諸侯國和諧相處。再如《左傳・僖公二十二年》記載，魯僖公因邾國小，而輕視邾國，欲不做準備而抵禦邾國的侵略。魯大臣臧文仲說，國家沒有大小之分，不可輕視看起來小的國家，沒有備戰措施，再大的國家也有可能被打敗。臧文仲引《小雅・小旻》中的詩句「戰戰兢兢，如臨深淵，如履薄冰」，以及《周頌・敬之》中的詩句「敬之敬之！天惟顯思，命不易哉」來勸諫魯侯，指出先王如此明德，尚且謹慎小心地對待任何事情，何況我們魯國，更不可小視邾國，大黃蜂雖小尚且能蜇人，何況作為一個國家的邾國呢！臧文仲對魯君的建議方式非常委婉，既引用《詩經》中的話，又用生活中黃蜂蜇人的比喻進行勸諫。文縐縐的引詩言說是貴族特有的表達方式。這是周代貴族注重文飾的美學精神的延續。追求言談舉止的文雅與追求器物的文飾是一脈相承的。引詩是對語言的文飾，它的一個重要目的是使語言顯得高雅。正如《左傳・襄公二十五年》載孔子語：「言之無文，行而不遠。」只有文雅的語言才能更加具有吸引力和說服力。這種言辭之間閃耀著詩的精華的言談方式，表現了周代貴族獨特的精神氣質和審美追求。

在日常閒談時，也能夠隨時隨地想到詩，能自由地運用詩表達自己的思想，這是貴族們具有深厚的詩學修養的體現。如《左傳・昭公七年》記載，夏四月，天空出現了日食現象。晉侯與士文伯談論此事，晉侯問誰將受其禍。士文伯說，魯衛兩國將受其禍，其中衛受禍大，魯受禍小。晉侯頗為感慨，就問道：「詩所謂『彼日而食，於何不臧』者，何也？」晉侯所引的詩出自《小雅・十月之交》。意思是《詩經》中說日食是不吉祥的，這話怎麼理解？士文伯說，這句話的意思是，不善政者將自取咎於日月之災，所以行為不可不謹慎。昭公七年十一月，魯國的卿大夫季武子卒，日食的災害果真應驗。晉侯對

士文伯說，這是否能說明日食預示著災難是一種普遍規律？士文伯說
不可下如此結論，因為各國的情況不同，所以最終的結果也會不同。
士文伯在談話中，也是很隨意地就想到《小雅・北山》中的詩句「或
燕燕居息，或盡悴事國」來說明各國情況不同，不可一概而論的道
理。可見，貴族之間的日常聊天會不經意地想到《詩經》，並自如地
引用其中的詩句。日常語言的詩化特徵是貴族文飾化審美追求的體
現，也是貴族標明自己文化身分的一個途徑。能在日常用語中引詩使
言談更加典雅，這表明詩文化已經積澱為貴族生活中的無意識存在。

（二）引詩是貴族具有歷史意識的表現

借鑑歷史是貴族擁有歷史意識和文化修養的一個表現。在《左
傳》《國語》中時時可以看到貴族處理事務時的歷史意識。如宣公三
年，當楚君問鼎之大小、輕重時，王孫滿就講了九鼎的歷史淵源，指
出鼎的意義在於有德，不在於鼎之輕重，而且，鼎之中蘊涵著天命，
楚是沒有資格問鼎的。擁有歷史就擁有了深厚的文化底蘊。《左傳・
昭公六年》記載，鄭子產鑄刑書，晉叔向對這種做法不能認同，他在
給子產的信中回顧了三代治理的措施。這是貴族文化具有歷史繼承性
的表現，是引詩現象的時代背景。

《左傳》中引詩為鑑、引詩為證的事例比比皆是。如《左傳・僖
公十九年》記載，宋人欲討伐曹國，子魚勸宋公說，當年文王討伐崇
侯虎，攻打了三個月而不能攻克，於是文王退而修德而重伐之，結果
使其臨壘而降。子魚引《大雅・思齊》「刑於寡妻，至於兄弟，以御
於家邦」，委婉地勸告宋君應當像文王那樣退而修德。子魚是將詩當
做歷史經驗來借鑑的。《左傳・宣公十二年》記載，在楚與晉的戰爭
中，楚國取得了勝利，楚臣潘黨建議楚王，收集晉軍的屍體而封土，
並於其上建木而書寫楚軍的功勳。楚莊王說，武王克商後作《周頌・

時邁》，有「載戢干戈，載櫜弓矢」之語，意思是要收起干戈和弓矢，從此以德治理天下。這裡楚王也是將《詩經》中的話當做可資借鑑的歷史經驗來學習的。《左傳・成公二年》記載，楚令尹子重為陽橋之役以救齊。將起師，子重認為楚王年齡小，要想顯得有軍威，就應當多帶人馬，因為，《詩》曰：「濟濟多士，文王以寧。」子重認為文王尚且以眾多的從者來顯示自身的威武，何況楚國呢？在這裡子重將《大雅・文王》中的描寫當成一種歷史經驗。

從以上所舉的引詩現象中可以看到，《詩經》在春秋時期具有歷史教科書的性質。熟稔詩歌是貴族有著濃厚的歷史意識的表現。在為人處世中是否有歷史意識，這是貴族和暴發戶的區別之一。引詩為鑑的現象說明貴族擁有著深厚的文化積澱。

（三）引詩體現了貴族的文化底蘊

引詩為鑑在春秋時期絕不是一種孤立的文化現象。事實上，在引詩的同時，貴族還時常引《尚書》、童謠、歌謠等為證。如《左傳・僖公五年》，晉侯欲假道虞國伐虢國時，虞國的大臣宮之奇認為，不能讓晉國假道伐虢國，並引用一個諺語「輔車相依，唇亡齒寒」來說明虞國與虢國的關係。在這裡，引用諺語的目的是為了說明事理。《左傳・文公七年》，缺勸趙宣子對衛國實行懷柔政策，建議歸還晉所侵衛國的土地，就引用了《夏書》中的一段話：「戒之用休，董之用威，勸之以九歌，勿使壞。」建議有理有據，因而趙宣子很高興地接受了建議，歸還了原屬於衛國的匡、戚之田。《左傳・僖公三十三年》記載，胥臣曾經經過冀地時，看到冀缺與妻子相敬如賓，於是向晉文公推薦冀缺。但是，冀缺的父親冀芮曾經是惠公之黨，曾欲加害文公。所以對胥臣的引薦，文公比較猶豫。胥臣就舉出歷史上的事例來說服文公，並引《尚書・康誥》中「父不慈，子不祗，兄不友，弟

不共，不相及也」和《邶風・谷風》中的詩句「采葑采菲，無以下體」來勸諫晉文公。最終使晉文公接受了自己的建議。從以上所列舉的文獻記載可知，引詩並不是春秋時期的一種孤立的文化現象，它與引用各種文獻典籍的現象同時存在。引用各種典籍文獻的現象說明貴族文化具有一定的繼承性，說明貴族的行為還有一定的依據。引詩和引用《尚書》等文獻一樣，體現了貴族深厚的文化底蘊。

不論是引詩委婉地批評他人，還是對他人進行勸諫，抑或是為自己尋找行為根據，在各種目的和場合的引詩現象中，都顯示著貴族的詩學修養。貴族的尊貴不僅表現在外在的爵位和田產的多少上，還表現為一種言語之間所流露出的內在精神和文化底蘊。引詩就是貴族雅化的言說方式的體現。當貴族存在的合法性受到衝擊時，他們就開始極力在衣著裝飾和詩樂修養等各個方面極力突出自己身分的特殊性，表明他們不同於他人的獨特精神境界。引詩以及對禮儀程序化的遵循，就是春秋時期貴族通過獨特的言說方式和舉止對自我身分的確證。這是在他人視閾中尋求自我確證的過程。

三 《左傳》與《戰國策》所載「引詩」的情況的差異

從《左傳》《國語》《戰國策》記載看，引詩與賦詩的區別在於：賦詩是為著表達某種完整的意思而專門誦唱一首完整的詩，帶有某種程序化色彩；引詩則是在言談過程為了加強言說的說服力或增強效果而隨機引用詩句。賦詩的風氣隨著貴族階層的消失而在戰國時代就基本上不存在了；引詩則不僅戰國時期仍極為普遍，而且直到兩漢時期在士大夫們正式言說中依然是隨處可見的。正如賦詩常常能夠起到意想不到效果一樣，引詩也的確可以大大增強言說的說服力，從而達到自己的目的。這裡我們可以隨便舉一個《左傳・昭公七年》中記載的

引詩之例：

> 楚子之為令尹也，為王旌以田。芊尹無宇斷之，曰：「一國兩
> 君，其誰堪之？」及即位，為章華之宮，納亡人以實之，無宇
> 之閽入焉。無宇執之，有司弗與，曰：「執人於王宮，其罪大
> 矣！」執而謁諸王。王將飲酒。無宇辭曰：「天子經略，諸侯
> 正封，古之制也。封略之內，何非王土？食土之毛，誰非君
> 臣？故《詩》曰：『普天之下，莫非王土；率土之濱，莫非王
> 臣』。天有十日，人有十等，下所以事上，上所以共神也。故
> 王臣公，公臣大夫，大夫臣士……」王曰：「取而臣以往，盜
> 有寵，未可得也。」遂赦之。

由此可見引詩對於增強言說的有效性是非常重要的。除了《左
傳》等史書的記載，先秦儒家，如孔子、孟子、荀子等在自己的言語
或著述中也大量引詩，目的同樣是藉以證明自己言說的合理性從而增
強說服力。聯繫具體歷史語境，有兩點值得注意：

第一，《左傳》《國語》所記載的春秋時代貴族們的引詩是一種普
遍現象，凡是貴族，從諸侯君主到卿大夫，都有可能引詩。而在諸子
之中卻只有儒家大量引詩（墨家也有引詩，但遠不如儒家那樣多），
而老莊為代表的道家，商鞅、韓非為代表的法家，孫子代表的兵家等
均不引詩。這是何故呢？這說明在春秋之時《詩》是貴族階層的通行
話語，熟稔詩歌乃是貴族的基本修養，是一種身分性標誌。而在春秋
末期開始的「子學時代」，《詩》成了一種可供選擇的文化遺產——你
可以選擇它，也可以不選擇它。所以有人將其視為金玉瑰寶，有人則
對之不屑一顧。從更深一層來看，在貴族時代《詩》代表著一種統一
的價值觀念和意識形態，人們通過賦詩、引詩來表達意願是以共同的

評價尺度為依據的。而在「子學時代」統一的價值觀念和意識形態已然不復存在，人人都有自己的思想，意識形態多元化了，因此《詩》所代表的意識形態或許正是言說者否定的東西，他當然不會引詩來作為自己的論據了。儒家以恢復周禮為己任，將那伴隨著貴族制度合法性的喪失也已經失去合法性的西周的禮樂文化視為最高價值準則，故而時時要引詩來證明自己的觀點。《莊子・天下》篇指出：「古之人其備乎！配神明，醇天地，育萬物，和天下，澤及百姓，明於本數，繫於末度，六通四闢，小大精粗，其運無乎不在。其明而在數度者，舊法世傳之史，尚多有之。其在於《詩》《書》《禮》《樂》者，鄒魯之士、縉紳先生，多能明之……其數散於天下而設於中國者，百家之學時或稱而道之。」這裡所說的「古之人」即使不完全是指西周之人，也必定包括他們在內，因為很顯然這裡所講的是具有一以貫之的價值觀念的整體性意識形態，是理想化了的古代文明。在《天下》篇的作者看來，儒家所尊奉的西周禮樂文化只是這種古代文明的一部分而已。觀此篇下文的「天下大亂，賢聖不明，道德不一，天下多得一察焉以自好。譬如耳目鼻口，皆有所明，不能相通」之論，是說包括儒家在內的諸子百家都不過拈取了古代文化的一個方面而已。也就是說，雖然諸子百家都是繼承古代文明而來，但在此時已經成為僅得一孔之見的「一曲之士」了。總體來看，《天下》篇所見甚明，百家之學雖然紛紜複雜，但究其本都是從往代的文化分化而來。不過由於大家所取不同，創新程度有異，故而全然彼疆此界，扞格不入了。諸子對《詩》的不同態度正說明這種價值觀念的多元化格局業已形成。

第二，同為史書，《左傳》《國語》記載的引詩與《戰國策》記載的引詩有著重要的差異。現各舉二例如下：

先看《國語》和《左傳》的引詩二例，其一：晉公子重耳出逃至齊，齊桓公以女妻之，重耳有終齊之志，其從者子犯等人密謀挾持重

耳離齊，被姜氏知曉。姜氏勸重耳聽從從者意見離齊而謀國。其云：
「子必從之，不可以貳，貳無成命。《詩》云：『上帝臨女，無貳爾
心。』先王其知之矣，貳將可乎？子去晉難而極於此。自子之行，晉
無寧歲，民無成君。天未喪晉，無異公子，有晉國者，非子而誰？子
其勉之！上帝臨子，貳必有咎。」重耳表示要終老於齊，姜氏又說：
「不然。《周詩》曰：『莘莘征夫，每懷靡及。』夙夜征行，不遑啟
處，猶懼無及。況其順身縱欲懷安？西方之書有之曰：『懷與安，實
疚大事。』《鄭詩》云：『仲可懷也，人之多言，亦可畏也。』」[18]（前
引見《大雅・大明》；次引為逸詩；後引為《鄭風・將仲子》）其二：
晉靈公不君。飛彈射人取樂，廚師燉熊掌不熟而殺之。忠臣趙盾數諫
不入，及見之，靈公先言之：「吾知所過矣，將改之。」趙盾回答
說：「人誰無過？過而能改，善莫大焉。《詩》曰：『靡不有初，鮮克
有終。』夫如是，則能補過者鮮矣。君能有終，則社稷之固也，豈惟
群臣賴之。又曰：『袞職有缺，惟仲山甫補之。』能補過也。君能補
過，袞不廢矣。」[19]（前引為《大雅・蕩》之句；後引為《大雅・烝
民》之句）

再看《戰國策》引詩二例，其一：溫人之周，周不納客。即對
曰：「主人也。」問其巷而不知也，吏因囚之。君使人問之曰：「子非
周人，而自謂非客，何也？」對曰：「臣少而誦《詩》，《詩》曰：『普
天之下，莫非王土。率土之濱，莫非王臣。』今周君天下，則我天子
之臣，而又為客哉？故曰『主人』。君乃使吏出之。」[20]其二：秦國有
意伐楚，楚春申君黃歇使於秦說秦昭王曰：「《詩》云：『靡不有初，
鮮克有終。』《易》曰：『狐濡其尾。』此言始之易，終之難也。何以

18 《國語・晉語四》。
19 《左傳・宣公二年》。
20 《戰國策・東周》。

知其然也？智氏見伐趙之利，而不知榆次之禍也；吳見伐齊之便，而不知干隧之敗也。此二國者，非無大功也，設利於前，而易患於後也。吳之信越也，從而伐齊，既勝齊人於艾陵，還為越王擒於三江之浦……《詩》云：『大武遠宅不涉。』從此觀之，楚國，援也；鄰國，敵也。《詩》云：『他人有心，予忖度之，躍躍毚兔，遇犬獲之。』今王中道而信韓魏之善王也，此正吳信越也。」[21]（此處引詩三例，第一見《小雅・北山》；第二見《大雅・蕩》；第三為逸詩；第四見《小雅・巧言》）

無可否認，無論是《國語》《左傳》還是《戰國策》，其所引詩都是本著「斷章取義」的原則來進行的。然而正是這樣，我們才可以更加清楚地看到它們之間的重要差異。看《國語》《左傳》引詩，姜氏所引三詩都是旨在強調一種責任感，隱隱含有某種神聖的意味；趙盾所引旨在說明改過、補過的不易，從而指出惟其不易，故而彌足珍貴。二者雖然所指不同，但是都是用詩來標舉某種精神價值。就是說，《詩》之所以能夠藉以增加言說的說服力，是因為它負載著神聖的價值依據，具有不容懷疑的權威性。《戰國策》引詩的情況就大不相同了。「溫人」引《小雅・北山》之句，並非要強調周王室的權威，而純粹是一種狡辯。其目的只有一個，就是確保自己不受責罰並為周所納。楚人黃歇的引詩也同樣沒有任何道德或精神價值方面的含義，而只是想令秦王明白一件事：伐楚是愚蠢的，肯定會吃大虧。對於《戰國策》中的引詩者來說，《詩》不是精神價值的資源，而是機巧權變的淵藪。

那麼，這兩種引詩的情況說明什麼問題呢？這充分地說明了詩的功能的變化。在春秋時期，詩作為貴族社會獨特的交往方式，是以詩

---

21 《戰國策・秦四》。

所蘊涵的價值為前提的。詩的價值不是某個人賦予的，甚至不是作詩者本人所賦予的，它是特定的政治狀況以及由其所決定的文化空間的產物。從人神關係上的言說到君臣關係上的言說，再到貴族社會不同個人、不同集團之間，甚至不同諸侯國之間的言說，詩經歷了由神聖性的話語向政治性話語，再向標誌著身分、尊嚴與智慧的修辭性話語的演變過程。在這一過程中，詩的功能是在不斷變化的，但是它始終指涉某種精神價值，是作為這種與貴族的生活方式密切相關的精神價值的「能指」而存在的。然而隨著貴族社會的分崩離析，社會開始重新組織自己的秩序，詩所指涉的那種精神價值已經被當做愚蠢的象徵時，詩的功能就進一步發生了根本性的變化：失去了價值內涵，成為一種純粹的語言修辭術。引詩不再是張揚或標榜某種精神性的價值或意義，而是直接指向功利的目的。詩之所以還被引用，是由於文化慣習使得詩還殘存著一點影響力，可以增強言說的效果。用韓非子的話來說，戰國是「爭於氣力」的時代。那些遊說諸侯、追逐富貴的縱橫策士根本沒有任何人生的價值準則，人人都是唯利是圖之輩。他們也都是博古通今、滿腹經綸，但這不是為了道德和人生價值上的追求，而是求富貴，求飛黃騰達的資本。所以春秋時期的貴族們引詩的「斷章取義」是以「誤讀」的方式來賦予那些本來沒有價值的詩以價值；戰國的策士們的「斷章取義」則是改變詩的原有之意而使之符合自己言說的需要。例如「靡不有初，鮮克有終」這兩句詩，本義乃是諷刺周厲王暴虐昏聵，使周王室由盛而衰的。趙盾引之，是要說明人改過從善之難，而正因為難，故而更顯得可貴這樣一個道理；而在黃歇那裡則是要說明出於獲得利益的目的而與他國結盟，結果卻受到損失這樣一個道理。著眼點是大不相同的。

詩的功能的這種變化，標誌著詩作為具有神聖性、權威性、身分性的言說方式已經成為明日黃花。對於整個文化領域來說，貴族文化

意義上的詩已經走向消亡。這也就是孟子「王者之跡熄而詩亡」的真正含義。「詩亡」絕非僅僅是一種文化現象而已，它是一種象徵，暗含著社會結構的根本性變化，也標誌著中國古代真正意義上的貴族階層的永遠消失。此後代替這個階層而成為中國社會之中堅的，就是那個進而為官、退而為民，因而介乎於統治者與被統治者之間的士人階層了。

　　從西周、春秋而至於戰國，詩走過了由盛而衰的歷程。但是在一個獨特的文化空間之中，詩卻始終受到尊崇而毫無衰微跡象，這就是儒家士人集團。春秋時已經被官方文化教育機構編定的《詩三百》在儒家士人構成的文化圈內被當做基本教科書來傳授、研究和徵引。隨著儒家士人社會地位的提高、干預政治的能力的增強，《詩三百》也日益受到重視，到了漢武帝時代終於成為整個社會文化空間中的經典而重新獲得權威性與神聖性。

第二十三章
孔子的文藝思想

　　孔子是儒家學說的創始人，也是中國古代文藝思想的主要奠基者之一。孔子一生致力於「克己復禮」——通過宣導修身而達到重新恢復社會價值秩序的目的。儘管他及其追隨者們的努力並沒有現實的實際功效，但對於後世中國主流文化，特別是官方意識形態的建設卻具有決定性意義，而中國古代重視社會教化一派的文學藝術思想均可溯源於孔子。

第一節　孔子人格理想的詩性意味

　　儒家學說本是源於西周典章制度的話語形式，所以有僵化死板甚至壓制人性的一面，這是毫無疑問的。一般說來，儒家士人只要一涉及人與人之間社會關係的問題，就往往顯得比較保守。但是另一方面儒家學說還帶有明顯的詩性特徵，對此許多前輩學人如錢穆、賀麟、方東美等人均曾有過很好的論述[1]。概括前人見解，我們可以從下列幾個方面來看儒學中的這種詩性：

　　第一，孔子的「吾與點也」之志。在《論語·先進》著名的「侍坐章」中，孔子高度讚揚曾皙之志。其志曰：「莫春者，春服既成。

---

[1] 錢穆：《中國文化與中國文學》，見《中國文學論叢》，北京，生活·讀書·新知三聯書店，2002；賀麟：《儒家思想之開展》，見羅義俊編著：《評新儒家》，上海，上海人民出版社，1989；方東美：《中國哲學精神》，見《生命理想與文化類型——方東美新儒學論著輯要》，北京，中國廣播電視出版社，1992。

冠者五六人，童子六七人，浴乎沂，風乎舞雩，詠而歸。」朱熹闡述
這種「曾點之志」說：「曾點之學，蓋有以見夫人欲盡處，天理流行，
隨處充滿，無少欠闕，故其動靜之際，從容如此。而其言志，則又不
過即其所居之位，樂其日用之常，初無捨己為人之意。而其胸次悠
然，直與天地萬物上下同流，各得其所之妙，隱然自見於言外。視三
子之規規於事為之末者，其氣象不侔矣，故夫子歎息而深許之。」[2]
又據《論語‧述而》載，「子之燕居，申申如也，夭夭如也。」對此
二程說：「今人燕居之時，不怠惰放肆，必太嚴厲。嚴厲時著此四字
不得，怠惰放肆時亦著此四字不得，惟聖人便自有中和之氣。」[3]後
世儒者將孔子這種志向與風度稱為「聖賢氣象」。這說明孔子追求一
種瀟灑閒適的生活方式，其主要特徵是沒有任何內在與外在的強制，
人的心靈完全處於一種平和、自由的狀態之中。這種生活方式本質上
乃是一種自由自覺的、藝術化的人生境界，是令人嚮往的生存狀態。

　　第二，「和」的精神。孔子主張「君子和而不同」[4]、「群而不
黨」[5]，以及「禮之用，和為貴」[6]。這是講人與人之間那種既和諧友
好又獨立自主的關係。就整個儒家體系來看，追求「和」的境界可謂
隨處可見——在人與人、人與社會、人與自然、人與萬物的關係中，
儒家都要求著這種「和」的關係。這種無處不在的「和」實際上是一
種精神烏托邦，是一種詩意化的人生理想，在現實社會中是不可能存
在的。儒家之所以提倡這種「和」的精神，正是因為現實的生活中處
處充滿了對立衝突與不和諧，所以在「和」的理想背後隱含著對現實

2　〔宋〕朱熹：《四書章句集注‧論語集注‧先進第十一》。
3　〔宋〕朱熹：《四書章句集注‧論語集注‧述而第七》。
4　《論語‧子路》。
5　《論語‧衛靈公》。
6　《論語‧學而》。

的超越與批判。後來這種精神烏托邦漸漸滲透在樂論、詩論之中，成了一種重要的審美價值。《禮記・樂記》云：「大樂與天地同和。」又說：「樂者，天地之和也。」《禮記・經解》云：「溫柔敦厚，詩教也。」韓昌黎也說：「仁義之人，其言藹如也。」[7]這都是「和」的精神之表現。

　　第三，樂。《論語・雍也》載孔子稱讚顏回云：「賢哉，回也！一簞食，一瓢飲，在陋巷。人不堪其憂，回也不改其樂，賢哉，回也！」二程說：「顏子之樂，非樂簞瓢、陋巷也，不以貧窶累其心而改其所樂也，故夫子稱其賢。」又說：「簞瓢陋巷非可樂，蓋自有其樂爾。『其』字當玩味，自有深意。」[8]那麼這個「其」字究竟有何深意呢？顏回究竟所樂者何事？有人說他「所樂者道」，二程卻說：「若說有道可樂，便不是顏子。」[9]這是什麼意思呢？二程論樂的地方很多，我們不妨再看幾則：「覺物於靜中皆有春意」，又「賢者安履其素，其處也樂」，又「學至涵養其所得而至於樂，則清明高遠矣」。[10]又「中心斯須不和不樂，則鄙詐之心入之矣。此與敬以直內同理。謂敬為和樂則不可，然敬須和樂，只是心中沒事也。」[11]從幾則引文中不難看出，這裡的「樂」不是由具體對象引起的，也就是說並沒有直接的原因。這個「樂」乃是人心本來所應有的狀態，只要「心中沒事」──無功名利祿的關心與機詐陰險的圖謀，人就可以保持心中的自然狀態，這就是「顏回之樂」。所以說這裡孔子所讚揚的是一種無

7　〔唐〕韓愈：《韓昌黎文集・答李翊書》。

8　〔宋〕朱熹：《四書章句集注・論語集注・雍也第六》。

9　〔宋〕朱熹：《伊洛淵源錄・伊川先生》。

10　均見〔清〕張伯行編：《濂洛關閩書》卷八、卷九、卷四。

11　〔宋〕程顥、〔宋〕程頤撰，〔宋〕朱熹輯：《河南程氏遺書》卷第二上《二先生語二上》。

論在怎樣的情況下都平和愉悅的精神狀態。後來宋儒極其看重「孔顏樂處，所樂何事」的問題，也特別重視修煉內心的寧靜與和樂。這種心境無疑是具有詩意性。

總之，先秦儒學的詩性特徵主要來自於其超越現實，指向未來；超越利益關懷，指向精神關懷；超越肉體，指向心靈；超越凡俗，指向高雅；超越一己之私，指向天下眾生的價值取向。這一價值取向乃取決於士人身分的兩重性：既有可能成為社會管理者，又常常是遠離權力中心的平民百姓。這種身分與角色的變動不居就使得儒家士人有可能同時超越這兩種身分，從而指向更高的精神境界。

第二節　孔子話語系統中的「文」與「藝」

在孔子的話語系統中，「文」是一個很重要的概念，這個概念的多重義項及各義項之間的關聯都有著很大的意義闡釋的空間。通過這種意義闡釋，我們可以更深刻地揭示儒家思想的悖論性存在並從一個側面對儒家文藝思想有更進一步的了解。

一、「文」在孔子話語系統中的主要義項

「儒家的文藝思想」這一稱謂大抵上可以為「儒家的詩樂思想」所置換——在先秦時代，詩和樂乃是按今天的分類標準被視為文學藝術這一文化門類的主要形式。而按彼時儒家的標準，詩和樂則是被稱為「文」的符號系統的重要組成部分。在孔子那裡，「文」是一個非常重要的概念，欲真正了解孔子文藝思想的含義與意義就必須了解「文」的含義與意義。但「文」的含義又比較複雜，即使在同一部《論語》中，在不同的語境中，其含義也不盡相同，下面我們就對這個語詞的主要義項分別加以考察，以期從不同角度窺見孔子文藝思想的豐富內容。

　　子曰：弟子，入則孝，出則悌，謹而信，泛愛眾，而親仁。行
　有餘力，則以學文。(《學而》)
　　子以四教：文、行、忠、信。(《述而》)
　　子曰：「文，莫吾猶人也。躬行君子，則吾未之有得。」(《述
　而》)

　　看此三條引文我們可以知道，「文」是與「行」相對而言的一個
概念。在這裡，「行」是指具體行為，包括孝、悌、愛眾、親仁等，
不是單純的道德觀念，而是觀念與行為相統一的道德實踐。對這個
「文」，邢昺、朱熹等古代儒者皆注為「先王之遺文」，即《詩》
《書》等六藝之文。今人則多注為「古代文獻」，基本上是一致的。
綜合古今注家的觀點，我們可以說，在這個意義上的「文」，乃是指
被文字記載下來的古代知識系統。書本上的知識自然是重要的，因為
它們承載著古代聖賢們的思想主張，但相對於躬行踐履而言則是次要
的。這就是孔子主張「行有餘力，則以學文」的原因。在這裡隱含著
一個悖論：「文」與「行」相比應該居於次要地位，這看上去似乎沒
有問題，但是，如果在沒有「學文」的情況下，人們是依靠怎樣的觀
念指導自己的「行」呢？譬如人們根據什麼去躬行「孝」「悌」「愛
眾」「親仁」呢？究竟是先「學文」還是先「行」呢？這些在孔子這
裡的確是個問題，後世儒者關於「知」與「行」孰先孰後的討論，本
質上也是試圖解決這個問題。
　　然而，在孔子這裡「文」卻又不僅僅是指「文獻」或「知識系
統」，它還有更重要的義項，請看下面的引文：

　　子畏於匡，曰：「文王既沒，文不在茲乎？天之將喪斯文也，
　後死者不得與於斯文也；天之未喪斯文也，匡人其如予何？」
　(《子罕》)

子曰：「周監於二代，郁郁乎文哉！吾從周。」（《八佾》）

這兩條引文中的「文」顯然不能僅僅理解為「古代文獻」或「知識系統」。朱熹注「文不在茲」之「文」云：「道之顯者謂之文，蓋禮樂制度之謂。不曰道而曰文，亦謙辭也。」[12]這是很準確的理解。這兩條引文中的「文」不是指書本記載的知識系統，而是指西周時期的禮樂制度——以貴族等級制為核心的政治制度及其相配套的禮儀形式。用馬克思的話說就是包括意識形態在內的整個上層建築。這樣一來，「文」這個概念在孔子的話語系統中就非常重要了，因為孔子一生的最高社會理想便是恢復西周的禮樂制度，使社會按照嚴格的貴族等級制以及相應的價值秩序重新組織起來，此所謂「克己復禮」。在這個意義上說，「文」也就是儒家之「道」的別稱。前引朱注「道之顯者謂之文，蓋禮樂制度之謂。不曰道而曰文，亦謙辭也」。可謂知言之論。唯曰「謙辭」則未必然，蓋語境使然也。

那麼孔子為什麼把社會上層建築稱之為「文」呢？這就與這個字的字義生成與演變相關了。「文」字的本義是指駁雜交錯的色彩，所謂「物相雜，故曰文」[13]。又引申為花紋、紋理，所謂「仲子生而有文在其手」[14]；又引申為文采，所謂「黃裳元吉，文在其中」[15]。蓋文字出現之初，並無命名，後來因其形與物之紋理、花紋近，故以「文」名之。於是「文」又專指文字言，所謂「書同文，車同軌」。《易傳》的作者以「易簡之理」解釋天地萬物，凸現一種空前的抽象性，表現在對「文」的理解與使用上，則是進一步擴大這個概念的外

12 〔宋〕朱熹：《四書章句集注・論語集注・子罕第九》。

13 《周易・繫辭下》。

14 《左傳・隱公元年》。

15 《周易・坤・象傳》。

延，用以解釋天地及人類社會的普遍存在，從而有「天文」之說：

> 《易》與天地準，故能彌綸天地之道。仰以觀於天文，俯以察
> 於地理，是故知幽冥之故。（《繫辭上》）
> 參伍以變，錯綜其數。通其變，遂成天下之文；極其數，遂定
> 天下之象。非天下之至變，其孰能與於此。《易》無思也，無
> 為也，寂然不動，感而遂通天下之故。（《繫辭上》）

「天文」「地理」為互文，乃指「在天成象，在地成形」的一切存在物的現象樣態。可以說，那些人的耳目所能及的、色彩斑斕、千姿百態的物象通稱為「文」。《易傳》的作者認為《周易》之卦象與卦辭是對天地之文的概括，其目的乃在於為「人文」——上層建築，或人類社會的政治制度與文化系統——提供可資借鑑的範本。即所謂「天生神物，聖人則之。天地變化，聖人效之。天垂象，見吉凶，聖人象之。河出圖，洛出書，聖人則之」[16]。這樣一來，「文」就上升為一個高度抽象的概念，與「道」、「理」屬於同一層級，被用來指稱建基於物質存在之上的人類整個政治制度與文化系統。後來劉勰在《文心雕龍・原道》篇中對《易傳》的這一思想有所發揮，其云：

> 文之為德也大矣，與天地並生者何哉？夫玄黃色雜，方圓體
> 分，日月疊璧，以垂麗天之象；山川煥綺，以鋪理地之形：此
> 蓋道之文也。仰觀吐曜，俯察含章，高卑定位，故兩儀既生
> 矣。惟人參之，性靈所鍾，是謂三才；為五行之秀，實天地之
> 心。心生而言立，言立而文明，自然之道也。

16　《周易・繫辭上》。

　　日月星辰為天之文，山川湖海為地之文，人的精神顯現為言語則為人之文。天文、地文、人文均為「道之文」，是自然而然地產生的，具有某種不言自明的必然性。在這裡劉勰道出了《易傳》在與天地之文的比較中談論人文的奧妙所在——為人文，即社會制度與文化系統尋找最終的合法性依據。在古人心目中，「文」是「道」的顯現形式，是看得見、摸得著的「道」。《易》是人的創造，是文化形態，自然是屬於「人文」，它之所以能夠「彌綸天地之道」，乃是因為「仰以觀於天文，俯以察於地理」，可知「天文」、「地理」即「天地之道」在自然界的外在顯現，人通過對天地的觀察即可以窺見大道。「人文」是由仰觀俯察而來，故而根本上乃是「道」在人世間之顯現。因此無論在自然界還是在人世間，「文」實際上都是「道」的可見形式。「天地之道」顯現於人世間便是作為政治制度與文化系統之總名的「文」。如此看來，後世儒家文人有「文以明道」、「文以載道」、「文以貫道」、「文與道俱」等說法，不約而同地堅持「文」和「道」之間的緊密聯繫，可以說是淵源有自的。進一步來看，儒家對「文」的語義的空前擴展為統治階層的政治制度建設和文化建設提供了合法性依據，因為這種建設並非純粹的人為，實為法天之舉，故不唯重要，而且神聖。從這個角度說，儒家思想從骨子裡就是為統治者服務的，並不為過。當然，統治階層的制度建設與文化建設必須符合儒家的標準才會被歸之於「文」的範疇。

　　《易傳》的作者未必真像古人認為的那樣是孔子本人，據許多學者的觀點，應是戰國時期的儒家學者。但我們依然有理由認為在上述引文中孔子對「文」這個概念的理解與前面分析的《易傳》的觀點是一致的。當然，作為一個有著強烈現實關懷與政治理想的思想家，孔子並不是從認識論或客觀知識論的意義上來使用「文」這個概念的，或者說，它並不是要在純粹的學理層面弄清楚「天文」、「人文」之間

的關係，而是要為西周的禮樂文化尋找某種最終的合法性，使之具有某種神聖色彩。因此孔子的「文」就不是一個抽象的哲學概括，而是有著明確的價值指向的：這個「文」乃是以儒家之道為內涵的，具體言之，就是指堯、舜、禹、湯、文、武及周公等古代聖王建立的禮樂制度與相應的文化觀念系統。其核心便是嚴格的貴族等級制以及與之相應的、為確證這種等級制而制定的繁文縟禮。孔子本人出身於古老的貴族家族，受到過系統的貴族教育，儘管他本人事實上已經不再具有真正的貴族身分，但是從骨子裡他是以貴族自居的，他所確立的人格理想與道德原則從根本上說乃是從貴族文化中獲得資源的。西周確立並一直延續到春秋時期的那套貴族等級制與禮樂文化在孔子的心目中一直具有某種神聖性質。

儒家的文藝思想，確切說是關於詩與樂的思想，無疑是隸屬於「文」的系統的，因此儒家對於文藝的要求，從孔子到康有為，本質上都是一種政治性的，是工具主義的，他們賦予了文藝過多的責任與使命。

二　從「文」看孔子思想的悖論性存在

然而那種曾經是（至少儒家如此認為）活生生的、令人神往的政治制度與文化系統的「文」，在孔子的時代卻僅僅剩下古代文獻了，成了少有人問津的書本知識。這是孔子所痛心疾首的。他一生的追求就是要沿波討源——把書本知識還原為現實存在，因此從作為文獻資料和書本知識的「文」入手，最終建立起作為禮樂制度的「文」，乃是孔子思想的基本邏輯。

在這裡孔子一開始就陷入一個明顯的悖論之中，這是他一生的悲劇之根本原因：作為知識系統的「文」是對作為現實制度之「文」的

記錄或反映，換言之，離開了現實的禮樂制度，那套知識系統就成了無根之物。孔子的目的是重建現實的社會秩序，而他所採取的手段卻是作為這種現實秩序之派生物的文化系統，這種倒因為果的路數是注定難以奏效的。孔子的悖論並非個別現象，而是反映出先秦士人階層的悖論性境遇：他們被拋入到春秋戰國之際的亂世之中，既沒有昔日貴族們的政治、經濟特權，又沒有庶民們世代相襲的謀生本領（所謂「農之子恆為農、工之子恆為工、商之子恆為商」），他們唯一擁有的就是一些文化知識。這種古代流傳下來的文化知識賦予了這個階層遠大的理想和反思的精神，使他們對價值失範、動盪不寧的現實狀況極為不滿，極欲變之而後快。這就形成了他們「以天下為己任」的社會責任感和歷史使命感。同樣，擁有文化知識這唯一的特長也決定了他們改造社會的方式與手段——試圖通過文化建構來實現政治變革。於是他們闡述經典、著書立說、授徒講學、奔走遊說，不遺餘力地兜售自己的思想學說，希望從教育人、改造人（當然主要是君主和執政者）入手進而改造社會。這也就是以孔子為代表的儒家試圖憑藉道德倫理教化的手段來達到政治目的的原因。手段是道德倫理的、溫情脈脈的，目的是政治的、冰冷嚴酷的，換言之，試圖通過宣揚作為文化符號或知識形態的「文」，來實現作為禮樂制度的「文」，這就是孔子的邏輯。這裡的問題在於：這兩個「文」原本是緊密融合在一起，不可分拆的，到了孔子這裡卻要把其符號系統當做手段，而把價值內涵作為目的，希望從前者推衍出後者，這當然是不可能的。

　　孔子當然也意識到了這種悖論性，於是他試圖在這兩個「文」——作為書本知識的「文」與作為政治制度與文化系統的「文」——之間找到一個中介，從而解決手段與目的的斷裂問題。這個中介就是「行」——對書本上記載的古代思想道德觀念的自覺恪守與踐行。這個「行」主要有兩層含義：

　　第一，君主和執政者們要以身作則，把自己改造為一個像古代的堯、舜、禹、湯、文、武那樣的聖賢之人。孔子深信「正己」方能「正人」的道理，認為天下百姓們的所作所為都是看著上面的，所謂「上行下效」。只要最高統治者做到了「為政以德」，能夠真正嚴於律己，臣民們就會像眾星拱月一樣跟隨他、效法他，於是一切問題都會迎刃而解了。因此一部《論語》有相當大的篇幅是教執政者如何做人與為政的。

　　第二，士人們要自我修養，努力成為躬行君子，即所謂「先行其言而後從之」[17]。這就是說，士人們肩負著向上匡正執政者的責任，承擔著向下教化庶民百姓的義務，但他們要實現這樣的責任和義務不能僅僅靠「說」，而更要靠「行」。也就是說，自己要先做到，然後再去說服別人。一部《論語》有相當大的篇幅是教士人們如何自我砥礪，自我提升，去爭做君子的，但在孔子的文化邏輯鏈條中，做君子並不是最終目的，而同樣是手段——改造君主、教化百姓，最終達到改造社會政治之理想的手段。

　　悖論性的社會境遇導致了以孔子為代表的士人階層在手段和目的之間的錯位，於是作為他們思想代表的諸子百家大都不可避免地成為烏托邦主義者（只有法家和縱橫家例外）。具有目的與手段雙重身分的「文」也就自然而然地帶上了烏托邦的性質。在中國古代，特別是儒家那裡，「文」始終都是具有強烈烏托邦色彩的話語形態。

　　孔子的文藝思想——主要是關於詩歌和音樂的思想——只有在這個「文」的系統中才是可以被理解的。詩樂在孔子心目中從來就不是作為審美對象而存在的，它們始終是工具——實現政治目的的工具。我們知道，孔子對詩樂的這種工具主義的而不是審美主義的定位並不

---

17 《論語・為政》。

是他的獨創，事實上，被孔子贊為「郁郁乎文哉」的西周禮樂文化中的詩歌和音樂原本就不是作為審美對象而存在的。孔子對這種「文」——西周的制度與文化——充滿無限嚮往之情，故而自然而然也就繼承了對於詩樂的這種工具主義理解。但是二者的情況又不盡一致：由於時代文化歷史語境的差異以及言說者身分的差異，這種對詩樂的工具主義理解也就有所不同。據現在可信的文獻資料記載，西周的政治制度是貴族等級制，其核心之點是建立在分封制度基礎上的「世卿世祿」之制，也就是貴族們在經濟、政治上擁有合法的特權地位。與這種制度相應的禮樂文化的主要內容是一套又一套形式繁複的儀式，這種儀式表現於大到祭祀天地、先祖、朝會宴饗，小到日常交接乃至家庭生活的方方面面。由於詩和樂在這種儀式中占有重要位置，所以可以說禮樂儀式本身在今天看來具有很強的審美的性質，或者乾脆說這種儀式就是一種審美形式。但是其功能卻是直接的政治性的——它時時刻刻提醒著人們注意自己的身分，不要弄錯了自己在貴族等級序列中的位置，從而使這種等級制得到確認和強化。周公「制禮作樂」（根據傳統的說法）是一項十分成功的文化建設工程，同時也是十分成功的政治制度建設工程。作為文化建設，其深層意義和價值指向都是政治性的；作為制度建設，其表現形式又是藝術的或者審美的。通過審美的方式——雍容典雅的儀式場景、華麗妙曼的音樂和歌舞——來達到確證貴族等級制這一赤裸裸的政治目的，這就是西周禮樂文化的奧妙所在。

孔子的情況則有所不同。毫無疑問，對西周禮樂文化頂禮膜拜的孔子當然非常希望自己也可以建構起一套融合審美形式與政治內容的制度文化，使天下從無序歸於有序。但是他所見到的禮樂文化畢竟已經不是西周那種與政治制度密切融合的政治性的、制度化的國家意識形態了，在他這裡禮樂文化僅僅是一套符號系統而已，是缺乏生命活

力的知識形態。他的傳承者與宣導者也不再是周公那樣的執政者，而是無拳無勇的布衣之士。於是孔子不得不調整策略：弱化了對詩樂等文藝形式直接的政治功用的要求，突出了對其倫理教化意義的強調。在孔子為代表的儒家看來，詩樂等首先是用來感化人、教育人，引人向善的。通過詩樂的薰陶教育，培養起人們的君子人格，然後再由這些人格高尚的君子來實現政治上的社會改造。於是在儒家這裡就形成了這樣一條路線：以詩樂等藝術形式為主要手段的人格教育──君子人格的形成──實現改造社會的政治目的。這就是所謂「克己復禮」的過程。「克己」是自我改造，是人格提升，是「達己達人」的過程，此為手段；「復禮」是全面恢復西周時期的政治制度從而實現社會的有序化，此為目的。詩樂等藝術形式被孔子安排為這一過程的一個不可或缺的環節，從而被賦予了極為重要的政治倫理功能。

　　通過以上分析我們看到，「文」在孔子的話語系統中絕不是一個可有可無的東西，它表徵著儒家治國平天下的理想與策略。但是無論孔子和其它儒家們如何凸現「文」的價值，其居於「次要」地位的實際都是無法否認的：作為手段，「文」在孔子話語系統中的地位永遠不可能超越目的。例如與「行」相比，「文」就是居於第二位的，只有「行有餘力」才會去學文。由於在孔子的時代「文」不是作為實際的社會意識形態存在的，而只是一套離開了現實依傍的符號系統，故而無論孔子如何強調它的意義，都不能掩蓋其外在性、形式性的事實，也就是說，孔子也非常清楚「文」的虛幻性質。正是由於這個原因，在孔子的觀念裡又有著「文」與「質」的分別。他說：

　　　質勝文則野，文勝質則史。文質彬彬，然後君子。（《雍也》）
　　　棘子成曰：「君子質而已矣，何以文為？」子貢曰：「惜乎！夫子之說君子也，駟不及舌。文猶質也。質猶文也。虎豹之鞹猶犬羊之鞹。」（《顏淵》）

　　從這兩條引文可見，在孔子和他的弟子們的觀念中，「文」除了作為「書本上的」、「知識形態的」而與「行」相比處於次要地位之外，還因為作為「外在的」、「表面的」而與「質」相比也處於次要地位。這與「巧言令色，鮮矣仁」之說、「剛毅、木訥，近仁」之說，都有著相通之處，表達一種重實際而輕形式的價值標準。在這裡有一點需要說明：嚴格說來「文、行、忠、信」之「文」與「文不在茲」之「文」、「文質彬彬」之「文」三者並不是同一個概念，它們各自有著不同的內涵與外延，但是，毫無疑問，這三個「文」又有著極為密切的關聯性，它們在意義的生成過程中彼此之間是相互滲透的。我們正是要在作為不同概念的「文」之間尋找其關聯性，從而對孔子乃至儒家的文藝思想背後隱含的複雜性有一個比較深入的理解。

　　於是我們看到了孔子的矛盾：一方面他對那套保存於文獻資料中的西周禮樂文化推崇備至，並以之為最高社會理想；另一方面他又清醒意識到這套禮樂文化畢竟只是觀念中的價值秩序而非社會中實際存在的價值秩序，因此他寄希望於人們的自我修養，這種自我修養的本質是對那套觀念中的價值秩序的自覺認同與躬行踐履。於是「行」或「質」便在孔子的話語系統中獲得某種重要性。這種重要性並不意味著「行」或「質」在任何情況下都要高於「文」，而只是說明「文」作為知識形態或符號系統的價值不如它作為內化於人的實踐行為的價值。換言之，「行」或「質」只是因為它是人們依據「文」來行動才具有價值的。因此歸根結底，「文」的價值還是最根本的、第一位的。從孔子開始，在兩千年的儒家文化發展演變過程中，都呈現出這樣一種情形：儒生是社會各種身分的人群中最重視外在形式的，是最講究儀式的，也就是說，是最重視「文」的，但是從漢儒到宋儒再到清代的樸學家，他們又是最喜歡把「行」、「質」、「實」這類字眼掛在口頭的。諸如「修齊治平」、「通經致用」、「知行合一」、「實學」等，

無不把實用目的置於首位。從社會分工來說，以儒生為代表的古代知識階層的主要任務是文化的傳承與意識形態的建構；而從他們自身的身分認同來說，他們的歷史使命則是「治國平天下」。這種實際的社會身分與他們自己的角色預期之間的錯位就造成他們的話語矛盾：「文」本來是他們賴以存在的依據，是生存之本，但是他們又不滿足於此，總是試圖賦予「文」以超出其可能範圍的功能。這是孔子和他代表的儒生以及整個中國古代知識階層的悖論性存在，也是整個中國古代主流文化的悖論性存在。

在孔子的心目中「文」固然有著崇高的地位，但在現實中他時時面對的「文」卻都是書本知識而非實際社會存在。因此孔子所建立的儒學雖然是對這一「文」的系統的繼承（所謂「刪述六經」、「述而作」云云），但畢竟不能僅僅停留在對「文」的解釋與講述之上，孔子根據實際的需要為之增加了許多新的因素[18]。所謂「新的因素」乃是指孔子為達到使流傳下來的作為書本知識的西周文化落實為實際的社會價值而提出的種種措施與主張。我們看下面兩條引文：

> 子以四教：文、行、忠、信。（《述而》）
> 子曰：「從我於陳、蔡者，皆不及門也。德行：顏淵、閔子騫、冉伯牛、仲弓。言語：宰我、子貢。政事：冉有、季路。文學：子游、子夏。」（《先進》）

此文、行、忠、信之四教，亦可歸於德行、言語、政事、文學所謂孔門四科。蓋「文」與「文學」義同，指古代文獻；「行」可涵蓋

---

18 這裡所謂「實際的需要」是指孔子欲使「文」從書本知識變為現實價值秩序的迫切要求。如前所述，這裡存在著目的與手段之間的錯位。

言語、政事[19]；「忠」、「信」則均為德行之屬。由此「四科」和「四教」可見，孔子開創的儒學，按照孔子本人「克己復禮」的理路，應該是這樣一個邏輯順序：文或文學固然是古代文獻，是書本知識，但同時又是作為儒家最高社會理想之藍本而存在，因此在四者之中居於至高無上的地位。其它三項皆為實現「文」之手段。然而「文」這種至高無上的位置只是在邏輯上才是成立的，在實際上，由於「文」所指示的古代貴族等級制社會已然無法重現，因而儒家們極力標榜的「文」也就只能是作為文獻資料或書本知識存在著。這一點在孔子心目中已經是很清楚了。他知道自己「祖述堯舜、憲章文武」的雄心壯志是無法實現的。這就使得「文」在孔門四科之中實際上是處於末位。只是作為道德修養、政治活動之餘才從事的事情。如前所述，這正是儒家學說的悖論性存在之所在。

與孔子和他所代表的儒家相反，在先秦，墨家、道家和法家對「文」的態度是截然相反的，這也從一個側面反映出「文」的烏托邦性質。墨家講「非樂」，原因很簡單，就是因為它沒有實際的用途，即「與君子聽之，廢君子聽治；與賤人聽之，廢賤人之從事」，而且還「虧奪民衣食之財」。[20]道家則認為「文」的產生本身就是人心不古、道德淪喪的結果，故而「文滅質，博溺心，然後民始惑亂，無以反其性情而復其初」[21]。這就是說，「文」是對人的本性的遮蔽，它的存在不僅無益於人的生存，而且還使人生活在惑亂與虛假之中。法家則從「文」對「法」的危害的角度來否定其價值，即「儒以文亂法，

---

19 言語指諸侯、大夫之間聘問交接之際的「專對」，乃外交行為；政事即指政治事務而言，自然亦屬於「行」的範圍。

20 《墨子・非樂》。

21 《莊子・繕性》。

俠以武犯禁……文學者非所用，用之則亂法」²²。墨、道、法三家對
「文」的否定性評價雖然出於不同角度，但都說明「文」在當時已經
是一套不切實際的知識系統，而不再是實際的制度和支配著人們行為
的觀念系統了。

　　正是因為「文」成了永遠無法實現的烏托邦，因此儒生們才會以
「文」作為自己終生的職業。這一點在漢代的經生那裡表現得最為突
出。無論是經今文學還是經古文學，都是對那些烏托邦文本的解讀，
微言大義也罷，章句訓詁也罷，都無法直接轉換為現實價值。

　　有人曾經說過，中國古代也有好的東西，只可惜都是在書本上。
意思是說，中國傳統社會實際上是很黑暗的，是人吃人的，但是在文
人士大夫的筆下又總有許多光輝燦爛之物，諸如道德高尚的聖人、賢
者、君子，朝乾夕惕、宵衣旰食、與民同樂的君主，路見不平、拔刀
相助的俠客，為民請命、抗顏犯上的清官，林林總總，目不暇接。但
實際上多半都是假的。這種觀點或許有偏激之處，但無疑也說出了某
種實情。在中國古代，歷史敘事的虛假性與文學敘事的假定性有著深
層的一致性，都是「文」之傳統的產物。被古代文人士大夫奉為至寶
的那個「文」，的確有濃厚的烏托邦色彩，這在孔子那裡已然如此了。
文人士大夫們為了給現實君主和執政者樹立榜樣，就會採用「神化書
寫」方式，把一些人和事神聖化。也就是用一種道德化書寫來進行歷
史敘事，把傳說和歷史上的人物按照既定的道德準則或褒或貶，使歷
史敘事成為一部道德教科書，歷史人物都按照道德譜系被排列起來。
明瞭了這層意思，我們在讚歎古代讀書人良苦用心的同時，也要保持
足夠的警惕，不要被他們那套話語建構所迷惑，誤以為都是真的。

　　在中國古代「文」作為以儒家為代表的知識階層的話語建構雖然

---

22 《韓非子·五蠹》。

從來沒有從書本直接落實為現實，但是它對現實的影響卻是不容小覷
的。如果說「文」是代表著一種理想化價值取向的「力」，人們的實
際現實需要和欲望是代表另外一種價值取向的「力」，那麼經過這兩
種方向不同的「力」的角逐之後，人們在實際生活中奉行的乃是第三
種「力」所指示的方向。借用恩格斯的話說，這第三種「力」是前面
兩種「力」所構成的「力的平行四邊形」的對角線，是一種「合
力」。奉行這種價值觀念的人，對於君主來說其實就是那種「外儒內
法」式的人物，依靠仁義道德的說辭和嚴刑峻法的手段來維持統治；
對於庶民百姓來說，則是那種既為個人利益所左右，又顧及鄉黨輿
論，做事瞻前顧後、謹小慎微的人；對於讀書人來說，則是那種好面
子，重形式，善於文過飾非，好高騖遠、志大才疏式的人物。所以毋
庸諱言，我們的祖先開創的這一「文」的話語系統不僅帶有一種中看
不中用的特性，而且具有很嚴重的虛偽性。我們在繼承傳統文化的過
程中應該充分意識到其消極的一面。

第三節　孔子的詩歌功能論

一　孔子詩歌功能論賴以存在的文化語境

我們知道，春秋戰國是一個「禮崩樂壞」的時代。「禮崩樂壞」
不僅僅是指西周的典章制度受到破壞，而更主要的是表明了在三百年
的西周貴族社會中形成的那套曾經是極為有效的、被視為天經地義的
價值觀失去了合法性。這就出現了「價值真空」的局面。人們都是按
照自己的利益行事，不再相信任何普適性的道德和信仰的價值規範。
韓非所說的「上古競於道德，中世逐於智慧，當今爭於氣力」[23]，正

---

23 《韓非子・五蠹》。

是指這種情形而言。各諸侯國的統治者們都奉行實力政策，全副精神用於兼併或反兼併的政治、外交和軍事活動，根本無暇顧及意識形態的建設。於是那些處於在野地位的士人思想家就當仁不讓地承擔起建構新的社會價值觀念體系，即為天下立法的偉大使命。從主體角度看，士人思想家要充當立法者還因為他們的確擁有立法的資本：這個特殊的社會階層在政治、經濟方面可以說一無所有，卻唯獨擁有文化知識和智慧。他們試圖干預社會的方式也就由此決定。於是建構社會價值觀念體系，使社會從無序而達到有序，從而實現自身的價值就成為他們最佳的也許是唯一的選擇。諸子百家都是以立法者的姿態現身的，從歷史的角度看，他們的區別僅表現於各自所立之「法」的不同價值取向以及最終是否能夠取得合法性上。

那麼以孔子為代表的士人思想家們為自己的立法行為所採取的策略和價值取向是怎樣的呢？我們這裡只考察一下儒家的情況。

如前所述，西周禮樂文化的直接繼承者是儒家士人。表面看來，儒家士人是士人階層中最為保守的一部分，實際上他們與主張徹底拋棄禮樂文化的道家以及主張用夏禮的墨家並無根本性區別，他們都是在建構一種社會烏托邦，目的是為社會制定法則。區別僅在於：儒家是要在廢墟的基礎上，利用原有的材料來建構這個烏托邦，而道家、墨家則是要重新選擇位址來建構它。所以儒家也不是什麼復古主義。由於儒家同樣是要建構烏托邦，所以他們就必然要對那些原有的建築材料——西周的文化遺存進行新的闡釋，賦予新的功能；又因為他們畢竟是借助了原有的建築材料，所以他們的烏托邦也就必然留有舊建築的痕跡。這兩個方面都在儒家關於詩歌功能的新闡發中得到表現。

孔子對詩歌功能的理解與詩歌在西周至春秋時期的實際功能已然相去甚遠。例如對詩歌的儀式化作用，主要是其溝通人神關係的功能，孔子就基本上沒有論及。本來《頌》詩和二《雅》的一部分是在

各種祭祀儀式中用來「告於神明」的樂舞歌辭，這可以說是詩歌在西周官方意識形態中最早的也是最基本的功能了。但是聲稱「周監於二代，郁郁乎文哉！吾從周」的孔子卻對詩的這種重要功能視而不見。這是什麼原因呢？其實很簡單：在孔子的時代詩歌原有的那種溝通人神關係的功能已經隨著西周貴族制度的轟毀而蕩然無存了。而孔子的言說立場也不再是處於統治地位的貴族立場，而是處於民間地位的士人立場。在西周的文化歷史語境中，詩歌作為人神關係中的言說方式實際上負載著強化既定社會秩序、使貴族等級制獲得合法性的重要使命。而對於孔子所代表的儒家士人來說，重要的是建構一種新的社會烏托邦，而不是強化已有的社會秩序。

但是對於詩歌原有的溝通君臣關係的功能孔子卻十分重視，他說：「詩可以興，可以觀，可以群，可以怨。邇之事父，遠之事君；多識鳥獸草木之名。」[24]詩如何可以「事君」呢？這裡主要是靠其「怨」的功能。孔子將「怨」規定為詩歌的基本功能之一，是對西周之末、東周之初產生的那些以「怨刺」為主旨的「變風變雅」之作的肯定。「怨」不是一般地發牢騷，而是向君主表達對政事不滿的方式，目的是引起當政者重視而有所改變。所以，孔安國認為「怨」是指「怨刺上政」，是比較合理的解釋；朱熹將其釋為「怨而不怒」就明顯隔了一層。「怨刺上政」並不是單方面地發洩不滿情緒，而是要通過「怨」來達到某種影響「上政」的目的。這樣才符合「事君」的原則。我們知道，在西周至春秋中葉之前，在貴族階層之中，特別是君臣之間的確存在著以詩的方式規勸諷諫的風氣。《毛詩序》所謂「上以風化下，下以風刺上，主文而譎諫，言之者無罪，聞之者足以戒，故曰風」。或許並不是想當然的說法，而是對古代貴族社會內部

---

24 《論語·陽貨》。

某種制度化的溝通方式的描述──詩歌被確定為一種合法的言說方式，用這種方式表達不滿即使錯了也不可以定罪。

所以孔子對詩歌「怨」的功能的強調並不是賦予詩歌新的功能，而是對詩歌原有功能的認同。孔子雖然已經是以在野的布衣之士的身分言說，但是他的目的卻是要重新建立一種理想的政治秩序，所以對於西周文明中某些方面還是要有選擇的保留的。

詩歌在春秋時期政治生活中那種獨特的作用即「賦詩明志」，大約是西周時期貴族內部那種以詩歌來進行溝通的言說方式的某種泛化。根據《左傳》《國語》等史籍記載，在聘問交接之時通過賦詩來表達意願並通過對方的賦詩來了解其意志甚至國情，成了普遍的、甚至程序化的行為。賦詩的恰當與否有時竟成為決定外交、政治、軍事行動能否成功的關鍵。儘管「賦詩明志」的文化現象與孔子的價值取向並無內在一致性，但是對於詩歌這樣實際存在的特殊功能孔子卻不能視而不見。所以他教導自己的兒子說：「不學詩，無以言。」[25]又說：「誦《詩》三百，授之以政，不達；使於四方，不能專對；雖多，亦奚以為？」[26]這裡「無以言」的「言」，顯然是「專對」之義，指外交場合的「賦詩明志」。孔子這裡提倡的是詩歌的實用功能，與儒家精神無涉。所以隨著詩歌的這種實用功能的失去，孔子之後的儒家如子思、孟子、荀子等人那裡再也無人提及它了。

孔子畢竟是新興的知識階層的代表人物，他對詩歌的功能自然會有新的闡發。他之所以不肯放棄對詩的重視是因為儒家的基本文化策略是在原有文化資源的基礎上進行建構而不是另起爐灶；而他之所以要賦予詩歌新的功能是因為他畢竟代表了一種新的文化價值取向。

25　《論語・季氏》。
26　《論語・子路》。

　　孔子對詩歌功能的新闡發，或者說賦予詩歌新的功能主要表現在將詩歌當做修身的重要手段上。《為政》說：「《詩三百》，一言以蔽之，曰：思無邪。」「思無邪」本是《魯頌‧駉》中的一句，是說魯僖公養了很多肥壯的戰馬，這是很好的事情，這裡並不帶有任何的道德評價的意味，但是在孔子這裡卻被理解為「無邪思」之義。朱熹說：「『思無邪』，《魯頌‧駉》篇之辭。凡詩之言，善者可以感發人之善心，惡者可以懲創人之逸志，其用歸於使人得其情性之正而已。然其言微婉，且或各因一事而發，求其直指全體，則未有若此之明且盡者。故夫子言《詩》三百篇，而惟此一言足以盡蓋其義，其示人之意亦深切矣。」程子曰：「『思無邪』者，誠也。」[27]這裡當然有宋儒的傾向，但是大體上是符合孔子本意的。這可由其它關於詩的論述來印證。其云：「興於詩，立於禮，成於樂。」[28]漢儒包咸注「興於詩」云：「興，起也。言修身當先學詩。」[29]朱熹注云：「興，起也。《詩》本性情，有邪有正。其為言既易知，而吟詠之間，抑揚反覆，其感人又易入。故學者之初，所以興起其好善惡惡之心而不能自己者，必於此而得之。」[30]可知漢儒、宋儒持論相近，都是孔子將詩歌作為修身的必要手段。孔子又說：「人而不為《周南》《召南》，其猶正牆面而立也與？」[31]意思是說一個人只有學習了《周南》《召南》才會懂得修身齊家的道理，才會做人，否則就會寸步難行。同樣是將詩歌作為修身的手段。在孔子看來，西周時期的禮樂文明主要在於它是一種美善人性的表現，而不在於其外在形式。所以他說：「禮云禮云，玉帛云

27　〔宋〕朱熹：《四書章句集注‧論語集注‧為政第二》。

28　《論語‧泰伯》。

29　〔清〕劉寶楠：《論語正義》卷九引。

30　〔宋〕朱熹：《四書章句集注‧論語集注‧泰伯第八》。

31　《論語‧陽貨》。

乎哉？樂云樂云，鐘鼓云乎哉？」[32] 按照孔子的邏輯也完全可以說：「詩云詩雲，文字云乎哉？」——詩歌的意義不在於文辭的美妙，而在於其所蘊涵的道德價值。

　　由此可見，原本或是祭祀活動中儀式化的樂舞歌辭，或是君臣上下溝通方式，或是民間歌謠的詩歌，在孔子這裡被闡發為修身的必要手段。詩歌原本具有的那些功能：貴族的身分性標誌、使既定社會秩序合法化以及溝通上下關係、聘問交接場合的外交辭令等，在孔子的「立法活動」或價值重構工程中都讓位於道德修養了。那麼孔子為什麼要將修身視為詩歌的首要功能呢？這是一個極有追問價值的問題，因為這個話題與孔子所代表的那個知識階層的身分認同直接相關，同時也是一種「立法」的策略。對此我們在這裡略作探討。

　　孔子所代表的這個被稱為（亦自稱為）「士」的知識階層是很獨特的一群人。依照社會地位來看他們屬於「民」的範疇，沒有俸祿，沒有職位，不像春秋以前的作為貴族的「士」那樣有「世卿世祿」的特權。他們之所以能夠成為一個獨立的社會階層唯一的依據就是擁有文化知識。此外他們可以說一無所有。但是這個階層卻極為關心天下之事，都具有強烈的政治干預意識。這或許是他們秉承的文化資源即西周的王官文化所決定的；或許是因為他們生存在那樣一個戰亂不已、動盪不安的社會現實中，希望靠關心天下之事、解決社會問題來尋求安定的社會環境，從而解決自己的生存問題。不管什麼原因，這個階層的思想代表們——諸子百家都是以天下為己任的，都試圖為這個瀕於死亡的世界提供療救的良藥。

　　諸子百家之學本質上都是救世的藥方。那麼如何才能救世呢？

　　首先就是為這個混亂無序的世界制定法則。所以諸子百家實際上

人人都在扮演立法者的角色。如果說老莊之學的主旨是要將自然法則實現於人世間，即以自然為人世立法，那麼儒家學說則是要在西周文化遺留的基礎上改造原有的社會法則。在充當立法者這一點上老莊孔孟以及其它諸家並無不同。那麼，他們憑什麼認為自己是立法者呢？或者說，他們是如何將自己塑造為立法者這樣一種社會角色的？

儒家的策略是自我神聖化。我們知道，儒家是在繼承西周文化的基礎上來建構自己的學說的，商人重鬼神，周人重德行，所以他們就抓住了一個「德」字來為自己的立法者角色確立合法性。看西周典籍如《周書》以及《周易》《周頌》《周官》等，周人的確處處講「德」。如《洪範》講「三德」、《康誥》講「明德慎罰」、《酒誥》講「德馨香祀」、《周禮》講「六德」、《周頌・維天之命》講「文王之德之純」等。這都說明周人確實是將「德」當做一種最重要的、核心的價值觀看待的。周人的所謂「德」是指人的美德，也就是在人際關係中表現出來的一種恭敬、正直、勤勉、勇毅、善良的品質。蓋西周政治是以血親為紐帶的宗法制度，所以要維持貴族內部的和諧團結就必須有一種統一的、人人自覺遵守的倫理規範。「德」就是這種倫理規範的總體稱謂。孔子對周人遵奉的倫理規範加以改造，使之更加細密、系統，從而建構起一種理想化的聖賢人格。仁義禮智、孝悌忠信是這種理想人格的基本素質。這八個字可以說是孔子教授弟子的最基本的內容，同時也是儒家士人自我神聖化的主要手段。例如「君子」本來是對男性貴族的統稱，例如《詩・魏風・伐檀》的「彼君子兮，不素餐兮」之謂就是指貴族而言。但是到了孔子這裡「君子」就成了一種道德人格：有修養、有操守的人稱為君子，反之則是小人。例如他說：「君子之於天下也，無適也，無莫也，義之與比。」又說：「君子懷德，小人懷土。君子懷刑，小人懷惠。」又說：「君子喻於義，

小人喻於利。」[33]孔子要求他的弟子都要做君子，不要做小人。君子、小人之分暗含著對立法權的訴求：我是君子，所以我有權為天下制定法則。

所以孔子對聖賢人格或君子人格的建構過程同時也就是證明自己立法活動之合法性的過程。而且這種君子人格所包含的價值內涵實際上也就是孔子所欲立之「法」的重要組成部分。這樣立法活動與證明立法權之合理性的活動就統一起來了。這真是極為高明的文化建構策略。然而無論孔子的策略如何高明，在當時的文化歷史語境中他的立法活動都是無效的，因為除了儒家士人內部之外他再也沒有傾聽者了。他的價值觀念無法得到社會的認同，因此也就無法真正獲得合法性。但是作為一種完整的話語系統，孔子的思想在後世得到了最為廣泛、最為長久的普遍認同，同時孔子本人也被後世儒者繼續神聖化，直至成為人世間一切價值的最高權威。

孔子在為天下立法過程中建構起的話語體系可以說是中國古代最早的精英文化。孔子及其追隨者為了維護這種精英文化的純潔性，極力壓制、貶低產生於民間的下層文化。因為只有在與下層文化的對比中方能凸顯出精英文化的「精英」性來。這一點在孔子對「雅樂」的維護與對「鄭聲」即「新樂」的極力排斥上充分地表現出來。他說：「惡紫之奪朱也，惡鄭聲之亂雅樂也，惡利口之覆邦家者。」[34]這裡所謂「雅樂」是指西周流傳下來的貴族樂舞，其歌辭便是《詩經》中的作品。這類詩樂的特點按孔子的說法是「樂而不淫，哀而不傷」的，是可以感發人的意志，引導人向善的。「鄭聲」則是產生於鄭地的民間新樂，其特點是「淫」，即過分渲染感情的。

---

33 《論語・里仁》。
34 《論語・陽貨》。

　　孔子通過對「雅樂」與「鄭聲」的一揚一抑、一褒一貶確立了儒家關於詩歌評論的基本原則，凸現了精英文化與民間文化的根本差異，並確立了精英文化的合法地位。實際上，如果「鄭聲」僅僅是一種自生自滅的民間文化，孔子恐怕也沒有興趣去理睬它。看當時的情形，「鄭聲」這種民間藝術似乎頗有向上層滲透的趨勢，甚至有不少諸侯國的君主都明確表示自己喜歡「新聲」，而不喜歡「雅樂」。也就是說，「新聲」以其審美方面的新奇與刺激大有取代「雅樂」的趨勢。孔子是精英文化的代表者，為了維護精英文化的合法性，就必然會貶抑民間文化，這裡並不完全是由於價值觀上的差異。孔子凸顯精英文化之獨特性的根本目的還是要與統治者的權力意識及民間文化區分開來，以便充分體現儒家學說作為「中間人」的文化角色，如此方可代天下立言。

二　孔子對詩歌功能的新認識

　　下面讓我們來看在孔子對《詩經》的理解中是如何貫穿這種文化角色以及這種文化角色是如何影響到孔子的詩學觀念的。這可不是個小事情，因為影響了孔子的詩學觀念也就等於影響了兩千多年的中國古代詩學。

　　據《史記・孔子世家》記載，孔子曾經將原有的三千多首詩作「去其重」，編訂為後來《詩經》的規模。於是便有了歷代相傳的孔子刪詩的說法。自清代以來，疑者蜂起。人們懷疑的理由很充分：據《左傳》《國語》等史籍的記載，在孔子之前《詩經》基本上已經具備了後來的規模。而且孔子本人也有「《詩三百》」的說法。如此看來，孔子「刪詩」之說是不能成立的。以理度之，由於孔子授徒講學是以《詩》《書》等為基本教材的，所以他很可能對這些在傳承中難

免出現舛錯、混淆以及多種傳本的典籍進行過一定程度的整理校訂。他嘗自稱「述而不作，信而好古」[35]。這個「述」字除了傳述、教授之意外，恐怕還包含著整理的含義。正如他在魯國史書的基礎上整理、加工出《春秋》一書一樣，他自己也說：「吾自衛返魯，然後樂正，《雅》《頌》各得其所。」[36]後世儒者的孔子「刪詩」、孔子「作《春秋》」以及孔子為了「託古改制」而創制「六經」等種種說法，大約均係由此捕風而來。

不管孔子是否真的對《詩經》進行過整理加工，都絲毫不影響他在詩學觀念上的偉大貢獻。我們完全可以說，孔子是中國古代第一個對詩歌功能做出全面、深刻闡述的思想家。但是，孔子的詩學觀念又是十分複雜的，以往人們對這種複雜性往往缺乏足夠的認識，當然也就談不上深入理解了。在筆者看來，孔子詩學的這種複雜性主要來自於他對詩歌功能的認定乃是出於不同的文化語境，或者說，是出於對詩歌在歷史流變中呈現出的多層次、多維度的政治文化功能的兼收並蓄。而貫穿其中的一條主線則是對《詩經》充當「中間人」的意識形態功能的堅持。還是先讓我們看一看孔子是如何論及詩歌功能的吧！

一、興於詩，立於禮，成於樂。（《泰伯》）

二、人而不為《周南》《召南》，其猶正牆面而立也與？（《陽貨》）

三、誦《詩》三百，授之以政，不達；使於四方，不能專對，雖多，亦奚以為？（《子路》）

四、不學《詩》，無以言。（《季氏》）

---

35 《論語·述而》。

36 《論語·子罕》。

　　五、小子何莫學夫《詩》？《詩》可以興，可以觀，可以群，

　　　　可以怨。邇之事父，遠之事君；多識鳥獸草木之名。(《陽

　　　　貨》)

　　以上五條是孔子對於《詩》的功能的基本看法。如果我們稍稍進
行一下比較就不難發現，這些功能實際上並不是處於同一層面的，它
們並不是同一文化歷史語境的產物，簡單說，它們並不都是可以同時
存在的。這種情形是如何形成的呢？為了解決這個問題，我們就必須
進一步追問：這些看法是怎樣形成的呢？是孔子對詩歌在實際的政治
文化生活中之作用的概括總結，還是他寄予詩歌的一種期望？是他個
人對詩歌功能的理解，還是當時普遍的觀念？

　　上引一、二兩條毫無疑問是講修身的。對於「興於詩」，朱熹注
云：「興，起也。《詩》本性情，有邪有正。其為言既易知，而吟詠之
間，抑揚反覆，其感人又易入。故學者之初，所以興起其好善惡惡之
心而不能自己者，必於此而得之。」[37]朱熹的意思是由於《詩》是人
的本性的呈現，所以具有激發人們道德意識的功能。關於第二條，歷
代注家皆以為「不為《周南》《召南》」，即意味著不能自覺進行道德
修養，因此就像面牆而立一樣，寸步難行。然而考之史籍，修身實非
詩歌的固有功能。據《周禮》《禮記》記載，詩歌的確是周人貴族教
育的重要內容。但是在西周，詩與樂結合，同為祭祀、朝覲、聘問、
燕享時儀式的組成部分，屬於貴族身分性標誌的重要方面。而在春秋
之時，詩則演化為一種獨特的外交辭令，更不具有修身的意義。所以
孔子在這裡所說的修身功能乃是他自己確定的教育綱領，當然也是他
授徒講學的實踐活動所遵從的基本原則。因此孔子關於詩歌修身功能

────────────────

37 〔宋〕朱熹：《四書章句集注・論語集注・泰伯第八》。

的言說可以說是他與弟子們構成的私學文化語境的產物，在當時是沒有普遍性的。根據孔子的道德觀念與人格理想，他的修身理論的主要目的是要將人改造成為能夠自覺承擔溝通上下、整合社會、使天下有序化的意識形態的人：在君主，要做到仁民愛物、博施濟眾；在士君子，要做到對上匡正君主，對下教化百姓；在百姓，則要做到安分守己、敬畏師長。總之，家庭和睦、天下安定、人民安居樂業乃是孔子修身的最終目的。後來儒家大講特講的「修、齊、治、平」，正是對孔子精神合乎邏輯的展開。孔子基於「修身」的道德目的來理解《詩》，就必然使他的「理解」成為一個價值賦予的過程。無論一首詩的本義如何，在孔子的闡釋下都會具有道德的價值——這正是後來儒家《詩經》闡釋學的基本準則。

　　第三、四條是講詩歌的政治功能。看看《左傳》《國語》我們就知道，這是春秋時普遍存在的「賦詩言志」現象的反映。《左傳》一書記載的「賦詩」活動有三十餘次，其中最晚的一次是定公四年（前506）楚國的大夫申包胥到秦國求援，秦哀公為賦《無衣》。這一年孔子已經四十五歲。這說明在孔子生活的時代，「賦詩言志」依然是貴族的一項受到尊重的並具有普遍性的才能。儘管在《論語》中沒有孔子賦詩的記載，但我們可以想見，在他周遊列國的漫長經歷中，一定也像晉公子重耳那樣，所到之處，與各國君主、大夫交接之時常常以賦詩來表情達意的。這樣，孔子對詩的「言」或「專對」功能的肯定就是彼時大的文化歷史語境的產物，具有某種必然性。倘若在孟子或荀子那裡依然強調詩歌的這一功能，那就顯得莫名其妙了。這種對《詩》的工具主義的使用，按照孔子的思想邏輯，是不會予以太大的關注的，因為他歷來主張「辭，達而已矣」，並認為「剛毅木訥，近仁」，「巧言令色，鮮矣仁」。但是由於在他生活的時代利用詩歌來巧妙地表情達意乃是極為普遍的現象，而且在某種意義上還是貴族身分

的標誌，所以他也不能不對詩歌的這種功能予以一定程度的肯定。

第五條是孔子關於詩歌功能的最重要的觀點，其產生的文化語境也最為複雜。關於「興」，孔安國說是「引譬連類」，朱熹注為「感發志意」。以理度之，朱說近是。此與「興於詩」之「興」同義，是講修身（激發道德意識）的作用。關於「觀」，鄭玄注為「觀風俗之盛衰」，朱熹注為「考見得失」，二說並無根本區別，只是側重不同而已。這是一種純粹的政治功能。關於「群」，孔安國注為「群居相切磋」，朱熹注為「和而不流」。二說亦無根本差異，只是朱注略有引申，而這種引申非常符合孔子本意。孔子嘗云：「君子矜而不爭，群而不黨。」朱熹注云：「和以處眾曰群。」[38]可見這個「群」具有和睦人際關係之意。這是講詩歌的溝通交往功能。關於「怨」，孔安國注為「怨刺上政」，朱熹注為「怨而不怒」，意近。這也是講詩歌的政治功能。

如此看來，「興、觀、群、怨」涉及詩的三個方面的功能。關於修身功能已如前述，不贅。關於溝通、交往功能則《荀子・樂論》有一段關於音樂功能的言說堪為注腳。其云：

> 故樂在宗廟之中，君臣上下同聽之，則莫不和敬；閨門之內，父子兄弟同聽之，則莫不和親；鄉里族長之中，長少同聽之，則莫不和順。故樂者，審一以定和者也……

這裡所說的「樂」是包含著「詩」在內的。在荀子看來，「樂」的偉大功能是調節各種人際關係，使社會變得更加和睦、團結。這正是孔子「群」的本義。

---

38 〔宋〕朱熹：《四書章句集注・論語集注・衛靈公第十五》。

　　關於政治功能，孔子是從兩個角度說的：一是執政者的角度，即所謂「觀」，也就是從各地的詩歌之中觀察民風民俗以及人們對時政的態度。在《孔子詩論》中有「《邦風》其內物也博，觀人俗也」[39]之說，可以看做是對「興、觀、群、怨」之「觀」的展開。二是民的角度，即所謂「怨」，亦即人民對當政者有所不滿，通過詩歌的形式來表達。《孔子詩論》云：「賤民而怨之，其用心也將何如？曰：《邦風》是也。民之有戚患也，上下之不和者，其用心也將何如？」[40]這是對「怨」的具體闡釋。從這裡可以看出，孔子對詩歌這種「怨」的功能十分重視，並且認為「怨」的產生乃是「上下不和」所致。而「怨」的目的正是欲使「上」知道「下」的不滿，從而調整政策，最終達到「和」的理想狀態。由此可以看出「興、觀、群、怨」說的內在聯繫。

　　這樣看來，孔子對詩歌功能的確認共有四個方面：修身、言辭、交往、政治。這四種功能顯然是不同文化歷史語境的產物，是《詩經》作品在漫長的收集、整理、傳承、使用過程中漸次表現出的不同面目的概括總結。這種對詩歌功能的相容並舉態度，是與孔子本人的文化身分直接相關的。如前所述，孔子祖上是宋國貴族，他本人也曾在魯國做過官，有著大夫的身分，他晚年也受到魯國執政者的尊重，被尊為「國老」。這些都使他常常自覺不自覺地站在官方的立場上說話。但是，他畢竟又是春秋末年興起的民間知識階層（即士階層）的代表，具有在野知識分子與生俱來的批判意識與自由精神，同時他作

39 李學勤釋文，參見李學勤：《詩論的體裁和作者》，見上海大學古代文明研究中心、清華大學思想文化研究所編：《上博館藏戰國楚竹書研究》，上海，上海書店出版社，2002，第60頁。

40 王志平釋文，參見王志平：《詩論箋疏》，見上海大學古代文明研究中心、清華大學思想文化研究所編：《上博館藏戰國楚竹書研究》，上海，上海書店出版社，2002，第211頁。

為傳統文化典籍的傳承者、整理者，作為最為博學的西周文化的專家，對先在的文化遺產懷有無比虔誠的敬意。這樣三重身分就決定了孔子對詩歌功能的理解和主張是十分複雜的。作為現實的政治家，他不能不對在當時普遍存在於政治、外交甚至日常交往場合的「賦詩」現象予以足夠的重視，所以他強調詩的言說功能；作為新興的在野士人階層的思想家，他對於自身精神價值的提升十分重視，深知「士不可不弘毅，任重而道遠」的道理，故而時時處處將道德修養放在首位。對於長期存在於貴族教育系統中的《詩三百》，孔子也就自然而然地要求它成為引導士人們修身的手段。而他的社會批判精神也必然使其對詩歌的「怨刺」功能予以充分的重視。最後，作為西周文化的專家和仰慕者，孔子對《詩三百》在西周政治文化生活中曾經發揮過的重要作用當然心嚮往之。而溝通君臣、父子、兄弟乃至貴族之間的關係，使人們可以和睦相處，使社會安定有序正是詩樂曾經具有的最重要的社會功能，是周公「制禮作樂」的初衷。[41]因此對於詩歌溝通、交往功能的強調對孔子來說就具有了某種必然性。總之，孔子言說身分的複雜性使之對詩歌功能的理解與強調也具有複雜性，這種複雜性也表現於孔子思想的方方面面。

在「興、觀、群、怨」四項功能之中，後三者最突出地表現了孔子對《詩》的意識形態功能的強調。「觀」實際上是對統治者的要求，即要他們通過詩歌來了解民情，從而在施政中有所依據，也就是要求統治者充分尊重人民的意願與利益。「怨」是對人民表達意願的權利的肯定，是鼓勵人民用合法的方式對執政者提出批評。至於「群」，則更集中地體現了意識形態「中間人」的獨特功能，是對於和睦、有序的人際關係的籲求。

---

41 對於詩歌的這種社會功能我們在後面將有深入探討，這裡暫不展開。

　　孔子將《詩經》作品在不同文化歷史語境中曾經有過或者可能具有的功能熔於一爐，其目的主要是使之在當時價值秩序開始崩壞的歷史情境中，承擔起重新整合人們的思想、溝通上下關係，建構一體化的社會意識形態的歷史使命。將社會實際問題的解決寄託於某些文化文本的重新獲得有效性之上——這正是以孔子為代表的儒家思想家的烏托邦精神之體現。所以對於《詩》《書》《禮》《樂》等文化典籍，孔子都是作為現實的政治手段來看待的。他說：「先進於禮樂，野人也；後進於禮樂，君子也。如用之，則吾從先進。」[42]包咸注云：「『先進』、『後進』，謂仕先後輩。禮樂因世損益，『後進』與禮樂，俱得時之中，斯君子矣。『先進』有古風，斯野人也。」[43]朱熹注云：「『先進』、『後進』，猶言前輩、後輩。野人，謂郊外之民。君子，謂賢士大夫也。程子曰：『先進於禮樂，文質得宜，今反謂之質樸，而以為野人。後進之於禮樂，文過其質，今反謂之彬彬，而以為君子。蓋周末文勝，故時人之言如此，不自知其過於文也。』」[44]根據這些注文我們可以知道，孔子之所以「從」被時人視為野人的「先進」，根本上是因為其奉行之禮樂質重於文，亦即重視實用而輕視形式。而「君子」的禮樂則相反，過於重視形式而忽視了實用。孔子感歎：「禮云禮云，玉帛云乎哉？樂云樂云，鐘鼓云乎哉？」[45]也正是強調禮樂的實用功能。孔子天真地以為，只要西周的文化典籍得以真正傳承，那麼西周的政治制度也就自然而然地得到恢復。實際上，儘管這些典籍曾經就是現實的政治制度，可是到了孔子時代早已經成為純粹的文化文本了。一定的經濟、政治制度可以產生相應的文化文本，而

42　《論語・先進》。

43　〔清〕劉寶楠：《論語正義》卷十四引。

44　〔宋〕朱熹：《四書章句集注・論語集注・先進第十一》。

45　《論語・陽貨》。

流傳下來的文化文本卻不能反推出它當初賴以產生、現在已經崩壞的經濟、政治制度。這是先秦的儒家思想家所無法意識到的，也是先秦儒家知識分子的悲劇性命運的根本原因之所在。

除了關於詩歌功能的主張之外，孔子關於詩歌審美特徵的觀點也是先秦詩學中至關重要的組成部分。《論語》中涉及詩歌審美特徵的有如下幾則：

一、子曰：「《師摯》之始，《關雎》之亂，洋洋乎盈耳哉！」（《泰伯》）

二、子在齊聞《韶》，三月不知肉味，曰：「不圖為樂之至於斯也。」（《述而》）

三、子謂《韶》，「盡美矣，又盡善也。」謂《武》，「盡美矣，未盡善也。」（《八佾》）

四、子曰：「《關雎》，樂而不淫，哀而不傷。」（《八佾》）

其中第一、二條是講詩樂的審美感染力，可以證明孔子對於詩樂有著很高的審美鑒賞能力，也可以證明詩樂在實現其意識形態功能的同時也還具有審美方面的功能。第三條是孔子關於詩樂的最高評價標準，這是道德價值與審美價值相統一的準則，此後一直是儒家關於文學藝術的基本評判標準。第四條是關於詩歌在表情達意方面的準則——適度，即有克制地表達情緒。這也是後世儒家最基本的文學價值觀之一。這一條與孔子所追求的「中間人」式的意識形態功能聯繫最為緊密。特別是「哀而不傷」之說，如果和前面談到過的「怨」聯繫起來看，我們不難看出這實際上是對處於被支配地位的臣民們如何表現「怨」之情緒所規定的標準。按照孔子的這一標準，臣民百姓有權向執政者表達自己對時政的不滿，可以用詩的方式「怨刺上政」，

這是對被統治者權利的維護。但是這種不滿之情又不可以表現得過於
強烈，一定要適度才行。為什麼表情達意要受到這樣的限制呢？這是
孔子所追求的那種意識形態功能所決定的：這種意識形態的根本目的
是溝通上下關係，使不同階層的人和睦、有序地生活於一個共同體之
中。要達到這樣的目的，不同階層之間的有效交流是最重要的。所謂
有效交流，是說既要讓下層民眾有機會表達自己的意見、宣洩自己的
不滿情緒，又要使統治者能夠接受批評，從而調整政策。這樣才能使
統治者與被統治者之間的矛盾得到緩解而不是激化。因此孔子要求雙
方都做出讓步：統治者能夠傾聽意見，被統治者能夠剋制情緒。這便
是漢儒所說的「上以風化下，下以風刺上，主文而譎諫。言之者無
罪，聞之者足以戒，故曰風」[46]。孔子和後世儒者大講所謂「中庸之
道」與這種意識形態建構的目的直接相關，而儒家「中和之為美」的
審美原則生成的深層原因也正在於此。在中國古代，特別是先秦時
期，一種看上去純粹的審美觀念，往往實際上蘊涵著深刻的意識形態
內涵。

---

46 《毛詩序》。

第二十四章
孟子的文藝思想

　　孟子是儒家心性學說的主要開創者之一。如果說在孔子那裡「性與天道不可得而聞」，那麼在孟子這裡「性善」之說就成為其整體思想的核心與起點。他的「仁政」「王道」的社會理想，「知言養氣」「存心養性」的人格理想，都是建立在「人性本善」的基礎之上的。與孔子一樣，孟子的文藝思想也與其整體思想密不可分。

第一節　孟子對儒家學說的發展

　　我們知道，孔子的時代是士人階層形成的初期，同時也是士人自我意識開始覺醒的時期。因為這個階層是最敏感並且善於思考的社會階層，所以即使他們還不夠成熟，卻已經有了清醒的自我意識。例如孔子說的「士志於道，而恥惡衣惡食者，未足與議也」[1]；「行己有恥，使於四方不辱君命，可謂士矣」[2]；「切切偲偲，怡怡如也，可謂士矣」[3]；「士而懷居，不足以為士矣」[4]；以及曾子所說的「士不可不弘毅，任重而道遠」[5]；等等，都是士人階層的自我意識，是他們的角色認同。

1　《論語・里仁》。
2　《論語・子路》。
3　《論語・子路》。
4　《論語・憲問》。
5　《論語・泰伯》。

　　到了孟子，這種士人階層的自我意識又有了進一步發展。他說：「無恆產而有恒心者，惟士為能；若民，則無恆產因無恒心。」[6]又說：「志士不忘在溝壑，勇士不忘喪其元」，「士之失位也，猶諸侯之失國家也」，「士之仕也，猶農夫之耕也」[7]；又有「士不託於諸侯」及「一鄉之士」、「一國之士」、「天下之士」[8]之說。這都說明孟子和孔子一樣，都對於「士」的社會角色與文化身分有著極為清醒的認同，這是士人階層自我意識最為突出的表現。這種自我意識認為，士人階層乃是社會的精英，肩負著拯救這個世界的偉大使命。在他們看來，除了士人階層之外，世上再沒有什麼力量有能力完成這一偉大使命了。他們應該嚴格要求自己，自我砥礪，正是欲使自己的品德與才能足以適應肩負的使命。所以孟子十分自信地說：「如欲平治天下，當今之世，舍我其誰也？」[9]先秦士人思想家，無論哪家哪派，大抵都懷有這樣一種豪邁的志向。總體言之，孟子對孔子的發展主要表現在下面幾個方面：

　　第一，在政治理想方面，孟子較之孔子更加具有烏托邦色彩。孔子當然也是一個烏托邦的建構者，他的「克己復禮」表面上是恢復西周的禮樂制度，實際上卻是謀劃一種新的社會價值體系，「仁」——其體為內在的道德意識，其作用為和睦的人際關係——是這個價值體系的核心。但是孔子畢竟較多地借助了西周的文化資源，其「正名」之說、「是可忍孰不可忍」之歎以及「君君、臣臣、父父、子子」之論都令人感到一種復古主義的濃烈味道。也就是說，孔子的烏托邦精神是隱含著的。孟子則不然，他雖然有時也不免流露出對所謂「三代

6　《孟子・梁惠王上》。
7　《孟子・滕文公下》。
8　《孟子・萬章上》。
9　《孟子・公孫丑下》。

之治」的嚮往，但是其對社會制度的想像性籌畫卻是純粹的烏托邦：
「制民之產」（「五畝之宅、百畝之田」）的經濟政策、「與民同樂」的
君主政治、「老吾老以及人之老、幼吾幼以及人之幼」的人際關係、
用「仁義」統一天下的「王道」策略，都是極為美好的設想，是士人
烏托邦精神的集中體現。這是因為西周時期的政治制度在孟子的時代
較之孔子之時破壞得更加徹底，故而即使是儒家士人也已經失去了恢
復周禮的信心，只能建構更加純粹的烏托邦了。

　　第二，在人格理想方面，孟子同樣與孔子有了很大的不同。孔子
所描畫的人格境界基本上是一種君子人格：彬彬有禮、謙恭平和、從
容中道，能夠做到「己所不欲，勿施於人」。至於聖人境界，在孔子
看來，即使是堯舜這樣的人也還有所不足，更遑論他人了。在孟子這
裡成聖成賢的信心似乎遠比孔子充足。他心中的理想人格主要的特徵
是：如果說孔子追求的人格境界還主要是有良好道德修養的即遵循禮
教的君子，那麼，孟子所追求的則主要是特立獨行的豪傑之士。所謂
「志士不忘在溝壑，勇士不忘喪其元」說的是一種無所畏懼的勇武精
神；所謂「富貴不能淫，威武不能屈，貧賤不能移」的「大丈夫」也
說的是一種不屈不撓的勇武精神。顯然，孟子的人格理想少了一點
「文質彬彬」，多了一點雄豪剛猛。

　　第三，在人格修養的工夫上，孔子注重詩書禮樂與文行忠信的教
育，強調由外而內的學習過程，也就是所謂「切問而近思」與「下學
而上達」；孟子則強調存心養性的自我修習、自我提升的過程，亦即
「反身而誠，樂莫大焉」。如果說「禮」在孔子那裡還是最主要的行
為準則，那麼到了孟子價值觀念系統中，「禮」已經不再處於核心的
位置了。相反，倒是在孔子那裡「不可得而聞」的「心」與「性」成
了孟子學說中的核心範疇。在先秦諸子中孟子是最關注心靈的自我錘
鍊、自我提升的思想家了。在他看來，「心」不僅是能思之主體，而

且是最終的決斷者：一個人究竟能夠成為怎樣的人完全取決於「心」的自由選擇。他說：「耳目之官，不思而蔽於物，物交物，則引之而已矣。心之官則思，思則得之，不思則不得也。此天之所與我者，先立乎其大者，則其小者弗能奪也。此為大人而已矣。」[10]用現代學術話語來表述，孟子的邏輯是這樣的：人具有得之於天的先驗道德理性，它構成心靈的潛意識。一個人如果自覺地發掘培育這種道德潛意識，他就可以成為一個高尚的人；反之，如果他一味為感官的欲望所牽引，其先驗的道德理性就會被遮蔽，他就會淪為低級趣味的人。但是道德理性不會自己培育自己，它同樣是被選擇的對象。這就需要有一個選擇的主體做出最終的決定，這就是「心」。「心」依據什麼來做出最終的選擇呢？這是孟子未能解決，也是後世歷代儒家始終未能真正解決的問題。但是這並不意味著他們沒有自己的解釋。聯繫思孟學派以及宋儒的觀點，儒家對這一問題的解釋是：有一種特殊的人能夠自覺到先驗的道德理性並予以培育，這樣的人就是聖人。孟子說：「誠者，天之道也；思誠者，人之道也。」[11]《中庸》也說：「自誠明，謂之性；自明誠，謂之教。」又說：「誠者，天之道也；誠之者，人之道也。誠者不勉而中，不思而得，從容中道，聖人也。誠之者，擇善而固執之者也。」這就是說，聖人不用選擇就可以按照先驗道德理性行事，常人則需要做出選擇然後努力去做方可。也就是要「博學之，審問之，慎思之，明辨之，篤行之」。那麼常人為什麼能夠做出這樣的選擇而避免物欲的遮蔽呢？當然是靠榜樣的力量，也就是向聖人學習。這就是宋儒津津樂道的「作聖之功」。而聖人的意義也就在於主動地啟發常人向著這個方向努力，這也就是「以先覺覺後

---

10 《孟子‧告子上》。

11 《孟子‧離婁上》。

覺，以先知覺後知」。這樣一來，由於設定了「聖人」這樣一種特殊的人，儒家的難題就迎刃而解了。所以，如果說在孔子的話語系統中聖人是那種「博施於民而能濟眾」的偉大君主，那麼，到了思孟學派這裡聖人實際上就成了一個邏輯起點，即推動整個存心養性、完成人格過程的「第一推動者」。所以，從社會文化語境的角度來看，聖人實際上就是最高的「立法者」，也就是儒家士人思想家自我神聖化的產物，本質上就是他們自己。所以，如果說「道」是士人階層價值體系的最高體現，那麼，「聖人」就是他們人格理想的最高體現，二者的共同點在於：都是士人階層干預社會、實施權力運作的有效方式。

「性」是孔子不大關注而孟子極為重視的另一個重要範疇。在孔子那裡只說過：「性相近也，習相遠也。」[12]意指人們的本性本來差不多，只是後來的修習將人區分開來了。觀孔子之意，似乎以為人的本性本來無所謂善惡，一切都是後天影響或自我選擇的產物。孔子這樣說顯然是為了突出教育和學習的重要性。然而到了孟子，就大講其「性善」之論了。孟子的邏輯是這樣的：人的本性原是純善無惡的，只是由於物欲的遮蔽與牽引人們才誤入歧途，滋生出惡的品行。善的本性植根於人「心」，即思考、辨別、反省的先驗能力，這是「不學而知」、「不學而能」的「良知」、「良能」。能夠導致惡的物欲則基於人的諸種感官，即人的肉體存在。孟子的意思是要通過強化前者來抑制後者，從而完成人的人格，最後落實為社會紛爭的徹底解決。後來宋儒提出「天命之性」與「氣質之性」的二元論，在根本上是完全符合孟子的邏輯的。說到這裡，很容易令我們想起被人們稱為「二十世紀最偉大的人道主義者」的德裔美籍學者埃里希・弗羅姆關於人的潛能與善惡關係的論述：

---

12 《論語・陽貨》。

如果說毀滅性確實一定是作為一種被禁錮的生產性能量而發展來的話，那麼，把它稱作人的本性中的一種潛能似乎也是對的。那麼，這是否必然推出善與惡是人身上具有同等力量的潛能之結論呢？……一種潛在性的現實化依賴於現有的某種條件，比如說，就種子而言，就依賴於適宜的土壤、水分和陽光。事實上，潛在性的概念除了與它的現實化所需的特殊條件相聯繫之外，是毫無意義的……如果一個動物缺乏食物，它就無法實現其潛在性的生長，而只會死去。那麼，我們可以說，種子或動物具有兩種潛能，從每一種潛在性中都可以推出某些在以後的發展階段上產生的結果：一種是基本的潛能，只要適宜的條件出現，它就會實現；另一種是次要的潛能，如果條件與實存的需要相對，它就會實現。基本潛能與次要潛能兩者都是一個有機體之本性的組成部分……使用「基本的」和「次要的」這些語詞是為了表示，所謂「基本的」潛能發展是在正常條件下發生的，而「次要的」潛能卻只能在不正常的病態條件下才能顯示其存在。

……我們已經表明，人不是必然為惡的，而只是在缺乏他生長和發展的適宜條件的情況下才是為惡的。惡並沒有它自己的獨立存在，惡是善的缺乏，是實現生命之失敗的結果……在下面的篇幅裡，我將努力表明，正常的個體在其本身就擁有去發展、去生長、去成為生產性的存在的傾向，而這種傾向癱瘓的本身就是精神病態的症候。[13]

　　弗羅姆關於人性善惡的分析的方式當然不同於孟子，但是他們都

---

13 〔美〕埃里希・弗羅姆：《自為的人——倫理學的心理研究》，萬俊人譯，北京，國際文化出版公司，1988，第191-192頁。

是旨在尋求一種使人性正常發展的途徑。如果用弗羅姆的兩種潛能說來考察孟子的性善論，我們也可以將其所謂「性」理解為人的「基本潛能」，而將「蔽於物」的「耳目之官」理解為「次要潛能」。兩種「潛能」都存在於人的身上，不同的條件導致它們或者實現出來，或者被壓抑下去。至於說到「適宜的條件」則實際上是一個歷史的範疇，在不同的具體時期應該有不同的表現，因為善與惡本身就是一對歷史的範疇。

孟子為什麼會如此重視對「性」的探討呢？這是由其學說的基本價值取向所決定的。在孔子的時代，由於西周禮樂文化在儒家士人心目中還畢竟是一種具有誘惑力的價值系統，所以他們就將這種文化當做建構新的價值體系的話語資源和模仿對象。儘管已經是「禮崩樂壞」了，但是禮樂文化的合理性依然是自明的，至少在儒家士人心中是如此。所以他們不必花力氣去證明西周文化合理性的依據是什麼。

在孟子的時代一切都不同了，由於「聖王不作，處士橫議」的局面早已形成，士人思想家中普遍存在著一種懷疑主義的、批判的意識，任何一種學說都無法借助自明性的邏輯起點來獲得認同了。所以孟子就必須證明為什麼只有實行「仁政」才能拯救世界，人們為什麼有必要去「求放心」、去「存心養性」以及憑什麼說每個人通過自己的自覺修養就能夠成為君子甚至聖人。「人性本善」就是他整個思想體系的根基所在。孔子到西周文化中尋求話語建構的合法性依據，孟子則到人的心中去尋找這種依據——這是這兩位儒學大師的主要區別所在。

第四，在最終的價值本原問題上，孟子的追問深入到了人與天地自然的同一性上，孔子則僅限於人世的範圍。毫無疑問，孔子和孟子的話語建構本質上都是對價值秩序的建構，而不是為外在世界命名、分類、編碼的認知性活動。所以他們的話語建構都有一個價值本原的

問題：人世間一切價值的最終根基何在？孔子將這種追問限定在人世間，所謂「子不語怪力亂神」[14]，「不知生，焉知死」[15]，「夫子之文章可得而聞也，夫子之言性與天道不可得而聞也」[16]，等等，都說明孔子的視野是集中在人世間的人倫日用與典章制度之上的。細觀孔子之論，實際上是將「性」看做無善無惡的。孟子卻不然。如前所述，孟子的學說是以「人性本善」為邏輯起點的。因為人心之中本來就有善根，故而方可「存」可「養」、能「放」能「求」。但是這裡還是存在著一個無法迴避的問題：何以人竟會存在這種與生俱來的善之本性呢？孟子解決這個問題的辦法是向天地自然尋求人世價值的最終本原。他說：

> 盡其心者，知其性也。知其性，則知天矣。存其心，養氣性，所以事天也。夭壽不貳，終身以俟之，所以立命也。[17]

朱熹釋云：

> 心者，人之神明，所以具眾理而應萬事也。性則心之所具之理，而天又理之所從以出者也。人有是心，莫非全體。然不窮理，則有所蔽而無以盡乎此心之量。故能極其心之全體而無不盡者，必其能窮夫理而無不知者也。既知其理，則其所從出，亦不外是矣。

---

14 《論語・述而》。
15 《論語・先進》。
16 《論語・公冶長》。
17 《孟子・盡心上》。

又釋「立命」云：

> 謂全其天之所付，不以人為害之。

又引二程云：

> 心也，性也，天也，一理也。自理而言謂之天，自稟受而言謂
> 之性，自存諸人而言謂之心。

又引張載云：

> 由太虛有天之名，由氣化有道之名，合虛與氣有性之名，合性
> 與知覺有心之名。[18]

　　看孟子的原文與朱、程、張三人的解釋，我們大體可以明白孟子
於天地自然之中尋求最終價值本原的理路：天地自然的存在本身就是
純善無惡的，這是一個前提。人之性即是天地自然之固有特性在人身
上的顯現，但是人由於常常受到物欲的牽引而不能自然而然地依照稟
之於天的「性」行事，所以需要人自覺地存養修習。人尋求自己的本
性並充分發揮它的各種潛能的過程也就是「知天」——了解天地自然
的固有特性和「事天」——依據天地自然的特性行事的過程。簡言
之，人要按照天地自然的固有法則立身處世，並且在這個前提下盡最
大可能來實現自己的潛能，這就是孟子的主旨所在。這樣一來，孟子
所理解的「天」，即天地自然的法則究竟是什麼就成為至關重要了。

18　〔宋〕朱熹：《四書章句集注・孟子集注・盡心章句上》。

如果這個法則是指萬事萬物的自在本然性或無為而無不為的特性，那麼孟子就與老莊沒有什麼區別了。所以我們要了解孟子對於「天」的理解就必須在儒學的語境中才行。考之儒家思想，「天」或「天地」最明顯的特性乃是「生」。《周易‧繫辭下》云：「天地絪縕，萬物化醇。男女構精，萬物化生。」又云：「天地之大德曰生。」《序卦》云：「有天地，然後萬物生焉。」《彖傳》云：「天地感而萬物化生。」在《易傳》看來，天地化生萬物的過程表現為陰陽的相互作用，所以《繫辭上》說：「一陰一陽之謂道，繼之者善也，成之者性也。」由此可知，儒家之所以將天地作為人世價值的最高本原，是因為天地具有化生萬物的特性。儒家認為人們自覺地繼承天地的這種特性，就是最大的善。這種繼承不是像道家主張的消極的順應，而是積極的參與。與孟子思想關係最為密切的《中庸》說：

> 唯天下至誠，為能盡其性；能盡其性，則能盡人之性；能盡人之性，則能盡物之性；能盡物之性，則可以贊天地之化育；可以贊天地之化育，則可以與天地參矣。

這些觀點都可以看做是孟子談及「天」時的具體語境。我們來看看孟子的說法。《公孫丑上》說：「夫仁，天之尊爵也，人之安宅也。」朱熹注云：

> 仁、義、禮、智，皆天所與之良貴。而仁者，天地生物之心得之最先而兼統四者，所謂「元者善之長也」，故曰尊爵。在人則為本心全體之德，有天理自然之安，無人欲陷溺之危。人當常在其中，而不可須臾離者也，故曰安宅。[19]

---

19 〔宋〕朱熹：《四書章句集注‧孟子集注‧公孫丑章句上》。

這就是說，人的先驗的道德理性，即仁義禮智等，是得之於天的，是天地的「生物之心」在人身上的表現，所以在孟子看來，這種得之於天的「天爵」較之那得之於君主的「人爵」（公卿大夫）要尊貴得多。依據孟子的邏輯，人是天地生生化育的產物，所以人之性與天地萬物之性就具有根本上的同一性，人們通過對內心的反省追問就可以覺知萬事萬物的道理。這就是所謂：「萬物皆備於我矣。反身而誠，樂莫大焉。」[20]總之，人的一切價值都是得之於天的，是人與天的相通之處。天具有化生萬物的偉大品性，人要效法天，就必須做到「親親而仁民，仁民而愛物」[21]。「仁民而愛物」——這就是孟子仁政學說的核心。而人與人、個人與社會、人與自然矛盾的徹底解決正是人類迄今為止最為偉大、高遠的共同理想。

從以上分析可知，孟子的話語建構是在努力尋求人之所以為人以及人之所以能夠成為仁義之人的最終依據，也就是價值本原。這無疑是對孔子學說的深化。孔子主要還是著眼於整理人世間的倫理規範，還沒有來得及對這種主要參照於周禮的倫理規範之合理性問題在學理上予以充分的關注。孔孟二人都是以立法者的姿態言說的，不同之處在於：孔子的立法活動主要以先前的思想資料為合法性依據，而孟子則以人與天地萬物的內在一致性為最終依據。那麼是什麼原因造成孟子和孔子之間的這種差異呢？在筆者看來，主要是由於文化空間的變化。我們知道，孔子的時代原來那種一體化的官方意識形態儘管已經是支離破碎，私學已經興起，但是比較系統並且有較大影響、能夠與儒學分庭抗禮的學說卻還沒有產生。[22]在這樣的文化空間之中所彌散

---

20 《孟子‧盡心上》。

21 《孟子‧盡心上》。

22 那些被認為與孔子同時或早於孔子的思想家們，如管仲、子產、晏子、老子、少正卯等人或者根本就沒有出現在孔子的視野之中，或者並不是作為思想家而是作為政

的還是宗周禮樂文化的碎片。孔子作為第一個試圖將這些碎片重新組合為一個整體的士人思想家，其言說方式就必然充分顯示一個「立法者」的特點：單向度的、傳教式的或自言自語式的。他最為關注的只是各種各樣的社會現象，而不是別人的言說。

在孟子的時代情況就大不相同了：「聖王不作，諸侯放恣，處士橫議。楊朱、墨翟之言盈天下。」[23]實際上除了楊朱、墨翟之外，其它諸子之學也都形成氣候，大家各執一說，互不相服。[24]由於出現了眾多的「立法者」，不同的「法」之間就必然會有衝突、牴牾以至彼此消解。在這種情況下孟子要為世間立法就成為極為困難的一件事了：除了說明應該如何之外還必須說明為什麼，就是說除了有「法律條文」本身，還要有「法的理論」相輔助，否則你的言說就不會獲得他人的認同。這樣的文化空間就迫使孟子必須以論辯者的姿態來掃蕩各種「異端邪說」，並且要建立自己話語系統的邏輯起點與最終價值依據。用孟子自己的話來說就是：

> 昔者禹抑洪水而天下平，周公兼夷狄、驅猛獸而百姓寧，孔子成《春秋》而亂臣賊子懼……我亦欲正人心，息邪說，距詖行，放淫辭，以承三聖者。豈好辯哉？予不得已也。[25]

治家的身分出現的。這說明託名為他們的那些著作或學說都是孔子之後才出現的，他並沒有看到。很難想像，如孔子曾經讀到過老子的《道德經》會在自己的言談中絲毫也不涉及它。

23 《孟子・滕文公下》。

24 孟子之時老莊之學、名辨之學、陰陽之學、農家之學、法家之學都漸漸成熟，並形成很大的影響。楊、墨之學只是相對而言影響更大而已。孟子「天下之言，不歸於楊，則歸於墨」之說乃是誇張的說法。

25 《孟子・滕文公下》。

　　孔子的言說面對的主要是「亂臣賊子」——那些為了一己之欲而破壞原有社會價值秩序的諸侯大夫們。到了孟子之時如果按照孔子的標準天下諸侯卿大夫沒有哪個不是「亂臣賊子」了，因為他們早已不再遵奉宗周的禮樂制度了。所以孟子除了猛烈抨擊那些為了滿足貪欲而「爭城以戰，殺人盈城；爭地以戰，殺人盈野」「率野獸以食人」的諸侯君主之外，大量的力氣都用在批判「異端邪說」和論證自己學說的合理性上了。這樣一來，孟子的學說在學理上也就必然較之孔子更加細密、系統、深入。

第二節　孟子的引詩與解詩

　　《孟子》中引詩論詩之處很多，其論詩引詩都是為著證明自己理論的合理性的目的。孟子論詩最有名的有二處，這裡我們分別予以考察。《萬章下》云：「一鄉之善士斯友一鄉之善士，一國之善士斯友一國之善士，天下之善士斯友天下之善士。以友天下之善士為未足，又尚論古之人。頌其詩，讀其書，不知其人，可乎？是以論其世也。是尚友也。」這就是著名的「知人論世」說的來源。過去論者多以現代的認識論角度來解釋「知人論世」的含義，認為是為了真正理解一首詩，就必須了解作者的情況，而要了解作者的情況又必須了解其所生活的時代的情況——總之是理解為一種詩歌解釋學的方法了。這種理解當然並不能算錯，只是並沒有揭示孟子此說的深層內涵。這裡孟子真正想要表達的意思是「交友之道」。在此章的前面孟子先是回答了萬章「如何交友」的問題，說：「不挾長，不挾貴，不挾兄弟而友。友也者，友其德也，不可以有挾也。」然後又講到賢明君主也以有德之士為師為友的諸多例子，最後才講到有德之士之間亦應結交為友的道理。古代的有德之士雖已逝去，但是他們的品德並沒有消失，所以

今天的有德之士也要與古代的有德之士交友。與古人交友看上去是很奇怪的說法：古人已經死了，如何與之交友呢？這恰恰是孟子的過人之處——試圖以平等的態度與古人交流對話：既不仰視古人，對之亦步亦趨，也不鄙視古人，對之妄加褒貶。「尚友」的根本之處在於將古人看成是與自己平等的精神主體。與古人交流對話的目的當然是向古人學習，以使自己的品德更加高尚。所以，「知人論世」之說實質上是向古人學習美好品德的方式，用今天的話來說就是將古人創造的精神價值轉化為當下的精神價值。這絕不僅僅是一種解詩的方式。如果沿著孟子的思路進行進一步的闡釋，我們就會得出這樣一個結論：孟子的「知人論世」說可以理解為一種「對話解釋學」——解釋行為的根本目的不是要知道解釋對象是怎樣的（即對之作出某種判斷或命名並以此來占有對象），而是要在其中尋求可以被自己認同的意義。這也就是後世儒者特別喜歡使用「體認」一詞的含義。「體認」不是現代漢語中的「認識」而是「理解」加「認同」。對於古人，只有將他們視為朋友而不是認識對象，才能以體認的態度來與之對話。因為古人在其詩、其書之中所蘊涵的絕不是什麼冷冰冰的知識，而是他們的生命體驗與生存智慧，是活潑潑的精神。故而後人就應該以交友的態度來對待之，就是說要把古人當做可以平等對話的活的主體，而不是死的知識。讀古人的詩書就如同坐下來與老朋友談話一樣，其過程乃是兩個主體間的深層交流與溝通。通過這種交流與溝通，古人創造的精神價值或意義空間就自然而然地在新的主體身上獲得新生。由此可見，孟子的「知人論世」之說實際上包含著古人面對前人文化遺留的一種極為可貴的闡釋態度。在當今實證主義的、還原論的研究傾向在人文學科依然有很大市場的情況下，孟子的闡釋態度尤其具有重要的現實意義。我們再來看孟子另一段關於詩的著名論述：《萬章上》載孟子弟子咸丘蒙問：「《詩》云：『普天之下，莫非王土；率土之

濱，莫非王臣。』而舜既為天子矣，敢問瞽瞍之非臣，如何？」孟子
回答說：「是詩也，非是之謂也；勞於王事而不得養父母也。曰：『此
莫非王事。我獨賢勞也。』故說詩者，不以文害辭，不以辭害志。以
意逆志，是為得之。如以辭而已矣，《雲漢》之詩曰：『周餘黎民，靡
有孑遺。』信斯言也，是周無遺民也。」這裡孟子講了如何理解詩歌
含義的方法，其要點是「以意逆志」。那麼如何理解這個「以意逆
志」呢？古代的注釋，例如漢儒趙岐、宋儒朱熹的注以及託名孫奭的
疏、清儒焦循的正義基本上都認為「志」是指詩人所要表達的意旨；
「意」則是說詩者自己的「心意」，所以，「以意逆志」的意思就是說
詩者用自己的心意揣測詩人的意旨。至於「不以文害辭，不以辭害
志」，是說不要看重於詩的文辭而偏離了詩人的意旨。古人也還有另
一種說法。清人吳淇認為：「志者古人之心事，以意為輿，載志而
游……以古人之意求古人之志，乃就詩論詩，猶之以人論人也。」[26]
他的意思是在詩歌的文辭上直接呈現的含義是「意」，詩人真正要表
達的意思是「志」。文辭是承載「意」的工具，「意」又是承載「志」
的工具，這種解釋雖亦言之成理，但畢竟與孟子表達出來的意思隔了
一層。筆者以為要真正理解孟子的意思，將「以意逆志」之說與「知
人論世」說聯繫起來考察是十分必要的，兩種說法構成了孟子對古人
文化遺留的一種完整的態度。如果說「知人論世」的核心是「尚
友」，即在與古人平等對話中將古人開創的精神價值轉換為現實的精
神價值，那麼，「以意逆志」就是「尚友」或平等對話的具體方式。
「志」即是「詩言志」之志，指詩人試圖通過詩歌表達的東西；
「意」本與「志」相通，《說文解字》中二者是互訓的。在這裡可以

---

26 〔清〕吳淇：《六朝選詩定論緣起》，轉引自顧易生、蔣凡：《先秦兩漢文學批評
　　史》，上海，上海古籍出版社，1990，第117頁。

理解為「見解」。《論語・子罕》有「子絕四：毋意、毋必、毋固、毋我」之謂，朱熹認為「意」指「私意」，即個人的見解而言。意思是說孔子為人不過分堅持自己的個人見解，即不自以為是。《周易・繫辭上》：「書不盡言，言不盡意……聖人立象以盡意。」這裡的「意」也可以理解為「見解」或「意思」。聯繫孟子的具體語境，「志」是指詩人所要表達的意旨，「意」則是說詩者自己的見解。用自己的見解去揣測詩人的意旨，這就是「以意逆志」的含義。看孟子的意思，並不是主張說詩者可以隨意地解釋詩人的意旨，而是強調解釋的客觀性，即符合詩人本意。但是由於詩歌言說方式的特殊性，詩人的本意往往是隱含著的，說詩者並沒有十足的證據證明自己的解釋就是完全符合詩人本意，所以說詩者的「意」與詩人的「志」之間就難免出現不相吻合處。也就是說，說詩者的「意」近於海德格爾所謂的「前理解」——在解釋活動開始之前就已經存在於解釋者意識和經驗中的主觀因素，它們必然進入解釋過程並在很大程度上影響這一過程及其結果。這樣的解釋當然也就離不開主觀性因素。實際上這正是任何兩個主體之間的對話都必然存在的現象。古人說「詩無達詁」也正是指這種解釋的主觀性而言的。所以孟子的「以意逆志」之說真正強調的並不是解釋的絕對客觀性，而是對話的有效性：說詩者與詩人之間達成在「意」或「志」的層面上的溝通，而不被交流的媒介——文辭所阻隔。只有這樣才符合「尚友」之義：平等對話。如果停留在對詩歌文辭固定含義的解讀上，就喪失了說詩者的主體性，當然也就談不上「尚友」了。

　　孟子這種「以意逆志」與「知人論世」的說詩方式確立了後世儒者，特別是漢儒說詩的基本原則。這裡我們分析幾個孟子說詩的具體例子來進一步探討這種說詩方式的奧妙。《告子下》載：

公孫丑問曰：「告子曰：《小弁》，小人之詩也。」孟子曰：「何以言之？」曰：「怨。」曰：「固哉，高叟之為詩也！有人於此，越人關弓而射之，則己談笑而道之；無他，疏之也。其兄關弓而射之，則己垂涕泣而道之；無他，戚之也。《小弁》之怨，親親也。親親，仁也。固矣夫，高叟之為詩也！」曰：「《凱風》何以不怨？」曰：「《凱風》，親之過小者也；《小弁》，親之過大者也。親之過大而不怨，是愈疏也；親之過小而怨，是不可磯也。愈疏，不孝也；不可磯，亦不孝也。孔子曰：『舜其至孝矣，五十而慕。』」

從這段對話中可以看出，孟子說詩完全是從自己的價值觀念出發來判斷詩歌的意義與價值的。如果說這就是「以意逆志」說詩方法的實際應用的話，那麼孟子的所謂「意」並不是一般的主觀意識或經驗，而是一套完整的價值觀念系統。詩人的「志」也就是與說詩者價值觀念相吻合的闡釋結果，它是否就是詩人的本意並不重要，因為這基本上是無法驗證的。《小弁》是《詩・小雅》中的一篇，從詩的內容看是一位受到不公正待遇的弱者的怨望之辭，充滿了憤憤不平之情。古注多以為是周幽王的太子宜臼被逐之後所作；今人則一般判定為遭父親冷落之人的怨望之作。然而孟子從中讀出的卻是「親親，仁也」。《凱風》是《詩・邶風》中的一篇，看詩的意思，是兒子讚揚母親的賢慧勤勞，並責備自己不能安慰母心。但是公孫丑為什麼拿這樣一首怨父、一首頌母的兩首看上去並無可比性的詩來比較呢？孟子為什麼又用「親之過大」與「親之過小」來解釋兩首詩的差異呢？《詩序》云：「《凱風》，美孝子也。衛之淫風流行，雖有七子之母，猶不能安其室，故美七子能盡其孝道，以慰母心，而成其志爾。」就是說「母」是有過的，但由於「過小」所以做子女的不應表現出

「怨」來。漢儒的解釋不知有何依據，但看公孫丑與孟子的對話，似乎當時對此詩已經有了這樣的解釋。如此說來漢儒並不是憑空臆斷。

由此觀之，「以意逆志」的實質乃是說詩者從自己的價值觀出發來對詩歌文本進行意義的重構，其結果就是所謂「志」——未必真的符合詩人的本意。可知，孟子的說詩原則是自己已有的道德價值觀念。這一點在他的「知言」、「養氣」論中亦可得到印證。《公孫丑上》載，在回答公孫丑「敢問夫子惡乎長」的問題時孟子回答說：「我知言，我善養吾浩然之氣。」其解釋「浩然之氣」云：「其為氣也，至大至剛，以直養而無害，則塞於天地之間。其為氣也，配義與道；無是，餒也。是集義所生者，非義襲而取之也。行有不慊於心，則餒矣。我故曰，告子未嘗知義，以其外之也。必有事焉，而勿正，心勿忘，勿助長也。」可知這種「浩然之氣」是小心翼翼地培育起來的一種道德精神，或者說是一個道德的自我。那麼什麼是「知言」呢？孟子說：「詖辭知其所蔽，淫辭知其所陷，邪辭知其所離，遁詞知其所窮。——生於其心，害於其政，發於其政，害於其事。聖人復起，必從吾言矣。」可知所謂「知言」是指對別人言辭的一種判斷力。

那麼「知言」與「養氣」有什麼關係呢？為什麼孟子將二者聯繫起來並且作為自己的特長所在呢？從孟子的言談中我們可以看出，「養氣」正是「知言」的前提條件。通過「養氣」培育起一個不同於自然的「自我」的道德自我，這個道德自我具有一以貫之的、完整的價值評價系統，一切的言辭都可以在這個評價系統中得到檢驗。所以「以意逆志」的說詩方式恰恰是「知言」的具體表現。如果將「以意逆志」看做是一種詩歌闡釋學原則，則其主旨乃在於凸顯闡釋者的主體性，而不是闡釋行為的客觀性。

對於孔子那種在意識形態的建構中確定詩的意義的基本思路，孟子是深得個中奧妙的。看孟子之用詩、論詩處處貫穿了這一思路。舉

兩個例子以說明之。其一：

> 孟子曰：「仁則榮，不仁則辱；今惡辱而居不仁，是猶惡濕而
> 居下也。如惡之，莫如貴德而尊士，賢者在位，能者在職；國
> 家閒暇，及其時，明其政刑。雖大國，必畏之矣。《詩》云：
> 『迨天之未陰雨，徹彼桑土，綢繆牖戶。今此下民，或敢侮
> 予？』孔子曰：『為此詩者，其知道乎！能治其國家，誰敢侮
> 之！』今國家閒暇，及是時，般樂怠敖，是自求禍也。禍福無
> 不自己求之者。《詩》云：『永言配命，自求多福。』《太甲》
> 曰：『天作孽，猶可違，自作孽，不可活。』此之謂也。」[27]

　　在這裡孟子是在講統治者如何才能避免受到侮辱的辦法。根本上
只有一條，那就是「仁」，而「仁」對於統治者來說也就是「貴德而
尊士」。「貴德」就是愛護百姓、與民同樂；「尊士」就是尊重人才、
舉賢任能。為了證明自己的觀點，孟子兩引《詩》，一引《書》。其所
引之詩，一為《豳風・鴟鴞》，此詩據《尚書・金縢》《史記・魯世
家》等史書記載，乃是周公平定管蔡之亂後寫給成王的。目的是平息
流言，向成王表示忠誠之意。孟子所引是該詩一節，大意是要未雨綢
繆、預先防範可能的危機。孟子所引孔子語不見於《論語》，然觀其
意，符合孔子思想。孟子所引另一首詩為《大雅・文王》，二句詩意
為：只有靠自覺的努力才能符合天命，多享福祉。同樣是告誡統治者
要自我警誡、多行仁義，方能永保太平。總之，在這裡孟子是借助於
《詩》《書》來警告統治者應嚴於自律，小心謹慎地實行對人民的統
治。這是將《詩》《書》當做迫使統治者對被統治者作出讓步的有效

27　《孟子・公孫丑上》。

工具了。孟子的這一做法在後來的兩千餘年間，成了儒家士人約束統治者的基本方法。他們大力推崇「四書五經」，推崇「聖人」，根本目的就是要建構一種高於現實君主權力的權威，以便對其進行有效的控制。儒家清醒地認識到，只有抑制君權的過分膨脹，方能實現上下一體、和睦相處的社會理想。我們再看另一條：

> 公孫丑問曰：「高子曰：『《小弁》，小人之詩也。』」孟子曰：「何以言之？」曰：「怨。」曰：「固哉，高叟之為詩也！……《小弁》之怨，親親也。親親，仁也。固矣夫，高叟之為詩也！」曰：「《凱風》何以不怨？」曰：「《凱風》，親之過小者也。《小弁》，親之過大者也。親之過大而不怨，是愈疏也；親之過小而怨，是不可磯也。愈疏，不孝也；不可磯，亦不孝也。」[28]

　　這裡孟子是在為「怨」辯護。《小弁》之詩出於《小雅》，舊說是周幽王太子宜臼被廢而作。此說因無確據而在宋以後常常受到質疑。從詩意觀之，此應為不得於父母者所作。孟子這段話的關鍵是為「怨」所作的辯護。高子認為《小弁》是「小人之詩」，因為詩中表達了身為人子者對父親的怨望之情。而在孟子看來，這種「怨」是合理合法的，因為從「怨」中反映的乃是「親親」之情。按照孟子的邏輯，如果父親有了過錯，作為子女不應保持沉默，而應該表示自己的「怨」（當然，如果父母只是有小的過失就大怨特怨，那就成了「不可磯」，同樣是不孝的表現）。正是「怨」，才可以使父子間的隔閡消除，如果有不平之情而不說，那就只能使父子感情更加疏遠。孟子為

---

28 《孟子・告子下》。

「怨」辯護實際上是要保留詩歌作為被統治者向統治者宣洩不滿情緒之手段的獨特功能，這與孔子所講的「怨」是一脈相承的。

通過以上分析我們不難看出，孟子在孔子「克己復禮」的「立法」策略的基礎上進一步在改造人的心靈、建構道德自我的方面進行了更為深入、系統的探索。如果說孔子重「禮」說明他在為人的心靈立法的同時更側重於為社會立法，即重建社會價值秩序；那麼孟子重「存心養性」或「養氣」則說明他在試圖為社會立法的同時更偏重於為人的心靈立法，即建構人格境界以及實現之途。這種轉變實際上反映了士人階層面對日益動盪的社會狀況的憂慮與無奈。

第三節　「詩亡然後《春秋》作」說的文化蘊涵

《孟子・離婁下》有云：「王者之跡熄而詩亡，詩亡然後《春秋》作。晉之《乘》，楚之《檮杌》，魯之《春秋》，一也。其事則齊桓、晉文，其文則史。」對於這段話，歷來注者，其說不一。趙岐注云：「王者，謂聖王也。太平道衰，王跡止熄，頌聲不作，故《詩》亡。《春秋》撥亂，作於衰世也。」[29]朱熹注云：「王者之跡熄，謂平王東遷，而政教號令不及於天下也。《詩》亡，謂《黍離》降為《國風》而雅亡也。」[30]趙言「詩亡」指「頌聲不作」，朱言乃指「《雅》亡」，均非確當之論。道理很簡單：孟子是說「詩」亡，而非說「《頌》亡」或「《雅》亡」。然趙、朱之論，亦淵源有自。觀趙岐之意，是說頌美之詩只能產生於太平之世，到了衰世，就只能產生《春秋》這樣的「撥亂」之作了。但趙岐以「頌聲」代「詩」，這顯然不

---

29 〔清〕焦循：《孟子正義》卷十六引。
30 〔宋〕朱熹：《四書章句集注・孟子集注・離婁章句下》。

能反映《詩三百》產生的實際情況。其說蓋出於《詩序》及的「變風」、「變雅」說。《詩序》云:「上以風化下,下以風刺上,主文而譎諫,言之者無罪,聞之者足以戒,故曰風。至於王道衰,禮義廢,政教失,國異政,家殊俗,而變風、變雅作矣。」鄭玄云:

> 文武之德,光熙前緒,以集大命於厥身,遂為天下父母,使民有政有居。其時詩,《風》有《周南》《召南》,《雅》有《鹿鳴》《文王》之屬。及成王、周公致太平,制禮作樂,而有《頌》聲興焉,盛之至也。本之由此《風》《雅》而來,故皆錄之,謂之詩之正經。後王稍更陵遲,懿王始受譖言亨齊哀公,夷身失禮之後,邶不尊賢。自是而下,厲也,幽也,政教尤衰,周室大壞。《十月之交》《民勞》《板》《蕩》,勃爾俱作,眾國紛然,刺怨相尋。五霸之末,上無天子,下無方伯,善者誰賞,惡者誰罰,紀綱絕矣!故孔子錄懿王、夷王時詩,訖於陳靈公淫亂之事,謂之變風、變雅。[31]

　　《詩序》及鄭玄此論亦非憑空杜撰。就《詩經》的實際情況而言,的確存在著平和愉悅的頌揚讚美之作與憤懣激越的譏刺諷諫之作兩類。所以漢儒說詩盡歸於美刺二端,固屬偏頗,卻也不是全無根據。就理論的演變來看,則詩序與鄭玄此說應該是本於《禮記・樂記》所謂「聲音之道,與政通矣」之說,甚至連「治世之音安以樂,其政和;亂世之音怨以怒,其政乖;亡國之音哀以思,其民困」一段文辭都原封不動照搬過來。[32]

---

31 《毛詩正義・詩譜序》。

32 關於《詩序》的作者問題,自漢以降歷來聚訟紛紜。言孔子者有之,言子夏者有之,言詩人自作者有之,言後漢衛宏者有之。現代以來論者多從衛宏說,本文亦從是說。

　　「正變」說雖然長期為人採信，幾為定論，但其主觀臆斷之處畢竟難以盡遮天下人之目。清人崔述嘗予以尖銳批評。他認為：盛世亦有當刺之人，衰世復有可頌之事。不可能諷刺之詩都出於衰世，美頌之作都出於盛世。他還具體指出諸如《七月》《東山》《破斧》《淇奧》《緇衣》《雞鳴》《蟋蟀》等詩均不宜以「變風」目之。他更進一步指出：《詩序》確言某詩刺某人、刺某事，乃是出於《詩序》作者將一國之詩與《左傳》等史書所載此國之事相比附而來的，他的有力證據是：《詩序》於《魏風》《檜風》均不直指刺某君之事，乃因此二國之事《左傳》《史記》等史書全不記載因而無從附會之故。[33]《詩序》及毛傳、鄭箋以史實比附詩義可以說是漢儒說詩的基本方式。[34]

　　如此看來，趙岐的「詩亡」即「《頌》亡」說肯定是不能成立的。

　　我們再來看朱熹之說。在朱熹之前亦已有持「詩亡」即「《雅》亡」之論者。王應麟記云：「詩亡然後《春秋》作。胡文定謂自《黍離》降為《國風》，天下不復有《雅》。《春秋》作於隱公，適當《雅》亡之後。」[35]只是胡安國（諡文定）之說不像朱說那樣影響大而已，或許朱熹是接受了胡安國的說法。觀朱熹之意，儘管他對《詩序》多存異議，然而這裡卻是以《詩大序》所謂「是以一國之事，係一人之本，謂之風；言天下之事，形四方之風，謂之雅」為前提的。故而他以為東周之時，王綱不振，諸侯各自為政，天下一統的局面不復存在，那種「言天下之事」的《雅》詩就因失去了存在的條件而衰亡了。在他看來，只有這樣的解釋方能將「王者之跡熄」與「詩亡」

33　〔清〕崔述：《讀風偶識·通論十三國風》。宋人鄭樵《詩辨妄》亦嘗有類似看法。

34　顧頡剛等「古史辨派」學者大都贊成崔述的觀點。但是這裡也不是沒有問題：《詩經》中又的確有不少作品是與史書所載相合的。或許漢儒說詩自有所本也未可知。漢儒注經極重師承，若無確切證據則不宜輕易以憑空臆斷目之。

35　〔宋〕王應麟：《困學紀聞》卷三。

聯繫起來。然而這種解釋同樣是不能成立的。看《孟子》引詩，固然
多為《雅》《頌》之屬，但亦非不引《國風》。[36]所以在孟子的心目中
「詩」包括「十五《國風》」在內，當無可置疑。如此則不能說「詩
亡」僅指「《雅》亡」。

那麼究竟應該如何理解「詩亡」呢？對這個問題清人的見識似乎
遠較前人為高。朱駿聲認為「王者之跡熄」之「跡」字乃是「迒」字
之誤，「迒」即指「迒人」，又稱為「遒人」，乃天子使於各國振木鐸
以采詩者。按照朱駿聲的意思，則「王者之跡熄」是指西周采詩制度
的毀壞，因此「詩亡」並非指無人作詩，而是說詩不再為王室所收
集。清人持此論者甚多。成左泉《詩考略》引方氏云：「大一統之
禮，莫大於巡狩述職之典，今周衰矣，天子不巡狩，故曰跡熄。不巡
狩則大史不采詩獻俗，不采國風則詩亡矣。」又引尹繼美《詩管見・
論王篇》云：「詩有美刺可以勸誡，詩亡則是非不行。且詩之亡，亦
非謂民間不復作詩也，特其上不復采詩爾。」[37]這種解釋顯然較之
「《頌》亡」、「《雅》亡」之說更近情理。

基於清人的見解我們可以對「王者之跡熄而詩亡」的含義做進一
步的闡釋了。「王者」是指古代聖王。原本指「三代」的開國君主，
即夏禹、商湯、周文武。孟子嘗謂：「禹惡旨酒而好善言。湯執中，
立賢無方。文王視民如傷，望道而未之見。武王不泄邇，不忘遠。周
公思兼三王，以施四事。其有不合者，仰而思之，夜以繼日；幸而得
之，坐以待旦。」[38]由此即知孟子心目中的「王者」之所指。但是這

---

36 《孟子》一書引詩三十餘次，其中二十餘次為二《雅》，引《國風》四次。其中
　　《豳風》二，《齊風》一，《魏風》一。另外《告子下》還提及《邶風・凱風》。

37 轉引自何定生：《定生論學集——詩經與孔學研究》，臺北，幼獅文化事業公司，
　　1978，第167頁。

38 《孟子・離婁下》。

裡的「王者」又並非實指禹、湯、文武，而是指西周那些基本上遵奉
文王、武王、周公治國之術的歷代君主。更準確地說是指奉行「仁
政」或云「王道」的君主們——他們實際上已經被當做儒家士人社會
烏托邦的代表者，是話語建構的產物了。「王者之跡」直接的表層含
義即如清儒所言，乃是指西周采詩制度。但即使沒有朱駿聲所說的文
字之誤，同樣可以說通——「王者之跡」的字面意思就是指天子的蹤
跡，即是指的天子的巡狩采詩活動。《禮記·王制》云：「天子五年一
巡狩。歲二月，東巡狩至於岱宗，柴而望祀山川。觀諸侯，問百年者
就見之。命大師陳詩以觀民風。」故而「王者之跡」直接的意思就是
天子巡遊天下以觀民風之活動。

　　但如果聯繫儒家的話語建構工程來看，則「王者之跡」就有了更
廣泛的含義。在先秦儒家的心目中，「三代」之治是美好的社會政治
形態。這種觀念自然是基於現實社會的動盪不寧而產生的。他們依據
往代遺留的一些歌功頌德的文字和有關典章制度的記載，按照自己的
意願將古代描繪為一種理想的社會形態，以此來寄託自己對現實的絕
望與尋求超越的強烈願望。他們以自己的價值觀念來書寫古代歷史，
同時也就將歷史敘述為儒家價值理想的範型。例如和孟子同時的燕國
大夫郭隗在勸燕昭王招賢時對古代君主就有「帝者」「王者」「霸者」
的區分[39]，這顯然不是歷史事實的敘述，而是一種價值層級的建構。
越古的就越崇高，越近的就越卑下——這是儒家從自己的價值觀出發
進行歷史敘事的基本原則之一。這樣就建構起了一種混合了價值評判
與歷史事實的獨特的歷史敘事話語。在這種話語中，價值評判居於主
導地位，它可以使歷史事實成為表達政治觀念的工具。在孔子和孟子
的價值譜系中，堯、舜的地位高於「三王」；「三王」的地位又高於

39　《戰國策·燕策一》。

「五霸」;「五霸」的地位則高於任何現實的君主。孔子說:「大哉堯
之為君也!巍巍乎!唯天為大,唯堯則之。蕩蕩乎!民無能名焉。巍
巍乎其有成功也!煥乎其有文章!」這是說堯是直接效法於天的,其
功業文章都是至大至偉,後人無法企及的。至於「舜有臣五人而天下
治」,「禹……菲飲食,而致孝乎鬼神;惡衣服,而致美乎黻冕;卑宮
室,而盡力乎溝洫。」[40]則是有才德的好君主而已。「三王」之所以值
得稱道,正在於他們承襲了堯舜之道。

然而堯舜儘管至善至美,他們究竟如何治理天下卻是無從知曉的
了。即使夏商二代的典章制度,由於文獻不足之故,也已無法詳知。
唯有西周去今未遠,文獻足備,是今日君主效法的最好楷模。所以孟
子所謂「王者之跡」實際上是指他心目中周文王、武王、周公所確立
的美好政治制度。這種制度從基本精神上來說即是「仁」,從政治措
施上說則是「德治」或「仁政」,這才是孟子所言的根本之處。堯舜
「三王」則不過是「仁」與「仁政」的象徵符號而已。孟子嘗言:
「堯、舜之道,不以仁政,不能平治天下。」又說:「三代之得天下
也以仁,其失天下也以不仁。」[41]至於采詩觀風則不過是「仁政」的
一個更具體的措施而已。

「詩亡」之意誠如清儒所說,並不是說不再有人作詩,而是說不
再有采詩之制。但清儒並未完全明瞭孟子的深層意思。先秦儒家,從
孔子到孟子,一直全力以赴地致力於通過對西周遺留的文化典籍的重
新闡釋來建構完整的社會價值系統,從而達到恢復社會秩序的目的。
《詩三百》恰恰是這些文化典籍中最具有闡釋空間的一部分。事實
上,從孔子開始,儒家思想家就已經開始借助整理、教授、引用、解

---

40 《論語・泰伯》。

41 《孟子・離婁上》。

釋等方式對《詩三百》進行價值的賦予了。關於詩的言說始終是儒家
進行話語建構的重要方面。由此觀之，孟子所關心的並不是采詩制度
本身的有無，而是詩作為一種獨特的話語形式是否還能夠發揮其應有
的作用。所以「詩亡」的真正意思是詩失去了往昔在政治、倫理生活
中所具有的重要功能。由於詩的功能與「仁政」直接相關，因而詩的
功能的喪失就成為「仁政」毀壞的重要標誌，這才是孟子痛心疾首的
事情。「詩」在西周貴族階層的政治文化生活中的重要性對後人來說
甚至是難以想像的——它是溝通人與神、君與臣、卿大夫之間乃至夫
婦之間極為重要的言說方式，是貴族身分的標誌。「詩」的形式本身
即帶有某種神聖性。就「王者之迹」與「詩」的關係來看，前者可以
說是後者產生、傳播、實現其功能的現實必要條件，它是一種特殊的
文化空間，只有在這種文化空間之中詩才是有意義的言說方式。否則
詩也就會像那些大量的民間歌謠一樣，自生自滅，只能宣洩某種情
緒，根本不具有任何的社會政治功能。反過來看，詩又是維護和鞏固
其賴以存在的文化空間的重要手段。故而，「王者之迹熄」則必然導
致「詩亡」；而「詩亡」也就成為「王者之迹熄」的象徵。孟子此說
給我們的重要啟示是：在西周乃至春秋時期，詩這種言說方式之所以
能夠進入到官方意識形態話語系統以及詩的實際功能的演變，均與
「王者之迹」這一特定的文化空間直接相關。由此觀之，在孟子那裡
「詩亡」主要並不意味著一種特殊的文化文本的失去，而是意味著一
種理想的、和諧的、上下一體、神人以和的政治文化空間的喪失。

　　當然，孟子的說法只是在儒家的話語建構工程這一語境中才具有
某種真實性，它並不一定完全等同於歷史的真實。詩究竟為何而作，
西周乃至春秋時期詩究竟發揮了怎樣的作用，都還是需要深入研究的
問題。詩的興滅與王政得失的關係問題，從不同的角度出發可以得出
完全不同的結論來。例如道家認為：「王道缺而《詩》作，周室廢、

禮義壞而《春秋》作。《詩》《春秋》，學之美者也，皆衰世之造也。
儒者循之，以教導於世，豈若三代之盛哉！」[42]此與儒家之說恰好相
反。蓋以道家之學觀之，真正盡善盡美之世並不需要有詩文之類來揚
善抑惡、評判是非。一切都是自然而然，默默運作。只是到了大道缺
失之時，才會產生這些人為的東西來彌補，而這種彌補實際上是無濟
於事的。道家的這種見解當然也不是歷史的事實，同樣是一種話語建
構的產物。儒道兩家這樣迥然不同的說法恰可證明同一歷史現象完全
可以成為不同話語建構的共同資源。所以對於這樣的研究對象，我們
不僅要指出其與歷史事實的區別，而且應該揭示其何以會被如此建構
的邏輯軌跡。

　對於孟子「王者之迹熄而詩亡」之論，現代學者往往輕率否定，
鮮有能夠發掘其隱含意義者。例如錢玄同就不明白《詩》與《春秋》
究竟有什麼關聯，他說：「『王者之迹熄而詩亡，詩亡然後《春秋》
作』之說實在不通。《詩》和《春秋》的系統關係，無論如何說法，
總是支離牽強的。」[43]又顧頡剛批評孟子此說云：「他只看見《詩經》
是講王道的，不看見《詩經》裡亂離的詩比太平的詩多，東周的詩比
西周的詩多。」[44]以歷史的事實觀之，錢、顧二人的批評當然是不錯
的，但這是任何一個讀過《詩經》和《春秋》的人都不難發現的事
情。這裡的關鍵不在於孟子所說與事實有明顯的出入，而在於何以會
有這種出入。以孟子對《詩》與《春秋》的熟知，他難道不知道《詩
三百》中有許多刺世諷諫之作嗎？他難道不知道《詩三百》作為歌詠

42　《淮南子・氾論訓》。

43　錢玄同：《答顧頡剛先生書》，見顧頡剛編著：《古史辨》第一冊，上海，上海古籍
　　出版社，1982，影印本，第79頁。

44　顧頡剛：《論詩序附會史事的方法書》，轉引自趙制陽：《詩經名著評介》，臺北，臺
　　灣學生書局，1984，第280頁。

之辭、言志之作，與《春秋》這樣的歷史敘事有著諸多的差異嗎？他為什麼還將二者聯繫起來呢？實際上對於學術研究來說，值得追問的問題正在於此。下面我們就依據話語建構和歷史事實的聯繫與差異，考察一下孟子將《詩》與《春秋》聯繫起來究竟意味著什麼？

那麼「詩亡然後《春秋》作」究竟應該如何理解呢？

錢玄同對孟子之說的質疑是有道理的：《詩》與《春秋》有何必然的關聯？為什麼「詩亡然後《春秋》作」？如果從一般歷史事實的角度來看這個問題，我們自然會感到孟子之說實在是「牽強」得很，甚至難以索解。即從今天的學科分類角度看，《詩經》是詩歌總集，內容以抒情為主；《春秋》乃史書之屬，只是記事。二者亦如風馬牛，難以湊泊一處。然而，我們只要聯繫先秦儒家的話語建構工程這一特定的言說語境，孟子言說的內在邏輯就昭然若揭了。正是這種言說語境或文化空間為孟子提供了言說的動力與規則，同樣也為我們對孟子的闡釋提供了恰當的視角。現代「新儒學」的重要人物徐復觀嘗論及「《詩》亡」與「《春秋》作」的關係，恰恰符合了孟子的邏輯。其云：「我認為《詩》亡是指政治上的『詩教』之亡……周室文武的遺風（跡）尚在時，詩還發生政治教育的作用，使王者能知民情而端刑賞。詩教既亡，統治者與被統治者之間，失掉了溝通的橋梁，與諷諫的作用，統治者因無所鑒戒而刑賞昏亂，被統治者因無所呼籲而備受荼毒，極其至，亂臣賊子相循，使人類在黑暗中失掉行為的方向；於是孔子作《春秋》，辨別是非，賞罰善惡，以史的審判，標示歷史發展的大方向。」[45]徐氏此論可以說完全符合孟子之說的本旨。這是儒家話語建構的內在邏輯之顯現。

今傳《春秋》本為魯國編年體史書。據史家研究，春秋之時各諸

---

45 徐復觀：《兩漢思想史》第3卷，臺北，臺灣學生書局，1979，第256頁。

侯國都有專門的史官記載本國和天下大事，也都有名為《春秋》的史
書。[46]後來魯國的《春秋》一枝獨秀，其餘各國的史書則湮沒無聞。
這種情況的發生與儒家的話語建構工程直接相關，可以說就是這一工
程的結果。古人自「《春秋》三傳」和《孟子》以降大都以為《春
秋》是孔子所作，懷疑者，例如劉知幾和王安石，只是極個別的情
況；時至今日依然有持此論者[47]。古人比較持平的觀點是認為此書乃
孔子在魯國史書基礎上加工而成。例如杜預的見解頗具代表性，其
云：「《春秋》者，魯史記之名也。記事者，以事繫日，以日繫月，以
月繫時，以時繫年，所以紀遠近、別同異也……周德既衰，官失其
守，上之人不能使《春秋》昭明，赴告冊書，諸所記注，多違舊章。
仲尼因魯史冊書成文，考其真偽，而志其典禮，上以遵周公之遺制，
下以明將來之法。其教之所存，文之所害，刪刊而正之，以示勸誡。
其餘則皆用舊史。」[48]按杜氏之意，孔子嘗依據魯國原有史書刪定為
傳世的《春秋》一書。孔子所做的除了「考其真偽」之外，主要是按
照周代禮制而賦予歷史的敘事以價值的評判，也就是孔子所說的所謂
「正名」。從今天的角度來看，杜氏的說法是比較符合事實的。

　　二十世紀二三十年代，有些學者，例如所謂「古史辨派」，對此
書持否定態度。認為它的確是「斷爛朝報」或「流水帳簿」，錢玄同
說：「從實際上說，『六經』之中最不成東西的是《春秋》。但《春
秋》因為經孟柯底特別表彰，所以二千年中，除了劉知幾以外，沒有
人敢對它懷疑的。」[49]但是現代學界大都持與杜預相近的看法，認為

---

46 例如《墨子・明鬼》即有「周之《春秋》」、「燕之《春秋》」、「宋之《春秋》」、「齊
　　之《春秋》」之謂。

47 蔣慶：《公羊學引論》，瀋陽，遼寧教育出版社，1995。

48 〔晉〕杜預：《左傳序》。

49 錢玄同：《答顧頡剛先生書》，見顧頡剛編著：《古史辨》第一冊，上海，上海古籍
　　出版社，1982，影印本，第78頁。

《春秋》本為魯國史書，在孔子之前已經存在，後來經過孔子或孔門弟子的整理，成為儒家經典之一。例如梅思平指出：《春秋》一書本是朝報（政府公報），其特點是嚴格依據傳統形式，有尊王之名義，故孔子喜之，於是有所整理刪削，以寄託其政治思想。[50]馮友蘭《孔子在中國歷史中之地位》一文亦有相近的論述[51]。這應該是比較有道理的觀點。當然，未經孔子或其弟子整理過的《春秋》我們是無法看到了，所以這種說法也只能是一種合理的推測判斷。它之所以是合理的，最有力的證據便是孟子「孔子作《春秋》」的說法。孟子去孔子不過百年，他的說法當然不會毫無根據。蓋《春秋》雖非孔子始作，必定經過他很大程度的刪削修飾，所以孟子才以「作」稱之。孔子的「作」事實上乃是對《春秋》記載的史實按照自己的價值標準重新寫過，從而使之成為表達儒家烏托邦精神的文本──這正是儒家話語建構工程的開始，也是其基本方式。《春秋》作為魯國的史書原本就必然含有較多的西周意識形態[52]，因為魯國作為周公的封地一直是周代文化典籍與典章制度保存得最為完善的諸侯國。而西周的意識形態恰恰是儒家心嚮往之的。其核心便是「尊王攘夷」四字。孟子和後來的公羊家們之所以把《春秋》抬到至高無上的地位，原因也在這裡。

　　孟子對於《春秋》的意義是推崇備至的，他說：「世衰道微，邪說暴行有作，臣弒其君者有之，子弒其父者有之。孔子懼，作《春秋》。《春秋》，天子之事也。是故孔子曰：『知我者其惟《春秋》乎！罪我者其惟《春秋》乎！』聖王不作，諸侯放恣，處士橫議……昔者

---

50 梅思平：《春秋時代的政治和孔子的政治思想》，見顧頡剛編著：《古史辨》第二冊，上海，上海古籍出版社，1982，第189-191頁。

51 馮友蘭：《孔子在中國歷史中之地位》，見顧頡剛編著：《古史辨》第二冊，上海，上海古籍出版社，1982，影印本，第194-210頁。

52 《國語・楚語上》載申叔時云：「教之《春秋》，而為之聳善而抑惡焉，以戒勸其心。」可見《春秋》必定含有道德評價的因素。

禹抑洪水而天下平，周公兼夷狄、驅猛獸而百姓寧，孔子成《春秋》
而亂臣賊子懼……我亦欲正人心，息邪說，距詖行，放淫辭，以承三
聖者，豈好辯哉，予不得已也。」[53]趙岐注云：「世衰道微，周衰之時
也。孔子懼王道遂滅，故作《春秋》。因魯史記，設素王之法，謂天
子之事也。知我者，謂我正王綱也；罪我者，謂時人見彈貶者。言孔
子以《春秋》撥亂也。」[54]朱熹注引胡氏曰：「仲尼作《春秋》以寓王
法，惇典庸禮，命德討罪，其大要皆天子之事也。知孔子者，謂此書
之作，遏人欲於橫流，存天理於既滅，為後世慮，至深遠也。罪孔子
者，以謂無其位而托二百四十二年南面之權，使亂臣賊子禁其欲而不
得肆，則戚矣。」[55]觀孟子之論與後人的理解，我們可以對《春秋》
作為先秦儒家話語建構工程之組成部分的重要作用進行扼要闡釋了。

　　首先，《春秋》被認為是孔子所作，這本身就有著非常重要的象
徵意義。在儒者的心目中，孔子之前並沒有以布衣身分進行著述的
事。凡是古代典籍無一例外都是那些聖人兼君主的「王者」創制的。
例如八卦為伏羲氏所創，《周易》為文王所作，禮樂制度為周公製
作，等等。那實際上就是儒者最嚮往的「政文合一」的時代。孔子固
然可能整理過古代遺留的典籍，並以之教授弟子，但這只能叫做
「述」，而不能稱為「作」。連孔子本人都說自己是「述而不作，信而
好古」[56]。那麼為什麼孟子會堅稱《春秋》乃孔子所「作」呢？對此
我們只有聯繫先秦儒家的話語建構工程這一特定的言說語境方能找到
答案。在這裡我們有必要對所謂「話語建構工程」進行一點解釋。所
謂「話語」在我們這裡並不完全等同於時下通行的「知識考古學」和

53　《孟子・滕文公下》。

54　〔清〕焦循：《孟子正義》卷十三引。

55　〔宋〕朱熹：《四書章句集注・孟子集注・滕文公章句下》。

56　《論語・述而》。

「話語理論」意義上的用法，我們借用這個詞語來指一套按照同一個生成規則構成的、有系統的言說，它往往體現了社會上某一類人或社會集團的共同的利益和想法。但是言說者本人對此並不一定有清醒的意識。話語內部也可以由於種種差異而分門別類。例如相對於先秦士人階層（指那批擁有文化知識，卻沒有固定政治地位與經濟來源的，以影響或改造社會現實為職志的知識階層）來說，諸子百家可以統稱為「士人話語」。而具體言之則又分為許多不同的話語系統——儒家話語、道家話語等。所謂「話語建構工程」則是指在某種言說語境中，一批擁有言說能力和權力的人不約而同地為著相同或相近的目的，遵守相同或相近的話語生成規則，共同創造某種話語系統的過程。綜觀先秦士人的話語建構基本上都有兩個共同的特徵：一是在否定現實社會狀況的基礎上描繪一種社會的烏托邦。就言說者的身分認同而言，他們無不以天下的拯救者和美好社會的設計者自任；就言說的話語資源而言，則或者試圖在古代遺留的文化資料的基礎上進行修補完善的工作，或者針對這些文化資料進行反向的建構，即在否定中有所樹立；就言說者與現實的政治權力的關係來看，他們都以制約、規範這種政治權力為指歸，但是在具體策略上則或者站在權力的對立面以否定者的姿態言說，或者試圖以替這種權力服務為代價來換取它的支持。二是都將自己政治理想的實現寄託於言說的有效性上——對現實權力的征服完全依靠這種權力的自覺認同。這一特徵就構成了先秦士人話語建構工程與生俱來而又揮之不去的烏托邦性質：言說可以極盡想像與虛構，現實則完全按照自己的邏輯運作。所謂「政文合一」的理想本質上不過是儒家士人干預現實之權力意識的反映而已。

　　總之，建構一套話語系統來干預社會現實，這就是先秦士人話語建構工程所遵循的基本生成規則。這種話語生成規則不是什麼人有意識地制定的，它的產生乃是士人階層的特殊社會境遇決定的。是士人

與社會政治權力之間既相對立，又不可分離的張力關係造成的。士人階層漂泊無依、缺乏歸屬感的境遇所造成的巨大焦慮為話語建構提供了足夠強大的心理驅力；貴族政治體制的崩壞、政治的多元化以及社會的無序狀態使士人的言說可以最充分地發揮自由想像；諸侯間的競爭所造成的對士人階層的依賴則為言說者提供了以「天下為己任」、「環顧宇內，舍我其誰」的大氣魄、大自信。這種種因素加在一起，就導致了先秦文化領域一場波瀾壯闊的宏大景觀。

但是具體言之，則各家各派的話語建構活動又呈現出極不相同的情形。我們這裡只看儒家的情況。當孔子之時，士人階層剛剛出現於世，西周的貴族意識形態在各諸侯國，特別是孔子生活的魯國還有很大的勢力。因此，「祖述堯舜，憲章文武」或曰「克己復禮」是孔子的奮鬥目標。孔子的話語建構工作主要表現在對舊有典籍、禮儀的發掘、整理和傳播方面。孔子一生顛沛流離，處處碰壁而百折不撓，就是因為他堅信只有修復那業已崩壞的周禮、恢復「尊王攘夷」的傳統，才可以擺脫天下紛爭的局面。孔子說：「吾自衛反魯，然後樂正，《雅》《頌》各得其所。」[57]朱熹注云：「魯哀公十一年冬，孔子自衛反魯。是時周禮在魯，然《詩》、樂亦頗殘闕失次。孔子周流四方，參互考訂，以知其說。晚知道終不行，故歸而正之。」[58]這是孔子整理《詩》最有力的證據。故而即使司馬遷的孔子「刪詩」之說不盡可信，然他整理過《詩》的次序、考訂過其文字應是無可懷疑的事。對於《春秋》亦應作如是觀。這部史書原本非孔子始作，但確實經過了他的修改潤色。老夫子滿腹「禮崩樂壞」之憤與「克己復禮」之志在其整理《春秋》時自是難免流諸筆端，形諸文字。所以《春

---

57 《論語・子罕》。

58 〔宋〕朱熹：《四書章句集注・論語集注・子罕第九》。

秋》之中的確含著褒貶，的確有其「微言大義」。這樣一來，儘管《春秋》並非孔子所作，但這部史書卻成為他的話語建構的重要方面。

　　根據前引《論語》和《孟子》的說法，《詩》與《春秋》都是經過孔子整理之後而成為儒家經典的，可以說它們成為先秦儒家話語建構的最初文本形式。由此我們也就不難看出這兩部書之間的一致性之所在了。觀孟子之義，「詩亡然後《春秋》作」主要是從功能角度來說的──《詩》曾是有效發揮社會教化功能的文化文本，隨著時代的變化，《詩》的功能漸漸失去，於是儒家又選擇了《春秋》作為繼續發揮社會教化功能的儒家話語系統。傳達同樣一種價值觀念以達到賞善罰惡、穩定社會秩序的目的，這就是《詩》與《春秋》最根本的相通之處。是「詩亡然後《春秋》作」的基本邏輯根據之所在。然而二者之間畢竟又有很大的差異，除了文類性質方面的不同外，二者最大的差異是它們屬於不同的文化空間的產物，這種差異背後則隱含著先秦士人階層的主體精神特徵與權力意識。對此我們有必要進行一些簡要的分析。

　　從孔子開始才形成先秦儒家士人群體在現實中的實際身分屬於「遊士」或「布衣之士」。儘管孔子和他的許多弟子都曾經做諸侯的大夫或大夫們的家臣，但從總體上看他們這個群體並不屬於當時的執政者階層。然而在他們的意識中，即從身分認同的角度看，他們卻是從來都以社會的管理者和社會價值準則的擁有者身分自居。孔子時時呼喚「道」的實現。夫子之道主要是指一套合理、公正、有序的社會價值準則，準確地說就是經過美化潤色之後的西周意識形態與典章制度。在孔子看來，只有他所代表的儒家士人才有能力實現這套價值準則。到了孟子，儘管實現儒家之道的可能性較之孔子之時更加渺茫，而孟子那種平治天下的信心與勇氣卻是較之孔子有過之而無不及。在他看來，《詩》是「王者之跡」的產物，是自然而然地傳達王道、維

繫既定社會秩序的有力手段。《春秋》雖然不再像《詩》那樣是官方
話語或國家意識形態，但是卻同樣可以起到《詩》的作用。他說：
「《春秋》，天子之事也。」所謂「天子之事」是指在西周天下一統的
貴族宗法制社會中，禮樂征伐之事只有天子可以決定。也就是說，只
有天子有權決定社會的價值層級並賞善罰惡。那麼之所以要由《春
秋》承擔起「天子之事」的重任，那是因為天子已經不能承擔這種重
任了。儒家士人要替天子行賞罰之權，意味著他們是以執政者，或社
會管理者自居的——他們確信自己有責任和義務來改造這個陷於無序
狀態的動盪社會。

　　《詩》曾經是官方話語，具體說是在貴族社會中維繫和調和人神
關係、君臣關係、貴族之間關係的有效工具。《詩》無論是貴族們自
己創制還是採自民間，一旦它們進入貴族的文化空間之後，就無可避
免地成為官方意識形態的一部分，甚至轉化為貴族制度的組成部分。
《毛詩序》嘗言：「故正得失，動天地，感鬼神，莫近於詩。先王以
是經夫婦，成孝敬，厚人倫，美教化，移風俗。」這段話似乎將
《詩》的作用過於誇大，看上去令人難以置信。實際上如果聯繫西周
時期的文化空間，即貴族的生活方式、交往方式、言說方式等，我們
就會發現，這種說法並非漢儒的誇大其詞，而是《詩》在當時被賦予
的實際社會功能。[59]可以說，《詩》在西周乃至春秋的貴族社會中具有
後世詩歌根本無法企及的巨大社會功能。它根本就不是後世的所謂
「詩文」，更不是今天的所謂「文學」。它是古代宗教儀式的新形式，

59　《詩》的功能也是一個歷史問題，隨著社會文化空間的變化，《詩》的功能也在不
　　斷被調整。《詩》作為一種通行於貴族社會整個文化空間的文化文本，也不斷隨著
　　其社會功能的演變而有所增刪。《詩》的創制、採集、入樂、成為儀式的一部分以
　　及賦詩、引詩成為普遍現象，都與歷史的演進和文化空間的轉換密切相關。對此我
　　們將有專文探討，這裡暫不展開。

是彼時意識形態的主要形式，是貴族的身分標誌，是君臣之間、貴族之間獨特的溝通方式。我們只要打開《左傳》《國語》看看就知道，《詩》在春秋時期的貴族生活中是不可缺少的東西。在祭祀、外交、朝會、宴飲乃至貴族間的私人交往中，「賦詩」、「引詩」的現象隨處可見，這說明在當時《詩》是整個貴族階層普遍尊崇並深刻了解的文化文本。從具體的「賦詩」、「引詩」的情況看，儘管斷章取義是普遍存在的方式，但是這都是基於一個預設的前提，那就是《詩》是一種具有神聖性、權威性的言說，完全可以用來做某種行為或言談的最終依據。所以孔子才會有「不學《詩》，無以言」的提法，在他那裡是不存在「詩亡」問題的。

孔子整理《詩》、樂並以之教授弟子，這是與其「克己復禮」的政治理想直接相關的。孔子之時儘管已出現「禮崩樂壞」的普遍情況，但是在各諸侯國西周的禮樂文化依然勉強延續著，貴族身分與貴族意識依然受到社會普遍的認同。在貴族階層中那種不嫻於《詩》的應對或錯用禮儀的現象依然會受到鄙視和嘲笑[60]。在這樣的文化空間中，孔子在話語建構上的一切努力都是力求使遭到破壞的傳統得以修復，使行將逝去的東西能夠重新獲得生命力。所以不管他的實際身分是什麼，他都是站在官方的立場上有所言說的，只不過他不是站在某個諸侯國的官方立場上，而是站在整個貴族階層的立場上，或者說是站在行將退出歷史舞臺的官方文化的立場上。他整理《詩》《春秋》等文化典籍本質上是一種「正名」的工作——告訴世人傳統的價值準

---

60 例如，據《左傳‧襄公二十七年》載，齊國秉政的大夫慶封出使魯國，魯國賢大夫叔孫豹招待他，慶封於飲食間失禮，叔孫豹遂為之賦《相鼠》之詩，譏其無恥。而慶封竟渾然不覺。慶封席間失禮在貴族中是受到鄙視的，而其對於主人的賦詩相譏居然懵懂不知，更令貴族輕視。這說明在春秋之時西周以來重禮儀、榮譽和貴族身分的傳統並未失去，只是開始受到破壞而已。

則落實到倫常日用之中應該是怎樣的，人應該遵循怎樣的規則活著。所以孔子的話語建構活動的確是要代替已經沒有權威性的周天子行使維護原有價值秩序的權力。

到了孟子的時代，政治權力與文化話語權力更進一步分離，西周時期的主流意識形態已經化為純粹的古代遺跡。那個作為當然的統治者的古老的貴族階層已經不復存在，代之而起的是能夠適應兼併與反兼併之迫切需要的政治、外交、軍事人才所組成的新的官僚階層。政治生活與文化生活徹底分離為互不統屬的兩大領域。政治家們忙於「獎勵耕戰」的政策與「合縱」「連橫」的外交；士人階層的思想家則充分享受著思想與想像的自由，建構著形形色色的社會烏托邦，統一的或近於統一的國家意識形態已不復存在，延綿已久的貴族精神也在功利主義的衝擊下蕩然無存。《詩》和其它的古代文化典籍已失去了普遍的權威性、神聖性。除了儒家之外，諸子百家基本上都可以隨心所欲地對它們進行評說。「賦詩」之事已成為過去，「引詩」也只有儒家思想家或受他們影響的人偶有為之[61]。《莊子》說《詩》《書》《禮》《樂》等古代遺留的文化典籍「鄒魯之士、縉紳先生多能明之」[62]。這就等於說除了「鄒魯之士、縉紳先生」之外，很少再有人懂得這些典籍了。這意味著作為言說土壤的文化空間發生了空前的變化。孟子作為這個時期儒家思想的代表者，其話語建構行為當然是在孔子的基礎上進行的。但是與孔子不同的是，他開始描畫一個獨立的話語統序來與現實的政治統序相對立了。如果說孔子的理想在恢復周禮，重建已然崩壞的貴族等級制度，那麼孟子的「仁政」、「王道」則是更加美好也更加無法實現的烏托邦；如果說孔子在對《春秋》進行

---

61 《老子》《莊子》均不引詩；法家、陰陽家亦不引詩；縱橫家偶有引詩卻是一種說話的技巧，根本沒有任何的敬意；只有儒家是以嚴肅的態度引詩的。

62 《莊子・天下》。

加工、潤色之時強化了它的褒貶色彩，暗含了挺立、凸顯傳統意識形態的動機，那麼孟子明言孔子「作《春秋》」乃是「天子之事」則大大彰顯了儒家話語建構行為的政治性，明目張膽地高揚了那種壓抑在士人階層心中的權力意識。他的這種說法無異於宣布了全部現實政治權力的非法性，也宣布了儒家話語建構工程的神聖性與合法性。按照孟子的邏輯，堯、舜、禹、湯、文、武乃至周公，乃是集「道」與「勢」為一身的聖人；他們的時代因此也是最為理想的社會形態。到了孔子之時，則「道」與「勢」相分離，無「道」之「勢」成為「率野獸以食人」的暴君暴政；無「勢」之「道」則成為純粹的話語形式。他的雄心壯志就是要通過對個人人格修養的宣導（求放心、存心養性之類），通過對「仁政」、「王道」的政治思想的宣揚，堅持「道」的統序，強化話語建構，最終將現實的「勢」納入到「道」的羈勒之下，重新實現「三代」時期「道」、「勢」合一的理想境界。這是孟子的話語建構的偉大藍圖，也是其後二千餘年中儒家士人的偉大宿願。

如此看來「詩亡」與「《春秋》作」之說應該有某種象徵意味。

清人錢謙益嘗云：「孟子曰：『詩亡然後《春秋》作。』《春秋》未作以前之詩，皆國史也。人知夫子之刪《詩》，不知其為定史；人知夫子之作《春秋》，不知其為續《詩》。《詩》也，《書》也，《春秋》也，首尾為一書，離而三之者也。」[63]錢氏此言有兩點值得注意，一是他將《詩》《書》《春秋》均以史目之，可以說是開了後來章學誠「六經皆史」之說的先河。二是強調了三書之間首尾一貫的密切聯繫，亦不為無見。如果從歷史事實的角度來看，錢氏之論當然是荒謬的，因為這三部書無論從產生的角度，還是從功用的角度來說，都

---

63 〔清〕錢謙益：《牧齋有學集・胡致果詩序》。

是迥然不同的。然而如果從自孔孟以來的儒家的話語建構工程的角度來看，則不獨此三書，而「五經」「九經」乃至宋儒編定的「十三經」無不可視為「首尾為一書」——它們都有一以貫之的價值指向，都被賦予了同樣的功能意義。從先秦儒者到兩漢經生，從漢學到宋學，儒家思想家都在做同一件事，就是將古代遺留的文化文本解讀為上可以規範、制約執政，下可以引導、教化百姓，中可以自我砥礪、提升人格的具有現實功用的話語系統。他們孜孜以求的就是通過自己持之以恆的話語建構使整個社會都納入嚴密有序的價值規範之中，而自己也在現實生活和個體精神上最終找到安身立命之所。如此參與人數之眾、延綿時間之長、指向同一目標的話語建構活動在人類文化史上絕對是獨一無二的。

儒家的理想當然是希望君主自覺地接受和推行他們的價值觀念與行為規範，所以他們才塑造出堯、舜、禹、湯、文、武這樣的古代聖王的形象來以為現實君主之楷模。[64]但春秋戰國之際像魏文侯這樣自覺服膺儒術的君主畢竟罕有，故而儒家更多的是靠不遺餘力地建構、宣傳、教授以便形成一種彌漫性的話語「力場」，進而將執政者在不知不覺之中納於這種話語「力場」的影響與控制之下。所以即使是一位鄉間老儒在默默地傳道授業，那也是在進行著政治權力的角逐，更不要說那些特立獨行的飽學鴻儒的著書立說了。當然，儒家話語建構過程的權力運作是很複雜的現象。中國古代是「家天下」的君主政體，君主們唯一真正關心的事情就是政權的穩固。所以儒家欲使自己

---

64 近人顧頡剛、錢玄同等所謂「古史辨派」二十世紀二〇年代提出「層累地造成古史」之說。經半個多世紀的考古發現和學術探討，此派的「疑古」之論大都已被否定。但是如果從話語建構的角度來看，則「層累」之說卻有很大的闡釋學意義——對堯、舜、禹孔子雖多有言及，但是其嘉言懿行卻孟子言之更多更詳，漢唐儒者更多有附會，這說明，歷史人物本身雖然不是憑空捏造出來，但其言行事蹟畢竟漸增漸多起來，恰如「層累」一般。這都是話語建構的需要所導致的必然結果。

的話語建構活動得到實際的效果，一般都不得不以滿足君主穩定政權的需要為誘餌，所以他們也就在很大程度上充當了官方意識形態的建構者角色。諸如「正統」觀念、「君權神授」觀念、君主至尊觀念、忠臣觀念，等等，都是儒家為了使君主接受諸如仁民愛物、正身修己、順天應人、重生止殺等價值準則的交換條件。也就是，儒家思想家必須擺出為君主服務的姿態來言說才有可能是有效的言說。只有在像明末清初這樣改朝換代之際，才會產生黃宗羲《明夷待訪錄》那樣放言儒家主體精神、明言壓制君權的言論來。因此儒家的話語建構必然具有內在的矛盾衝突。即從今天的言說立場來看，你既有理由說它是古代知識階層制約君權、規範社會的烏托邦式的權力話語，也可以說它是鞏固既定社會等級制、維護君主利益的官方意識形態話語。其鮮活的、人道的、具有現代意義的話語內涵與保守的、陳腐的、反個體性的價值指向是同時並存的。

　　讓我們回過頭來再看孟子的「詩亡」與「《春秋》作」之論。「詩」所象徵的是儒家理想中的「政文一體」[65]的政治、文化狀況。此時官方意識形態與知識階層的烏托邦話語是合二為一的。「詩」正是溝通君臣上下的有效方式。《春秋》所象徵的則是民間的、知識階層獨立話語系統的確立。既然統一的官方意識形態已然不復存在，大一統的君權已分化為大大小小的權力集團，並且完全放棄了恢復統一的意識形態的努力，那麼知識階層就當仁不讓地承擔起在文化上重新統一天下的重任。以《春秋》作為賞罰手段雖然未必能起到實際的政治作用，卻可以起到在觀念上維護統一價值標準的作用，可以起到延續文化精神的作用。如果從更深的層次上看，即聯繫知識階層的生存狀況來看，則「詩亡」與「《春秋》作」之論還有更隱秘的含義。在

---

65 用牟宗三等海外「新儒家」們的話來說叫做「政統」與「道統」的合一。

孟子所處的戰國中期，士人階層已經成為一個很強大的社會階層，這遠非孔子的時代可以相比。春秋之時，各諸侯國的執政者主要是由貴族構成，貴族的子弟則成為後備的執政者。除楚國之外，各諸侯國還基本上都實行「世卿」制度。布衣之士而進入統治者行列的不是沒有，但肯定不是主流。在這種情況下士人階層[66]的主要從政途徑是到某個大貴族家裡做陪臣。孔門弟子中凡從政者絕大部分是給有權勢的大夫做小臣而或邑宰，除宰我之外沒有真正進入權力核心的。此時的士人階層是剛剛出現的、無論在政治上還是在文化上都尚處於社會邊緣的社會群體。即使在文化上，貴族子弟有自己受教育的途徑[67]，官方文化依然是主流文化，士人階層的言說也同樣是微不足道的。到了孟子之時情況完全不同了。此時貴族階層已經分崩離析，執政者主要來自平民出身的士人。各諸侯國在政治、經濟、軍事、外交各方面激烈競爭的刺激下，對具有真才實學的士人的需求空前強烈，遊蕩於社會上的布衣之士成為執政者集團的真正後備大軍。同樣在文化上由於官方的貴族文化隨著貴族階層的解體而失去主導地位，士人階層的文化便成為社會文化的主流。這就是說，無論在政治上還是在文化上，士人階層已經成為當時社會的主導力量。當時天下各國所面臨的主要問題是如何消除戰爭、實現和平。而根據當時各方面情況，解決這一問題的唯一辦法是實現天下的統一。面對如何實現統一的問題，士人

---

66 士人階層中間當然有貴族子弟，但是人數遠較平民子弟為少。據有的學者考察，孔門可以考之出身的弟子中只有司馬牛是位真正的貴族。

67 春秋時代教育體制的具體情況已難以確知，但從《左傳》《國語》等史籍所載可知，凡貴族子弟無不受過很好的系統教育。據有限的材料來看，大約各諸侯國也有專為貴族弟子而設的「基礎教育」，所學內容亦不外西周遺留的基本典籍，即《詩》《書》《禮》《樂》之屬。在「基礎教育」之後，那些大貴族，特別是宗室子弟還要聘請博學多能之士來做專門的老師，例如鮑叔牙就嘗為公子糾的師傅，而管仲嘗為公子小白（即齊桓公）的師傅。

階層也出現了明顯的分化：一部分人走務實之路，試圖通過政治、外交、經濟、軍事的角逐來使某一諸侯國強大起來，從而兼併其它國家，實現統一。諸如縱橫家們的「合縱」、「連橫」，法家的「獎勵耕戰」、「富國強兵」就是走的這一條路。這是用政治的或現實的方法解決政治的或現實的問題的做法。另一部分人則走務虛之路，試圖通過文化話語的建構形成統一的意識形態，再進而落實為政治上的統一。孟子便是這派士人的傑出代表。故而，「詩亡」代表著原有的統一的意識形態的轟毀，「《春秋》作」則代表著重新統一意識形態的努力。試圖通過歷史敘事來影響甚至決定實際的歷史進程，這正是士人烏托邦精神的核心所在。孟子奔走遊說，到處宣揚「仁政」、「王道」，大講「四端」、「求放心」、「存心養性」，又斥異端、辟邪說，都是在做著同樣的努力。

　　既然「詩亡」代表一種意識形態的破壞，而「《春秋》作」代表一種意識形態的興起，那麼是不是意味著《詩》與《春秋》所代表的是截然不同的兩種意識形態呢？這個問題實際上是很複雜的。就歷史的事實而言，在西周至春秋之時，《詩》作為貴族政治、文化生活中不可缺少的組成部分來說，它的意識形態性質主要表現在對貴族特權和貴族身分的確定、強化以及貴族關係的協調上。就儒家的話語建構而言，則《詩》乃昭示著一種理想化的價值觀——它是善惡的尺度，是維護社會公正與秩序的有力武器。儒家士人依靠《詩》所獨有的多種闡釋可能性來賦予其種種價值功能，力求使之成為負載儒家價值觀的話語系統，以至於到了漢代不僅出現了以「美刺」說《詩》的普遍現象，而且還出現了「以《三百篇》當諫書」的情況。《詩》的實際功能與儒家所賦予它的功能之間是存在著很大的區別的。《春秋》的情況則不同。就實際的歷史而言，這部史書的意識形態作用可以說是微乎其微的。所謂「亂臣賊子懼」云云，不過是孟子的期望而已。春

秋五霸、戰國七雄們是不會因儒家的歷史敘事而絲毫改變自己的政治、軍事策略的。儒家遵循的是理想的文化邏輯，現實的執政者遵循的則是關係著生存的利益原則，二者是扞格不入的。至於儒家思想在後來的發展中漸漸弱化了烏托邦色彩，增加了現實的可操作性，以及大一統之後的統治者向著儒家文化尋求合法性支持，則是君權與士人階層在權力層面上相互協商、彼此磨合的結果。

總之，「詩亡」與「《春秋》作」之論背後有著豐富的文化歷史內涵，它既體現著春秋戰國之際政治系統與文化系統由合而分的歷史軌跡，又展示著儒家士人話語建構的烏托邦精神；既昭示了從孔子到孟子社會文化空間的嬗變，又彰顯了儒家士人重新統一意識形態與現實政治的強烈願望。自此之後，借助於對《詩》的闡釋[68]來恢復「王者之跡」以及依靠孔子「作《春秋》」的精神來以話語建構干預現實權力的努力，便成為儒家士人千百年中遵循的基本政治策略和文化策略。

---

68 當然不止於對「詩」的闡釋，事實上，儒家對全部古代文化典籍的整理與闡發都基於同樣一種理論的預設：既然西周的那些文化典籍是「王者之跡」的產物，體現了真正的「三代」之治，那麼依靠宣揚這些典籍的價值，使之深入人心，特別是深入執政者之心自然也就可以重新恢復這種理想的社會狀態。這種「逆推法」在邏輯上是錯誤的，在現實中是行不通的，但是儒家思想家們對此卻是堅信不疑。這也就是中國古代精英文化發生、演變的內在邏輯。

第二十五章
荀子的文藝思想

　　荀子歷來被認為是先秦儒家之集大成者，他的思想的確博大深邃，對先秦諸子之學有著廣泛的了解與吸納，特別是對孔子以後的儒學發展有自己的深刻反思。也許是由於時代需求所致，荀子的思想與孟子的思想相去甚遠，是先秦儒家中較少烏托邦色彩、比較注重實際的可操作性的一位。與此相關，其文藝思想也有自己的特點。

第一節　荀子思想與孔、孟之異同

　　荀子生活的時代較之孟子又晚了六十年左右，其時已是戰國後期。比較而言，孔子的時代是舊有的體制雖已崩壞，但原有的意識形態依然具有很大的影響力，對這種意識形態熟諳於心的儒家思想家還有理由企圖通過宣傳教育來將其還原為一種現實的價值秩序；孟子的時代是不僅舊有的體制已然蕩然無存，原來的意識形態也早已失去了普遍的影響力，包括儒家在內的士人思想家都紛紛提出解決現實問題的新設想，出現了真正的「處士橫議」、「百家爭鳴」的局面，九流十家彼此對立，各是其所是；到了荀子的時代則百家之學漸漸走向相互滲透、交融並開始進行新的整合。社會的發展完全不理睬思想家們的搖唇鼓舌、喋喋不休，按照自己的邏輯趨向於天下一統。下面我們就來看看荀子進行言說的文化空間究竟發生了怎樣的變化。我們知道所謂「文化空間」主要是由言說者、傾聽者以及環繞著他們的文化氛圍構成的。所以我們先來看言說者的情況。

　　孔子建構自己的學說時尚沒有足夠強大的「異端邪說」，他所面對的主要是「禮崩樂壞」的社會現實，所以他憑藉豐富的文化資源就可以以「立法者」的姿態言說；孟子之時各派學說均已成熟，而且其中有些學說還得到諸侯們的採納（如秦國用商鞅之法、楚國用吳起之術、齊國用孫臏之學都取得了巨大成效）。所以孟子的「立法」活動就比較困難──必須與各種學說進行辯論。這樣孟子就同時充當辯者與「立法者」的雙重角色。孔子的「立法」只要講應該如何就可以了；孟子則要不厭其煩地講為什麼要如此，這也就是孟子的學說在學理上遠比孔子學說細密深刻的原因；到了荀子的時代，則不僅百家之學眾聲喧嘩，而且儒學本身的發展也出現了不同的流派，故而他不僅要充當「辯者」與「立法者」的雙重角色，而且還要對儒學本身進行反思──思考如何超越儒學不為世所用的困境並尋求使之成為真正的經世之學的可能途徑。因此，對儒學本身的反思和在堅持儒學基本精神的前提下吸收其它學說的合理因素，將儒學建構成一種既有超越的烏托邦精神又具有現實有效性的社會意識形態就成了荀子學說的主旨所在。

　　從言說立場來看，儘管孔、孟、荀三人都是儒家思想家，都是站在士人階層的立場上言說的，但具體觀之則又各有不同。我們知道，士人階層是一個處於「中間」地位的社會階層──作為所謂「四民」之首，其上是以君權為核心的統治階層，其下是由「農、工、商」三民構成的被統治階層。他們則游離於上下之間。由於社會狀況和個體士人自身的具體情況不盡相同，他們的言說立場也就出現差異：或傾向於統治階層，或傾向於被統治階層。就「九流十家」的整體情況言之，道家、墨家、農家傾向於被統治階層；儒家、法家、縱橫家則傾向於統治階層。具體到儒家內部，則孔子傾向於統治階層，孟子更接近民間的立場，到了荀子則又傾向於統治階層。但是孔子所同情的主

要是已然沒落的貴族統治者，現實統治者則基本上是他批判的對象；荀子卻是試圖為現實的統治者謀劃切實可行的治國之策。就對於現實統治者的批判來說，荀子既沒有孔子對僭越者那種「是可忍，孰不可忍」的憤慨，更沒有孟子對窮兵黷武者那種「率野獸而食人」的痛斥。他基本上是在冷靜地為統治者出謀劃策，例如其所撰《王制》《富國》《王霸》《君道》《臣道》《致士》《議兵》《強國》《解蔽》《正名》《成相》《大略》等篇都直接就是向統治者陳述的治國興邦之道。儘管我們可以說，從總體上看，諸子百家基本上都是救世之術，但是像荀子這樣具體、系統的政治策略還只有法家可以比肩。其它諸家學說則不免鼓蕩著過多的不切實際的烏托邦精神。如果說孔、孟的學說都是以倫理道德思想為主，那麼荀子的學說則毫無疑問是以政治思想為主的。後世歷代統治者所奉行的所謂「雜王霸而糅之」的治國之道，其實並不像是孔孟申韓之學的結合，而是更近於荀子的學說。

　　從文化語境的角度看，荀子這種言說立場的形成主要有兩個原因：一是文化語境的作用，即諸子之學走向綜合交融的必然趨勢。我們知道，荀子曾長期遊學於齊，是著名的「稷下學宮」[1]後期的領袖人物，曾「三為祭酒」，即學宮之長。這個稷下學宮是諸子百家聚會之所，形成了各種學說交流、融會、綜合的獨特文化空間。這個文化空間是齊國君主，例如齊宣王等確立的，雖然學士們「不治而議論」，不能算是純粹的政治人物，但是畢竟受到官方的豢養，所以至少具有半官方的性質。因此稷下之學固然是真正的「百家爭鳴」，卻亦有其共同的特點。這主要有兩點：一是對現實政治的關懷，二是兼取諸家的綜合性。例如作為稷下之學主流的黃老刑名之學就是結合法

1　《太平寰宇記》卷十八引劉向《別錄》云：「齊有稷門，齊之城西門也。外有學堂，即齊宣王立學所也，故稱為稷下之學。」

家與道家並吸收儒家某些思想因素的綜合性的政治學說。[2]荀子在這樣的文化環境中浸潤既久自然會受其影響。

　　決定荀子言說立場形成的另一個原因是歷史語境的作用，即漸近統一的社會呼喚統一的意識形態。戰國後期的社會現實已經證明，無論是孔子的「克己復禮」還是孟子的「仁政」、「王道」，抑或是墨家的「兼愛」、「尚同」與老莊的順應自然，都無法解決實際的社會問題。法家學說雖然在個別諸侯國得到實施並產生效果，但是作為儒家的荀子又不可能完全認同這種基本上放棄士人批判立場的思想，所以他唯一可行之途就是兼取各家之學來改造孔孟之學，也就是弱化儒學原有的烏托邦色彩而加強其政治層面的可操作性。可以說，在政治倫理方面，荀子之學主要是融合儒法兩大入世的思想系統而形成的。鑒於歷史的經驗與現實的需求，如何將儒學改造成具有現實有效性的國家意識形態就成為荀子關注的焦點。這樣一來，荀子就不能不在反思儒家原有學說的基礎上來建構自己的思想體系。

　　從某種意義上說，荀子的學說正是在反思儒家學說中最有影響的思孟學派的基礎上建構起來的。荀子批評思孟之學云：「略法先王而不知其統，猶然而材劇志大，聞見雜博。案往舊造說，謂之五行，甚僻違而無類，幽隱而無說，閉約而無解。」[3]觀荀子之意是說思孟之學看上去很是博大深邃，實際上卻是玄虛不實、難以索解，更談不上實際的應用了。所以荀子之學基本上是在儒學的範圍內沿著與思孟之學相反的路子走的。這主要表現在下列幾個方面：

　　第一，以「性惡」說代替「性善」說——改變價值系統建構的邏輯前提。

2　參見白奚：《稷下學研究——中國古代的思想自由與百家爭鳴》第六章，北京，生活・讀書・新知三聯書店，1998。

3　《荀子・非十二子》。

　　孟子倡「性善說」有一個潛在的邏輯軌跡，即充分啟發人的道德
自覺性，靠人的道德自律來解決自身的問題，然後再解決社會問題。
這是典型的「內聖外王」的思路。其說的長處是很明顯的：可以激發
人們的自尊意識，有助於培養人們對道德修養的信心。但是，其缺點
也同樣很明顯：不能充分提供「禮」與「法」等外在規範的合理性：
既然人性是善的，那麼還要那些強制性的規範何用？只要想辦法發
掘、培育這與生俱來的善性就夠了。然而「爭於氣力」的現實社會中
的人均為情慾利益所牽引，誰願意自覺地恪守那些顯然於己不利的道
德原則呢？對於那些不肯自覺進行道德修養的人來說又該如何呢？荀
子大約正是看到了孟子學說的這一不足之處才提倡「性惡」之說的。
對於孟子和荀子而言，「性善」與「性惡」之說雖然不排除經驗主義
的認知性歸納，但主要並不是對人之本質的客觀認識，而是出於言說
的需要——「立法」的需要而設定的邏輯前提。從這兩個不同的前提
出發，就可以建構起不同的理論體系。言性善，孟子才有充分的理由
號召人們「存心養性」、「推己及人」，從啟發人們自覺培育人人皆有
的「惻隱之心」、「羞惡之心」等所謂「四端」入手去實現成聖成賢的
人格理想。人人都成為聖賢君子並通過「老吾老以及人之老，幼吾幼
以及人之幼」的「推恩」行為使天下親如一家，那麼一切紛爭都可以
得到徹底的解決了。荀子就不像孟子那樣天真了。他清楚地認識到孟
子的學說是無法實現的空想。所以他要建立一套強調外在約束之重要
性的學說。他的邏輯是這樣的：人之性就是生而有之的本能，主要是
肉體的欲望，這些欲望都以滿足為唯一的目標，沒有絲毫自我的約
束，所以人性是惡的。一個社會如果任由人性自由氾濫，就必然是混
亂無序的，所以聖人才制定「禮法」來約束人們。這就是所謂「化性
起偽」。「化性」就是改變人生而有之的天性，使之符合社會規範；
「起偽」就是根據社會需求來制定可以約束並引導人性的社會規範。

前者是目的，後者是手段。荀子說：

> 今人之性，生而有好利焉，順是，故爭奪生而辭讓亡焉；生而
> 有疾惡焉，順是，故殘賊生而忠信亡焉；生而有耳目之欲，有
> 好聲色焉，順是，故淫亂生而禮義文理亡焉。然則從人之性，
> 順人之情，必出於爭奪，合於犯分亂理而歸於暴。故必將有師
> 法之化，禮義之道，然後出於辭讓，合於文理，而歸於治。用
> 此觀之，然則人之性惡明矣，其善者偽也……故聖人化性起
> 偽，偽起而生禮義，禮義生而製法度。然則禮義法度者，是聖
> 人之所生也。故聖人之所以同於眾，其不異於眾者，性也；所
> 以異而過眾者，偽也。[4]

由此可見「性惡說」與「性善說」之根本不同。蓋後者將人世間
的一切價值之最終依據歸於人性，聖人的意義僅在於為「存心養性」
的榜樣；後者則將價值依據歸之為「偽」，即人為，聖人則是「偽」
的主體。對於孟子來說，人人都是潛在的聖人，關鍵看你能不能自覺
進行「存養」工夫了；而在荀子的學說中，聖人只是少數的先知先
覺，是天生的立法者，他制定著一切社會價值規範。簡言之，能夠根
據社會的需求而為之制定規則的人就是聖人。由此可知，在孟子的觀
念中聖人與凡人的區別主要看他能否對自身固有本性進行自覺培育；
而在荀子看來，聖凡之別主要看其能否為社會立法。一是著眼於內在
品性，一是著眼於外在功用，二者之別在此。

第二，以「學」取代「思」——在修身的方式上採取不同路向。

先秦儒家都講修身，荀子也不例外。但是他的修身理論似乎是專

4　《荀子・性惡》。

門反孟子之道而行的。在修身的方式上孔子是「思」與「學」並重
的，認為「學而不思則罔，思而不學則殆」[5]。孟子基於其「性善」
之說，強調「思」在修身過程中的首要地位。認為一個人是成為聖賢
君子還是成為小人關鍵在於是否去「思」，即所謂「思則得之，不思
則不得」。「思」可以使人「先立乎其大者」，即做出成聖成賢的根本
性選擇，孟子還認為：「誠者，天之道也；思誠者，人之道也。」[6]這
就將「思」看做人立身行事的根本所在。可見在孟子的思想體系中
「思」是至關重要的，可以說是修身過程中最重要的一環。然而荀子
卻十分輕視「思」的意義。在孟子，既然人性本善，故而要向內發
掘，所以重「思」；在荀子，既然人性本惡，故而只能向外尋求改造
人性的途徑，所以重「學」。《荀子》一書，首篇就是《勸學》，並明
確指出：「吾嘗終日而思矣，不如須臾之所學也。」突出了「學」的
重要性而否定了「思」的價值。那麼對於修身者來說應該學什麼、如
何學呢？荀子認為應該「始乎誦經，終乎讀禮」，因為「《禮》之敬文
也，《樂》之中和也，《詩》《書》之博也，《春秋》之微也，在天地之
間者畢矣」。就是說，從自然宇宙，到人世間，一切道理都包括在這
些儒家的經典之中了。至於學的方法則是長期的積累，所謂「學不可
以已」、「積善成德」、「真積力久則入」云云，都是講日積月累的學習
方法。

　　在修身過程中荀子也強調「養心」的作用，但是他的「養心」與
孟子的「存心」、「盡心」大不相同。約而言之，荀子的「養心」乃是
清除心中的各種雜念，以便為「學」提供必要的條件。在《解蔽》中
荀子指出：

5　《論語·為政》。

6　《孟子·離婁上》。

故治之要在於知道。人何以知道？曰：心。心何以知？曰：虛
壹而靜：心未嘗不臧也，然而有所謂虛；心未嘗不滿也，然而
有所謂一；心未嘗不動也，然而有所謂靜。人生而有知，知而
有志，志也者，臧也；然而有所謂虛，不以所已臧害所將受謂
之虛。心生而有知，知而有異，異也者，同時兼知之；同時兼
知之，兩也；然而有所謂一；不以夫一害此一謂之壹。心臥則
夢，偷則自行，使之則謀；故心未嘗不動也，然而有所謂靜；
不以夢劇亂知謂之靜。未得道而求道者，謂之虛壹而靜。作
之，則將須道者之虛，則人（入）；將事道者之壹，則盡；將
思道者靜，則察。知道察，知道行，體道者也。虛壹而靜，謂
之大清明。萬物莫形而不見，莫見而不論，莫論而失位……明
參日月，大滿八極，夫是之謂大人。夫惡有蔽哉！

從這段引文我們不難看出，荀子的「心」與孟子大有不同。蓋孟
子所謂心既是人之善性的寄居之所，又是一道德自我，能夠識別善惡
並「擇善而固執之」，因此其自身即含有善的價值，所以人們可以由
「盡心」而「知性」，由「知性」而「知天」，從而達到「合外內之
道」的「至善」之境。而在荀子，則心只是認識的主體，在其「虛壹
而靜」的情況下可以接受關於「道」的知識，它自身則像一面鏡子一
樣是中性的。所以借用《中庸》的話來說，孟子側重於「尊德性」，
荀子則側重於「道問學」。後者開出兩漢儒者治學的基本路徑；前者
則為兩宋儒者所服膺。

第三，以「禮」、「法」並重代替「仁政」──在重建社會秩序之
方式上的不同選擇。

先秦儒家，無論是孔孟還是荀子，其學說之最終目的無疑都是重
建社會秩序。可以說，是他們對人性的不同看法決定了其對重建社會

秩序之不同方式的選擇；也可以反過來說，是他們對重建社會秩序不同方式的選擇導致了其對人性的不同理解。在這裡原因和結果是可以置換的。荀子的治國方略可由三個字來概括，即「禮」、「樂」和「法」。這裡「禮」和「法」是帶有強制性的外在規範；「樂」則是文教方式。他之所以強調「學」，目的也就是使人們通過學習而自覺地認同作為外在規範的「禮」和「法」並接受「樂」的薰陶。這與孟子將固有的人性理解為外在規範的內在依據，因而主張由向內的自我覺察、自我發掘而自然而然地匯出外在規範的理路是根本不同的。那麼荀子是不是就是走上了法家一路呢？也不能下如此斷語。荀子與法家也存在著根本區別。荀子學說的獨特性主要表現在他對「禮」與「法」的關係的理解上。

　　與荀子一樣，法家也認為人性是惡的，所以他們主張制定嚴刑峻法來約束人的行為。然而荀子一方面強調人性惡，一方面又強調「禮」的作用，這與法家是不同的。這就難免有人可能提出這樣的問題了：「人之性惡，則禮義惡生？」[7]「禮義」是道德規範，具有善的價值，既然人性本惡，那麼「禮義」這樣善的價值由何而生呢？荀子的回答是「生於聖人之偽」。在荀子看來，人類的生活必然是社會性的，用他的話說就是「人之生，不能無群」[8]。但是由於人性本惡，有無窮無盡的欲望需要滿足，故而難免出現爭鬥，人類社會也就混亂一片，不成其為「群」了。所以人類社會就必須有「分」，也就是建立在差異基礎上的秩序：人們在社會上的地位不同，享受的權利和承擔的義務也不同。但是這個「分」又不是自然產生的，而是人為地制定的，這就有一個合理性的問題：你根據什麼來規定這種差異？這種

7　《荀子・性惡》。
8　《荀子・富國》。

合理性的原則便是「禮義」。所以荀子說：

> 人生而有欲，欲而不得，則不能無求，求而無度量分界，則不
> 能不爭。爭則亂，亂則窮。先王惡其亂也，故制禮義以分之，
> 以養人之欲，給人之求。使欲必不窮乎物，物必不屈於欲，兩
> 者相持而長，是禮之所起也。[9]

　　這樣看來，荀子的邏輯是很清晰的：人類生存的需要決定了
「群」的生活方式；「群」又必然要求著差異與秩序；「禮義」在根本
上來說就是關於這種差異與秩序的合理化原則。那麼，「法」在荀子
的學說中又有怎樣的意義呢？我們先看看荀子的提法：

> 古者聖王以人之性惡，以為偏險而不正，悖亂而不治；是以為
> 之起禮義、制法度，以矯飾人之情性而正之，以擾化人之情性
> 而導之也。始皆出於治，合於道者也……若夫目好色，耳好
> 聲，口好味，心好利，骨體膚理好愉佚，是皆生於人之情性者
> 也。感而自然，不待事而後生者也。夫感而不能然，必且待事
> 而後然者謂之生於偽。是性偽之所生，其不同之徵也。故聖人
> 化性而起偽，偽起而生禮義，禮義生而製法度；然則禮義法度
> 者，是聖人之所生也。(《性惡》)
> 禮者，法之大分，類之綱紀也。(《勸學》)
> 有法者以法行，無法者以類舉。(《王制》)

　　從這些論述中可以看出，首先，法與禮義有著密切聯繫，二者互

9　《荀子・禮論》。

為補充，[10]都是對人的行為的強制性規範措施。其次，法與禮又有所不同。大體言之，禮比法更帶有根本性，是制定法度的依據。換言之，在荀子的思想中，禮更加重要，法是作為禮的補充才獲得意義的。最後，聯繫《王制》篇關於司寇與冢宰之職責的論述[11]，我們可以確定，法實際上是為了維護禮的實施而進行的賞罰措施。禮是要靠自覺遵守的，如果出現悖禮之行怎麼辦呢？恐怕就要依法來懲罰了。由此不難看出，荀子的政治學說是基於社會的需要而不是美好的理想提出的，因此較之孟子的觀點具有明顯的可操作性。對於那些虛幻玄妙、沒有實際用處的言說荀子一概表示輕視。他說：「言必當理，事必當務，是然後君子之所長也……若夫充虛之相施易也，『堅白』、『同異』之分隔也，是聰耳之所不能聽也，明目之所不能見也，辯士之所不能言也，雖有聖人之知，未能僂指也。不知，無害為君子；知之，無損為小人。工匠不知，無害為巧；君子不知，無害為治。」[12]由此可知荀子學說是以致用為目的的，凡無益於修身治國的言說都是無效的。所以可以說荀子是儒家中的實用主義者。

　　第四，用「人之道」取代「天之道」——否定了形而上玄思的意義。

　　對於「天」或「天道」，孔子是存而不論的，所以子貢說：「夫子之言性與天道，不可得而聞。」[13]到了子思和孟子則主張「合外內之道」——以「命」與「性」為中介溝通天人關係，將「人之道」與

---

10 這裡還有個「類」的概念，似近於後世法學中所謂「例」，即根據前人之成例來行使刑罰。因法的制定即使再詳盡，也難免有不到之處，故可引先王之成例為準則。

11 《荀子・王制》：「析願禁悍，防淫除邪，戮之以五刑，使暴悍以變，姦邪不作，司寇之事也。本政教，正法則，兼聽而時稽之，度其功勞，論其慶賞，以時慎修，使百吏免盡，而眾庶不偷，冢宰之事也。」

12 《荀子・儒效》。

13 《論語・公冶長》。

「天之道」統一起來，根本目的是為儒家所宣揚的社會倫理價值尋求最高的價值依據。在運思的層次上則達到了形而上的思辨高度。孟子說：「萬物皆備於我矣。反身而誠，樂莫大焉。」[14]又說：「是故誠者，天之道也；思誠者，人之道也。」[15]《中庸》也說：「誠者，天道也，誠之者，人之道也。」這都是說「人之道」與「天之道」具有內在的相通性，人通過自己的努力就可以使自己的行為符合「天之道」（也就是天地化生萬物的品性）。這是儒家式的「天人合一」的真正含義。然而荀子卻將「人之道」與「天之道」嚴格區別開來。他說：「先王之道，仁之隆也，比中而行之。曷謂中？曰：禮義是也。道者，非天之道，非地之道，人之所以道也，君子之所道也。」[16]在荀子看來，人與天之間在價值觀念的層面上並無任何聯繫，人世間的價值本原只能在人世間尋找。這樣一來，荀子就將在思孟學派那裡已經把意義的空間拓展到形而上之超驗領域的儒學又拉回到人世間，使之回到孔子學說那樣的純粹政治、倫理哲學層面。

通觀孔子、孟子、荀子等先秦儒家的三大代表人物的思想，他們的共同特徵是都將個人的道德修養同重建合理的社會秩序統一起來。借用《莊子‧天下》篇的說法就是「內聖外王之道」。他們的區別在於：孔子基本上是「內聖」與「外王」並重，一部《論語》講論個人道德修養的內容與探討治國之道的內容不相上下。「克己復禮」四字恰能說明這種情況。到了孟子則強調「內聖」超過「外王」。在「外王」方面，他只是提出了一個「仁政」「王道」的社會構想以及「置民之產」「與民同樂」實施辦法。這些與當時七國爭雄的社會現實相去甚遠，完全是一廂情願的烏托邦。但在「內聖」方面孟子卻提出了

---

14 《孟子‧盡心上》。

15 《孟子‧離婁上》。

16 《荀子‧儒效》。

一系列新範疇、新設想，對於後世儒學的完善、發展產生了極為重大的影響。諸如「知言」、「養氣」、「存心」、「養性」、「四端」、「自得」、「誠」、「思」、「推恩」等，構成了一個完備的個體人格修養的道德價值體系。所以大講「心性之學」的宋儒將孟子視為儒家道統的真正傳承者並沿著他的理路建構自己的思想系統，決非偶然之事。到了荀子，則又反孟子之道行之：將關注的重點從心性義理、成聖成賢轉移到尋求切實可行的治國之道。從孔、孟、荀的言說指向而言，孔子對弟子（士人）的言說與對諸侯君主的言說並重——一方面教育士人如何成為君子，一方面勸告君主如何實現道德的自律。孟子則對士人的言說多於對君主的告誡——《孟子》一書充滿了士人的自我意識。如何成聖成賢、做「大丈夫」、做「君子」毫無疑問是其主旨。而荀子的言說就主要是指向現實的當政者的。他不僅教導君主們如何做人，而且為他們提供了一套完備的政治策略。這與孟子對君主的言說主要是從道德的角度匡正、引導其行為是根本不同的。在《荀子》一書中道德修養明顯地從屬於治國之道。

　　造成先秦儒學代表人物言說價值取向差異的原因主要是歷史語境與文化空間的不同。在孔子的時代，西周文明的遺留還在政治生活與文化生活中居於重要地位，孔子有充分的理由試圖通過人們的自覺努力而使這些遺留重新成為社會的主導。所以他必然將「克己」與「復禮」置於同等重要的位置。在他看來，「克己」是「復禮」的唯一方式，而「復禮」則是「克己」的主要目的，二者實在不可以偏廢。在孟子之時，縱橫家已然大行於世，在諸侯國的禮遇之下，士人紛紛投靠，為了功名利祿而放棄自己的烏托邦精神。所以作為最具有獨立精神的士人思想家孟子首先需要做的事情就是重新喚起士人階層那種自尊自貴的主體精神與「格君心之非」的帝師意識。他的言說主要是向著士人階層的，他的目的是使士人階層意識到自己的歷史使命，成為

社會的主導力量，承擔起為社會立法的偉大責任，而不要墮落為當政者的工具。孟子的思想之所以在後世的士人階層中獲得廣泛的認同也正是由於這個原因。荀子的時代情況又有所不同：事實已然證明了孔孟思想的不切實際，天下統一於兼併戰爭的趨勢依然不可逆轉，而且這種趨勢也已經證明了法家思想的實際價值。在這種情況下作為一代儒家思想大師的荀子當然不能盲目地恪守孔孟的傳統，他有責任在保持儒家基本精神的基礎上融會百家之學，將儒學改造成一種既含有偉大的理想，又具有實際效應的經世致用之學。所以為即將一統天下的君主提供治國之道，為士人階層在新的政治形勢下如何確定自己的身分提供依據——這恐怕才是荀子學說的主旨所在。在《荀子》一書中有《君道》《臣道》的專篇，這正體現了他試圖建立一種君主與士人階層分工合作的新型政治模式的設想。這可以說是對春秋戰國數百年間諸侯君主與士人階層之關係的理論總結。

第二節　荀子對詩歌功能的理解

荀子的詩學觀念是與他的整個思想體繫緊密相關的。其總體傾向也是實用主義的，具體言之主要涉及下列幾個方面：

第一，對詩所言之「志」的新闡釋。

「詩言志」之說究竟是何時提出，迄今並無人們普遍接受的結論。但是將「詩」與「志」相連而言之則是戰國時期比較普遍的現象。例如《左傳‧襄公二十七年》有「詩以言志」之說；《昭公十六年》有「二三君子請皆賦，起亦以知鄭志」之說；《國語‧楚語上》有「教之詩而為之導廣顯德，以耀明其志」之說；《孟子‧萬章上》論說詩方法時有「以意逆志」之說；《莊子‧天下》篇有「《詩》以道志」之說，等等。這說明「詩」是用來言「志」的，乃是彼時的共

識。但是關鍵問題是如何理解這個「志」字。看上述引文，「志」並不是一個具有確指的概念，而是泛指人的情感和意願，是作詩或賦詩所要表達的意思。即使是孟子的「以意逆志」也只是指詩人作詩的本意。然而荀子卻有了新的闡釋，《荀子・儒效》云：

> 聖人也者，道之管也。天下之道管是矣，百王之道一是矣，故《詩》《書》《禮》《樂》之歸是矣。《詩》言是，其志也；《書》言是，其事也；《禮》言是，其行也；《樂》言是，其和也；《春秋》言是，其微也。故《風》之所以為不逐者，取是以節之也；《小雅》之所以為《小雅》者，取是而文之也；《大雅》之所以為《大雅》者，取是而光之也；《頌》之所以為至者，取是而通之也。

對於這段論述應予以足夠的注意，因為這是漢儒說詩的基本原則，也是儒家詩學觀念的最終完成。這裡的要旨在於將《詩三百》一概視為聖人意旨的表達，從而將其規定為儒家經典。如前所述，荀子與孟子很重要的區別之一是對「聖人」的作用看法不同。與此相關的則是對「聖人之道」的理解的差異。在孟子看來，「聖人之道」實際上是「天之道」與「人之道」的統一，前者是最終的價值依據，具有本體的意味；後者是前者在人世間的具體顯現，也就是仁、義、禮、智等倫理道德規範。聖人之所以為聖人，就在於能夠自覺到「人之道」與「天之道」的內在相通性，並通過個人的努力使二者都得到彰顯——仁、義、禮、智等道德規範也不是人為的東西，而是「天之道」的產物，所以即使是聖人在這裡也不創造什麼，這就是所謂「盡其心者，知其性也。知其性，則知天矣。存其心，養其性，所以事天

也」[17]之義。思孟學派與宋儒在學術上的一個重要特點就是試圖給他們所選擇的人世間的價值系統尋找一個超越於人世間之上的本體依據，由於文化語境與歷史語境的雙重限制，他們只能吸收老莊之學的精神，將無限的自然界設定為這種本體依據。荀子卻是反其道而行之：在他看來，人世間的價值都是人自己制定出來的，這就是所謂「偽」，根本與天地自然無涉。人之所以是人而不是其它的自然之物，正在於他能夠制定人人遵守的禮儀規範。聖人之所以異於常人，就在於他就是這禮儀規範的制定者。《詩》《書》《禮》《樂》之所以可貴也正是因為它們是聖人思想情感的表現或立身行事的記錄。所以《詩》所言之「志」不是一般人的思想情感，而是聖人的意旨。他在《賦》篇中說：「天下不治，請陳佹詩。」這裡「佹」通「詭」，「佹詩」即是言辭詭異之詩。荀子稱自己的詩為「佹詩」，恰恰體現了他既以聖人自命，又不敢堂而皇之地自稱聖人的矛盾心態。實際上荀子正是要像聖人那樣為天下立法的。一部《荀子》整個就是為社會各階層都制定的行為規範。

　　將《詩》理解為聖人之志的表達實際上也就提出了一種詩歌闡釋學的基本原則：說詩的結果一定要歸結為聖人的意旨。這不正是漢代經師們的做法嗎？這種詩歌闡釋學與孟子的「知人論世」「以意逆志」已然大相徑庭：在孟子，說詩者與詩人是處於平等地位的，二者是「友」的關係，說詩就是一種朋友間交流溝通的方式。在荀子，詩人就是聖人，說詩者只能是學聖之人，二者是不平等的。所以儘管孟子的「以意逆志」強調了說詩者的主體性，但是由於他畢竟還是將詩人視為曾經生活在具體歷史環境中的活生生的人，故而在說詩時頗能顧及詩人的本意，至少不會相去太遠。荀子開創的詩歌闡釋學將詩規

17　《孟子・盡心上》。

定為聖人之志，表面上是以極客觀的、不敢有絲毫曲解的態度說詩，
實際上則處處體現了主觀性與曲解。因為一定要將那些在不同文化空
間中產生並具有不同功能的詩歌一概闡釋為聖人之言才符合這種闡釋
學原則。事實上，荀子本人正是如此說詩的。現舉數例以明之。其
一，《正名》篇論「期命」（命名）與「辨說」（辨明與解說）的道理
云：「期命也者，辨說之用也。辨說也者，心志象道也。心也者，道
之工宰也。道也者，治之經理也。心合於道，說合於心，辭合於說，
正名而期，質請（情）而喻……說行則天下正，說不行則白道而冥
窮，是聖人之辨說也。」接下來便引了《詩・大雅・卷阿》之句：
「顒顒卬卬，如珪如璋，令聞令望。豈弟君子，四方為綱。」並說
「此之謂也」。實際上這些詩句本是讚揚君主品德之美的，與「期命」
「辨說」沒有絲毫關係，荀子搬到這裡來證明其正名之論的合理性，
完全是一種為我所用的曲解。又如《禮論》云：「天能生物，不能辨
物也；地能載人，不能治人也；宇中萬物，生人之屬，待聖人然後分
也。《詩》曰：『懷柔百神，及河喬嶽。』此之謂也。」這裡荀子是在
講天人相分的道理，是極有見地的。但是所引之詩殊為不類。蓋此二
句乃出於《周頌・時邁》，本意是說周武王遍祭高山大河，取悅山川
之神。這恰恰是講人與天地自然的相通而非相異。由此可見，荀子心
目中的「聖人之志」實際上常常就是自己的觀點。他將聖人當做最高
的價值依據實際上是出於自己立法活動的需要。詩歌在他這裡被當成
了建構社會價值秩序的現成工具。

　　第二，詩與「性」、「偽」的關係問題。

　　在荀子的思想系統中，凡人生而有之的東西即為「性」；凡人後
天創造或習得的東西即為「偽」。按此邏輯，詩歌自然應屬於「偽」
的範疇。但是荀子卻並不如此簡單看問題。在他看來，詩歌與人之
「性」與「偽」均有密切聯繫。其《樂論》云：

> 夫樂者，樂也，人情之所必不免也，故人不能無樂。樂則必發
> 於聲音，形於動靜；而人之道，聲音動靜，性術之變盡是矣。
> 故人不能無樂，樂則不能無形，形而不為道，則不能無亂。先
> 王惡其亂也，故制《雅》《頌》之聲以道之，使其聲足以樂而
> 不流，使其文足以辨而不諰，使其曲直、繁省、廉肉、節奏足
> 以感動人之善心，使夫邪污之氣無由得接焉；是先王立樂之方
> 也……夫聲樂之入人也深，其化人也速，故先王謹為之文……
> 樂者，聖人之所樂也，而可以善民心，其感人深，其移風易
> 俗，故先王導之以禮樂而民和睦。

這裡雖是論樂，亦完全適用於詩，因為在荀子看來《詩》正是用
來承載這種聖人製作的中和之樂的，也就是所謂「《詩》者，中聲之
所止也」[18]。這裡的邏輯是這樣的：《詩》（包括詩與樂）產生的最終
根源是人之性，因為人之性具體表現為喜、怒、哀、樂之情，而人的
這些情感必然要有所表現，或為聲音（言辭），或為動靜（行為）。但
是這種人性的自然流露有多種可能性：或者成為哀傷、淫靡之聲、悖
亂無法之行，或者成為中和之聲、仁義之行。這裡的關鍵在於是放任
人性的自然流露，還是對其予以引導、規範。聖人正是在這個關鍵之
點發揮作用的：創制出《雅》《頌》之聲來引導人之性，使之沿著適
當的途徑來表現。所以《詩》既是人之「性」的表現，又是聖人之
「偽」的產物，是二者的結合。看到荀子這種極有見地的詩歌發生論
很容易令人想起佛洛德的壓抑理論。在弗氏看來，人的遵循「快樂原
則」的本我與遵循「現實原則」的自我之間即存在著一種壓抑與引導
的複雜關係。本我是人生而有之的自然本性，主要是生理欲望，它以

---

18 《荀子・勸學》。

獲得滿足為唯一目標，近於荀子所謂「性」；自我則是人後天形成的，或者說是社會塑造的人格，他處處遵循社會規範行事，近於荀子的所謂「偽」。在佛洛德看來，一部人類文明史就是一部壓抑史——文明是作為社會存在的人類用來壓抑作為個體存在的本能欲望的。在荀子看來，一個社會如果順人性之自然就必然會出現混亂無序的局面，所以聖人才要創制出一整套禮義法度來規範人性。如此說來，從功能的角度看荀子的「偽」基本上就是佛洛德的「現實原則」。從另一個角度看，無論是荀子的「偽」還是佛洛德的「現實原則」又都不僅僅是壓抑的手段，或者甚至可以說它們的主要功能並不是壓抑而是疏導：為人的本能欲望的滿足提供現實的途徑。人的本能欲望如果能夠得到自然的滿足當然是令人嚮往的事情，然而事實是，作為社會存在物的人類根本無法「自然地」滿足自身的本能欲望：一旦人人都沿著自然的途徑，即依據快樂原則來追求欲望的滿足時社會就會混亂一片，人們就會在爭鬥中耗盡力氣，結果是任何人的本能欲望都無法得到滿足。這就意味著人們滿足本能欲望的方式需要規範，這是人作為「類」的存在形態本身決定的。至於這種規範方式具體是怎樣的則是一個歷史的問題——在人類不同的發展階段上總是存在著不同的滿足欲望的合法性方式。如此說來，壓抑和規範反而成了使本能欲望得到滿足的有效手段。然而既然是以壓抑的方式來獲得欲望的滿足，這種滿足就必然是大打折扣的。所以後來法蘭克福學派的思想家瑪律庫塞提出「非壓抑性文明」的觀點，實質上是主張通過社會的改造尋求一種將壓抑的負面效應減到最低程度而使滿足最大程度地得到實現的設想。

　　佛洛德正是用這樣的觀點來理解人類文學藝術和其它形式的精神創造的。例如他認為，在社會生活中人的本能欲望無法直接得到滿足，但它又不能永遠處於被壓抑狀態，所以只能尋求某種被社會認可

的方式來得到滿足，文學藝術的創造就是人的本能欲望改頭換面的滿足方式。這就是他那篇題為《作家與白日夢》著名論文所表達的核心觀點。有趣的是，荀子的詩學思想與弗氏頗有異曲同工之妙。看前面的引文，荀子認為「樂」（lè）是人不能無之的自然本性，它必然要有所表現：或「發於聲音」，或「形於動靜」。對這種自然本性的表現方式如果不加以引導就必然出現混亂，「先王惡其亂也，故制《雅》《頌》之聲以道之」。這就是說，詩和樂是「先王」創制出來專門疏導人情的。其功能就在於使人的自然本性按照一個符合社會規範的途徑得到實現。所以，人的自然本性為詩樂的產生提供了必不可少的能量或內驅力，「先王」創制的詩樂形式則為人的自然本性提供了實現的途徑。詩樂因而就成為「性」與「偽」的完美融合。或者說詩樂是人的自然本性形式化的、合乎規範的、具有合法性（為社會所認可的）的顯現。不難看出，在文學藝術具有實現人的本能欲望之功能這一點上，荀子與佛洛德是極為接近的。但是二者畢竟是實在迥然不同的文化歷史語境中的言說，故而差異也是十分明顯的。大略而言，佛洛德是在講精神文化的一般性的生成原因，是個體與社會之間矛盾的自然解決，這裡絲毫沒有人為的因素。荀子卻是講「先王」或「聖人」對人類社會的引導作用，其所言之《雅》《頌》是特指而非泛指（譬如所謂「鄭衛之聲」就肯定不包含在內）。而且荀子所強調的是「立法」行為的合理性與必要性，突出的是社會精英的社會作用，佛洛德所強調的則是個體與社會之間根深蒂固的矛盾以及這種矛盾在客觀上的調和方式。一是價值的建構，一是認知性的解釋，在言說的動機上是大相徑庭的。

所以荀子的樂論或詩論最終是歸結為社會功用。在他的眼中，詩歌也罷，音樂也罷，都不過是聖人為社會立法的手段而已。觀荀子所言，他是將詩樂作為「禮」的輔助手段來看的。按照他的邏輯，人類

社會必須劃分為不同的等級並規定出每個人的行為規範和所享受的權利，才會安定有序。這就是「禮」的功能所在。但是這樣一來人與人之間就難免因等級的差異而出現嚴重的隔閡，這也不符合儒家的那種親密和睦的社會烏托邦了。所以應該有補救的措施，使不同階層的人在差異的基礎上建立親密的人際關係。這就是詩樂的功能了。在《樂論》篇中荀子是這樣來描述這種功能的：

> 故樂在宗廟之中，君臣上下同聽之，則莫不和敬；閨門之內，父子兄弟同聽之，則莫不和親；鄉里族長之中，長少同聽之，則莫不和順。故樂者，審一以定和者也，比物以飾節者也，合奏以成文者也；足以率一道，足以治萬變。是先王立樂之術也……故樂者，天下之大齊也，中和之紀也，人情之所必不免也。

詩樂的功能關鍵在一個「和」字。《勸學》篇中所謂「《詩》者，中聲之所止也」的「中聲」就是指「中和之聲」。既然詩樂可以將那麼多種多樣的聲音、節奏整合為一種統一的旋律，它當然也可以將形形色色的人整合為一個和諧、親密、溫情脈脈的整體。「禮」的作用是曉之以理：人天生就有差別，要安分守己，承認貴賤之分；詩樂的作用是動之以情：君臣上下、父子之間，有如一體，要親密無間。這樣，詩樂就具有了無可替代的政治意義。

荀子對於詩樂功能的觀點實際上是儒家烏托邦精神的深刻體現，關涉先秦儒家「立法」活動的基本策略，也關涉此後二千餘年間中國官方意識形態的基本特徵。就社會烏托邦的層面來看，荀子與孔孟一樣，都是嚮往那種既有嚴格的等級差異，又充滿溫情、其樂融融的社會狀態。君則仁君，臣則忠臣；父則慈父，子則孝子。人人都恪守著

自己的職分，享受著自己應有的權利，承擔著自己應盡的義務，同時在不同的階層之間又被一種深摯動人的親情所統合。這樣，對於社會差異，人們就不是被迫地接受而是誠心誠意地認同，不僅認為必須如此，而且覺得理應如此。這種將嚴格的禮制法度與溫柔敦厚的詩樂教化統一起來的政治策略根本上乃是一種融合社會價值與個體價值、理智與情感、道德與法律的努力。與儒家這種社會烏托邦相比，墨家強調平等（「兼愛」「尚同」）而反對差異的主張雖然對下層民眾更具有吸引力，卻顯得更加不切實際；法家那種將人際關係完全置於強制性規定之下、以賞罰作為肯定或否定人的價值的主要的、甚至是唯一手段的策略雖然能夠在短期內取得較大的成效，卻決然不是長治久安之計。至於道家，試圖取消一切人為的建構而以自然形態為最高追求，作為一種社會理想就更是玄遠難達了。墨家只看到「群」而忽視了「分」，法家只看到「理」而忽視了「情」，道家只看到「性」而忽視了「偽」，唯有儒家能夠統籌兼顧，具有先秦諸子無法比擬的全面性。由此觀之，歷史選擇儒家學說作為雄霸兩千餘年的國家意識形態決非偶然之事。儘管先秦儒家的社會理想具有烏托邦性質，但是由於它具有統籌兼顧的全面性，故而很容易被轉換為一種總體性的國家意識形態。漢代帝王「王霸道雜之」的統治之術實際上是兩漢以降歷代統治者共同尊奉的政治策略。其理論的根據正是先秦儒家的社會烏托邦。

先秦儒家的詩學觀念在孔子那裡是兼顧個人的道德修養與社會政治功能的，在孟子那裡則提出一種旨在與古人交流、溝通的詩歌闡釋學原則。到了荀子這裡就被完全納入到政治話語系統之中了。如果說聖人（或兼有聖人品質的君主）作為具有絕對權威性的社會立法者，其一切話語建構（偽）根本上都是政治行為，那麼詩樂作為這種話語建構中的重要內容也就只能以政治目的為指歸了。所以，如果說孔子

的詩學觀念開啟了後世以詩歌作為陶冶個人情操的修身方式以及臣下對君主表達不滿的形式之先河，孟子開啟了一種詩學闡釋學之先河，那麼荀子則主要是在理論上突出了以詩歌作為社會政治教化之手段的功用。《毛詩序》中的詩歌功能論正是與荀子一脈相承的。

第三節　荀子的音樂理論

從《荀子‧樂論》的邏輯看，樂是人之情感的自然流露，情動於中，發為音聲，為人心所不免。正因為音樂出於人心，反過來也就具有改造人心的功能，於是先王就通過音樂來教化百姓，音樂也就成為治理國家的重要手段。但是從其它文獻資料中我們不難看出，先秦音樂的實際功能則另有一種歷史軌跡，即從「人神關係」到「人倫關係」的轉變。從《荀子‧樂論》的邏輯與歷史軌跡之間的差異中我們可以窺見儒家話語建構的策略。

在先秦文化系統中，音樂始終佔據極為重要的地位。西周初期貴族政治家們的政治制度建設和文化建設被稱為「制禮作樂」；貴族等級制度和價值秩序的衰落被稱為「禮崩樂壞」；在儒家話語系統中，「禮樂」一直是核心概念，即使墨家之「非樂」也足以證明「樂」之重要性。那麼「樂」何以如此重要呢？這種重要性表徵了怎樣一種文化觀念和價值訴求呢？對這些問題我們可以圍繞對《荀子‧樂論》的分析來展開討論。

一　《樂論》的邏輯軌跡

我們先看看《樂論》的邏輯脈絡。

第一，樂發生於人情之自然流露：

夫樂者，樂也，人情之所必不免也，故人不能無樂。樂則必發
於聲音，形於動靜，而人之道，聲音動靜，性術之變盡是矣。

此為《荀子・樂論》之邏輯起點，此一起點顯然並非理論的設
定，而是經驗之總結。蓋「人生而靜」「感於物而動」「情動於中而形
於言」之類的見解並非荀子之獨見，乃為戰國至秦漢時期普遍觀點。
《禮記・樂記》云：

凡音之起，由人心生也。人心之動，物使之然也。感於物而
動，故形於聲。聲相應，故生變，變成方，謂之音……樂者，
音之所由生也，其本在人心之感於物也。

《呂氏春秋・季夏紀・音初》云：

凡音者，產乎人心者也，感於心則蕩乎音，音成於外而化乎
內。

這些見解大約均與可能產生於春秋之前的「詩言志」之說一脈相
承[19]。這是一種關於音樂發生的經驗主義的解釋，係由觀察、體驗而

---

19 從現在能夠見到並且比較可信的文獻材料來看，將「樂」與「情」相聯繫的最早例
證當為近年來發現並整理出來的上海博物館館藏楚竹書之《孔子詩論》。這些竹簡
經科學鑑定為戰國中期之物，因此論者多認為是孔子教授弟子《詩三百》時的筆
記，乃子夏所傳。此《詩論》中有「詩亡隱志，樂亡隱情，文亡隱意」（有專家釋
「隱」字為「吝」等字，但對「樂」、「情」二字並無異議者）之語。這說明，至少
在戰國中期之前人們已經發現音樂與人情之間的密切聯繫了。其實，「詩」與「樂」
不可分，「志」與「情」不可分，由「情」而論「樂」的理路可視為「詩言志」古
老傳統見解的邊線形式之一。

來，自然、樸素，不帶任何神秘色彩。即使從今天的角度看，也是符合藝術發生學的基本原理的。而在古人看來，最自然的，即沒有任何人為痕跡的事物，也就是最神聖的，因為它得之於天地之道。因此後來劉勰在《文心雕龍・原道》篇中大講「天文」、「地文」、「人文」的道理，認為「心生而言立，言立而文明，自然之道也」。在中國古代，強調某事、某物的自在性、非人為性，實際上就等於是賦予它某種神聖性。這種自在性、非人為性被中國古人表述為一個具有權威性的語詞——天，凡是冠以「天」的東西，諸如「天籟」、「天才」、「天成」、「天爵」、「天倫」、「天性」、「天算」、「天數」，均指非人力可為的必然事物。這裡的「天」並不帶有神秘色彩，不是指那種人世之外的主宰意志，古人使用這個詞，只是顯示了他們對於客觀必然性的敬畏之情而已。

讓我們回到荀子。觀古人論辯，大抵為表達某種思想、意見而發，很少為求純粹的客觀知識而設論者。荀子亦然。上引《樂論》這段話有三層含義，一是說音樂根源於人的自然情感，非人憑空創造，這是講音樂發生的必然性。我們知道，《樂論》是針對墨家的「非樂」立論的，故而強調樂之必然性也同時帶有為樂確立合法性依據的意義。二是說人內心世界的變化都會顯現於音樂之中，喜怒哀樂之情，乃至人性之善惡一概無所遁形，這是講音樂的表現性。三是預設了音樂對於人情、人性的改造作用，即音樂的功能性。既然一切的音樂都是根源於人的內在情性，那麼反過來說，音樂具有改造人之情性的功能也就順理成章了。總體言之，這段話旨在強調音樂之重要：其發生乃本於人性，其表現乃涵蓋人性，故而對於人生而言具有重要意義，並非可有可無之物。

第二，樂由內而外的表現過程需要引導、規範：

> 故人不能不樂，樂則不能無形，形而不為道，則不能無亂。先
> 王惡其亂也，故制《雅》《頌》之聲以道之，使其聲足以樂而
> 不流，使其文足以辨而不諰，使其曲直、繁省、廉內、節奏，
> 足以感動人之善心，使夫邪污之氣無由得接焉。

　　音樂由情感而聲音的顯現是自然的，也是必然的，既非人為所致，亦非人為可止者。但是人的情感外發而為音樂卻有著多種可能性，如果不加以引導、規範就可能導致混亂、邪僻。於是「先王」就制定了《雅》《頌》這樣的音樂來引導人情，使之按照一定合理的管道得以宣洩、顯現。而這種經過引導、規範的音樂不僅可以合理地泄導人情，而且還可以激發人之善心，從而獲得積極的社會功能。經過先王的努力，那種原本是人情自然顯現的音樂，反過來成為改造人之情性的有力手段。這段話是講在音樂產生的過程中人的主觀介入問題。按照第一段引文的邏輯，由情感而聲音而樂調，本是自然展開的過程，似乎並無人的主觀意志作用其中，但是如此一來，音樂的價值內涵與社會功能就無從談起了，因此必然會有人的介入才行。於是「先王」就扮演了為音樂定規則的角色，發乎內而形乎外的自然之聲因此也變成了可以引發人之善心的《雅》《頌》之樂。在今天看來，音樂是一種藝術形式，是人的高層次精神創造，當然不可能是情感和意願的自然抒發。在這裡，「形式」，或人的「製作」具有決定性意義。中國古代審美意識歷來講求含蓄蘊藉，反對淺白直露，這與孔子主張的「樂而不淫，哀而不傷」風格有關係；而「樂而不淫，哀而不傷」也恰恰是強調音樂和詩歌的製作者自覺地對人的情感意願的規範和引導。至於音樂和詩歌的製作者這種形式上的加工製作何以會有規範、引導人情的巨大作用，則是荀子樂論中涉及的一個更為深刻的問題，對此在後面的分析中將予以探討。

關於音樂的社會功能亦非荀子才意識到的，此亦先秦儒家之基本觀點。孔子即有「樂云樂云，鐘鼓云乎哉」[20]以及「興於詩，立於禮，成於樂」[21]之說，《左傳》《國語》《樂記》等先秦典籍中也有大量關於音樂社會功能的論述。故而可以認為，對音樂社會功能的強調必基於古老的文化傳統，應該是從西周禮樂制度的實際情況流傳演變而來。那麼音樂如何能夠實現其「感動善心」的社會功能呢？

第三，音樂的社會功能主要表現在和睦的人倫關係：

> 故樂在宗廟之中，君臣上下同聽之，則莫不和敬；閨門之中，父子兄弟同聽之，則莫不和親；鄉里族長之中，長少同聽之，則莫不和順。故樂者，審一以定和者也，比物以飾節者也，合奏以成文者也；足以率一道，足以治萬變……且樂也者，和之不可變者也；禮也者，理之不可易者也。樂合同，禮別異。

「先王」們製作的音樂之所以具有不容忽視的重要性，關鍵之點在於它可以使各個層次的人際關係和睦。根據荀子的觀點，「禮」主要是用來區分貴賤長幼的，通過禮的「區隔」作用，社會成為層次分明、秩序井然的統一體。但是人畢竟是有情感的，嚴格的等級規定、身分差異可以使社會有序，卻未必能使社會和睦。於是「先王」便用樂來彌補禮的不足。禮、樂相濟，一個既上下有等、貴賤有別，又相親相愛、團結和諧的社會統一體就形成了。西周那種以血親為紐帶的宗法式的貴族等級制正是靠這兩種手段來維持的，因此其制度被稱為「禮樂制度」。儒家本來就是西周禮樂文化的繼承者，故而也就以這種剛柔相濟統治方式為理想的政治制度。總之，儒家的政治理想可涵

20　《論語・陽貨》。
21　《論語・泰伯》。

括於「禮」、「樂」二字之中。「禮」為制度建設,「樂」為意識形態建設,二者缺一不可。在這樣的邏輯鏈條中,「樂」就因為代表了儒家理想的政治制度的最重要的組成部分而獲得重要性。那些在今天看來僅可供欣賞、娛樂用的音樂何以竟會有和睦人際關係的重大政治作用呢?

第四,樂的「和」之功能的理據:

> 君子以鐘鼓道志,以琴瑟樂心。動以干戚,飾以羽旄,從以磬管。故其清明象天,其廣大象地,其俯仰周旋有似於四時。故樂行而志清,禮修而行成,耳目聰明,血氣和平,移風易俗,天下皆寧,美善相樂……故鼓似天,鐘似地,磬似水,芋笙竽篇似星辰日月,鞀、柷、拊、鞷、椌、楬似萬物。

「先王」之所以能夠使原本發乎人情的音樂產生和睦人倫的社會功能,就在於其製作的音樂是取法於天的。在古人看來,天地萬物、四時運演無時無刻不處於和諧運轉之中。這種自然界的和諧秩序為人世間確立了最高榜樣,人們只要效法天地來建立人倫關係、社會秩序,就會達到和諧狀態。這種觀點在先秦儒家那裡也具有普遍性,《禮記‧樂記》云:

> 大樂與天地同和,大禮與天地同節。和,故百物不失。節,故祀天祭地。明則有禮樂,幽則有鬼神,如此,則四海之內,合敬同愛矣。
>
> 是故先王本之情性,稽之度數,制之禮義。合生氣之和,道五常之行,使之陽而不散,陰而不密,剛氣不怒,柔氣不懾,四暢交於中而發於外,皆安其位而不相奪也。

這種觀點有兩層意思，一是說先王之樂與天地有一種「同構關係」，這種相同的結構就是「和」。天地之和使百物不失，音樂之和使人各安其位。因此樂的合法性從根本上說是來自於天地自然。二是說音樂的「和」本質上就是表現情感的節制適當。其實也就是孔子「樂而不淫，哀而不傷」的意思。先秦儒者普遍認為，在表達情感上有節制的音樂也可以使聽者的情感平和適度而不至於有過激表現。這說明對西周禮樂文化而言，把貴族們教育成為心平氣和、不急不躁、溫文爾雅、動止有矩的人是頭等大事。這一方面可以穩定既定貴族等級秩序，使上下和睦；另一方面也可以把貴族培養成有教養的社會階層，從而更有效地與庶民「區隔」開來。因此，「先王之樂」都是節奏緩慢、音調平和的，以至於魏文侯、齊宣王在聽先王之樂的時候都忍不住要打瞌睡，而聽鄭衛新聲則不知疲倦。這就是說，「和」的根本之點在於情感表現的有節制，不過分，這樣才合乎天地自然的存在狀態。同為先秦儒家重要文獻的《中庸》一文有云：

> 喜怒哀樂之未發，謂之中；發而皆中節，謂之和。中也者，天下之大本也；和也者，天下之達道也。致中和，天地位焉，萬物育焉。

看這段話往往給人以邏輯混亂之感：喜怒哀樂的未發、已發是講人情人性，如何便成了天下的「大本」「達道」？又如何能夠導致「天地位焉，萬物育焉」之結果？匪夷所思。朱熹的解釋是：「蓋天地萬物本吾一體，吾之心正，則天地之心亦正矣；吾之氣順，則天地之氣亦順矣。故其效驗至於如此。」[22]這是極牽強的解說，頗有些董

22　〔宋〕朱熹：《四書章句集注・中庸章句》。

仲舒天人感應的味道，殆非先秦儒者之見。其實這段話前半段是在說
人，後半段是在說天地。對人而言，情感未發之時稱為「中」，亦可
如朱熹所說，乃指「性」而言；發而「中節」的情感稱之為「和」，
也就是孔子所謂「哀而不傷，樂而不淫」的狀態。此為得到規範和引
導的情感表現，為儒家所稱賞的先王製作的詩樂即是如此。對天地而
言，則「中」乃是萬物之本性，即潛在之可能性；「和」為萬物生成
之後和諧有序的基本樣態。天地萬物達到「中和」狀態，方能夠天地
各安其位而不相擾，萬物並生而不相害。這是在天人相通處立論，而
不是在天人感應處立論。同樣的情況還可見《中庸》對另一個重要概
念「誠」的使用：

> 誠者自成也，而道自道也。誠者物之終始，不誠無物。是故君
> 子誠之為貴。誠者非自成己而已也，所以成物也。成己，仁
> 也；成物，知也。性之德也，合外內之道也，故時措之宜也。

　　這段話和前面所引的那段話都是《中庸》中綱領性的觀點，其理
路也是完全一致的。「不誠無物」之前是講天地萬物均以「誠」為本
性，離開這個本性便無物可以存在。蓋古人觀察天地間之萬物，無不
自生自滅，各自依著自己的物種特性而存在，原不依賴任何安排設
計，而是呈現一種自然性，這種自然性就被命名為「誠」。「是故君子
誠之為貴」以下則是講人，是說人也要按照自己的本性而存在，成為
一個人。由於人乃萬物之靈，故而人要成為一個人就不僅僅表現於自
身的完滿自足之上，而是負有更為重大的責任，所以除了「成己」，
還要「成物」——「贊天地之化育」。此為人之「誠」的題中應有之
義。可知《中庸》論「誠」也是在天人相通處立論的。

　　總結《中庸》的觀點，「中和」與「誠」原本是天地萬物的基本

品性，可謂無時無處不在。人的「中和」與「誠」乃是秉受天地自然而來。人的任務就是充分培育、發揮這種得之於天地自然的品性，從而使人世間有如天地自然一樣和諧有序。

《荀子・樂論》所講音樂導致社會和諧的功能亦循此理路而來。音樂之「和」來自於天地萬物之「大和」，使人的情感得到有節制地表達，從而引發人之善心，最終達到使社會和諧有序的目的。顯而易見，這種靠音樂來改造社會的觀點，是儒家靠倫理教化改造世界的基本策略的重要組成部分。

二　音樂功能演變的歷史軌跡

上面分析了《荀子・樂論》的邏輯脈絡，毫無疑問，這是一種學理的邏輯，是一種話語建構，並不完全是客觀的事實。從現有各種相關的文獻資料和文化詩學的闡釋視角出發，我們還可以得到另外一種關於音樂發生及社會功能的歷史軌跡。

在正式梳理我們所說的「歷史軌跡」之前，有必要對作為《樂論》之邏輯起點的音樂的自然生成觀給予一點說明。先秦儒者，例如荀子以及《禮記・樂記》和《呂氏春秋》關於樂論部分的作者，都用「感物」來解釋音樂的發生，這是一種經驗主義的見解，由觀察和體驗得來，是無法否定的。民歌民謠都是這樣產生的，而民歌民謠正是一切高雅音樂與詩歌的母體。然而，在我們的闡釋過程中，卻不能把音樂的自然生成作為邏輯起點，因為這個起點是毫無意義的。大凡人的行為，無不起於情感和欲望，都是由內而外的表現過程，如若把一切的政治事件、文化創造、社會行為的原因都歸結為內心情感，實際上解決不了任何問題。人的行為固然離不開情感這一心理內驅力的推動，但僅僅有情感卻不足以構成任何一種社會事件或文化創造。也就

是說，對於音樂的發生和發展來說，除了情感以外還有更重要的決定性因素，特別是對於那種被視為國家意識形態的音樂，即「制禮作樂」之「樂」來說，個人情感的作用或重要性，甚至是可以忽略不計的。那麼什麼是更重要的因素呢？根據文獻記載和我們的闡釋視閾，在中國古代，音樂之所以被賦予無可比擬的重要性，那是因為它產生於幾種極為重要的關係之中，因此關涉到言說者們最為關心的事情。我們就從這幾種關係入手來考察先秦時期「樂」生成演變的軌跡。在我們看來，這一軌跡既是「邏輯的」，也是「歷史的」。

第一，人神關係。《尚書・舜典》：

> 帝曰：「夔，命汝典樂，教冑子。直而溫，寬而栗，剛而無虐，簡而無傲。詩言志，歌永言，聲依永，律和聲。八音克諧，無相奪倫，神人以和。」夔曰：「於！予擊石拊石，百獸率舞。」

這恐怕是《尚書》中一段人們最為熟悉的話了，因為中國詩學的「開山的綱領」——詩言志，便出於此。詩學家們從這裡找到了古人關於詩歌最根本性的界定，因而也找到了中國詩學的基本特性。但我們引用這段話卻基於另外一個問題：「詩言志，歌永言」是為了什麼？這裡的答案很清楚：「神人以和」，也就是說，詩歌和音樂的基本功能是在於溝通人與神的關係，使之和睦。我們說，這正是詩歌和音樂作為主流意識形態或官方話語，即脫離了民間形態之後的最初功能。何以如此呢？原因也很簡單：集體性的、人為製作的詩歌和音樂產生於祭祀的需要。我們知道，脫胎於原始巫術和圖騰崇拜的祭祀——溝通人神（天地山川日月之神和祖先神靈）的儀式——是人類最早的大型文化活動，正是這種活動催生了詩歌、音樂、舞蹈的成熟

與發展。這就是說，那種最早脫離了民間形態的、被專門製作出來的音樂是用來向著神言說的，是溝通人神的中介。在先秦文獻中這是對於音樂的普遍理解：

> 樂者敦和，率神而從天；禮者別宜，居鬼而從地。故聖人作樂以應天，制禮以配地，禮樂明備，天地官矣。
>
> 禮樂之極乎天而蟠乎地，行乎陰陽，而通乎鬼神，窮高極遠而測深厚，樂著大始，而禮居成物。
>
> 禮樂偵天地之情，達神明之德，降興上下之神。（以上《禮記·樂記》）
>
> 昔葛天氏之樂，三人操牛尾，投足以歌八閱：一曰《載民》，二曰《玄鳥》，三曰《遂草木》，四曰《奮五穀》，五曰《敬天常》，六曰《建帝功》，七曰《依地德》，八曰《總禽獸之極》。帝顓頊生自若水，實處空桑，乃登為帝。惟天之合，正風乃行；其音若熙熙淒淒鏘鏘。帝顓頊好其音，乃令飛龍作效八風之音，命之曰《承雲》，以祭上帝。
>
> 帝堯立，乃命質為樂。質乃效山林溪谷之音以歌……乃拊石擊石，以象上帝玉磬之音，以致舞百獸；瞽叟乃拌五弦之瑟，作以為十五弦之瑟。命之曰《大章》，以祭上帝。（以上《呂氏春秋·仲夏紀·古樂》）

從這些引文中可以看出，音樂在古代巫術、祭祀儀式中具有重要作用。《樂記》和《呂氏春秋》雖然都是戰國時期編輯而成的文獻，但其觀點卻並非編著者的憑空想像，這裡關於音樂的論述乃是對從上古時期代代相傳而來的觀點的整理記錄。這些引文都說明溝通人神關係乃是上古音樂最原初，也是最基本的功能。

　　溝通人神是一項極為神聖的活動，因此其形式也要不同於日常生活，於是日常語言的變異──詩歌和普通聲音的變異──音樂，以及日常肢體動作的變異──舞蹈便成為祭祀儀式的基本構成要素。這些日常生活的變異形式可以造成一種獨特體驗，給人以鄭重其事、莊嚴肅穆之感。這種集詩、樂、舞於一體的祭祀活動名義上（或動機上）是為了溝通人神，使神明理解人的意願並保祐他們，但客觀上的作用是神化主祭者，即統治者的身分，提升他們的威望，從而增強一個部落或邦國的凝聚力，因此有著十分顯著的、實際的政治功效，這也是統治者們樂此不疲的主要原因。與此相關，詩歌和音樂也便帶上了某種神聖的色彩，在上古時期的國家意識形態系統中居於核心地位。

　　根據先秦的文獻記載，早在堯舜時代音樂和舞蹈已經成為中國文化的重要組成部分，但是由於年代久遠，直接的證據早已湮沒無聞，一切的記載俱為後人追述，實際情形則很難確知。而根據甲骨文、金文以及器物的研究，殷商時代的文化特徵一是信鬼神，二是重樂舞，則早已成為中國文化史研究的共識。信鬼神與重樂舞二者之間有著密切關聯，在那些大大小小的祭祀、占卜活動中，樂舞既可以增加儀式的莊嚴性，又可以藉以取悅鬼神。因此可以斷定在殷商文化中，樂舞的基本功能就是溝通神人關係。[23]在周人的禮樂文化中，溝通神人關係依然是音樂、舞蹈、詩歌的重要功能之一，而且毫無疑問，周公所制定的樂舞肯定是在殷人樂舞的基礎上進行的。但是由於歷史語境的變遷，在周人這裡溝通神人的功能已經不再是最重要的，更不是唯一的了，這種功能被泛化到溝通人倫關係上，使樂舞成為確證並維繫新的貴族等級關係的手段，從而獲得了直接的政治性。

---

23 關於殷商時期樂舞的重要性及其功能，可參見李壯鷹：《古代的「樂」》，見《逸園叢錄》，濟南，齊魯書社，2005，第37-47頁。

　　第二，人倫關係。

　　以溝通神人關係為目的的、作為祭祀儀式主要組成部分的詩歌和音樂的實際功能當然是在人的社會政治生活中，這主要表現為所謂「敦和」的作用，只不過這種功能並非來自於「神」賜，而是來自於儀式本身。「和」這個概念在先秦諸子，特別是儒家的學術思想中有著極為特殊的地位，既是一個重要的美學範疇，又是一個重要的道德範疇，而且還是一個富有中國獨特性的哲學範疇，而究其根源，則來自於西周禮樂文化，原本就具有強烈的政治性內涵。蓋周公「制禮作樂」所制定的政治制度是一種嚴格的貴族等級制，對不同貴族等級的政治權力、經濟利益、社會地位有著極為細緻的區分，然而這種區分的依據卻主要是宗法關係，即長幼親疏的自然人倫秩序，因此這種制度就不能僅僅依靠法律的強制規定來獲得合法性，而是需要一種溫情脈脈的文化形式來確證和鞏固。周公等周初政治家於是從傳自於夏、商時代的祭祀文化中受到啟發，在繼續賦予詩歌、音樂以溝通人神關係之功能的同時，又將其功能推衍泛化至人倫關係之中。[24]於是在西周的禮樂文化中，詩歌和音樂就成為確證人倫秩序的重要手段。在舉凡祭祀、朝會、宴饗、聘問、出征、凱旋乃至婚、喪、嫁、娶等場合均有相應的儀式，而所有儀式中必有樂奏，隆重一些的則有大型樂舞。不同身分的貴族享受不同的詩樂，這種在今天被視為審美的或藝術的文化形態也就獲得了重要的政治功能——通過柔婉、美妙的藝術形式來達到鞏固貴族等級制之政治目的，正是西周禮樂文化的一大特

---

24 這種詩、樂功能的「推衍泛化」的現象在夏商之時也應該是存在的，見《呂氏春秋·仲夏紀》的記載，上古時期的樂舞同時也有昭功頌德之用，是屬於世俗政治行為。可以視為溝通神人關係之功能的泛化。但是一般的情況是，這種昭功頌德的活動往往也是為了「告於神明」的，而在西周的禮樂制度中，許多樂舞詩章就與「神人關係」完全無關了，比如在「鄉飲酒禮」、「士相見禮」中所用詩樂就是如此。更不用說還有大量的「房中之樂」了。

徵，由於西周禮樂文化後來得到儒家的繼承、弘揚和改造，因而使這種文化特徵在中國古代歷數千年而不衰。音樂這一表現於「人倫關係」中的功能實際上與《荀子・樂論》極力標榜的「和」並不相同，在西周的貴族文化中，音樂是一種嚴格秩序化的儀式，其效果乃在於固定大小貴族們在這一秩序中的位置，使之安於自己的身分地位。它的真實功能依然是「區隔」——在貴族內部劃分等級。儒家們津津樂道的「和」其實不過是一種想像。

這種從「神人關係」到「人倫關係」的轉換應該是音樂在商周時期歷史演變的實際軌跡。此期的音樂，從產生的動因到實際的功能都只能是存在於這兩種關係之中。這與《荀子・樂論》所呈現的邏輯軌跡顯然有著明顯的差別，那麼這種差別是如何出現的呢？它意味著什麼？

三　從《樂論》看儒家話語建構的文化邏輯

通過以上的分析、比較我們知道，荀子的《樂論》是一種話語建構而不是客觀知識，因此在它的背後必然還隱藏著更深層的文化邏輯，即那種對話語建構的表面邏輯構成決定性作用的潛在因素。下面我們就對這些潛在因素進行剖析。

從前面的分析中可知，在西周禮樂文化的系統中，音樂的作用是巨大的，關涉到國家社稷的安危。它從溝通人神關係漸漸推衍到協調人倫關係，從祭祀儀式擴展到廟堂之上乃至於日常交接之中，最終成為國家意識形態的象徵。這說明，在西周乃至春秋時期的貴族等級制社會中音樂所代表的文化形式的確具有十分重要的社會功能，起著穩定社會秩序、確證人的身分、緩解人際緊張關係的重要作用。但是到了春秋末期、戰國時代音樂的這種功能基本上已經消失始盡了。即使

是統治者，也不再相信音樂會有那樣大的政治作用。在魏文侯、齊宣王所代表的諸侯君主眼中，音樂是用來欣賞和消遣的而不是用來治國的。這就是說，在儒家產生的時代，實際上，音樂已經成了一種今天意義上的藝術品，一種審美對象。這樣一來，問題就出現了：荀子和其它儒者們（例如《樂記》的編著者）為什麼依然賦予音樂那樣大的政治倫理價值而對音樂之溝通人神的關係不再重視呢？這種現象正顯示著儒家的困境之所在，也正是中國古代知識階層的普遍困境之所在。在我們看來，這有兩方面的原因，一是出於儒家的政治策略，二是由於現實的需求。下面分別予以闡述。

先看儒家的政治策略。與其它諸子百家一樣，儒家也不是一種客觀知識論的話語系統，其根本旨趣並不是解釋客觀存在──無論是自然宇宙，還是社會人生──而是解決社會問題，這就是所謂治國平天下。先秦士人階層作為一個新興的社會知識階層，他們是社會變革的產物，同時也均以恢復社會秩序為自己的使命。這一使命是與生俱來的，是他們產生的社會歷史語境所決定的。彼時動盪不已、諸侯間彼此征伐的社會狀況要求有反思能力和社會責任感的人去尋求使社會從無序歸於有序的方法，這是歷史的要求，而不是某個社會階層或個人的要求。諸子百家之學之所以從根本上說都是指向社會人生的，都有著強烈的政治性，而不是純粹的知識話語，原因正在這裡。然而諸子百家作為士人階層的代表在尋求救世之術的時候又受著兩個方面的制約：一是其社會境遇，或政治、經濟條件；二是其所能夠利用的文化資源。就前者而言，士人階層從整體來看可以說除了文化知識以外一無所有，既無政治地位與權力，亦無經濟上的穩定來源。是四體不勤、五穀不分、無拳無勇，有時連生存都成問題的一個社會群體。這種社會地位決定了他們的救世之術只能從其唯一擁有的文化知識方面來想辦法。就後者而言，他們所接受的文化資源主要是西周禮樂文化

以及春秋三百年間產生的政治、外交、軍事等方面的知識積累以及人
生智慧。如此一來，士人思想家們所能選擇的救世之術就十分有限
了，概而言之，可歸為下列三大派：一是建構派，以已經崩壞了的傳
統政治文化的碎片為材料，重新建立起一座政治文化的大廈，儒家、
墨家屬於此派，只不過儒家撿起來的碎片是西周的禮樂文化，而墨家
摭拾的號稱是夏代的制度文化，而實則是春秋以來隨著貴族等級制的
動搖而漸漸形成的反貴族的平民主義思想意識。二是解構派，徹底否
定一切人為的政治、文化建構的合理性，以還原人的自然本性為指
歸，道家、農家、楊朱之學均屬此類。三是務實派，站在執政者立場
上，通過制度建設來有效管控國家，使人力、物力之效率最大化，法
家、縱橫家屬於此派。這三大派中，建構派、解構派均屬於烏托邦範
疇，沒有現實實現的可能性，但卻擁有永久的文化魅力，對於中國此
後兩千多年文化傳統的形成有著巨大作用。務實派缺乏文化吸引力，
對於中國文化傳統的形成沒有積極意義，但對於當時的現實政治卻有
著直接而積極的干預作用，在很大程度上左右了戰國乃至秦漢時期的
歷史發展，對後世中國政治制度的建設與運作也發揮了重要作用。

　　儒家思想之所以具有烏托邦性質，關鍵之點在於其目的與手段之
間的錯位：其目的是重建社會秩序，而手段卻是話語建構。與西周政
治家們相比，儒家的烏托邦性質就顯示出來了。周公「制禮作樂」之
所以成功，是因為他把制度建設與意識形態建設天衣無縫地統一起來
了，二者互為依託，相得益彰。而儒家卻試圖通過意識形態話語建構
導致政治制度的建設，因此成為無本之木。他們不懂得「批判的武器
當然不能代替武器的批判，物質力量只能用物質力量來摧毀」[25]的道

---

25 馬克思：《黑格爾法哲學批判導言》，見《馬克思恩格斯選集》第1卷，北京，人民
　　出版社，1995，第2版，第9頁。

理。儘管儒家自認為他們的話語建構雖然沒有落實為社會的現實價值秩序，但卻傳承了西周的禮樂精神，使得在「王者之跡熄」之後，代表著社會正義的價值觀依然得以留存，因此有「為往聖繼絕學」之功，但畢竟無法掩飾他們不能直接影響現實的苦惱與無奈。孔子本人就有「道不行，乘桴浮於海」的哀歎，孟子在奔走遊說而屢屢碰壁之後，也不得不把興趣轉向人格的自我提升與心性之學上，至於荀子則在闡述儒家基本精神的時候，悄悄地吸納了法家思想因素，試圖為儒學增加某種實際的可操作性。

　　在儒家話語建構的過程中，西周禮樂文化的文獻遺存不僅得到整理、傳承，而且被極度放大了。這表現在兩個方面，一是對作為文獻《詩》《書》《禮》《樂》《易》的價值予以無限誇大，使這些在西周時期原本僅僅服務於貴族制度的國家意識形態上升為人世間最高價值原則。如前所述，這些文化形式在西周時期的確曾經具有某種重要性，但這種重要性是建立在貴族社會的政治制度和經濟制度基礎上的，起到的只是一種輔助性的作用。而到了春秋戰國之時，它們都被儒家賦予了某種神聖性質，成了「道」的載體，具有了治國平天下的偉力。這顯然是有問題的。最直接的結果就是遭到現實政治的拒斥，始終無法實現為實際的社會價值。然而作為布衣之士的儒家並沒有重新選擇政治策略的空間，只能在遭受挫折之後更進一步加大其話語建構的力度，一方面把西周文獻的重要性進一步誇大，使之成為「經」而與其它典籍相區別，另一方面又把那些文獻的整理和傳承者也加以神聖化。在孔子的時代，他本人是作為「聖人之後」而受到尊敬的，到了孟子的時代，孔子作為「聖之時者」而與伊尹、周公等古代政治家相提並論，而到了荀子的時代，孔子作為「天下之道管」而成為人世間一切價值之源。儒家這種自我神聖化的「工程」在當時兼併與反兼併、合縱與連橫爭鬥不已的情況下，絲毫不能引起執政者們的關注，

只是到了天下一統的漢代之後才開始顯現出其效力。

這便是儒家的政治策略，其核心就是話語建構，通過塑造經典與聖人形象來對現實施加影響。這種政治策略直接決定了荀子對音樂的無以復加的鼓吹與張揚。

我們再看現實需求。從歷史的角度看，音樂產生於溝通人神關係之需要並漸漸推衍到人倫關係之中，從而成為政治化的禮儀形式。但從儒家的話語建構角度看，則神人關係被大大淡化，而天人關係則得以凸現，這是什麼原因呢？這裡透露出中國古人在不同時代對最高價值本原的不同理解：殷商之前，是所謂「率百姓而事神」的時代，占主導地位的文化觀念把「神」、「上帝」視為人世間的最高主宰，因而也是價值之本原。西周貴族統治者從周邦的由小到大、由弱而強，直至推翻大國商的實際經驗中發現了「神」和「上帝」的不可恃，意識到執政者所作所為與其盛衰興敗之間密不可分的關聯，於是就把「神」和「上帝」的作用理解為「惟德是輔」——根據人的行為確定是否庇祐之。這樣一來，決定權就回到執政者自己這裡。所以周代貴族政治家深信只有自己做到道德高尚、行為謹慎，才有可能得到「神」的眷顧。從《尚書‧周書》等文獻資料看，西周之初的執政者們是何等的謹慎小心，這可謂「如臨深淵，如履薄冰」，充滿了憂患意識。周人的這種政治經驗直接影響了他們對世界的認識，導致了一種現實主義思想觀念的形成。到了東周，由於諸侯之間的爭奪與競爭，這種現實主義思想觀念得以大大強化，「神」、「上帝」的形象變得越來越模糊了。在這樣的現實基礎上產生的諸子百家之學，沒有一家是以「神」作為價值本原的，一概都是俗世之學。這也是中國古代宗教意識不發達的主要原因之一。在孔子這裡，「怪力亂神」都被「懸擱」起來，根本不予談論。然而話語建構總要有一個合法性根據，否則人們為何要信從你呢？於是孔子和其它諸子思想家大都不約

而同地選擇了「道」——非人格的，沒有主觀意志，但無所不在的外在力量。究其內涵而言，「道」是無神論的範疇，但就其來源而言，則諸子之「道」實際上是上古之「神」或「上帝」的轉換形式。「神」或「上帝」是古人對默默存在、威力無邊、大到無限的大自然的擬人化形式；「道」則是諸子對「神」或「上帝」的去人格化形式。就是說，諸子之學是把大自然作為最高價值本原的，可以說是「以自然為人世立法」。但諸子們有取於自然者又不盡相同，蓋老莊之學主要看重自然的自然性，即自在、自為、無意識、非人為的特性。儒家看重自然的主要是兩點：一是自然化生萬物的偉力，所謂「天何言哉？四時行焉，百物興焉」[26]「天地之大德曰生」[27]；二是自然和諧有致的秩序，即天地山川、日月星辰、飛禽走獸、草木魚蟲各安其位，各循其理。也就是說，在儒、道等諸子思想家這裡，天人關係已經代替人神關係而成為人世價值秩序之合法性依據。

荀子及其它儒者關於音樂之和與天地之和的同構關係的觀點就是在上述語境中產生的。在儒家的話語邏輯中，天地萬物的自然存在就為人為製作的音樂提供了合法性依據並獲得某種神聖性質。而在實際上，對於儒家來說，音樂之所以重要是因為它在西周的政治文化系統中佔據重要地位，而通過弘揚西周文化來影響現實政治恰恰是儒家的基本政治策略，因此在春秋戰國之際實際上已經不再是國家意識形態，而是還原為審美對象的音樂，在儒家的話語建構中又被重新賦予了神聖而重大的意義與使命。在此後的兩千多年中，由於儒家思想漸漸獲得主導地位，也就使得中國古代占主流地位的文藝思想帶有強烈烏托邦色彩——詩詞歌賦、琴棋書畫等藝術形式總是被賦予了它們實

26　《論語・陽貨》。

27　《周易・繫辭下》。

際上根本不能承受的政治功能與歷史使命。因此在文藝的審美功能與
政治功能倫理之間總是存在著一種緊張關係。

第四節　附論：《呂氏春秋》中的文藝思想

在孔、孟、荀之後，先秦最後一部包含豐富儒家意識形態建構意
識的重要典籍是《呂氏春秋》。大約是由於呂不韋其人在儒家眼中壓
根兒就不是什麼正人君子，故而他主持編寫的這部皇皇巨著在中國古
代從來沒有受到過應有的重視。儘管它在實際上也許對漢代經學發生
過很大影響[28]，但即使是漢儒，也對這種影響閉口不談。正如徐復觀
所說，這部書就動機的高遠與內容的恢弘而言，委實是一部中國古代
少有的偉大著作。徐氏云：

> 《呂氏春秋》乃是為了秦統一天下後所用治理天下的一部寶
> 典。這部書……乃是以儒家為主，並可謂攝取了儒家政治思想
> 的精華，而在泛採諸子百家之說中，獨沒有採用法家思想……
> 實際上是以儒、道、陰陽三家為主幹，並且由儒家總其成的一
> 部著作。[29]

這應該是公允的評價。比之原始儒學，《呂氏春秋》更多了一些
對個體生命價值的肯定與張揚──在《孟春紀》中反覆強調了生命的
可貴。比之老莊之學，《呂氏春秋》更多了一些積極的政治熱情──
從各個角度講述了為政的方式方法。當然，按照我們的闡釋角度，這

28　徐復觀：《兩漢思想史》第2卷，臺北，臺灣學生書局，1985，第1頁。

29　徐復觀：《兩漢思想史》第1卷，臺北，臺灣學生書局，1974，第126頁。

部書最值得稱道之處乃是其建構社會統一意識形態的明確動機以及試圖用話語建構的方式有效地限制君權的努力。

　　從基本傾向上來看，《呂氏春秋》是一部教人如何做君主的書，同時也是一部教君主如何給自己定位的書。其基本精神完全符合儒家極力扮演的那種「中間人」角色——令君主成為顧及全天下利益的、克己奉公的、天下百姓樂於接受的統治者。其云：

> 能養天之所生而勿攖之，謂之天子。天子之動也，以全天為故者也。此官之所自立也，立官者以全生也。[30]

　　依高誘注，「全」為「順」之意；「故」為「事」之意，則此言天子及官員的職責即是護祐天地所生之萬物。其又云：

> 昔先聖王之治天下也，必先公，公則天下平矣……天下非一人之天下也，天下之天下也。[31]

　　這是對君主的警告：只有以天下萬民的利益為先，人民才沒有意見，天下才會太平。又云：「不出於門戶而天下治者，其惟知反於己身者乎！」[32]這是要求君主自覺地進行道德修養，達到道德自律的境界。《勸學》《尊師》之篇要求君主尊師重道，這是士人階層向君主要求分享權力的一貫策略；《順民》《知士》之篇是要求君主順應人民的心意，尊重士人的才能和意見……總之這是一部為君主確定行為準則與道德規範的書，是專門限制君權的。

30　《呂氏春秋・孟春紀・本生》。
31　《呂氏春秋・孟春紀・貴公》。
32　《呂氏春秋・季春紀・先己》。

　　如果說儒家作為「中間人」在言說之時常常有所側重，那麼孔子
偏重於君權一側，孟子偏重於民眾一側，荀子主要是站在「中間」的
立場上向君主和臣民同時提出要求，《呂氏春秋》則比孟子更多地傾
向於站在臣民的立場上向君主提出要求。他們之所以各有側重，根本
上是由於各自言說的歷史語境有所不同。例如孔子之時，王綱解紐，
亂作於下，故而孔子更多地要求臣子們自覺遵守禮儀規範，不要做僭
越之事；孟子之時諸侯國君主成為實際的統治者，周王室已經不在孟
子的視野之中。天下的征戰殺伐都是諸侯、君主為滿足一己之私而發
動的，所以孟子主要是站在無拳無勇、飽受戰亂蹂躪的百姓的立場上
向君主言說。荀子與《呂氏春秋》之時天下統一於秦之局已定，荀子
作為遠離秦國的政治思想家，能夠比較客觀地綜合儒、法思想，提出
君主如何做君主、臣子如何做臣子的政治行為準則。《呂氏春秋》的
主持者和作者們，由於長期生活於秦國，對於法家的殘酷政治有切身
的體驗，故而反倒激發了更多的批判精神，有了更多的烏托邦色彩，
更懂得限制君權的重要性。秦國統一天下之後如果稍稍奉行一些《呂
氏春秋》的政治主張，秦朝也許就不會那麼短祚了。

　　但是無論側重點如何，先秦儒家的根本目的都是尋求統治階層與
被統治階層的和睦相處，故而「和」乃是儒家士人最根本的政治訴
求，影響所及，在審美意識方面，「和」也同樣成為儒家的基本價值
取向。這一點在《呂氏春秋》中表現得尤為突出。其云：

> 音樂之所由來者遠矣。生於度量，本於太一。太一出兩儀，兩
> 儀出陰陽。陰陽變化，一上一下，合而成章……凡樂，天地之
> 和，陰陽之調也……大樂，君臣、父子、長少之所歡欣而說
> 也。歡欣生於平，平生於道。道也者，視之不見，聽之不聞，
> 不可為狀……道也者，至精也，不可為形，不可為名，強為之

謂太一。故一也者制令，兩也者從聽。先聖擇兩法一（按，高
誘注：擇，棄也；法，用也），是以知萬物之情。故能以一聽
政者，樂君臣，和遠近，說黔首，合宗親。能以一治身者，免
於災，終其壽，全其失。能以一治其國者，姦邪去，賢者至，
成大化。能以一治天下者，寒暑適，風雨時，為聖人。故知一
則明，明兩則狂。[33]

　　這是對樂與和的關係以及樂之功能的系統闡述。這裡的邏輯是這
樣的：「太一」或「道」是天地萬物之本原，「兩儀」（即天地）和
「陰陽」是「太一」運作的方式。無論天與地、陰與陽存在多麼大的
差別與對立，二者都只有結合起來方能生成萬事萬物。因為唯有二者
結合為一才體現了「太一」的根本特性。換句話說，「太一」或
「道」根本上是以「和」的方式存在的。「太一」本身的存在是不可
知不可聞的「混混沌沌」狀態，這實際上就是一種「和」的狀態。天
地、陰陽的變化亦須以「和」的方式進行，才可以化育萬物。說到政
事，聖人治理天下的根本原則是「擇兩法一」──消除對立、分離，
尋求和諧平衡。這恰恰是儒家建構「中間人」式的意識形態的核心之
處。再由政事說到音樂，真正的音樂恰恰就是這種「和」之狀態的表
現形式。因此音樂與「天地之和」是相通的。也可以說，音樂實際上
乃是「太一」或「道」的象徵[34]，因此也就是儒家理想的社會秩序的
象徵。也正是由於音樂以「和」為根本特性，所以它又可以反過來產
生出「和」的社會價值。這也就是音樂的根本功能所在了。總之，天

33　《呂氏春秋・仲夏紀・大樂》。
34　古人的這種觀點與德國古典哲學家謝林的觀點似乎很接近：謝林認為支配著世界的
　　那種不可認識、難於言說的「絕對同一性」有時可以在藝術中得以呈現。

地之和——政事之和——音樂之和，三者息息相通，其核心則是一種
意識形態的話語建構。

這種「和」的精神是孔子確定的儒家基本精神，其表現則見於儒
家話語的各個方面。諸如「中」、「時中」、「中庸」、「仁」等都是這一
精神的具體體現。考之先秦典籍，將音樂與「和」聯繫起來應該是一
個古老的傳統。據《左傳·昭公二十年》載，晏子嘗言：「先王之濟
五味，和五聲也，以平其心，成其政也。」這裡的「和五聲」是說使
宮、商、角、徵、羽五種聲音和諧動聽。《國語·周語下》亦載伶州
鳩語曰：「夫政象樂，樂從和，和從平，聲以和樂，律以平聲。」也
強調了「樂」與「和」的密切關係。但這些論述還主要是從音樂本身
的特點來講的，並沒有將「和」當做貫通天地自然與人世之間普遍價
值範疇。只是到了戰國後期乃至漢初，荀子及《呂氏春秋·仲夏紀》
和《禮記·樂記》的作者等儒家思想家從意識形態建構的目的出發，
開始將聲音之和與天地萬物的和諧、社會政治的公正合理、井然有序
地聯繫起來，從而賦予音樂以巨大的價值意義。《荀子·樂論》云：
「故樂者，天下之大齊也，中和之紀也，人情之所必不免也。」《禮
記·樂記》亦云：「故樂者，天地之命，中和之紀，人情之所不能免
也。」這都是說音樂乃符合於天地萬物存在的基本法則，這種法則即
是「中和」。由於人情與天地萬物相通，故而「中和」也是人情必然
具有的根本特性。這樣看來，「中和」實際上是天地萬物與人的內在
世界所共有的、最合理時的狀態。就儒者言說的內在邏輯而言，所謂
「中和」，根本上乃是事物在多種因素共同存在、交互作用情況下呈
現的有序、和諧狀態，而最主要的是社會的井然有序。《淮南子·泰
族訓》中有一段話頗得此旨：「上無煩亂之治，下無怨望之心，則百
殘除而中和作矣。此三代之所昌。」儒家極力標舉「中和」，根本的
著眼點是在社會政治上。他們那樣重視音樂，也正在於音樂要求各種

聲音和諧一致，這樣才合韻律，才能入耳，這與社會政治的和諧有序構成某種相似性。這裡的道理恐怕正是格式塔心理學的所謂「異質同構」吧。

中華文化思想叢書 A0100054

先秦文藝思想史　第三冊

作　　者　李春青

版權策畫　李　鋒

責任編輯　林以邠

發 行 人　陳滿銘

總 經 理　梁錦興

總 編 輯　陳滿銘

副總編輯　張晏瑞

編 輯 所　萬卷樓圖書股份有限公司

排　　版　林曉敏

印　　刷　百通科技股份有限公司

封面設計　菩薩蠻數位文化有限公司

出　　版　昌明文化有限公司

桃園市龜山區中原街 32 號

電話 (02)23216565

發　　行　萬卷樓圖書股份有限公司

臺北市羅斯福路二段 41 號 6 樓之 3

電話 (02)23216565

傳真 (02)23218698

電郵 SERVICE@WANJUAN.COM.TW

大陸經銷

廈門外圖臺灣書店有限公司

　　電郵 JKB188@188.COM

ISBN 978-986-496-095-8

2018 年 1 月初版

定價：新臺幣 480 元

如何購買本書：

1. 劃撥購書，請透過以下郵政劃撥帳號：

　　帳號：15624015

　　戶名：萬卷樓圖書股份有限公司

2. 轉帳購書，請透過以下帳戶

　　合作金庫銀行 古亭分行

　　戶名：萬卷樓圖書股份有限公司

　　帳號：0877717092596

3. 網路購書，請透過萬卷樓網站

　　網址 WWW.WANJUAN.COM.TW

大量購書，請直接聯繫我們，將有專人為您

服務。客服：(02)23216565 分機 610

如有缺頁、破損或裝訂錯誤，請寄回更換

國家圖書館出版品預行編目資料

先秦文藝思想史 / 李春青著. -- 初版. -- 桃園

市：昌明文化出版；臺北市：萬卷樓發行，

2018.01

　　冊；　　公分. -- (中華文化思想叢書)

ISBN 978-986-496-095-8(第 3 冊：平裝). --

1.文藝思潮 2.思想史 3.先秦

112.1　　　　　　　　　　　　107001267

本著作物經廈門墨客知識產權代理有限公司代理，由北京師範大學出版社（集團）有限公司授權萬卷樓圖書股份有限公司出版、發行中文繁體字版版權。